Anna-Maja Schae…

AF895617

Das autonome internationale Insolvenzrecht Spaniens im Vergleich zum deutschen Recht

PETER LANG
Internationaler Verlag der Wissenschaften

Bibliografische Information der Deutschen Nationalbibliothek
Die Deutsche Nationalbibliothek verzeichnet diese Publikation in der Deutschen Nationalbibliografie; detaillierte bibliografische Daten sind im Internet über <http://www.d-nb.de> abrufbar.

Zugl.: Jena, Univ., Diss., 2008

Umschlagabbildung:
Logo der Deutsch-Spanischen Juristenvereinigung e.V.
Abdruck mit freundlicher Genehmigung der
Deutsch-Spanischen Juristenvereinigung e.V.

27
ISSN 1433-884X
ISBN 978-3-631-58024-0

© Peter Lang GmbH
Internationaler Verlag der Wissenschaften
Frankfurt am Main 2009
Alle Rechte vorbehalten.

Das Werk einschließlich aller seiner Teile ist urheberrechtlich geschützt. Jede Verwertung außerhalb der engen Grenzen des Urheberrechtsgesetzes ist ohne Zustimmung des Verlages unzulässig und strafbar. Das gilt insbesondere für Vervielfältigungen, Übersetzungen, Mikroverfilmungen und die Einspeicherung und Verarbeitung in elektronischen Systemen.

www.peterlang.de

Vorwort

Die vorliegende Arbeit wurde im Wintersemester 2007/2008 von der Juristischen Fakultät der Friedrich-Schiller-Universität Jena als Dissertation angenommen.

An dieser Stelle möchte ich mich ganz herzlich bei Herrn Prof. Dr. Stefan Leible bedanken. Er hat das Thema dieser Arbeit angeregt und stand mir als betreuender Hochschullehrer engagiert und hilfreich zur Seite. Herrn Prof. Dr. Hannes Unberath danke ich für die Erstellung des Zweitgutachtens. Bedanken möchte ich mich auch bei Herrn Prof. Dr. Carlos Esplugues Mota für seine Beratung und die Ermöglichung der Literaturrecherche an der *Universitat de Vàlencia.*

Der Deutsch-Spanischen Juristenvereinigung danke ich für die Aufnahme in die Schriftenreihe und die Gewährung des Druckkostenzuschusses.

Bei meinen lieben Freunden bedanke ich mich für die Ablenkung und die vielen Aufmunterungen, die mich ermutigt haben, die Arbeit fertig zu stellen.

Besonders herzlicher Dank gebührt meiner Familie. Ihre liebevolle Unterstützung während meiner gesamten Ausbildung hat die Anfertigung dieser Arbeit erst ermöglicht.

München, im Oktober 2008 Anna-Maja Schaefer

Inhaltsverzeichnis

Abkürzungsverzeichnis

a.A.	anderer Ansicht
a.F.	alte Fassung
AG	Amtsgericht
ATC	Auto del Tribunal Constitucional/Beschluss des Verfassungsgerichts
ATS	Auto del Tribunal Supremo/Beschluss des höchsten Zivilgerichts
Abs.	Absatz
AEDIPr	Anuario Espanol de Derecho Internacional Privado
Anm.	Anmerkung
Art.	Artikel
Bd	Band
BGH	Bundesgerichtshof
BOE	Boletín Oficial del Estado
BR-Drs.	Bundesratsdrucksache
BT-Drs.	Bundestagsdrucksache
C.Cass.Civ.	Cour de Cassation Civil
CCom	Código de Comercio
CE	Constitución Espanola
DZWIR	Deutsche Zeitschrift für Wirtschafts- und Insolvenzrecht
EG	Europäische Gemeinschaft
EGInsO	Einführungsgesetz zur Insolvenzordnung
EG	Vertrag zur Gründung der Europäischen Gemeinschaft
EInsO	Entwurf Insolvenzordnung
etc.	et cetera
EU	Europäische Union
EuGH	Europäischer Gerichtshof
EuGVÜ	Europäisches Übereinkommen über die gerichtliche Zuständigkeit und die Vollstreckung gerichtlicher Entscheidungen in Zivil- und Handelssachen vom 27.9.1968
EuGVVO	Verordnung (EG) über die gerichtliche Zuständigkeit und die Anerkennung und Vollstreckung von Entscheidungen in Zivil- und Handelssachen vom 22.12.2000.
EuInsÜ	Europäisches Insolvenzübereinkommen
EuInsVO	Europäische Insolvenzverordnung
EWiR	Entscheidungen zum Wirtschaftsrecht

FGG	Gesetz über die Angelegenheiten der freiwilligen Gerichtsbarkeit
FS	Festschrift
Hrsg.	Herausgeber
HS	Halbsatz
IPrax	Praxis des internationalen Privat- und Verfahrensrechts
IPR	Internationales Privatrecht
iVm	in Verbindung mit
JZ	Juristenzeitung
IZPR	Internationales Zivilprozessrecht
KTS	Konkurs Treuhand Sanierung
LC	Ley Concursal/Spanisches Konkursgesetz
LEC	Ley Enjuiciamiento Civil/Spanisches Zivilprozessgesetz
LuGÜ	Luganer Übereinkommen über die gerichtliche Zuständigkeit und die Vollstreckung gerichtlicher Entscheidungen in Zivil- und Handels
LOPJ	Ley Orgánica del Poder Judicial/Spanisches Gerichtsverfassungsgesetz
LMK	Lindenmaier/Möhring kommentierte BGH-Rechtsprechung
Müko-InsO	Münchener Kommentar zur Insolvenzordnung
NZI	Neue Zeitschrift für das Recht der Insolvenz und Sanierung
STC	Sentencia del Tribunal Constitucional/Urteil des Verfassungsgerichts
STS	Sentencia del Tribunal Supremo/ Urteil des höchsten Zivilgerichts
RabelsZ	Rabels Zeitschrift für ausländisches und internationales Privatrecht
REDI	Revista Espanola de Derecho Internacional
RegEInsO	Regierungsentwurf Insolvenzordnung
RGZ	Entscheidungen des Reichsgerichts in Zivilsachen
RIW	Recht der internationalen Wirtschaft
RJC	Revista Jurídica de Cataluna
S.	Seite
SpA	Società per azioni/ Italientische Aktiengesellschaft
UN	United Nations
UNCITRAL	United Nations Commission on International Trade Law
Vgl.	Vergleiche
WM	Wertpapiermitteilungen
ZInsO	Zeitschrift für das gesamte Insolvenzrecht
ZIP	Zeitschrift für Wirtschaftsrecht

ZZP	Zeitschrift für Zivilprozessrecht
ZZPInt	Zeitschrift für Zivilprozessrecht. Internationaler Teil

A. Einleitung

Diese Arbeit beschäftigt sich mit dem autonomen internationalen Insolvenzrecht in Spanien und Deutschland.

Das internationale Insolvenzrecht regelt Sachverhalte, die sich aus grenzüberschreitenden Insolvenzen ergeben[1]. Eine grenzüberschreitende Insolvenz liegt dann vor, wenn sich das Schuldnervermögen auf mehrere Staaten verteilt, die Gläubiger in verschiedenen Staaten ansässig sind oder die Rechtsverhältnisse zwischen dem Schuldner und einem Gläubiger einer ausländischen Rechtsordnung unterstehen[2].

Der Anwendungsbereich des internationalen Insolvenzrechts ist damit auf grenzüberschreitende Sachverhalte beschränkt[3]. Ebenfalls auf grenzüberschreitende Insolvenzverfahren findet die Europäische Insolvenzverordnung (EuInsVO) Anwendung[4]. Sie verdrängt das autonome Insolvenzrecht der Mitgliedstaaten in ihrem Geltungsbereich[5]. Das autonome Recht ist nur auf Insolvenzen anwendbar, die nicht von der EuInsVO erfasst sind[6] oder wenn die EuInsVO eine Regelungslücke enthält[7].

In räumlicher Hinsicht beansprucht die EuInsVO Geltung für den gesamten Bereich der Mitgliedstaaten der Europäischen Union, ausgenommen Dänemark[8].

Zeitlich findet die EuInsVO gemäß Art. 43 EuInsVO nur auf solche Insolvenzverfahren Anwendung, die nach Inkrafttreten der Verordnung am 31.05.2002 eröffnet wurden. Alle anderen Insolvenzverfahren unterliegen ihr nicht[9].

Aus dem sachlichen Anwendungsbereich der EuInsVO ausgenommen sind nach Art. 1 Abs. 2 EuInsVO Insolvenzverfahren, die über das Vermögen von

---

1 Stephan, in Heidelberger Kommentar-InsO, vor 335 Rn. 2; Kemper, in Kübler/Prütting, vor §§ 335 Rn. 1.

2 Sabater Martín, in Proceso concursal práctico, S. 885; Stephan, in Heidelberger Kommentar-InsO, vor 335 Rn. 2.

3 Kemper, in Kübler/Prütting, vor §§ 335-358 Rn. 1.

4 Herchen, ZInsO 2003, 742(743); Calvo Caravaca/González Carrascosa, Derecho concursal internacional, Rn. 112

5 Art. 43 S. 1 EuInsVO; Liersch, NZI 2003, 302(303); Virgós Soriano, in La nueva Ley Concursal, Hrsg.: Consejo General del Poder Judicial, S. 503(508); Reinhart, in Müko-InsO, Art. 102 EGInsO Rn. 5.

6 Virgós Soriano/Garcimartín Alférez, in Comentario de la Ley Concursal, Art. 199 S. 2863.

7 *Koch*/Magnus/Winkler von Mohrenfels, IPR und Rechtsvergleichung, S. 299.

8 Zum räumlich-persönlichen Anwendungsbereich der EuInsVO vgl. unten D.V.2.

9 Liersch, NZI 2003, 302(303).

Versicherungsunternehmen oder Kreditinstituten, von Wertpapierfirmen etc. eröffnet werden.

Soweit die EuInsVO zur Anwendung gelangt, schafft sie in allen Mitgliedstaaten unmittelbar geltendes Recht[10] und ersetzt die bestehenden Übereinkünfte zwischen den Mitgliedstaaten hinsichtlich der Abwicklung grenzüberschreitender Insolvenzen[11]. Dadurch wurde nach langjährigen Bemühungen die Lücke geschlossen, die daraus entstanden ist, dass die Verordnung des Rates über die gerichtliche Zuständigkeit und die Anerkennung und Vollstreckung von Entscheidungen in Zivil- und Handelssachen (EuGVVO)[12] wie auch das Brüsseler Übereinkommen und das Lugano Übereinkommen über Insolvenzverfahren nicht für „*Konkurse, Vergleiche und ähnliche Verfahren*“ gelten[13].

Im Übrigen wurde das Fehlen einer insolvenzrechtlichen Regelung im Rahmen der Gemeinschaft als Hindernis gegenüber einer Vollendung des Binnenmarktes empfunden.

Die Verordnung dient der Ermöglichung effizienter und wirksamer grenzüberschreitender Insolvenzverfahren, um hierdurch die Funktionstüchtigkeit des Binnenmarktes als Rechtsraum sicherzustellen[14]. Des Weiteren bezweckt sie eine einheitliche und gleichmäßige Gläubigerbefriedigung zu erreichen. Die EuInsVO soll auch verhindern, dass die Parteien durch die Verlagerung von Vermögensgegenständen oder Rechtsstreitigkeiten in einen anderen Mitgliedstaat eine verbesserte Rechtsstellung erlangen können[15].

Das europäische Übereinkommen für Insolvenzverfahren geht von einer Universalität des Insolvenzverfahrens aus. Das heißt, dass ein Insolvenzverfahren den Anspruch erhebt, weltweit Wirkung zu erzielen und als ein einheitliches Verfahren abgewickelt zu werden[16].

Dies äußert sich in drei wesentlichen Regelungskomplexen[17]: Die EuInsVO legt allgemein verbindlich die internationale Zuständigkeit zur Eröffnung eines Insolvenzverfahrens fest[18]. Die Entscheidungen des eröffnenden Gerichts werden im Gebiet der Verordnung ipso iure anerkannt[19]. Auf das Insolvenzverfahren und

10 Art. 249 Abs. 2 EGV.
11 Art. 44 Abs. 1 EuInsVO.
12 Verordnung (EG) Nr.44/2001 vom 22.12.2000.
13 Art. 1 Abs. 2 Buchstabe b) EuGVVO, Art. 1 Abs. 2 Nr.2 EuGVÜ, Art. 1 Abs. 2 Nr.2 LuGÜ.
14 EuInsVO, Erwägungsgrund Nr.2.
15 EuInsVO, Erwägungsgrund Nr.4; das so genannte Forum shopping.
16 *Duursma-Kepplinger*/Duursma/*Chalupsky*, EuInsVO, Art. 16 Rn. 8.
17 So auch Ludwig, Neuregelungen, S. 19.
18 Art. 3 Abs. 1 EuInsVO.
19 Art. 16 Abs. 1 EuInsVO.

seine Wirkungen findet das Recht des Mitgliedstaates Anwendung, der das Insolvenzverfahren eröffnet hat[20].

Unter bestimmten Voraussetzungen sind aber neben oder anstelle eines Hauptinsolvenzverfahrens auch territorial beschränkte Verfahren zulässig. Diese erfassen nur das Vermögen, das sich auf dem jeweiligen Gebiet des Verfahrensstaates befindet[21].

Im Anschluss an das Inkrafttreten der EuInsVO wurde das autonome internationale Insolvenzrecht in Deutschland neu geregelt und in Spanien erstmalig kodifiziert[22]. Trotz der unmittelbaren Geltung der EuInsVO ist eine Regelung des autonomen Insolvenzrechts in den Mitgliedstaaten insbesondere deshalb erforderlich, weil die EuInsVO keine Vorschriften im Verhältnis von Mitgliedstaaten zu Drittstaaten normiert[23] und bestimmte Bereiche aus ihrem Anwendungsbereich ausgenommen sind[24].

Sowohl der spanische als auch der deutsche Gesetzgeber haben das autonome internationale Insolvenzrecht nicht durch einen Verweis auf die EuInsVO geregelt. Auch ist das autonome internationale Insolvenzrecht beider Länder nicht inhaltlich identisch mit der EuInsVO. Gegen eine Verallseitigung der EuInsVO werden in Deutschland und Spanien beachtliche Argumente vorgebracht. Der EuInsVO liege eine andere Interessenlage zugrunde. Sie wird durch das gegenseitige Vertrauen in die Rechtsstaatlichkeit und Funktionsfähigkeit der Justiz der anderen Mitgliedstaaten getragen[25]. Dies wäre im Verhältnis zu Drittstaaten nicht in gleichem Maße gerechtfertigt[26]. Des Weiteren setze beispielsweise die in der EuInsVO vorgesehene enge Koordinierung zwischen Haupt- und Sekundärinsolvenzverfahren voraus, dass die Verordnung in den Staaten beider Insolvenzverfahren gelte[27].

---

20 Art. 4 EuInsVO.

21 Virgós/Schmit, Erläuternder Bericht, in Stoll(Hrsg.), Vorschläge und Gutachten, Rn. 13; Kemper bezeichnet dies als Grundsatz der eingeschränkten Universalität, Kemper, ZIP 2001, 1609(1611).

22 In Deutschland ist das Gesetz zur Neuregelung am 20.3.2003 in Kraft getreten. In Spanien trat das Nueva Ley Concursal am 1.9.2004 in Kraft.

23 Virgós/Schmit, Erläuternder Bericht, in Stoll(Hrsg.), Vorschläge und Gutachten, Rn. 11.

24 Ludwig, Neuregelungen, S. 38.

25 Smid, Deutsches und Europäisches Internationales Insolvenzrecht, vor § 335 InsO Rn. 3.

26 BT-Drs. 15/16, S. 13; Trunk, in Stoll(Hrsg.), Vorschläge und Gutachten, S. 233(234); Calvo Caravaca/Carrascosa González, Derecho concursal internacional, Rn. 427; Virgós Soriano/Garcimartín Alférez, in Comentario de la Ley Concursal, Art. 199 S. 2871.

27 Wimmer, in Stoll(Hrsg.), Vorschläge und Gutachten, S. 179(180).

Eine einheitliche Behandlung von grenzüberschreitenden Insolvenzverfahren ist dennoch auch gegenüber Drittstaaten erstrebenswert. Die Idealvorstellung eines internationalen Entscheidungseinklangs[28] hat im internationalen Insolvenzrecht – wegen der Zweckrichtung des Insolvenzrechts eine Gläubigergleichbehandlung herbeizuführen – besondere Bedeutung.

Im Verhältnis zu Drittstaaten obliegt es aber den Mitgliedstaaten, selbst eine Harmonisierung der Rechtsvorschriften herbeizuführen[29]. Eine weitgehende Vereinheitlichung könnte sich durch eine inhaltlich starke Orientierung an der EuInsVO herbeiführen lassen, soweit dies nicht der Interessenlage für das autonome Recht widerspricht. Der spanische Gesetzgeber hat bestimmte Vorschriften der EuInsVO inhaltlich unabgeändert in das autonome Recht übernommen. Ob es sich auch für den deutschen Gesetzgeber empfiehlt, diese Bestimmungen inhaltlich an die EuInsVO anzupassen, soll im Verlaufe der Bearbeitung geklärt werden.

---

28 Savignys Idealziel ist die internationale Entscheidungsgleichheit in dem Sinne, dass „die Rechtsverhältnisse, in Fällen einer Collsion der Gesetze dieselbe Beurteilung zu erhalten haben, ohne Unterschied, ob in diesem oder jenen Staat das Urtheil gesprochen werde", Savigny, System des heutigen Römischen Rechts VIII, S. 27; vgl. dazu auch Neuhaus, RabelsZ 46(1982), 4ff.(9).

29 Vgl. auch Virgós/Schmit, Erläuternder Bericht, in Stoll(Hrsg.), Vorschläge und Gutachten Rn. 11.

B. Gang der Untersuchung

Nach einer knappen Darstellung der Regelungs- und Abwicklungsmodelle im allgemeinen Teil erfolgt die Auseinandersetzung mit dem kodifizierten internationalen Insolvenzrecht in Spanien und Deutschland. Eingegangen wird sowohl auf Regelungen des internationalen Insolvenzverfahrensrechts als auch auf materiellrechtliche Regelungen.

Die Darstellung ist in Themenkomplexe eingeteilt. Begonnen wird mit den Regelungen des spanischen Konkursgesetzes (*Ley Concursal*). Danach wird der dementsprechende Teil der Insolvenzordnung erörtert. Nach Abschluss eines jeden Themenkomplexes folgt ein Rechtsvergleich zwischen den Regelungen im *Ley Concursal* und in der Insolvenzordnung. Hierbei werden immer wieder auch rechtsvergleichende Bezüge zur Europäischen Insolvenzverordnung hergestellt. Die Darstellung mit einem eigenständig rechtsvergleichenden Komplex, die freilich Wiederholungen nach sich zieht, soll dem Verständis des Lesers dienen.

C. Allgemeiner Teil

I. Regelungsmodelle bei grenzüberschreitenden Insolvenzen

Wird wegen der Zahlungsunfähigkeit oder Überschuldung des Schuldners ein Insolvenzverfahren eröffnet, so tritt an Stelle der Einzelrechtsverfolgung das Insolvenzverfahren. Hier müssen sämtliche Gläubiger ihre Forderungen geltend machen, damit der Verlust, der durch die Insolvenz des Schuldners eintritt, unter ihnen einheitlich verteilt werden kann. Das Gläubigergleichbehandlungsprinzip ist Grundstruktur eines jeden Insolvenzrechts[30]. Aufgabe des internationalen Insolvenzrechts ist es, diese Grundidee auch dann zu verwirklichen, wenn mehrere Staaten von der Insolvenz eines Schuldners betroffen sind. Wie dies am besten geschehen soll, stellt die Kernfrage des internationalen Insolvenzrechts dar[31].

Als Alternativmodelle zur Regelung der Wirkung grenzüberschreitender Insolvenzen werden Universalität und Territorialität von Insolvenzverfahren gegenübergestellt.

Hinter den Begriffen Universalität und Territorialität verbirgt sich die Beantwortung der Frage, ob ein inländisches Insolvenzverfahren im Ausland Wirkungen erzielt und umgekehrt, ob ein ausländisches Insolvenzverfahren sich im Inland auswirkt.

Von einem Insolvenzverfahren mit universalem Regelungsanspruch soll auch im Ausland belegenes Vermögen oder Handlungen, die im Ausland vorgenommen werden, erfasst werden[32]. Ebenso entfalten nach dem Universalitätsprinzip auch ausländische Insolvenzverfahren Wirkungen im Inland[33]. Bei konsequenter Durchführung des Universalitätsprinzips wird lediglich ein einziges Insolvenzverfahren mit universaler Wirkung eröffnet, in dem das gesamte Weltvermögen verteilt wird[34].

Demgegenüber sind nach dem territorialen Ansatz die Auswirkungen eines Insolvenzverfahrens auf das jeweilige Hoheitsgebiet beschränkt. Das heißt, dass inländische Insolvenzverfahren keine Wirkungen im Ausland erzielen und aus-

30 Adam, Zuständigkeitsfragen, S. 238.
31 Kolmann, Kooperationsmodelle, S. 6; Trunk, Internationales Insolvenzrecht, S. 12.
32 Espiniella Menéndez, AEDIPr 2005, 153(154).
33 Trunk, Internationales Insolvenzrecht, S. 369.
34 Trunk, Internationales Insolvenzrecht, S. 10; Graf, Anerkennung, S. 11; wohl auch Gottwald, Insolvenzrechtshandbuch (2. Aufl.), § 127 Rn. 6.

ländischen Insolvenzverfahren im Inland die Wirkung versagt wird[35]. Damit unterliegt das im Ausland belegene Schuldnervermögen keinen insolvenzrechtlichen Beschränkungen. Gläubiger können sich hier im Wege der Einzelvollstreckung befriedigen.

II. Abwicklungsmodelle für grenzüberschreitende Insolvenzen

Unter den Begriffen Einheit und Mehrheit werden Abwicklungsmodelle diskutiert, die nach der Anzahl der zur Insolvenzbereinigung erforderlichen Verfahren unterscheiden[36].

1. Reines Einheitsmodell

Nach dem Einheitsprinzip wird über das weltweite Vermögen des Schuldners nur ein Insolvenzverfahren eröffnet[37]. Die Verwaltung, die Verwertung und die Verteilung des gesamten, weltweit vorhandenen Schuldnervermögens richten sich nach einer Rechtsordnung, nämlich der Lex fori concursus des Staates, der das Insolvenzverfahren eröffnet hat. Hier müssen alle Gläubiger, in welchem Land sie auch ansässig sind, ihre Forderungen geltend machen[38]. Ein einheitliches Verfahren setzt notwendigerweise eine weltweite Wirkung eines Insolvenzverfahrens voraus[39].

Durch ein Einheitsmodell, wonach sich das Verfahren nach einer Rechtsordnung richtet, lässt sich theoretisch am besten eine universale Wirkungserstreckung erzielen. Allerdings schließen sich auch Universalität und Mehrheit von Verfahren nicht von vornherein aus[40].

---

35 Prütting, in Kölner Schrift zur Insolvenzordnung, S. 221(242); Reinhart in Müko-InsO, vor Art. 102 EGInsO Rn. 7; Smid, Deutsches und Europäisches Internationales Insolvenzrecht, Einleitung Rn. 2; Liersch, in Braun-InsO, vor §§ 335-358, Rn. 4.

36 In dieser Arbeit werden die Modelle nur grob dargestellt, ausführlich in der spanischen Literatur: Esplugues Mota, La quiebra internacional, S. 25 ff.; Calvo Caravaca/Carrascosa González, Derecho concursal internacional, S. 22 ff.

37 Laut, Universalität und Sanierung, S. 141.

38 Calvo Caravaca/Carrascosa González, Derecho concursal internacional, S. 22.

39 Trunk, Internationales Insolvenzrecht, S. 10.

40 Ludwig, Neuregelungen, S. 144; Spahlinger, Sekundäre Insolvenzverfahren, S. 270; Hanisch, ZIP 1994, 1(2); Siehe dazu unter II.3. die Kombinationsmodelle.

2. Mehrheitsmodell

Das Mehrheitsmodell verfolgt eine Liquidation des weltweiten Vermögens des Gemeinschuldners durch mehrere unabhängige Insolvenzverfahren in verschiedenen Staaten[41].

Nach diesem Modell kommt mehreren Staaten die internationale Insolvenzeröffnungszuständigkeit zu, wenn die Vermögensmasse des Gemeinschuldners in verschiedenen Staaten verteilt ist. Dies hat zur Folge, dass jeder einzelne Staat, in dem sich Vermögen befindet, ein eigenes Insolvenzverfahren durchführen kann[42] und für sich die materiell- und verfahrensrechtlichen Fragen regelt, die das Insolvenzverfahren betreffen[43].

Das Mehrheitsmodell tritt dann auf, wenn ein Staat das Territorialitätsprinzip verfolgt und ausländischen Insolvenzverfahren keine Wirkungen auf dem eigenen Staatsgebiet zuerkennt. In diesem Staat besteht die Möglichkeit ein eigenes Insolvenzverfahren zu eröffnen[44].

3. Kombination von Haupt- und Territorialverfahren

Mittlerweile länderübergreifend recht weit verbreitet ist das Kombinationsmodell, welches neben oder anstelle eines ausländischen Hauptinsolvenzverfahrens die Eröffnung eines territorial beschränkten Insolvenzverfahrens ermöglicht[45].

Das Hauptinsolvenzverfahren hat dabei den Anspruch, das gesamte weltweite Vermögen zu erfassen. Dennoch können aber in Staaten, in denen sich Teile des Schuldnervermögens befinden, auch mit dem Hauptinsolvenzverfahren mehr oder weniger verbundene territoriale Insolvenzverfahren eröffnet werden, deren Wirkungsanspruch territorial begrenzt ist[46]. Kennzeichnend für die Kombinationsmodelle ist, dass ein territorial beschränktes Verfahren nicht zwingend eröffnet wird, sondern auf Antrag[47]. Die Abwicklung des Verfahrens erfolgt nach dem Recht des Territorialverfahrensstaats. Dadurch verwirklicht das Territorialverfahren eine Schutzfunktion. Die Gläubiger können ihre Forderungen im Inland geltend machen und müssen durch den Eintritt des Insolvenzfalls nicht mit

---

41 Bloching, Pluralität und Partikularinsolvenz, S. 20.

42 Ludwig, Neuregelungen, S. 145; Bloching, Pluralität und Partikularinsolvenz, S. 21.

43 Calvo Caravaca/Carrascosa González, Derecho concursal internacional, S. 27.

44 Ludwig, Neuregelungen, S. 144.

45 Dieses sieht das Ley Concursal, die InsO, sowie die EuInsVO vor.

46 Calvo Caravaca/González Carrascosa, Derecho concursal internacional, Rn. 56; Espiniella Menéndez, AEDIPr 2005, 153(155).

47 Ludwig, Neuregelungen, S. 155.

einer ausländischen Rechtsordnung rechnen, nach der möglicherweise ihre Sicherungsrechte entwertet werden[48].

Ein unabhängiges Territorialverfahren, ohne dass ein Hauptinsolvenzverfahren über das Schuldnervermögen eröffnet wurde, wird im kombinierten Modell wegen seiner Ersatzfunktion anerkannt. Eine solche Situation, in der ein unabhängiges Partikularverfahren notwendig werden kann, liegt beispielsweise dann vor, wenn ein Staat, dessen Gerichte aus inländischer Sicht dafür international zuständig sind, sich weigert, ein Hauptinsolvenzverfahren zu eröffnen[49].

Sowohl im *Ley Concursal* als auch in der Insolvenzordnung ist eine Kombination zwischen Haupt- und Territorialverfahren geregelt. Wie dieses im Einzelnen in beiden Ländern verwirklicht wurde, wird im Teil C dieser Arbeit dargestellt.

48 Spahlinger, Sekundäre Insolvenzverfahren, S. 295; Ludwig, Neuregelungen, S. 156.
49 Garasic, Anerkennung Teil 1, S. 332.

D. Internationales Insolvenzrecht in Spanien und Deutschland

I. Vorherige Rechtslage in Spanien

Das spanische Insolvenzrecht wurde durch das *Ley Concursal* 22/2003 neugeregelt[50]. Die vorausgegangene Rechtslage zeichnete sich durch das Fehlen gesetzlicher Regelungen zu grenzüberschreitenden Insolvenzen aus. Im Übrigen war die Situation durch eine geringe Entscheidungsdichte zu internationalen Insolvenzen gekennzeichnet. Die wenigen vorhandenen Entscheidungen wiesen kein einheitliches Kriterium hinsichtlich der Behandlung ausländischer Insolvenzverfahren auf.

Ende des 19. Jahrhunderts wurde zum Beispiel eine Entscheidung gefällt, in der jegliche Wirkungen eines ausländischen Insolvenzverfahrens auf spanischem Territorium abgelehnt wurde[51]. Während in einer anderen Entscheidung einer französischen insolvenzrechtlichen Entscheidung die Wirkung im Inland nur mangels förmlicher Anerkennungsentscheidung, aber nicht grundsätzlich abgesprochen wurde[52].

Aufgrund des Fehlens gesetzlicher Regelungen und der wenigen Rechtsprechung, die kein einheitliches Kriterium bezüglich der Wirkung ausländischer Verfahren in Spanien festlegte, kann keine eindeutige Zuordnung der damaligen Rechtspraxis zu einem der gegensätzlichen Konzepte von Einheit/Universalität beziehungsweise Mehrheit/Territorialität erfolgen[53]. Allerdings ist die überwiegende spanische Literatur der Ansicht, dass das spanische Recht vor Inkrafttreten des *Nueva Ley Concursal* einen territorialen Ansatz verfolgte[54] und sich für eine Vielzahl von Verfahren aussprach. Dies wird aus dem Umstand geschlossen, dass die spanische Rechtsprechung unter allen Umständen versuchte, sich die Zuständigkeit zur Eröffnung eines Insolvenzverfahrens mit grenzüberschreitenden Bezügen zu sichern[55].

Ab den neunziger Jahren wurden allerdings vermehrt Entscheidungen erlassen, in denen die spanische Rechtsprechung Wirkungen ausländischer insolvenzrechtlicher Entscheidungen im Inland im Wege des Exequaturverfahrens aner-

---

50 Inkraftgetreten am 1.9.2004.

51 STS 15.12.1871.

52 STS 12.5.1886; Miaja de la Muela, Derecho internacional privado Bd. II, S. 603.

53 Esplugues Mota, ZZPInt (1997), 69(72).

54 Calvo Caravaca/Carrascosa González, Derecho concursal internacional, Rn. 50/51.

55 Conde y Luque, Derecho internacional privado, Bd. I, S. 410; Esplugues Mota, ZZPInt (1997), 69(74); Miaja de la Muela, Derecho internacional privado Bd. II, S. 603.

kannte. Aus dem Fehlen einer gesetzlichen Regelung wurde geschlossen, dass die Wirkung ausländischer insolvenzrechtlicher Entscheidungen von der Erteilung des Exequaturs abhängig sei[56]. Die Wirkungsanerkennung und Erklärung der Vollstreckbarkeit einer ausländischen Entscheidung erfolgte im Wege des zivilverfahrensrechtlichen Exequaturverfahrens gemäß Art. 952 ff. LEC 1881[57]. Durch dieses Verfahren wurden sowohl der ausländische Eröffnungsbeschluss als auch die Folgeentscheidungen anerkannt[58].

Der Mangel eines kodifizierten internationalen Insolvenzrechts wurde von der spanischen Literatur heftig kritisiert[59]. Wegen des zunehmenden internationalen Wirtschaftsverkehrs wurde ein gesetzlicher Rahmen zur Regelung von Fragen, die bei grenzüberschreitenden Insolvenzen entstehen, gefordert[60]. Solche gesetzlichen Vorgaben für das internationale Insolvenzrecht sind nunmehr im *Nueva Ley Concursal* vorgesehen.

II. *La nueva Ley Concursal 22/2003* – Das neue Konkursgesetz

Das *Nueva Ley Concursal* ist am 1.9.2004 in Kraft getreten. Wie bereits in den Gesetzesentwürfen aus den Jahren 1983 und 1995 vorgesehen[61], sind in dem neuen Konkursgesetz erstmals auch Regelungen für grenzüberschreitende Insolvenzen aufgenommen. Die internationalen Vorschriften des *Ley Concursal* wurden, worauf die Gesetzesbegründung ausdrücklich hinweist, unter Vornahme der notwendigen Anpassungen aus den Regelungen der EU-Verordnung von Insolvenzverfahren 1346/2000 entwickelt und sind darüber hinaus von Regelungen des UNCITRAL-Modellgesetz vom 15.12.1997[62] inspiriert[63].

---

56 Esplugues Mota, La quiebra internacional, S. 408.

57 ATS 28.12.1999; ATS 4.05.1999; ATS 17.06.2003.

58 Carballo Pineiro, Acciones de reintegración, S. 110/111.

59 Esplugues Mota bezeichnete beispielsweise das spanische Insolvenzrecht als antiquiert und archaisch; Esplugues Mota, ZZPInt (1997), 65.

60 Esplugues Mota, La quiebra internacional, S. 19ff.

61 Alonso Puig/Martínez de Salas Rubio, in Comentarios a la Ley Concursal, S. 833; Beispielsweise sah das Anteproyecto aus dem Jahre 1983 vor, dass ausländische Insolvenzverfahren anerkannt werden, wenn sie neben anderen Voraussetzungen am Sitz des Schuldners eröffnet wurden. Allerdings sah der entsprechende Art. 393.1 LC eine Ausnahme vor, wenn in Spanien ebenfalls ein Insolvenzverfahren eröffnet worden ist. In dem Fall, dass sich der Sitz des Schuldners in einem anderen Staat befand, konnte das spanische Insolvenzverfahren durch Antrag einer Person, die ein entsprechendes rechtliches Interesse darlegt, außer Vollzug gesetzt werden; Calvo Caravaca, La sentencia extranjera, S. 136.

62 Am 15. Dezember 1997 wurden von der UN-Vollversamlung Modellbestimmungen zur grenzüberschreitenden Insolvenzen gebilligt. Vorgelegt wurde das Regelungswerk von

III. Aufbau des internationalen Insolvenzrechts in Spanien

Der IX. Titel des *Ley Concursal* (LC) enthält laut dessen Überschrift Normen des internationalen Privatrechts. Hier sind, abgesehen von der internationalen Eröffnungszuständigkeit, sämtliche Regelungen zur verfahrensrechtlichen als auch materiellrechtlichen Behandlung grenzüberschreitender Insolvenzen vorgesehen. Das erste Kapitel regelt die allgemeinen Grundsätze. Darunter sind der Anwendungsvorrang der EuInsVO, die Verbürgung der Gegenseitigkeit und die generelle Geltung der Lex fori concursus für Verfahren, die in Spanien eröffnet wurden, gefasst. Das zweite Kapitel enthält Vorschriften zum anwendbaren Recht. Diese sind in zwei Abschnitte für Hauptinsolvenzverfahren und Territorialverfahren unterteilt. Das dritte Kapitel regelt die Vorschriften zur Anerkennung eines ausländischen Insolvenzverfahrens. Das vierte Kapitel normiert schließlich die Koordination von im In- und Ausland parallel ablaufenden Haupt- und Nebeninsolvenzverfahren.

Eine Vorschrift zur internationalen Eröffnungszuständigkeit befindet sich nicht im IX. Titel, sondern im Rahmen der allgemeinen Zuständigkeitsregeln in Art. 10 LC.

IV. Internationale Eröffnungszuständigkeit

Tritt bei einem international tätigen Unternehmen, das Geschäftstätigkeiten in verschiedenen Staaten entfaltet und dessen Betriebsstätten und Betriebsvermögen in unterschiedlichen Staaten verteilt ist, der Insolvenzfall ein, so stellt sich die Frage, welcher Staat international zuständig für die Eröffnung des Insolvenzverfahrens ist.

1. Rechtslage vor 2004

Bis zum Inkrafttreten des *Nueva Ley Concursal* war im spanischen Insolvenzrecht keine Regelung der internationalen Eröffnungszuständigkeit für Insolvenzen vorgesehen. Auch das internationale Zivilverfahrensrecht enthielt bis zum Jahre 1985 keine gesetzliche Vorschrift zur internationalen Zuständigkeit.

---

der UNCITRAL(United Nations Commission on International Trade Law), die das „UNCITRAL Modell Law on Cross-border Insolvency“ auf ihrer Generalversammlung im Mai 1997 verabschiedet hatte. Dieser Text der Modellbestimmungen ist in der maßgeblichen englischen Fassung abgedruckt in ZIP 1997, 2224 ff.

63 Exposición de Motivos Ley 22/2003 BOE 10/07/2003 (XI).

Dies führte dazu, dass von der spanischen Rechtsprechung vielfältige Kriterien in exzessiver Weise[64] zur Begründung der eigenen Zuständigkeit herangezogen wurden. Spanische Gerichte haben sich in der Zeit vor 1986 dafür zuständig erklärt, über jeden Konkurs eines Kaufmanns zu entscheiden, unabhängig davon, ob es sich um eine natürliche oder juristische Person handelte, welcher Nationalität sie war, wo sie ihren Wohnsitz oder Aufenthalt hatte und ob ein freiwilliger oder erzwungener Konkurs vorlag, sofern eine minimale Verbindung – war sie auch noch so gering – zu Spanien bestand[65]. Dabei blieb zum Beispiel unberücksichtigt, dass es sich um im Ausland ansässige Unternehmen handelte und dass bereits Insolvenzverfahren außerhalb Spaniens eröffnet worden waren[66]. Häufig ist dabei das Kriterium der „*Durchführung von Akten der wirtschaftlichen Betätigung auf spanischem Territorium*" zu finden[67]. Gestützt wurde dies zumeist auf Art. 20 *Código de Comercio* (CCom) des spanischen Handelsgesetzbuches. Dieser wies die Zuständigkeit für Ausländer den spanischen Gerichten zu, wenn diese in Spanien Handelsgeschäfte ausübten. Zumeist wurde jedoch als gesetzliche Grundlage Art. 51 *Ley Enjuiciamiento Civil* (LEC) der spanischen Zivilprozessordnung herangezogen. Er lautete: „*Die ordentliche Gerichtsbarkeit ist für die Entscheidung in zivilrechtlichen Streitigkeiten zwischen Spaniern, zwischen Ausländern oder zwischen Spaniern und Ausländern zuständig, wenn sich die Streitigkeit auf spanischem Boden ergeben hat*[68]." Daneben wurde auch eine Vermutung für eine rügelose Einlassung vor einem spanischen Gericht angenommen. Eine rügelose Einlassung war in Art. 56 LEC 1881 für die örtliche Zuständigkeit geregelt, wurde aber von der Rechtsprechung auch auf die internationale Zuständigkeit angewendet[69].

2. Inkrafttreten des *Ley Orgánica Poder Judicial* im Jahre 1985

Im Jahre 1985 trat das *Ley Orgánica Poder Judicial* (LOPJ) das spanische Gerichtsverfassungsgesetz in Kraft, in dem der spanische Gesetzgeber zum ersten Mal die internationale Zuständigkeit positiv regelte[70]. Diese Neuregelung hat

---

64 Esplugues Mota, in ZZPInt (1997), 69(78).

65 Campuzano Díaz, Aspectos internacionales del derecho concursal, S. 78.

66 Sentencia Audiencia de Barcelona 6.11.1939; zitiert in Französisch, in Cour International de Justice Affaire Barcelona Traction Light and Power Company, Limited Annexes a la Replique du Governement Belge, Brüssel, 1967, Bd. II, annexe 102, S. 517-522; vgl. auch Esplugues Mota, La quiebra internacional, S. 176.

67 STS vom 15.12.1871, zitiert in Puente Egido, S. 882.

68 Übersetzung Werth, RIW 1975, S. 556 ff.

69 STS 10.12.1906; 16.12.1927. Zu den Kriterien für die Bestimmung der internationalen Zuständigkeit, Trias de Bes, Derecho Internacional Privado, S. 126 ff.

70 Esplugues Mota, ZZPInt (2000), 131(133).

eine tiefgreifende Reform auf dem Gebiet der internationalen Zuständigkeit im spanischen internationalen Privatrecht bewirkt, die von der Literatur gut aufgenommen wurde. Art. 51 LEC wurde durch die Art. 4 und 21 LOPJ außer Kraft gesetzt. Damit fand die Ära des so genannten Zuständigkeitsimperalismus ihr Ende[71].

Dennoch konnten aus der Neuregelung des LOPJ keine Schlüsse für das internationale Insolvenzrecht gezogen werden. Art. 22 Abs. 4 LOPJ beschränkte sich damals wie heute hinsichtlich der Bestimmung des Umfanges der spanischen Gerichtsbarkeit im Insolvenzrecht auf einen Verweis auf *„die näheren Ausführungen durch das Gesetz zum Konkursrecht“*[72]. Das *Ley Concursal* enthielt jedoch zum damaligen Zeitpunkt noch keine Normierung der internationalen Zuständigkeit[73]. Daher zeichnete sich der Rechtszustand im Insolvenzrecht auch nach 1985 durch das Nichtvorliegen einer gesetzlichen Bestimmung zur internationalen Zuständigkeit aus[74]. Allerdings blieb der im internationalen Zivilprozess mit dem Inkrafttreten des LOPJ vollzogene Wandel, durch den nunmehr eine hinreichende Verbindung der spanischen Jurisdiktion zum Rechtsstreit verlangt wurde, nicht ohne Auswirkungen auf das Insolvenzrecht.

In den Gesetzentwürfen von 1983 und 1995 waren nunmehr erstmals Regelungen zur internationalen Zuständigkeit vorgesehen. Im Vorentwurf aus dem Jahre 1995 wurde der spanische Richter unter der Überschrift örtliche Zuständigkeit für die Eröffnung eines Insolvenzverfahrens nur dann für zuständig erklärt, wenn der Schuldner seinen Wohnsitz oder den tatsächlichen Mittelpunkt seiner Aktivitäten in Spanien hat[75].

V. Internationale Eröffnungszuständigkeit nach dem *Nueva Ley Concursal*

Die internationale Zuständigkeit ist in Art. 10 LC gemeinsam mit der örtlichen Zuständigkeit geregelt. Dies lässt sich aus der Überschrift entnehmen, wonach Art. 10 LC sowohl die internationale Eröffnungszuständigkeit als auch die örtliche Eröffnungszuständigkeit regelt.

---

71 Alsina Naudi, Die Umsetzung des europäischen Zivilprozesses in Spanien, S. 13/14.

72 Esplugues Mota, in ZZPInt (1997), 69(71); Carballo Pineiro, Acciones de reintegración, S. 85.

73 Calvo Caravaca/Gonález Carrascosa, Derecho concursal internacional, S. 202.

74 Mit Inkrafttreten des LOPJ vollzog sich ein grundsätzlicher Wandel der Verteilung der internationalen Zuständigkeit im Zivilprozess. Seitdem wird eine hinreichende Verbindung der spanischen Jurisdiktion zum Rechtsstreit verlangt.

75 Esplugues Mota, ZZPInt (1997), 69(83).

1. Prüfung von Amts wegen

Art. 10.5 LC normiert, dass der Richter von Amts wegen seine Zuständigkeit überprüft und feststellt, ob sich diese auf Abs. 1 oder 3 gründet. Diese Prüfungspflicht bezieht sich auch auf die internationale Zuständigkeit. Ein spanisches Gericht kann sich damit auch ohne eine entsprechende Einrede einer Partei für international unzuständig erklären. Es überprüft in der Praxis anhand der von den Parteien beigebrachten Umstände, ob Spanien nach den Kriterien des Art. 10 LC zuständig für die Eröffnung eines Hauptinsolvenzverfahrens oder Partikularverfahrens ist[76].

Ob der spanische Richter die internationale Zuständigkeit von Amts wegen überprüft, war im internationalen Zivilverfahrensrecht lange umstritten[77]. Dies hatte vor Inkrafttreten des *Nueva Ley Concursal* wegen des Fehlens einer eigenständigen Regelung zur internationalen Zuständigkeit im Insolvenzrecht auch Auswirkungen auf die Frage der internationalen Eröffnungszuständigkeit für grenzüberschreitende Insolvenzen. Mit der Neuregelung des spanischen Zivilprozesses vom 7.1.2000 wurde in den Art. 36 ff. LEC normiert, dass sich der spanische Richter von Amts wegen für international unzuständig erklärt. Nunmehr enthält auch das *Ley Concursal* mit Art. 10.5 LC eine entsprechende Regelung.

Vereinzelt wird in der spanischen Literatur die Ansicht vertreten, dass Art. 10.5 LC sich nur auf die örtliche Zuständigkeit beziehe[78], weil die internationale Zuständigkeit eine vorausgehende Prüfung erfordere. Im Ergebnis gelangt jedoch auch diese Ansicht zur Überprüfung der internationalen Zuständigkeit von Amts wegen, und zwar über die Art. 36 bis 39 LEC[79].

2. Anwendungsbereich von Art. 10 LC

Nach Art. 10.1 LC kommt die Zuständigkeit zur Eröffnung und Durchführung eines Insolvenzverfahrens dem Richter für Handelssachen zu, in dessen Bezirk der Schuldner den Mittelpunkt seiner hauptsächlichen Interessen hat. Danach ist

---

76 Virgós Soriano/Garcimartín Alférez, in Comentarios de la Ley Concursal, Art. 10, S. 331.

77 Esplugues Mota, ZZPInt (2001), 65(75); Esplugues Mota, ZZPInt (2000), 131(138); Calvo Caravaca/Carrascosa González, Derecho concursal internacional, Rn. 503; Alsina Naudi, Die Umsetzung des europäischen Zivilprozesses in Spanien, S. 55 ff.

78 Fernández-Ballesteros, in Libro homenaje a Manuel Olivencia, S. 1301(1304).

79 Fernández-Ballesteros, in Libro homenaje a Manuel Olivencia, S. 1301(1304); Fernández-Ballesteros, Proceso concursal práctico, S. 80.

Spanien international zuständig für die Eröffnung eines Insolvenzverfahrens, wenn der Schuldner auf spanischem Territorium den Interessenmittelpunkt hat.

Der Anwendungsbereich des autonomen internationalen Insolvenzrechts muss von der EuInsVO abgegrenzt werden. Gemäß Art. 3 EuInsVO sind für die Eröffnung eines Insolvenzverfahrens die Gerichte des Mitgliedstaates zuständig, in dessen Gebiet der Schuldner den Mittelpunkt seiner hauptsächlichen Interessen hat. Der spanische Gesetzgeber hat damit das Anknüpfungskriterium des Mittelpunktes der hauptsächlichen Interessen aus der EuInsVO übernommen. Befindet sich der Interessenmittelpunkt des Schuldners in Spanien, könnte somit der Anwendungsbereich von Art. 10.1 LC durch Art. 3 EuInsVO verdrängt werden.

Dies soll anhand eines einleitenden Fallbeispiels verdeutlicht werden.

Die Schuldnerin ist eine in den USA errichtete und eingetragene Gesellschaft, die ihre Geschäftsaktivitäten fast ausschließlich in Spanien betreibt. Hier befinden sich der überwiegende Teil des Gesellschaftsvermögens sowie alle wesentlichen Geschäftseinrichtungen. In den USA beschäftigt die Gesellschaft keine Angestellten, ebenso wenig verfügt sie hier über Geschäftstätigkeiten. Der Mittelpunkt der hauptsächlichen Interessen befindet sich zweifelsfrei in Spanien. Diese Gesellschaft wird insolvent. Die Frage ist, ob über eine solche Gesellschaft nach der EuInsVO ein Insolvenzverfahren eröffnet werden kann oder ob das Insolvenzverfahren nach autonomem internationalen Insolvenzrecht zu eröffnen und abzuwickeln ist. Die EuInsVO enthält keine explizite Regelung des räumlich-persönlichen Anwendungsbereichs[80]. Art. 3 EuInsVO normiert, dass die EuInsVO dann Anwendung finden soll, wenn der Schuldner den Mittelpunkt seiner hauptsächlichen Interessen im Gebiet eines Mitgliedstaates hat. Unproblematisch ist daher, dass die EuInsVO nicht anwendbar ist, wenn sich der Mittelpunkt der hauptsächlichen Schuldnerinteressen in einem Drittstaat befindet[81].

Befindet sich aber der Mittelpunkt der hauptsächlichen Interessen in Spanien, so findet nach allgemeiner Ansicht in der spanischen Literatur grundsätzlich die Zuständigkeitsnorm des Art. 3 EuInsVO Anwendung[82]. Dem Kriterium des Mittelpunktes der hauptsächlichen Interessen komme eine doppelte Funktion zu.

---

80 Ludwig, Neuregelungen, S. 43.

81 Virgós/Schmit, Erläuternder Bericht, in Stoll(Hrsg.), Vorschläge und Gutachten, Rn. 44; Leible/Staudiger, KTS 2000, 533(538); Calvo Caravaca/Carrascosa González, Derecho concursal internacional, Rn. 465.

82 Virgós Soriano/Garcimartín Alférez, Comentario al Regalmento, S. 29; Calvo Caravaca/Carrascosa González, Derecho concursal internacional, Rn. 487; Campuzano Díaz, Aspectos internacionales del derecho concursal, S. 142.

Zum einen bestimme es, wann die Verordnung anwendbar sei, und zum anderen regele es, welchem Staat die internationale Eröffnungszuständigkeit zukomme[83].

Nach allgemeiner Ansicht wird daher im oben genannten Beispielsfall, wenn sich das Zentrum der hauptsächlichen Interessen in Spanien befindet, auch bei einer in den USA errichteten und eingetragenen Gesellschaft nach Art. 3 EuInsVO das Insolvenzverfahren eröffnet.

Nach *Calvo Caravaca/Carrascosa González* seien daher sämtliche Definitionen und Regelungen in Art. 10.1 LC hinsichtlich der internationalen Zuständigkeit ohne Anwendungsbereich. Sie dienten nur dazu, die örtliche Zuständigkeit zu bestimmen, denn dahingehend enthalte die EuInsVO keine Regelung[84].

Virgós/Garcimartín weisen aber darauf hin, dass die internationalen Zuständigkeitskriterien des Art. 10 LC bei der Anerkennung ausländischer Insolvenzverfahren als indirekte Zuständigkeitsnorm geprüft werden müssen[85]. So bestimmt Art. 220.3° LC, dass ein ausländisches Insolvenzverfahren nur dann anerkannt werden kann, wenn sich die Eröffnung des ausländischen Verfahrens auf die in Art. 10 LC bestimmten Kriterien stützt. Ebenfalls erlange Art. 10 LC Bedeutung hinsichtlich derjenigen Schuldner, die aus dem Anwendungsbereich der EuInsVO ausgeschlossen seien[86].

3. Exkurs: Innergemeinschaftliche Insolvenz

In der Literatur wird teilweise angenommen, dass für den Fall, dass ein Insolvenzverfahren nach Art. 3 EuInsVO eröffnet werde, sämtliche Vorschriften der EuInsVO auch auf Bezüge zu Drittstaaten anwendbar sind[87].

Nach überwiegender Ansicht enthält aber die EuInsVO hinsichtlich des auf ein Insolvenzverfahren anwendbaren Rechts eine Beschränkung, dass dieses nur bei innergemeinschaftlichen Konflikten Anwendung findet[88].

Nach Ansicht von *Virgós Soriano/Garcimartín Alférez* liegt ein innergemeinschaftlicher Konflikt dann vor, wenn sich der Mittelpunkt der hauptsächlichen Interessen des Gemeinschuldners in einem Mitgliedstaat befindet und das betreffende Vermögen in einem Vertragsstaat liegt oder wenn durch eine Kollisions-

83 Virgós Soriano/Garcimartín Alférez, Comentario al Regalmento, S. 30.
84 Calvo Caravaca/González Carrascosa, Derecho internacional concursal, Rn. 489.
85 Virgós Soriano/Garcimartín Alférez, in Comentario de la Ley Concursal, Art. 10, S. 322.
86 Virgós Soriano/Garcimartín Alférez, in Comentario de la Ley Concursal, Art. 10, S. 322.
87 In diesem Sinne wohl: Campuzano Díaz, Aspectos internacionales del derecho concursal, S. 142 ff.
88 Virgós Soriano/Garcimartín Alférez, Comentario al Regalmento, S. 30 ff.; Calvo Caravaca/Carrascosa González, Derecho concursal internacional, Rn. 460.

norm auf die Insolvenzverordnung verwiesen wird[89]. Auf die Nationalität des Gläubigers komme es für die Bestimmung eines innergemeinschaftlichen Bezuges nicht an[90]. Liegt das betreffende Vermögen außerhalb des Gemeinschaftsgebietes, bestimmen sich also nach *Virgós Soriano/Garcimartín Alférez* die Wirkungen eines nach Art. 3 EuInsVO eröffneten Insolvenzverfahrens auf in Drittstaaten belegene Gegenstände nicht nach Art. 4 EuInsVO, sondern nach Art. 200 LC.

Calvo Caravaca/Carrascosa González nehmen eine innergemeinschaftliche Insolvenz an, wenn der Schuldner den Mittelpunkt seiner hauptsächlichen Interessen im Gemeinschaftsgebiet hat und auch der Gläubiger einen Bezug zur Gemeinschaft aufweist. Dafür könne die Tatsache, ob der Gläubiger seinen Sitz oder Wohnsitz innerhalb des Gemeinschaftsgebietes hat, herangezogen werden[91].

Zusammenfassend ist daher festzustellen, dass Art. 10 LC nach allgemeiner Ansicht ausnahmslos durch Art. 3 EuInsVO verdrängt wird, wenn sich der Mittelpunkt der hauptsächlichen Interessen in Spanien befindet. Die weiteren Vorschriften der EuInsVO finden nach überwiegender Ansicht in Abgrenzung zum autonomen internationalen Insolvenzrecht nur dann Anwendung, wenn eine innergemeinschaftliche Insolvenzsituation vorliegt.

4. Mittelpunkt der hauptsächlichen Interessen

Wie bereits erwähnt, bestimmt sich die internationale Zuständigkeit in Art. 10 LC danach, wo sich der Mittelpunkt der hauptsächlichen Interessen des Schuldners befindet. Mit diesem Tatbestandsmerkmal wird bezweckt, der Jurisdiktion die Zuständigkeit zuzuweisen, die physisch und wirtschaftlich die engste Verbindung mit dem Schuldner aufweist und deshalb am geeignetsten erscheint, das Insolvenzverfahren sachgerecht abzuwickeln[92].

Art. 10.1.2 LC enthält eine Definition des Mittelpunktes der hauptsächlichen Interessen, die mit der Definition des Erläuternden Berichts zur EuInsVO übereinstimmt[93]. Danach ist Mittelpunkt der hauptsächlichen Interessen der Ort, an dem der Schuldner gewöhnlich, in für Dritte erkennbarer Weise, der Verwaltung seiner Interessen nachgeht. Durch den Begriff Interessen wird dabei zum Ausdruck gebracht, dass darunter im Allgemeinen wirtschaftliche Interessen zu ver-

89 Virgós Soriano/Garcimartín Alférez, Comentario al Regalmento, S. 30.
90 Virgós Soriano/Garcimartín Alférez, Comentario al Regalmento, S. 32.
91 Calvo Caravaca/Carrascosa González, Derecho concursal internacional, Rn. 118.
92 Esplugues Mota, ZZPInt (1997), 69(85).
93 Virgós/Schmit, Erläuternder Bericht, in Stoll(Hrsg.), Vorschläge und Gutachten, Rn. 75; Art. 3 EuInsVO enthält keine Definition des Mittelpunktes der hauptsächlichen Interessen.

stehen sind und eine gewerbliche Tätigkeit keine Voraussetzung ist[94]. Das Kriterium ist auf sämtliche Schuldner anwendbar, unabhängig davon, ob es sich um eine juristische oder natürliche Person handelt, ob der Schuldner eine kaufmännische oder nicht kaufmännische Tätigkeit ausübt sowie unabhängig davon, ob er sein Vermögen oder seine Interessen verwaltet[95]. Der Ort der *Verwaltung* der Interessen ist dabei derjenige, von dem die jeweiligen Interessen – sei es das Geschäft, der Beruf oder das Unternehmen des Schuldners – geleitet und geführt werden. Bei Unternehmen soll bildlich gesprochen auf den Ort abgestellt werden, an dem sich *la cabeza*, der Kopf, des Unternehmens befindet und nicht auf *los musculos*, die Muskeln[96]. Der Verwaltungsort hat damit Vorrang vor dem Ort der unternehmerischen Produktion sowie vor dem Ort, von dem die Geschäfte des Schuldners realisiert werden und auch Vorrang vor dem Ort, an dem sich Vermögenswerte befinden[97]. Der Interessenmittelpunkt muss für Dritte *erkennbar* sein. Zur Bestimmung des Interessenmittelpunktes soll auf nach außen sichtbare Umstände und nicht auf die internen Strukturen abgestellt werden. Dies erfordert notwendigerweise eine materielle Präsenz eines Unternehmens, wie einen Marktauftritt und den Abschluss von Geschäften mit Dritten[98]. Das Merkmal *gewöhnlich* kennzeichnet, dass die Interessenverwaltung an einem Ort eine gewisse Kontinuität aufweisen muss und nicht nur vorübergehend sein darf. Auch hiermit wird bezweckt, dass der Ort für potentielle Gläubiger erkennbar ist, damit diese ihre juristischen Risiken abschätzen können[99]. Werden die Interessen an verschiedenen Orten ausgeübt, so dient das Merkmal *hauptsächlich* als Entscheidungskriterium für das Tätigkeitszentrum[100]. Damit soll sichergestellt werden, dass es nur einen Interessenmittelpunkt eines Schuldners geben kann und

---

94 Virgós Soriano/Garcimartín Alférez, in Comentario de la Ley Concursal, Art. 10, S. 326.

95 Campuzano Díaz, Aspectos internacionales del derecho concursal, S. 90.

96 Virgós Soriano/Garcimartín Alférez, in Comentarios de la Ley Concursal, Art. 10 S. 326/327; Virgós Soriano, in La nueva Ley Concursal, Hrsg.: Consejo General del Poder Judicial, S. 503(513).

97 Virgós Soriano/Garcimartín Alférez, in Comentario de la Ley Concursal, Art. 10, S. 326.

98 Virgós Soriano/Garcimartín Alférez, in Comentario de la Ley Concursal, Art. 10, S. 326; Virgós Soriano, in La nueva Ley Concursal, Hrsg.: Consejo General del Poder Judicial, S. 503(515).

99 Campuzano Díaz, Aspectos internacionales del derecho concursal, S. 91; Virgós Soriano/Garcimartín Alférez, Comentario al Regalmento, S. 49/50.

100 Virgós/Schmit, Erläuternder Bericht, in Stoll(Hrsg.), Vorschläge und Gutachten, Rn. 75; Campuzano Díaz, Aspectos internacionales del derecho concursal, S. 91.

nur die Gerichte eines Staates zuständig für die Eröffnung eines Insolvenzverfahrens sind[101].

a) Juristische Person

Ist der Schuldner eine juristische Person, so wird gemäß Art. 10.1 Abs. 2 S. 2 LC vermutet, dass der Mittelpunkt der hauptsächlichen Interessen sich am Satzungssitz befindet[102].

Bei dieser Rechtsvermutung iuris tantum wird die Erfahrung zugrundegelegt, dass für gewöhnlich der Ort, an dem der Schuldner der Verwaltung seiner Interessen nachgeht, mit dem Ort des satzungsmäßigen Sitzes übereinstimmt[103]. Art. 10.1 Abs. 2 S. 2 LC schließt aber nicht aus, dass sich der Mittelpunkt der hauptsächlichen Interessen an einem anderen Ort als dem Satzungssitz befindet. Die Vermutung kann durch Beweis des Gegenteils widerlegt werden[104].

Wer sich darauf beruft, dass der Interessenmittelpunkt sich nicht am Ort des satzungsmäßigen Sitzes befindet, dem obliegt dafür die Beweislast[105]. Die Literatur führt aus, dass es generell Zweck von Vermutungsregeln sei, zur Rechtssicherheit bei der Rechtsanwendung beizutragen. Für den Beweis des Gegenteils seien daher strenge Maßstäbe anzulegen. Wenn dafür, dass sich der Mittelpunkt der hauptsächlichen Interessen an einem anderen Ort befindet, nicht ausreichende Tatsachen vorlägen, sei die Vermutung zugrundezulegen[106]. Das heißt, dass die Umstände, die dafür sprechen sollen, dass der Mittelpunkt nicht am satzungsmäßigen Sitz liegt, ausgeprägt und eindeutig sein müssen, um als Widerlegung zu taugen. Kann nicht eindeutig nachgewiesen werden, dass der Schuldner von einem anderen Ort als dem satzungsmäßigen Sitz der Verwaltung seiner Interessen nachgeht, so wird davon ausgegangen, dass Satzungssitz und Interes-

---

101 Virgós Soriano, in La nueva Ley Concursal, Hrsg.: Consejo General del Poder Judicial, S. 513.

102 Maldonado Ramos, in Comentarios a la legislación concursal, Art. 10 S. 323/324; Der Vermutungstatbestand stimmt wortwörtlich mit dem in Art. 3 EuInsVO überein.

103 Campuzano Díaz, Aspectos internacionales del derecho concursal, S. 92.

104 Campuzano Díaz, Aspectos internacionales del derecho concursal, S. 90; Espiniella Menéndez, Procedimientos de insolvencia, S. 59. So wurde beispielsweise im Anwendungsbereich der EuInsVO in der Entscheidung des Chancery Division Enron Directo vom 4.7.2002, die Vermutung bei einer in Gesellschaft mit satzungsmäßigem Sitz in Spanien widerlegt, dass sich der Mittelpunkt der hauptsächlichen Interessen auch in Spanien befand; Zusammmenfassung der Entscheidung unter http://www.iiiglobal.org abrufbar.

105 Calvo Caravaca/Carrascosa González, Derecho conursal internacional, Rn. 491.

106 Campuzano Díaz, Aspectos internacionales del derecho concursal, S. 92; Virgós Soriano/Garcimartín Alférez, in Comentario de la Ley Concursal, Art. 10, S. 328.

senmittelpunkt übereinstimmen. Die Tatsachen für den Beweis des Gegenteils müssen vom Antragsteller dargelegt und nicht etwa vom Gericht ermittelt werden, denn das *Ley Concursal* sieht keinen Amtsermittlungsgrundsatz vor. In der Praxis bedeutet dies, dass der Richter anhand der ihm beigebrachten Tatsachen überprüft, ob die Vermutung, dass sich der Mittelpunkt der hauptsächlichen Interessen am Satzungssitz befindet eingreift oder diese als widerlegt anzusehen ist[107].

b) Natürliche Personen

Für die Bestimmung des Mittelpunktes der hauptsächlichen Interessen von natürlichen Personen existiert keine Vermutungswirkung. Übt der Schuldner eine unternehmerische Tätigkeit aus, so ist auf den Ort abzustellen, an dem der Schuldner dieser nachgeht. Übt der Schuldner keine unternehmerische, aber eine allgemein berufliche Tätigkeit aus, so ist Interessenmittelpunkt der Ort, an dem der Schuldner seiner beruflichen Tätigkeit nachgeht. Aber auch nicht berufliche allgemeine wirtschaftliche Tätigkeiten unterfallen dem Anknüpfungskriterium ebenso wie der Wohnsitz[108].

c) *Grupos de sociedades* – Konzerninsolvenz

Mit grenzüberschreitender Konzerninsolvenz ist folgender Fall gemeint: Eine Muttergesellschaft und infolgedessen ihre in anderen Staaten angesiedelten Tochtergesellschaften werden insolvent. Problematisch ist nun, nach welchem Insolvenzrecht die Tochtergesellschaften abgewickelt werden sollen. Es stellt sich die Frage, wie der Mittelpunkt der hauptsächlichen Interessen bei einer Konzerninsolvenz zu bestimmen ist und welcher Staat international zuständig ist. Von einem Konzern wird gesprochen, wenn mehrere rechtlich selbstständige Unternehmen miteinander verbunden sind. Darunter fallen sämtliche Arten von Unternehmensverbindungen. Bedeutung für insolvenzrechtliche Fragestellungen hat insbesondere der so genannte hierarchische Konzern. Dieser zeichnet sich dadurch aus, dass das herrschende Unternehmen (sog. Muttergesellschaft) die untergeordneten Unternehmen (sog. Tochtergesellschaften) einheitlich leitet. Die

---

107 Virgós Soriano/Garcimartín Alférez, in Comentario de la Ley Concursal, Art. 10, S. 331.

108 Campuzano Díaz, Aspectos internacionales del derecho concursal, S. 94; Álvarez Álvarez, in Comentarios a la legislación concursal, Hrsg.: Sánchez-Calero, Art. 10.1, S. 273.

strategischen Unternehmensfunktionen sind bei der Konzernleitung angesiedelt[109].

Art. 10.4 LC regelt, dass für den Fall, dass die Insolvenz von einer Schuldnermehrheit beantragt wird, der Richter des Ortes zuständig ist, an dem der Schuldner mit der größten Vermögensmasse den Mittelpunkt der hauptsächlichen Interessen hat. Handelt es sich bei der Schuldnermehrheit um einen Konzern, so ist nach Art. 10.4 LC auf den Mittelpunkt der hauptsächlichen Interessen der herrschenden Gesellschaft abzustellen. Damit besteht die Möglichkeit mehrere juristisch selbstständige Rechtssubjekte als wirtschaftliche Einheit abzuwickeln.

Fraglich ist, ob die Norm auch eine Zuständigkeitsregelung für eine grenzüberschreitende Konzerninsolvenz enthält. Die Folge wäre, dass bei zentral geführten Konzernen, in denen die insolvente Tochtergesellschaft durch die Muttergesellschaft gelenkt oder kontrolliert wird, auf den Interessenmittelpunkt der herrschenden Muttergesellschaft abzustellen wäre. Art. 10.4 LC ist allerdings nach allgemeiner Ansicht in der spanischen Literatur eine Regelung für die örtliche Zuständigkeit[110]. Art. 10.4 LC setze voraus, dass die internationale Zuständigkeit Spaniens über jeden der Schuldner gegeben ist[111]. Zur Bestimmung der internationalen Zuständigkeit greife das *Ley Concursal* auf den juristischen und nicht auf den wirtschaftlichen Schuldnerbegriff zurück[112].

Dies hat zur Folge, dass eine eigene gerichtliche Zuständigkeit für jeden Schuldner bestimmt werden muss, der eine juristisch selbstständige Einheit darstellt. Wenn ein Konzernunternehmen insolvent wird, ergeben sich daher zunächst keine Unterschiede gegenüber der Insolvenz eines Unternehmens, welches nicht in einen Konzern integriert ist. International zuständig ist der Staat, in dem die Interessenverwaltung im Sinne von Art. 10.1 LC jedes einzelnen Rechtsträgers stattfindet. Zur Bestimmung des Ortes der Interessenverwaltung soll es dabei weniger auf Konzerninterna, wie Finanz- und Personalleitung, ankommen, sondern auf den für Dritte erkennbaren Ort der Geschäftsleitung der

---

109 Embid Irujo, in Libro homenaje a Manuel Olivencia, S. 1885(1898).

110 Virgós Soriano/Garcimartín Alférez, in Comentario de la Ley Concursal, Art. 10 S. 330; Espiniella Menéndez, Procedimientos de insolvencia, S. 44; Álvarez Álvarez, in Comentarios a la legislación concursal, Hrsg.: Sánchez-Calero Art. 10.4, S. 314 sieht darin ebenfalls eine Regelung für die örtliche Zuständigkeit; Carballo Pineiro, Acciones de reintegración, S. 88, Fn.153; Zweifelnd Calvo Caravaca/González Carrascosa, Derecho concursal internacional, Rn. 502; a. A.: wohl Sánchez-Calero, Anuario de derecho concursal (5), S. 7(19).

111 Espiniella Menéndez, Procedimientos de insolvencia, S. 44; Virgós Soriano/Garcimartín Alférez, in Comentario de la Ley Concursal, Art. 10, S. 330.

112 Virgós Soriano/Garcimartín Alférez, in Comentario de la Ley Concursal, Art. 10, S. 330.

jeweiligen Tochtergesellschaft[113]. Unerheblich sei daher, ob die Geschäftsführung auf Weisung der Muttergesellschaft oder von Aktionären agiert, die an einem anderen Ort ansässig sind[114]. Lediglich wenn sich die Verwaltungsorganpersonen real und effektiv am Sitz der Muttergesellschaft aufhielten, sei der Interessenmittelpunkt der Tochtergesellschaft im selben Staat wie der der Muttergesellschaft angesiedelt. In diesem Fall könne Art. 10.4 LC Anwendung finden[115].

Entscheidend ist daher für die Bestimmung des Mittelpunktes der hauptsächlichen Interessen, von welchem Ort die Geschäftsführer die Geschäfte der Tochtergesellschaft in für Dritte erkennbarer Weise leiten.

Demgegenüber vertrat insbesondere die englische Rechtsprechung im Anwendungsbereich der EuInsVO, die so genannte *Mind-of-management*-Lehre. Danach soll sich der Mittelpunkt der hauptsächlichen Interessen bei Konzerninsolvenzen nach dem Ort bestimmen, an dem die so genannten *head office functions* – die Geschäfts-, Vertriebs- und Personal*leitung* – der Tochter gebündelt sind und von dem die Kontrolle über die Tochtergesellschaft ausgeübt wird[116]. Damit wird bezweckt, den Gesamtkonzerninteressen Vorrang vor den Interessen der Gläubiger der Tochtergesellschaften einzuräumen. Der Interessenmittelpunkt sei an demjenigen Ort zu lokalisieren, an dem die *board meetings* stattfinden sowie an dem über die Finanzen und über die Marketingstrategien für die einzelnen Konzerngesellschaften entschieden werde[117]. Dieser *mind of management* befinde sich in zentral gesteuerten Unternehmensverbünden im so genannten *headquarter* des Gesamtkonzerns, welches meist am Sitz der Muttergesellschaft eingerichtet ist[118].

Allerdings wurde die Literaturansicht, dass die internationale Zuständigkeit für jeden Schuldner selbstständig ermittelt werden muss und zur Bestimmung des Interessenmittelpunktes einer Tochtergesellschaft nicht auf konzerninterne Weisungsstrukturen abzustellen ist, sondern auf einen für Dritte feststellbaren Ort, unlängst im Anwendungsbereich der EuInsVO in der Rechtssache *Eurofood* vom EuGH bestätigt[119].

---

113 Vgl. dazu bereits oben unter D.V.4.

114 Virgós Soriano, in La nueva Ley Concursal, Hrsg.: Consejo General del Poder Judicial, S. 503(514); Espiniella Menéndez, in Procedimientos de insolvencia, S. 63.

115 Virgós Soriano, in La nueva Ley Concursal, Hrsg.: Consejo General del Poder Judicial, S. 503(514).

116 High Court of Justice Leeds, ZIP 2003, 1362; High Court of Justice Birmingham NZI 2005, 467 ff; Tribunale die Parma ZIP 2004, 1220 ff.; AG München, IPrax 2004, 433.

117 High Court of Justice Leeds, ZIP 2003, 1362.

118 Fletcher, Insolvency, Rn. 7.69 ff.

119 EuGH Rs C-341/04 ZIP 2006, 907 ff, mit Anmerkung von Knof/Mock.

d) Exkurs: Konzerninsolvenz EuGH-Rechtsprechung

Dem Rechtsstreit lag folgender Sachverhalt zugrunde: 1997 wurde die Gesellschaft *Eurofood* in Irland als *company limited by shares* (Kommanditgesellschaft auf Aktien) mit satzungsmäßigem Sitz im *International Financial Services Center* in Dublin eingetragen. Sie ist eine hundertprozentige Tochtergesellschaft der *Parmalat* SpA, einer Gesellschaft italienischen Rechts. Nach dem die *Eurofood* in die Insolvenz gegangen ist, wurden sowohl in Irland als auch in Italien Insolvenzverwalter bestellt. Nach einer Vorlage durch den irischen *Supreme Court* entschied der EuGH über die Vorlagefrage, wie der Mittelpunkt der hauptsächlichen Interessen bei einer Tochtergesellschaft zu bestimmen ist, die ihren satzungsmäßigen Sitz in einem anderen Staat als die Muttergesellschaft hat. Insoweit stellte der EuGH fest, dass aus der Anordnung der Vermutung im Rahmen des Art. 3 EuInsVO, dass der satzungsmäßige Sitz der Mittelpunkt der hauptsächlichen Interessen ist, folge, dass für die Feststellung der Zuständigkeit der Gerichte der Mitgliedstaaten eine eigene gerichtliche Zuständigkeit für jeden Schuldner existiert, der eine juristisch selbstständige Einheit darstellt.

Die Definition des Mittelpunktes der hauptsächlichen Interessen als der Ort, an dem der Schuldner gewöhnlich der Verwaltung seiner Interessen nachgeht und der damit für Dritte feststellbar ist, knüpfe aus Gründen der Rechtssicherheit und Vorhersehbarkeit des zuständigen Gerichts an die objektiven Kriterien an. Die Vermutung zur Bestimmung des Mittelpunktes der hauptsächlichen Interessen lässt sich nur widerlegen, wenn objektive und für Dritte feststellbare Elemente belegen, dass in Wirklichkeit die Lage nicht derjenigen entspricht, welche die Verortung am genannten satzungsmäßigen Sitz widerspiegeln soll. Beispielhaft führte der EuGH eine so genannte Briefkastenfirma an, die in dem Mitgliedstaat, in dem sich ihr satzungsmäßiger Sitz befindet, keiner Tätigkeit nachgeht. Im Gegensatz dazu reiche aber dann, wenn die Tochtergesellschaft in dem Mitgliedstaat, in dem sie ihren Sitz habe, eine Tätigkeit ausübt, die Tatsache allein, dass ihre Tätigkeit von einer Muttergesellschaft mit Sitz in einem anderen Mitgliedstaat kontrolliert wird, nicht aus, um die mit der Verordnung aufgestellte Vermutung zu entkräften[120].

5. Alternativer Gerichtsstand?

Neben dem Anknüpfungskriterium des Mittelpunktes der hauptsächlichen Interessen eröffnet Art. 10.1 LC – soweit der Schuldner darüber hinaus seinen Sitz in Spanien hat und dieser nicht mit dem Mittelpunkt seiner hauptsächlichen Interes-

120 EuGH Rs C-341/04 ZIP 2006, 907 ff., mit Anmerkung von Knof/Mock.

sen übereinstimmt – einen Wahlgerichtsstand. Dieser Wahlgerichtsstand beansprucht allerdings nur Geltung für die örtliche Zuständigkeit[121]. Dies ergibt sich aus der Formulierung *además*. Nur wenn sich neben dem Mittelpunkt des hauptsächlichen Interesses auch der davon abweichende Sitz auf spanischem Territorium befindet, besteht die Alternativzuständigkeit.

Im Übrigen nimmt die Gesetzesbegründung zum *Ley Concursal* hinsichtlich des (Wohn-)Sitzes als Wahlgerichtsstand auf die örtliche Zuständigkeit, nicht aber auf die internationale Zuständigkeit Bezug[122]. Das heißt, hat der Gemeinschuldner seinen Sitz in Spanien, liegt aber der Mittelpunkt der hauptsächlichen Interessen davon abweichend in einem anderen Staat, so ist Spanien nicht international zuständig. Das Kriterium des Interessenmittelpunktes ist abschließend.

Die Zuständigkeitsmerkmale, welche im Zivilprozeß nach Art. 22.2 LOPJ den allgemeinen Gerichtsstand begründen, sind nicht mehr anwendbar. Dies ergibt sich aus dem Verweis des Art. 22.4 LOPJ auf das Insolvenzrecht[123]. Damit haben ausdrückliche oder stillschweigende Unterwerfungen der Parteien unter die spanische Gerichtsbarkeit im Sinne von Art. 22.2 LOPJ keine Bedeutung mehr für die Begründung der internationalen Eröffnungszuständigkeit. Dies widerspräche der Zwecksetzung im internationalen Insolvenzrecht, ein räumlich mit der Insolvenz verbundenes Gericht mit der Abwicklung zu beauftragen[124].

6. Zeitpunkt für die Begründung der Zuständigkeit und Sitzverlegung

Entscheidungserheblich kann der Zeitpunkt für die Bestimmung der internationalen Zuständigkeit beispielsweise bei folgender Fallkonstellation werden: Der Schuldner verlegt in unmittelbar zeitlichem Zusammenhang mit der Eröffnung des Insolvenzverfahrens seinen Wohn- oder Firmensitz von Spanien in einen (Dritt-)Staat. In diesem stellt er einen Insolvenzantrag. Es kann sich aber auch die umgekehrte Problemkonstellation ergeben, dass der Schuldner trotz seines Umzuges den Insolvenzeröffnungsantrag noch in Spanien stellt.

Relevanter Zeitpunkt für die Begründung der internationalen Zuständigkeit ist der Antrag auf Eröffnung des Insolvenzverfahrens. Nach dem Grundsatz der Perpetuatio fori wird eine einmal begründete Zuständigkeit nicht durch die nach-

121 Esplugues Mota, ZZPInt (2001), 65(73); Benítez de Lugo/Campuzano Díaz, in Libro homenaje a Manuel Olivencia, S. 599(625).

122 Exposición de Motivos Ley 22/2003 BOE 10/07/03(IV); Benítez de Lugo/Campuzano Díaz, in Libro homenaje a Manuel Olivencia, S. 599(625).

123 Calvo Caravaca/Carrascosa González, Derecho concursal internacional, Rn. 482.

124 Calvo Caravaca/Carrascosa González, Derecho concursal internacional, Rn. 485.

folgende Änderung der Umstände berührt[125]. International zuständig ist der Staat, in dem sich zu diesem Zeitpunkt der Mittelpunkt der hauptsächlichen Interessen des Schuldners befindet. Nachträgliche Veränderungen der Verhältnisse, wie beispielsweise eine Verlagerung des Interessenmittelpunktes ins Ausland, berühren die einmal begründete Zuständigkeit nicht mehr.

Fraglich ist aber, wie eine Veränderung der zuständigkeitsbegründenden Umstände durch eine Verlegung des Interessenmittelpunktes ins Ausland vor Beantragung des Insolvenzverfahrens zu behandeln ist.

Für die Gläubiger kann die Verlegung ins Ausland die unangenehme Konsequenz haben, an einem ausländischen Insolvenzverfahren teilnehmen zu müssen, obwohl ihre Geschäftsbeziehungen bis kurz vorher rein nationale Angelegenheiten waren[126]. Es ist auch möglich, dass die Gläubiger zu spät oder überhaupt keine Kenntnis von der Insolvenzeröffnung erlangen, weil die Veröffentlichungen oft nur im Bereich des neuen Firmensitzes erfolgen. Dies kann dazu führen, dass am alten Firmensitz ansässige Gläubiger daran gehindert werden, ihre Forderungen rechtzeitig geltend zu machen[127].

Nach Art. 10.1 Abs. 2 letzter Satz LC ist eine Sitzverlegung bis zu sechs Monaten vor der Antragsstellung unwirksam. Von *Calvo Caravaca/Carrascosa González* wird die Regelung so verstanden, dass die Vermutungswirkung, dass sich der Mittelpunkt der hauptsächlichen Interessen am alten Satzungssitz befindet, trotz Sitzverlegung fortbesteht. Damit solle entgegengewirkt werden, dass es zu rechtsmissbräuchlichen Verlegungen des Satzungssitzes von Gesellschaften kommt, um die Eröffnungszuständigkeit eines anderen Gerichts zu erreichen. Eine Widerlegung der Vermutung sei nicht möglich[128].

Befinde sich aber das Zentrum der hauptsächlichen Interessen in Spanien, so bestimme sich die internationale Zuständigkeit immer nach Art. 3 EuInsVO und nicht nach Art. 10 LC. Abzustellen sei danach auf den Moment der Beantragung

---

125 Álvarez Álvarez, in Comentarios a la legislación concursal, Hrsg.: Sánchez-Calero, Art. 10, S. 281; Virgós Soriano/Garcimartín Alférez, Comentario de la Ley Concursal, Art. 10, S. 332.

126 Haubold, IPRax 2003, 34(36).

127 Streit besteht im Anwendungsbereich der EuInsVO, dahingehend, ob auf die Antragsstellung, die Anordnung des vorläufigen Verfahrens oder auf die Eröffnungsentscheidung abzustellen ist; vgl. dazu, *Duursma-Kepplinger*/Duursma/*Chalupsky*, EuInsVO, Art. 16, Rn. 10; Ausführlich unter Darstellung des Streitstands Laukemann, RIW 2005, 104 f.; nunmehr hat der EuGH in der Sache Staubitz-Schreiber entschieden, dass u.a. aus Gründen der Rechtssicherheit ein Umzug nach der Antragsstellung die Zuständigkeit nicht mehr verändert, EuGH ZIP 2006, 188 f. mit Anmerkung Knof/Mock; vgl. dazu auch Carballo Pineiro, Anuario de Derecho Concursal (5), S. 497 ff.

128 Calvo Caravaca/Carrascosa González, Derecho concursal internacional, Rn. 491.

des Insolvenzverfahrens. Die Unwirksamkeitserklärung der Sitzverlegung sei in der EuInsVO nicht vorgesehen. Der Tatbestand komme daher bei der internationalen Zuständigkeit nicht zur Anwendung[129].

Auch der Großteil der anderen Literaturvertreter geht davon aus, dass dieser Teil der Vorschrift, der die Sitzverlegung im Rahmen der Zuständigkeitsbegründung für unwirksam erklärt, nicht auf die internationale Zuständigkeit, sondern nur hinsichtlich der örtlichen Zuständigkeit anzuwenden ist[130]. *Campuzano Díaz* stellt neben der Argumentation des fehlenden Anwendungsbereiches darauf ab, dass in der Gesetzesbegründung auf den Tatbestand der Sitzverlegung im Rahmen der Erörterung der örtlichen Zuständigkeit Bezug genommen werde[131].

Virgós/Garcimartín wenden die Regelung auch auf die internationale Zuständigkeit an. Dieser komme Bedeutung bei der Bestimmung der Anerkennungszuständigkeit im Rahmen des Art. 220 LC zu. Die Formulierung, dass eine Sitzverlegung sechs Monate vor Antragstellung unwirksam ist, sei nicht so zu verstehen, dass der Mittelpunkt der hauptsächlichen Interessen am vorherigen Satzungssitz fortbestehe. Bei einer Sitzverlegung innerhalb dieses Zeitraums könne aber nicht die Vermutung, dass sich der Interessenmittelpunkt am neuen Satzungssitz befindet, zugrundegelegt werden. Vielmehr müsse das Zentrum der hauptsächlichen Interessen ohne die Vermutungswirkung bestimmt werden[132].

7. Kritik an der Neuregelung der internationalen Zuständigkeit

In der Literatur wird die Normierung der internationalen Zuständigkeit gemeinsam mit der örtlichen Zuständigkeit innerhalb einer Vorschrift kritisiert[133]. So hätte es nach verbreiteter Ansicht in der Literatur der Klarheit gedient, wenn die

---

129 Calvo Caravaca/González Carrascosa, Derecho concursal internacional, Rn. 487.

130 Campuzano Díaz, Aspectos internacionales del derecho concursal, S. 94, Álvarez Álvarez, nimmt bezüglich dieser Regelung auf die örtliche Zuständigkeit Bezug, Álvarez Álvarez, in Comentarios a la legislación concursal, Hrsg.: Sánchez-Calero, Art. 10, S. 280; so wohl auch Fernández-Ballesteros, in Libro homenaje a Manuel Olivencia, S. 1301(1302).

131 Campuzano Díaz, Aspectos internacionales del derecho concursal, S. 94; vgl. auch Exposición de Motivos Ley 22/2003 BOE 10/07/03 (IV).

132 Virgós Soriano/Garcimartín Alférez, in Comentario de la Ley Concursal, Art. 10, S. 333.

133 Esplugues Mota, ZZPInt (2001), 65(73); Benítez de Lugo/Campuzano Díaz, in Libro homenaje a Manuel Olivencia, S. 599(624).

internationale Zuständigkeit von der örtlichen Zuständigkeit getrennt im IX. Titel des *Ley Concursal* geregelt worden wäre[134].

Darüber hinaus wird darauf verwiesen, dass es im Gegensatz zu anderen Ländern in Spanien bis dato keine Rechtsprechungspraxis gewesen sei, den Zuständigkeitsvorschriften eine doppelte Funktion zuzuweisen. So sieht Art. 22 LOPJ eine eigenständige Regelung der internationalen Zuständigkeit vor. Im spanischen Recht seien diese beiden Kriterien sorgfältig zu trennen, denn es bestehe eine Grundverschiedenheit zwischen internationalen und innerstaatlichen Zuständigkeitsvorschriften[135]. Erstere gestehen der Gesamtheit aller Rechtspflegeorgane eines Staates die Kompetenz zu, über eine Rechtsfrage zu entscheiden. Die innerstaatlichen Zuständigkeitsvorschriften teilten die Zuständigkeit, nachdem in einer vorausgegangen Prüfung die internationale Zuständigkeit der spanischen Gerichte festgestellt worden ist, innerstaatlich auf bestimmte Gerichte auf[136].

Allerdings sah bereits Art. 70 LEC 1881 – eine interne Zuständigkeitsvorschrift – als Tatbestandsvoraussetzung die Zuständigkeit der spanischen Gerichte nach innerstaatlichen Zuständigkeitsvorschriften vor. Bereits damals waren einige Autoren der Meinung, dass die internen Zuständigkeitsnormen zur Bestimmung der internationalen Zuständigkeit heranzuziehen seien[137].

Im Übrigen wird in der spanischen Literatur auch darauf hingewiesen, dass durch das Heranziehen der örtlichen Zuständigkeitskriterien für die Bestimmung der internationalen Zuständigkeit, ein klassisches Problem des internationalen Privatrechts vermieden werde, nämlich dass Spanien international zuständig zur Eröffnung eines Insolvenzverfahrens ist, es aber nicht möglich ist, intern ein zuständiges Gericht zu bestimmen[138].

VI. Vorherige Regelung des internationalen Insolvenzrecht in Deutschland

Im Gegensatz dazu enthielt das deutsche Recht bereits in der Konkursordnung Vorschriften zu grenzüberschreitenden Insolvenzverfahren.

---

134 Benítez de Lugo/Campuzano Díaz, in Libro homenaje a Manuel Olivencia, S. 599(624); Campuzano Díaz, Aspectos internacionales del derecho concursal, S. 93; Fernández-Ballesteros, Proceso concursal práctico, S. 76.

135 Esplugues Mota, ZZPInt (2001), 65(82).

136 Fernández-Ballesteros, Proceso concursal práctico, S. 76.

137 Alsina Naudi, Die Umsetzung des europäischen Zivilprozesses in Spanien, S. 10.

138 Campuzano Díaz, Aspectos internacionales del derecho concursal, S. 121; Calvo Caravaca/Carrascosa González, Derecho concursal internacional, S. 96.

1. §§ 237, 238 Konkursordnung

Unter Geltung der Konkursordnung (KO) war das Internationale Insolvenzrecht in den §§ 237, 238 KO normiert. § 237 KO bestimmte, dass auch bei Eröffnung eines ausländischen Konkursverfahrens die Zwangsvollstreckung in das inländische Vermögen zulässig sei. Dies wurde von der Rechtsprechung als Ausdruck des Territorialitätsprinzips bewertet[139].

§ 238 KO regelte die Zulässigkeit von Territorialverfahren, das heißt von solchen Verfahren, die nur das im Inland belegene Vermögen des Schuldners erfassen.

Rechtsprechung und Teile der Literatur leiteten lange Zeit aus §§ 237, 238 KO ab, dass zwar ein inländisches Insolvenzverfahren universale Wirkung beansprucht, ein ausländisches Insolvenzverfahren aber keine Wirkungen im Inland hat[140]. Diesen Widerspruch hob der BGH in der so genannten Wendeentscheidung auf und sprach sich für die Anerkennung ausländischer Insolvenzverfahren in Deutschland aus[141]. Seitdem erkannte das deutsche Recht ausländische Insolvenzverfahren im Inland an, sofern das ausländische Gericht international zuständig war und durch das ausländische Verfahren nicht gegen den inländischen ordre public verstoßen wurde[142].

2. Art. 102 Einführungsgesetz zur Insolvenzordnung

In der am 1.1.1999 in Kraft getretenen Insolvenzordnung (InsO) wurde das Internationale Insolvenzrecht nicht geregelt. Übergangsweise diente Art. 102 Einführungsgesetz zur Insolvenzordnung (EGInsO) in alter Fassung. Nach Art. 102 EGInsO wird von ausländischen Insolvenzverfahren auch das im Inland befindliche Vermögen des Schuldners erfasst. Absatz 2 regelte das Insolvenzanfechtungsstatut und Absatz 3 erklärte die Eröffnung eines auf das Inlandsvermögen beschränkten Territorialverfahrens für möglich.

Die Vorschrift wurde in der Literatur als fragmentarisch und unpräzise kritisiert. Die Kritik bezog sich zum Beispiel darauf, dass in Absatz 1 nicht festgelegt wurde, dass es sich um eine Anerkennung des ausländischen Insolvenzverfahrens handelte[143].

---

139 Vgl. obiter dictum der Entscheidung RGZ 114, 83.
140 BGH, NJW 1960, 774; Kuhn, KO 1962, § 237 Anm. 1.
141 BGH, NJW 1985, 2897 ff.
142 Reinhart, Müko-InsO, vor Art. 102 EGInsO Rn. 13; Ludwig; Neuregelungen, S. 22.
143 Leipold, in FS für Henckel, S. 533(536).

VII. Gesetz zur Neuregelung des Internationalen Insolvenzrechts

Das Gesetz zur Neuregelung des Internationalen Insolvenzrechts vom 14.3.2003, das am 20.3.2003 in Kraft getreten ist, hat das deutsche autonome internationale Insolvenzrecht in Art. 102 EGInsO und §§ 335 ff. InsO neu normiert[144]. Wie bereits erwähnt, war eine Neuregelung erforderlich, weil die EuInsVO keine Vorschriften bezüglich grenzüberschreitender Insolvenzen im Verhältnis zu Drittstaaten enthält und gewisse Insolvenzverfahren aus dem sachlichen Anwendungsbereich der EuInsVO ausgenommen sind. Zur Regelung des autonomen Rechts im Verhältnis zu Drittstaaten standen dem Gesetzgeber verschiedene Handlungsalternativen offen. Er hätte die Bestimmung in Art. 102 EGInsO a.F. beibehalten können. Eine Neuregelung des internationalen Insolvenzrechts konnte sich an den in der EuInsVO getroffenen Regelungen, an den Vorschriften des UNCITRAL-Modellgesetzes oder an den §§ 379 ff. RegE InsO[145], welche aufgrund einer Beschlussempfehlung des Rechtsausschusses nicht Gesetz wurden[146], orientieren. Der Gesetzgeber hat sich für eine Ausrichtung an den §§ 379 ff. RegE entschieden. Die Regelungen dieses Regierungsentwurfes lehnten sich stark an die Vorschriften des Europäischen Insolvenzübereinkommens[147] an, das wiederum der EuInsVO zugrunde liegt. Mithin erfolgte in dem Gesetz zur Neuregelung des internationalen Insolvenzrechts eine Orientierung an der EuInsVO. Die EuInsVO kann daher als Hilfe zur Auslegung des deutschen internationalen Insolvenzrechts herangezogen werden[148].

VIII. Aufbau des internationalen Insolvenzrechts in der Insolvenzordnung

Das internationale Insolvenzrecht ist im elften Teil der Insolvenzordnung geregelt. Dieser ist in drei Abschnitte untergliedert. Im ersten Abschnitt sind die Allgemeinen Vorschriften normiert, die Kollisions- und Sachnormen umfassen. Der zweite Abschnitt befasst sich mit ausländischen Verfahren. Hierbei geht es um die Frage, in welchem Umfang diese anzuerkennen sind. Im dritten Abschnitt sind die Vorschriften für die Eröffnung von unabhängigen und sekundären Partikularverfahren geregelt. Für die internationale Eröffnungszuständigkeit sieht die Insolvenzordnung keine ausdrückliche Regelung vor.

---

144 Pannen/Riedemann, NZI 2004, 301; Liersch, in Braun-InsO, vor §§ 335-358 Rn. 16.
145 BT-Drs. 12/2443, S. 68 ff.
146 BT-Drs. 12/7302, S. 143 ff.; BT-Drs. 12/7303, S. 100, 117 f.
147 BT-Drs. 12/2443, S. 235.
148 Adam, Zuständigkeitsfragen, S. 198; Liersch, in Braun-InsO, vor §§ 335-358 Rn. 23.

IX. Internationale Eröffnungszuständigkeit nach der Insolvenzordnung

Nachfolgend werden die Kriterien zur Bestimmung der internationalen Zuständigkeit nach der Insolvenzordnung dargestellt.

1. Doppelfunktionalität der Zuständigkeitsnormen

Eine eigenständige Regelung für die internationale Zuständigkeit zur Eröffnung eines Hauptinsolvenzverfahrens im Rahmen von grenzüberschreitenden Insolvenzen existiert in der deutschen Insolvenzordnung nicht.

Mangels anderweitiger Regelung ist der Grundsatz der so genannten Doppelfunktionalität, der im internationalen Privatrecht gilt, auch im internationalen Insolvenzrecht anzuwenden. Danach richtet sich die internationale Zuständigkeit nach der örtlichen Zuständigkeit, das heißt nach § 3 InsO analog[149]. Durch die Anknüpfung an die örtliche Zuständigkeit soll gewährleistet werden, dass das sachnächste Gericht entscheidet[150].

2. Anwendungsbereich von § 3 InsO

Wie bereits erwähnt, verdrängt die EuInsVO das autonome internationale Insolvenzrecht in ihrem Anwendungsbereich.

Fraglich ist, ob für den Fall, dass sich der Mittelpunkt der hauptsächlichen Interessen in Deutschland befindet, grundsätzlich die EuInsVO anwendbar ist und damit Art. 3 EuInsVO Vorrang hat, oder ob für die Anwendbarkeit der Verordnung ein weiterer Bezug zu Mitgliedstaaten vorliegen muss.

Dieses Problem kann sich beispielsweise bei folgender Fallkonstellation stellen: Die Schuldnerin ist eine in den USA eingerichtete und eingetragene Gesellschaft, die ihre Geschäftsaktivitäten fast ausschließlich in Deutschland betreibt. Der Mittelpunkt befindet sich unstreitig in Deutschland[151]. Fraglich ist, ob über eine solche Gesellschaft nach der EuInsVO ein Insolvenzverfahren eröffnet werden kann oder ob das Insolvenzverfahren nach autonomem internationalen Insolvenzrecht zu eröffnen und abzuwickeln ist. Wie bereits erwähnt, enthält die EuInsVO keine explizite Regelung des räumlich-persönlichen Anwendungsbereichs. Art. 3 EuInsVO normiert, dass die EuInsVO dann Anwendung findet, wenn der Schuldner den Mittelpunkt der hauptsächlichen Interessen im Gebiet eines Mitgliedstaates hat. Unproblematisch ist daher, dass die EuInsVO nicht

149 Schmerbach, in Frankfurter Kommentar-InsO, § 3 Rn. 46; Gottwald, Insolvenzrechtshandbuch, § 132 Rn. 24.
150 Ludwig, Neuregelungen, S. 42.
151 Vgl. zu der Problemstellung auch oben unter D.V.2.

anwendbar ist, wenn der Interessenmittelpunkt sich in einem Drittstaat befindet[152]. Ist das Zentrum der hauptsächlichen Interessen in Deutschland angesiedelt, so werden zu der einleitenden Fallkonstellation mehrere Ansätze vertreten:

a) Qualifizierter Auslandsbezug

Eine Literaturansicht[153] fordert für die Anwendbarkeit der EuInsVO einen qualifizierten Auslandsbezug zu anderen Mitgliedstaaten. Ist einziger Auslandsbezug der zu einem Drittstaat, so finde auch in dem Fall, dass sich das Zentrum der hauptsächlichen Interessen in einem Mitgliedstaat befinde, das autonome internationale Insolvenzrecht Anwendung[154]. Ein solcher Fall könne sich bei so genannten nominellen Drittstaatgesellschaften ergeben, die ihren Mittelpunkt der hauptsächlichen Interessen in der EU haben, aber bei denen sonst nur Bezüge zu Drittstaaten vorliegen. Die EuInsVO treffe keine Regelung im Verhältnis der EU-Mitgliedstaaten zu Drittstaaten. Im Übrigen sprächen Gründe der Rechtssicherheit dagegen den Anwendungsbereich der EuInsVO auf Nichtmitgliedstaaten auszudehnen[155]. Aus Art. 3 EuInsVO könnten keine Rückschlüsse hinsichtlich der Anwendbarkeit der Verordnung getroffen werden[156]. Nach dieser Ansicht findet die EuInsVO prinzipiell Anwendung, wenn sich der Mittelpunkt der hauptsächlichen Interessen in einem Mitgliedstaat befindet und darüber hinaus ein transnationaler Bezug zu einem weiteren Mitgliedstaat vorliegt[157]. Der erläuternde Bericht hebe explizit hervor, dass die Verordnung auf Sachverhalte mit ausschließlichem Bezug zu Drittstaaten nicht anwendbar sei[158]. Im Übrigen ergebe sich aus Sinn und Zweck der EuInsVO, dass diese nur innerhalb der Gemeinschaft Wirkungen entfalten solle und daher auch nur ein *„gemeinschaftsinternes transnationales Moment“*[159] zur Eröffnung des Anwendungsbereichs der EuInsVO in Frage komme. Die EuInsVO diene der kollisionsrechtlichen Problembewältigung im Verhältnis der Mitgliedstaaten untereinander. Dieser Sinn und Zweck greife jedoch nur dann ein, wenn zumindest irgendeine Verbindung

152 Vgl. bereits oben Leible/Staudinger, KTS 2000, 533(538).

153 Eidenmüller, IPRax 2001, 2(5); *Duursma-Kepplinger*/Duursma/Chalupsky, EuIns-VO, Art. 1 Rn. 2; Smid, DZWIR 2003, 397(402); Kindler, Müko-BGB, Art. 1 EuInsVO Rn. 81; Pannen/Riedemann, NZI 2004, 646(651).

154 Falls vorhanden können auch bi- oder multilaterale Übereinkommen Anwendung finden.

155 Pannen/Riedemann, NZI 2004, 646(651).

156 Smid, DZWIR 2003, 397(402).

157 *Duursma-Kepplinger*/Kepplinger/Chalupsky, EuInsVO, Art. 1 Rn. 5.

158 Kindler, in Müko-BGB, Art. 1 EuInsVO Rn. 82; bezieht sich auf Virgós/Schmit, Erläuternder Bericht, in Stoll(Hrsg.), Vorschläge und Gutachten, Rn. 44.

159 *Duursma-Kepplinger*/Kepplinger/Chalupsky, EuInsVO, Art. 1 Rn. 8.

des Schuldners zu anderen Mitgliedstaaten, sei es durch Vermögenswerte, vertragliche Verbindungen etc. vorliege[160]. Nach Erlass des autonomen internationalen Insolvenzrechts könne nicht mehr behauptet werden, ein qualifizierter Auslandsbezug begünstige das Forum *shopping*. Auch in den übrigen Mitgliedstaaten seien vergleichbare Regelungen erlassen beziehungsweise ist deren Erlass zu erwarten[161].

Nach dieser Ansicht wäre auf eine in einem Drittstaat gegründete und registrierte Gesellschaft, soweit außer des Interessenmittelpunktes in der Gemeinschaft keine innergemeinschaftlichen Bezüge vorliegen, die EuInsVO nicht anwendbar, sondern nur das autonome Recht.

Als ausreichender Bezug für die Anwendbarkeit der EuInsVO wäre die Belegenheit von Vermögen des Gemeinschuldners in einem anderen Mitgliedstaat, das Vorliegen eines Vertrags über einen unbeweglichen Gegenstand, der in einem anderen Mitgliedstaat belegen ist, oder der Umstand, dass der Gläubiger seinen Sitz, Wohnsitz, gewöhnlichen Aufenthaltsort oder Niederlassung in einem anderen Mitgliedstaat hat, anzusehen[162].

b) Einfacher Auslandsbezug

Die überwiegende Ansicht lässt grundsätzlich auch bei ausschließlichen Drittstaatenbezügen die EuInsVO zur Anwendung kommen, wenn sich der Interessenmittelpunkt des Schuldners in einem Mitgliedstaat befindet[163]. Nach dieser Ansicht ist die EuInsVO räumlich anwendbar, wenn der Mittelpunkt der hauptsächlichen Interessen in einem Mitgliedstaat liegt. Weitere Berührungspunkte zu verschiedenen Vertragsstaaten werden nicht gefordert[164]. Danach können auch in einem Nichtmitgliedstaat ansässige Schuldner, beispielsweise in den USA gegründete und errichtete Gesellschaften, in den Anwendungsbereich der EuInsVO fallen, wenn sie den Mittelpunkt ihres hauptsächlichen Interesses in der EU haben, aber ansonsten keine weiteren Bezugspunkte zu Mitgliedstaaten vorliegen[165]. Die Vertreter dieser Ansicht stützen sich insbesondere auf den Wortlaut

---

160 *Duursma-Kepplinger*/Kepplinger/Chalupsky, EuInsVO, Art. 1 Rn. 8.

161 Kindler, in Müko-BGB, Art. 1 EuInsVO Rn. 82.

162 *Duursma-Kepplinger*/Kepplinger/Chalupsky, EuInsVO, Art. 1 Rn. 5.

163 Huber, ZZP 114 (2001), 133(138/139); Haß/*Huber*/Gruber/Heiderhoff, EuInsVO, Erläuterungen zu Art. 1 Rn. 21; Adam, Zuständigkeitsfragen, S. 29; Herchen, in ZInsO 2003, 742(747); Paulus, Europäische Insolvenzverordnung, Art. 3 Rn. 5; Leible/Staudinger, KTS 2000, 533(539); Reinhart, in Müko-InsO, Art. 1 EuInsVO Rn. 14/15; Ehricke/Ries, JuS 2003, 313(313); Sabel/Schlegel, EWiR 2003, 367(368); Ludwig, Neuregelungen, S. 44.

164 Huber, ZZP 114 (2001), 133(138/139).

165 Haß/*Huber*/Gruber/Heiderhoff, EuInsVO, Erläuterungen zu Art. 1 Rn. 21.

des Art. 3 Abs. 1 EuInsVO. Danach genügt für die Anwendbarkeit der EuInsVO, dass der Schuldner den Mittelpunkt seiner hauptsächlichen Interessen in einem Mitgliedstaat hat. Die EuInsVO bezwecke gerade den Schutz mitgliedstaatlicher Gläubiger. Dieser Schutz solle durch eine Eröffnungszuständigkeit nach der EuInsVO in sämtlichen Fällen gewährt werden, in denen das Zentrum der hauptsächlichen Interessen im Gemeinschaftsgebiet liegt[166]. Darüber hinaus argumentieren die Vertreter damit, dass viele Vorschriften der EuInsVO eine ausdrückliche innergemeinschaftliche Beschränkung enthielten. Daraus sei im Umkehrschluss zu entnehmen, dass die übrigen Vorschriften der EuInsVO auch ohne Bezug zu einem weiteren Mitgliedstaat anwendbar seien[167]. Als systematisches Argument wird die Regelung des Art. 44 Abs. 3 lit. a EuInsVO angeführt. Dieser ordnet eine Selbstbeschränkung des Anwendungsbereiches der Verordnung für den Fall an, dass ein Mitgliedstaat vor Inkrafttreten der Verordnung mit einem oder mehreren Drittstaaten Übereinkommen in Insolvenzsachen geschlossen hat und Verpflichtungen daraus der Verordnung entgegenstehen Diese Regelung habe nur Sinn, wenn zumindest einzelne Vorschriften der EuInsVO auch auf Drittstaaten Anwendung fänden[168].

Im Übrigen würde eine einschränkende Auslegung Anreize für die Umgehung der EuInsVO durch künstliche Gesellschaftsgründungen, vergleichbar mit dem forum *shopping* schaffen, welches die EuInsVO verhindern wolle[169].

Allerdings unterscheidet die ganz überwiegende Anzahl der Literaturvertreter zwischen der Anwendbarkeit der EuInsVO und den Wirkungen von Insolvenzverfahren. Die Wirkungen des Hauptinsolvenzverfahrens gegenüber Drittstaaten beurteilen sich nach autonomem Recht[170]. Auch wenn nach der EuInsVO ein Hauptinsolvenzverfahren eröffnet werden kann, müsse das autonome Recht des Eröffnungsstaates bestimmen, welches Recht auf Sachverhalte mit Drittstaatenbezug anzuwenden ist[171]. Dahingehend wird auf Rn. 44 Buchst. b des Erläutern-

---

166 Adam, Zuständigkeitsfragen, S. 29.
167 Ähnlich Adam, Zuständigkeitsfragen, S. 29.
168 Herchen, ZInsO 2003, 133(136).
169 Adam, Zuständigkeitsfragen, S. 28.
170 Leible/Staudinger, KTS 2000, 533(539); Reinhart, in Müko-InsO, Art. 1 EuInsVO Rn. 14/15; Ehricke/Ries JuS 2003, 313(313); Sabel/Schlegel, EWiR 2003, 367(368); Ludwig, Neuregelungen, S. 44; Kolmann, Kooperationsmodelle, S. 274; a.A.: Herchen, ZInsO 2003, 742(745/746); er geht davon aus, dass sich auch die Wirkungen in Hinblick auf Drittstaaten nach der EuInsVO richten, soweit die entsprechende Kollisionsnorm keinen ausdrücklichen Hinsweis auf das Recht eines Mitgliedstaates enthält. So enthalte Art. 4 EuInsVO eine gemeinschaftsweite einheitliche Grundkollisionsnorm, die sowohl im Verhältnis zu Mitgliedstaaten als auch zu Drittstaaten Geltung habe.
171 Kolmann, Kooperationsmodelle, S. 274.

den Berichts verwiesen. Dort heißt es, wenn der Schuldner seinen Interessenmittelpunkt in einem Vertragsstaat hat und das Übereinkommen mithin Anwendung findet, beschränken sich seine Vorschriften auf die Beziehungen mit anderen Vertragsstaaten. Jeder Staat muss im Verhältnis zu Drittstaaten geeignete Vorschriften schaffen.

Soweit das in einem Nichtmitgliedstaat eröffnete Insolvenzverfahren in einem Drittstaat durchgeführt wird, sind demnach Entscheidungen, die in Zusammenhang mit dem Insolvenzverfahren ergehen und von einem Gericht in einem Mitgliedstaat getroffen werden, nicht von der Verordnung erfasst, sondern nach autonomen Recht zu beurteilen[172].

Folgt man der überwiegenden Ansicht in der Literatur, die Art. 3 EuInsVO immer anwendet, wenn der Mittelpunkt der hauptsächlichen Interessen in einem Mitgliedstaat liegt[173], so bleibt für die autonome Zuständigkeitsnorm des § 3 InsO nur wenig Raum. Immer wenn sich der Interessenmittelpunkt in Deutschland befindet, kommt Art. 3 EuInsVO zur Anwendung, so dass § 3 InsO wegen des Vorrangs der EuInsVO verdrängt wird. Eine Bestimmung der Kriterien kann allerdings unabhängig davon, welcher Meinung man sich an dieser Stelle auch anschließt und wie sich der EuGH letztlich zu dem Anwendungsbereich der EuInsVO entscheiden wird, nicht unterbleiben. Die autonomen Kriterien der internationalen Zuständigkeit haben im Rahmen der Anerkennungszuständigkeit, bei der spiegelbildlichen Überprüfung der internationalen Eröffnungszuständigkeit eines Drittstaates sowie bei den Schuldnern, die aus dem Anwendungsbereich der EuInsVO ausgeschlossen sind, praktische Relevanz.

3. Zuständigkeit nach § 3 InsO

a) Mittelpunkt der selbstständigen wirtschaftlichen Tätigkeit

Primär ist nach § 3 Abs. 1 S. 2 InsO das Insolvenzgericht zuständig, an dem der Schuldner seine wirtschaftliche Tätigkeit ausübt[174]. Voraussetzung ist irgendeine Form der selbstständigen wirtschaftlichen Tätigkeit im eigenen Namen. Eine solche Tätigkeit setzt keinen kaufmännisch eingerichteten Gewerbebetrieb voraus. Auch muss die Tätigkeit nicht in einem bestimmten Umfang ausgeübt werden[175].

---

172 Reinhart, Müko-InsO, Art. 1 EuInsVO Rn. 9.

173 Darin stimmen die Lehre vom einfachen Auslandsbezug und die differenzierende Ansicht überein.

174 OLG Hamm, NZI 2000, 220(221); OLG Düsseldorf, NZI 2000, 601.

175 Smid, Deutsches und Europäisches Internationales Insolvenzrecht, § 3 InsO Rn. 10.

Es genügt jede auf Erwerb gerichtete Unternehmung. Ausschlaggebend ist der *Mittelpunkt* der selbstständigen wirtschaftlichen Tätigkeit, worunter der für Dritte erkennbare Ort verstanden wird, an dem die Geschäftsführung organisiert wird und die grundlegenden Entscheidungen der Unternehmensleitung in laufende Geschäftsführungsakte umgesetzt werden[176]. Dies ist im Sinne der Sitztheorie[177] der effektive Verwaltungssitz des Unternehmens. Bei Gesellschaften und juristischen Personen wird regelmäßig der Ort, an dem der Schuldner seine wirtschaftliche Tätigkeit ausübt, mit dem Ort des satzungsmäßigen Sitzes im Sinne der Gründungstheorie[178] übereinstimmen[179]. Grundsätzlich hat der Ort des Satzungsitzes jedoch nur Indizwirkung. Die Vermutung, dass der effektive Verwaltungssitz und Satzungssitz identisch sind, ist widerlegbar und ist damit nicht das ausschließliche Anknüpfungsmoment[180].

b) Allgemeiner Gerichtsstand

Bei Einstellung einer wirtschaftlichen Tätigkeit wird auf den Ort abgestellt, an dem die Geschäftsunterlagen aufbewahrt und die Abwicklungstätigkeit ausgeführt wird[181].

Übt der Schuldner keine selbstständige Tätigkeit aus, so kommt es darauf an, ob der Schuldner seinen allgemeinen Gerichtsstand im Inland hat, § 3 Abs. 1 S. 1 InsO. Der allgemeine Gerichtsstand bestimmt sich gemäß § 12 ZPO nach dem Wohnsitz.

§ 3 InsO liegt die Vermutung zugrunde, dass sich am Wohnsitz beziehungsweise am Ort der geschäftlichen Tätigkeit des Schuldners der Großteil des Schuldnervermögens befindet und regelmäßig an diesem Ort auch die Mehrzahl der Gläubiger beheimatet ist[182].

---

176 Kirchhof, in Heidelberger Kommentar-InsO, § 3 Rn. 9; Haubold, IPRax 2003, 34(37); Ganter, in Müko-InsO, § 3 Rn. 10.

177 BGHZ 97, 269(272); ausführlich zur Sitztheorie des Internationalen Gesellschaftsrechts: Kindler, in Müko-BGB, IntGesR Rn. 312 ff.(316).

178 Ausführlich zur Gründungstheorie des Internationalen Gesellschaftsrechts: Kindler, in Müko-BGB, IntGesR, Rn. 265 ff.

179 Die EuInsVO stellt diesbezüglich eine Vermutungsregelung in Art. 3 Abs. 1 S. 2 EuInsVO auf.

180 Haubold, IPrax 2003, 34(37).

181 OLG Karlsruhe, ZIP 2004, 1476.

182 Gottwald, Insolvenzrechtshandbuch (2. Aufl.), § 128 Rn. 10.

c) Konzerninsolvenz

Bei der Abwicklung einer grenzüberschreitenden Konzerninsolvenz stellt sich das Problem, welcher Staat international zuständig ist[183]. Dazu muss der Mittelpunkt der selbstständigen wirtschaftlichen Tätigkeit festgestellt werden.

Die Abwicklung der Insolvenz erfolgt nach deutschem Recht getrennt nach einzelnen Rechtssubjekten. Es gilt der Grundsatz: *„Eine Person, ein Vermögen, ein Verfahren“*[184]. Es finden daher getrennte Insolvenzverfahren über die einzelnen Konzerngesellschaften statt. Das hat zur Folge, dass eine eigene gerichtliche Zuständigkeit für jeden Schuldner existiert, der eine juristisch selbstständige Einheit darstellt. Wenn ein Konzernunternehmen insolvent wird, ergeben sich keine Unterschiede gegenüber der Insolvenz eines Unternehmens, welches nicht in einen Konzern integriert ist[185]. Der Grundsatz der Abwicklung nach Rechtsträgern gilt auch, wenn die verschiedenen Rechtsträger in unterschiedlichen Staaten angesiedelt sind.

Allerdings wird in der Literatur die Ansicht vertreten, dass ein einheitlicher Konzerngerichtsstand bei zentraler Lenkung des Tochterunternehmens und des operativen Geschäfts durch die Muttergesellschaft in Betracht kommt. Obwohl es sich um rechtlich selbstständige Gebilde handele, bestimme in diesem Fall der Mittelpunkt der selbstständigen wirtschaftlichen Tätigkeit des herrschenden Unternehmens auch über den Mittelpunkt der selbstständigen wirtschaftlichen Tätigkeit des beherrschten Konzernunternehmens. Der für die Annahme eines einheitlichen Gerichtsstandes erforderliche Zusammenhang liege in der Konzernleitungsmacht der Obergesellschaft[186].

Nach überwiegender Auffassung in Rechtsprechung und Literatur[187] sind die konzerninternen Entscheidungsvorgaben des Mutterunternehmens unerheblich. § 3 Abs. 1 S. 2 InsO wolle sicherstellen, dass die Insolvenzabwicklung dort stattfindet, wo die Haftungsmasse und die Transaktionsbeziehungen eines notleidenden Unternehmens schwerpunktmäßig lokalisiert sind[188]. Entscheidend sei für die Bestimmung des Mittelpunktes der wirtschaftlichen Interessen einer Toch-

---

183 Vgl. zur Definition einer Konzerninsolvenz bereits oben unter D.V.4.c).

184 Die Aufteilung wirtschaftlicher Risiken durch die Schaffung verschiedener rechtlicher Einheiten dürfe nicht gerade dann versagt werden, wenn sie sich bewähren soll: bei Insolvenz der Gesellschaft, vgl.: Scheel, Konzerninsolvenzrecht, S. 327.

185 Ehricke, in Müko-InsO, Art. 102 Rn. 381.

186 Kießner, in Braun-InsO, § 3 Rn. 19.

187 Ganter, in Müko-InsO, § 3 Rn. 14; Prütting, in Kübler/Prütting, § 3 Rn. 7; OLG Brandenburg, ZIP 2002, 1590(1590/1591); Ehricke, Das abhängige Konzernunternehmen, S. 479; Adam, Zuständigkeitsfragen, S. 202; Eidenmüller, ZZP 114 (2001), 3(8).

188 Eidenmüller, ZZP 114 (2001), 3(8).

tergesellschaft, wo deren Geschäftsführer die wesentlichen betrieblichen Entscheidungen treffen und umsetzen, unabhängig davon, ob der Weisung des herrschenden Unternehmens nachgekommen wird[189]. Das Gericht am Sitz der Muttergesellschaft sei nur zuständig, wenn die tatsächliche wirtschaftliche Leitung der Tochtergesellschaft die Hauptverwaltung der Muttergesellschaft ist[190].

4. Vorrangige internationale Zuständigkeit am Tätigkeitsmittelpunkt

Sofern sich der Mittelpunkt der wirtschaftlichen Tätigkeit des Schuldners im Inland befindet, der allgemeine Gerichtsstand aber im Ausland, ist unstreitig die internationale Zuständigkeit der deutschen Gerichte begründet.

Umstritten ist, ob für den Fall, dass der Mittelpunkt der wirtschaftlichen Tätigkeit im Nicht-EU-Ausland liegt, der allgemeine Gerichtsstand sich aber im Inland befindet, ein Vorrang des Gerichtsstandes am Mittelpunkt der wirtschaftlichen Tätigkeit besteht[191]. Dann wäre Deutschland nicht international zuständig. Dieser Streit hat auch nach Inkrafttreten der EuInsVO nicht an Aktualität verloren. Dies ist unabhängig davon, welcher Ansicht man zum Anwendungsbereich der EuInsVO folgt. Sofern der Mittelpunkt der hauptsächlichen Interessen außerhalb der EU-Staaten liegt, greift Art. 3 EuInsVO unstreitig nicht ein.

Nach einer Literaturansicht tritt der allgemeine Gerichtsstand alternativ neben den Ort der selbstständigen wirtschaftlichen Tätigkeit. Der allgemeine Gerichtsstand im Inland kann die internationale Zuständigkeit auch dann begründen, wenn der Mittelpunkt der wirtschaftlichen Tätigkeit im Ausland liegt[192]. Der Vorrang der Zuständigkeit am Mittelpunkt der wirtschaftlichen Tätigkeit, der in § 3 InsO innerstaatlich normiert ist, sei nicht auf die internationale Ebene zu übertragen. Dies könne zu Zuständigkeitslücken führen, wenn Deutschland sich aufgrund einer selbstständigen wirtschaftlichen Tätigkeit im Ausland für international unzuständig erklärt, nach der Rechtsordnung des anderen Staates für die Begründung der internationalen Zuständigkeit aber auf den Wohnsitz abgestellt wird und danach Deutschland zuständig wäre. Für eine flexible Handhabe der Eröffnungszuständigkeit sprächen darüber hinaus wichtige Argumente. Als Be-

189 Ehricke, Das abhängige Konzernunternehmen, S. 479; Adam, Zuständigkeitsfragen, S. 202.

190 Ganter, in Müko-InsO, § 3 Rn. 14; Prütting, in Kübler/Prütting, § 3 Rn. 7; OLG Brandenburg, ZIP 2002, 1590(1590/1591).

191 Liegt der Mittelpunkt der wirtschaftlichen Tätigkeit in einem EU-Staat, so wird sich das Konkurrenzverhältnis regelmäßig nicht ergeben, weil dann Art. 3 EuInsVO, – der die Unterscheidung nicht kennt – einschlägig sein wird, unstreitig jedenfalls in dem Fall, wenn ein weiterer Mitgliedstaatbezug vorliegt.

192 Ludwig, Neuregelungen, S. 48; Kolmann, Kooperationsmodelle, S. 140; Trunk, Internationales Insolvenzrecht, S. 100.

dingung für die Anerkennung eines ausländischen Insolvenzverfahrens trage eine solche letztendlich am besten dem Grundsatz der Gläubigergleichbehandlung und der universalen Wirkung eines ausländischen Insolvenzverfahrens Rechnung[193]. Wegen des Anerkennungshindernisses bei internationaler Unzuständigkeit habe die Bestimmung der internationalen Zuständigkeit erheblichen Einfluss auf die Anerkennung ausländischer Insolvenzverfahren. Die Annahme einer international ausschließlichen Zuständigkeit am Tätigkeitsmittelpunkt habe zur Konsequenz, dass ausländische Insolvenzverfahren, die in Übereinstimmung mit dem dortigen Recht am allgemeinen Gerichtsstand durchgeführt werden, nicht anerkannt werden können, wenn der Schuldner eine wirtschaftliche Tätigkeit ausübt. Es könne aber unter bestimmten Umständen durchaus dem legitimen Interesse der Beteiligten entsprechen, ein Insolvenzverfahren nicht am Tätigkeitsmittelpunkt durchzuführen, beispielsweise in dem Fall, in dem der Großteil des Vermögens ausnahmsweise in dem Staat liege, in dem der Schuldner seinen allgemeinen Gerichtsstand hat und nicht am Mittelpunkt seiner wirtschaftlichen Betätigung[194].

Nach anderer, wohl herrschender Ansicht begründet der allgemeine Gerichtsstand nur in den Fällen eine internationale Zuständigkeit, in denen der Schuldner überhaupt keine wirtschaftliche Tätigkeit ausübt und hat damit lediglich eine subsidiäre Auffangfunktion[195]. Für den Fall, dass der Mittelpunkt der selbstständigen Tätigkeit im Ausland liegt und sich der allgemeine Gerichtsstand in Deutschland befindet, sind die deutschen Gerichte nach herrschender Meinung nicht zuständig. Dies ergebe sich insbesondere aus dem Wortlaut des § 3 InsO, der eine ausschließliche Zuständigkeit am Tätigkeitsmittelpunkt formuliert und der doppelfunktional ausgelegt wird[196].

5. Zeitpunkt für die Begründung der Zuständigkeit und Sitzverlegung

Maßgeblicher Zeitpunkt für die Bestimmung der Zuständigkeit sind nach allgemeiner Ansicht[197] die Umstände im Moment der Insolvenzantragstellung. Hat der Schuldner zu diesem Zeitpunkt seinen Wohnsitz oder den Mittelpunkt seiner

193 Trunk, Internationales Insolvenzrecht, S. 102; Ludwig, Neuregelungen, S. 48.
194 Ludwig, Neuregelungen, S. 48.
195 Geimer, Internationales Zivilprozessrecht, Rn. 3455; Ganter, in Müko-InsO, § 3 InsO Rn. 23; AG Münster, DZWIR 2000, 123(124).
196 Schmerbach, in Frankfurter Kommentar-InsO, § 3 Rn. 41.
197 Trunk, Internationale Insolvenzrecht, S. 101; Ludwig, Neuregelungen, S. 51; OLG Köln, NZI 2001, 380(381); LG Stuttgart, ZIP 1983, 348.

wirtschaftlichen Tätigkeit bereits ins Ausland verlegt, so ist die deutsche Gerichtsbarkeit nicht mehr international zuständig[198].

Nach dem so genannten Grundsatz der Perpetuatio fori des Zivilprozessrechts wird die einmal begründete Zuständigkeit nach Rechtshängigkeit, welche durch die Erhebung der Klage begründet wird, nicht mehr berührt, § 261 Abs. 3 Nr. 2 ZPO[199]. Dieser Grundsatz beansprucht nach § 3 Abs. 2 InsO auch hinsichtlich der Zuständigkeit im Insolvenzrecht Geltung. Eine Verlegung des Wohnsitzes oder des Mittelpunktes der wirtschaftlichen Tätigkeit nach Antragstellung beeinflusst die Zuständigkeit nach dem in § 3 Abs. 2 InsO niedergelegten Prioritätsprinzip nicht. Das autonome deutsche Recht geht in § 3 Abs. 2 InsO davon aus, dass die einmal begründete Zuständigkeit nicht durch eine nachträgliche Veränderung der sie begründenden Umstände berührt wird[200]. Dies wird allgemein auch bei grenzüberschreitenden Sachverhalten so angenommen, weil sonst dem Schuldner ermöglicht würde, durch die Verlegung des Mittelpunktes der selbstständigen wirtschaftlichen Tätigkeit seine Rechtsstellung zu verbessern[201].

6. Keine Disposition

Nach § 5 InsO hat das Amtsgericht von Amts wegen alle Umstände zu ermitteln, die für die Zuständigkeit von Bedeutung sind. Diese Amtsermittlungspflicht gilt in jeder Lage des Verfahrens und damit auch für die internationale Zuständigkeit[202]. Im grenzüberschreitenden Bereich besteht zudem ein besonderes Bedürfnis, Manipulationsmöglichkeiten zu verhindern und die Insolvenzabwicklung einem räumlich geeigneten Insolvenzgericht zu übertragen[203]. Diese unterliegt daher nicht der Parteidisposition. Zuständigkeitsvereinbarungen und rügelose Einlassung begründen keine internationale Zuständigkeit[204].

7. Sitzverlegung und Rechtsmissbrauch

Stellen Gläubiger in Deutschland einen Insolvenzantrag, hat aber der Schuldner vor der Antragsstellung den Mittelpunkt seiner wirtschaftlichen Tätigkeit ins

---

198 OLG Köln, NZI 2001, 380(381).
199 Kolmann, Kooperationsmodelle, S. 142.
200 BGH, NZI 2004, 139(142).
201 Indem er beispielsweise seinen Wohnsitz in einen Staat verlegt, dessen Rechtsordnung günstigere Regelungen zur Restschuldbefreiung vorsieht; Ludwig, Neuregelungen, S. 50.
202 Gottwald, Insolvenzrechtshandbuch, § 130 Rn. 18.
203 Trunk, Internationales Insolvenzrecht, S. 102.
204 Gottwald, § 128 Rn. 13.

Ausland verlegt, so muss das Gericht, wenn Anhaltspunkte dafür vorhanden sind, dass der Schuldner seinen Sitz oder Wohnsitz verlegt hat, um sich den inländischen Gläubigern zu entziehen, den Einwand des Rechtsmissbrauchs prüfen. Aufgrund der Amtsermittlungspflicht aus § 5 InsO hat das Gericht den tatsächlichen Interessenmittelpunkt des Schuldners zu ermitteln[205] und muss damit auch etwaigen Zweifeln an der Richtigkeit der Angaben von sich aus nachgehen[206]. Das Gericht hat zu prüfen, ob der Schuldner überhaupt noch geschäftlich tätig ist oder ob dieser möglicherweise aus einem anderen Land seine Geschäfte leitet.

Ein Rechtsmissbrauch kann beispielsweise vorliegen, wenn der Schuldner den Mittelpunkt seiner wirtschaftlichen Tätigkeit angesichts der zeitnahen und voraussehbaren Insolvenz in einen anderen Staaten verlegt, zu dem Zweck, dort das Insolvenzverfahren abzuwickeln. Ziel dieses Umzugs kann zum einen sein, sich der gewohnten Geschäftsumgebung zu entziehen, um in entsprechender Distanz zu dieser die Insolvenz abzuwickeln und damit den Forderungen der Gläubiger zu entgehen. Andererseits kann der Schuldner durch einen Umzug auch die Abwicklung der Insolvenz unter einer für ihn günstigeren Insolvenzrechtsordnung bezwecken[207].

Durch die Anknüpfung der Zuständigkeitsnorm des § 3 InsO an das tatsächliche Merkmal des Mittelpunktes der wirtschaftlichen Tätigkeit wird die Möglichkeit von Zuständigkeitsmanipulationen jedoch bereits auf Tatbestandsebene eingeschränkt[208]. So begründet die Verlegung des Satzungsitzes noch nicht die internationale Zuständigkeit am neuen Standort. Sofern jedoch keine wirtschaftliche Tätigkeit ausgeübt wird oder diese eingestellt ist, kommt es allerdings auf den allgemeinen Gerichtsstand an. Hier können Zuständigkeitsmanipulationen nicht schon bereits über den Anknüpfungspunkt ausgeschlossen werden, denn hier würde eine bloße Verlegung des Wohnsitzes genügen[209]. Allerdings kann insoweit durch das Gericht geprüft werden, ob der Wohnsitz tatsächlich verlegt wurde. Bei der Begründung eines Wohnsitzes muss zu der tatsächlichen Niederlassung an einem Ort der Wille hinzutreten, diesen Ort zum Mittelpunkt der wirtschaftlichen und gesellschaftlichen Tätigkeit zu machen[210].

205 Kolmann, Kooperationsmodelle, S. 285.
206 Ganter, in Müko-InsO § 3 Rn. 37.
207 Haubold, IPRax 2003, 34(36).
208 Haubold, IPRax 2003, 34(37); Ludwig, Neuregelungen, S. 81/82.
209 Ludwig, Neuregelungen, S. 82.
210 Haubold, IPrax 2003, 34(37); Vollkommer, in Zöller-ZPO, § 13 Rn. 4.

X. Rechtsvergleich: Eröffnungszuständigkeit

In Spanien gab es in den letzten Jahren in Hinblick auf die internationale Eröffnungszuständigkeit für Insolvenzverfahren eine enorme Entwicklung. Noch in den achziger Jahren haben spanische Gerichte unter allen Umständen versucht, die internationale Zuständigkeit für die Eröffnung eines Insolvenzverfahrens an sich zu ziehen. Bis 2003 gab es keine Regelung der internationalen Eröffnungszuständigkeit bei grenzüberschreitenden Insolvenzverfahren. Darüber hinaus war bis zum Jahre 2000 streitig, ob sich ein spanischer Richter überhaupt von Amts wegen für unzuständig erklären kann. Heute besteht in Spanien im autonomen internationalen Insolvenzrecht mit Art. 10 LC eine Vorschrift, die sich vollständig am Wortlaut der EuInsVO orientiert und in der festgelegt ist, dass der spanische Richter von Amts wegen prüft, ob er international zuständig ist.

Im rechtsvergleichenden Teil soll nunmehr herausgearbeitet werden, wie in Deutschland und Spanien der Anwendungsbereich des autonomen internationalen Insolvenzrechts zur EuInsVO abgegrenzt wird. Des Weiteren sollen die Unterschiede und Übereinstimmungen zwischen den Regelungen der internationalen Eröffnungszuständigkeit in Deutschland und Spanien herausgearbeitet werden. Dies erfolgt insbesondere unter der Fragestellung, ob sich für Deutschland ebenfalls eine Übernahme des Zuständigkeitskriteriums aus Art. 3 Abs. 1 EuInsVO empfiehlt. Die Regelung der Tatbestandsvoraussetzung des Mittelpunktes der hautpsächlichen Interessen beziehungsweise ein Verweis auf die EuInsVO hätte den Vorteil, einheitlichen gesetzlichen Rahmenbedingungen der EU-Staaten für die Behandlung von internationalen Insolvenzverfahren gegenüber Drittstaaten ein Stück näher zu kommen.

1. Anwendungsbereich der autonomen Zuständigkeitsvorschriften

In Spanien ist allgemeine Ansicht, dass für den Fall, dass der Mittelpunkt der hauptsächlichen Interessen sich in Spanien befindet, die internationale Zuständigkeit vorrangig nach Art. 3 EuInsVO zu bestimmen ist, auch wenn kein weiterer Bezugspunkt zu einem Mitgliedstaat vorliegt. Das heißt, dass nach ganz allgemeiner Ansicht auch in einem Drittstaat gegründete und registrierte Gesellschaften in den Anwendungsbereich der EuInsVO fallen können. Davon unterscheidet aber die herrschende Meinung die Wirkungen eines Insolvenzverfahrens in Hinblick auf Drittstaaten. Hier sollen nur dann die Vorschriften der EuInsVO angewendet werden, wenn ein innergemeinschaftlicher Konflikt vorliegt. Ob sich ein solcher innergemeinschaftlicher Konflikt über eine Gläubigerverbindung zu einem Mitgliedstaat oder über die Belegenheit des betreffenden Vermögensgegenstandes in der Gemeinschaft definiert, wird in der Literatur unterschiedlich beurteilt.

Im Gegensatz dazu existiert in Deutschland eine Literaturansicht, die annimmt, dass auch dann, wenn der Interessenmittelpunkt in Deutschland und damit im Gemeinschaftsgebiet liegt, die EuInsVO nicht zur Anwendung gelangt, wenn kein weiterer gemeinschaftlicher Bezug vorliegt.

Mittlerweile vertritt die wohl überwiegende Mehrzahl der deutschen Literaturvertreter die Ansicht, dass es ausreichend ist, dass sich der Mittelpunkt der hauptsächlichen Interessen im Gemeinschaftsgebiet befindet, um Art. 3 EuIns-VO anzuwenden. Das heißt, dass immer dann, wenn der Mittelpunkt der hauptsächlichen Interessen in der EU liegt, die EuInsVO anwendbar ist und sich damit die Zuständigkeit auch nach Art. 3 EuInsVO bestimmt. Bezüglich der Bezüge zu Drittstaaten wird aber auf autonomes Recht zurückgegriffen.

Abzuwarten bleibt, wie der EuGH den räumlich-persönlichen Anwendungsbereich der EuInsVO festlegt. Bezüglich der Eröffnung des Anwendungsbereiches der EuGVVO hat sich der EuGH bereits einmal gegen eine breite Literaturansicht entschieden, indem er einen einzigen Mitgliedstaatenbezug hat ausreichen lassen. So war lange streitig, ob die Zuständigkeitsvorschriften der EuGV-VO/EuGVÜ auch dann anwendbar sind, wenn der Kläger seinen Wohnsitz in einem Drittstaat hat. Dieser Streit wurde durch das Urteil des EuGH *Group Josi Reinsurance Company SA/Universal General Insurance Company(UGIC)* dahingehend geklärt, dass für die Anwendbarkeit ein Auslandsbezug zu einem Mitgliedstaat ausreicht, der auch dann vorliegen kann, wenn der Kläger seinen Wohnsitz nicht innerhalb der Gemeinschaft hat[211].

Hieraus könnte man schließen, dass der EuGH für den Anwendungsbereich der EuInsVO ebenfalls einen Bezugspunkt ausreichen lassen wird und damit auch die Zuständigkeit immer nach Art. 3 EuInsVO bestimmt wird, wenn sich der Mittelpunkt der hauptsächlichen Interessen in einem Mitgliedstaat befindet. Wie sich aber durch die Darstellungen der in Deutschland und in Spanien vertretenen Ansichten bezüglich des Anwendungsbereichs der EuInsVO gezeigt hat, folgt daraus nicht, dass sich auch die Wirkungen eines grenzüberschreitenden Verfahrens auf Drittstaaten nach der Verordnung richten. Hier lässt sich auch keine Parallele zur EuGVVO ziehen, weil die EuInsVO im Gegensatz zur EuGVVO auch Kollisionsnormen enthält. Allerdings ist derzeit noch keine Vorlagefrage eines europäischen obersten Gerichts anhängig, so dass eine Klärung dieser Problematik durch den EuGH noch auf sich warten lassen wird.

---

211 Vgl. EuGH vom 13.17.2000 in IPrax 2000, 520 ff.; Anm. Staudinger, IPrax 2000, 483 ff.

2. Doppelfunktionale Zuständigkeitsnormen

Sowohl die Insolvenzordnung, als auch das *Ley Concursal* weisen ihrem jeweiligen Zuständigkeitskriterium eine doppelte Funktion zu. Das heißt, dass die Verortung des Mittelpunktes der hauptsächlichen Interessen beziehungsweise des Mittelpunktes der wirtschaftlichen Tätigkeit sowohl für die Bestimmung der internationalen Zuständigkeit des Staates an sich als auch der örtlichen Zuständigkeit innerhalb des jeweiligen Staates herangezogen wird. Beide Rechtssysteme regeln keine außerhalb der Doppelfunktion liegenden zusätzlichen internationalen Gerichtsstände[212].

In Deutschland wird das System der Doppelfunktionalität auch im internationalen Zivilverfahrensrecht angewendet. Demgegenüber sieht die spanische Rechtsordnung im internationalen Zivilverfahrensrecht mit Art. 22 LOPJ eine Zuständigkeitsregelung vor, die ausschließlich die internationale Zuständigkeit regelt. Hiermit ist auch die Kritik der spanischen Literatur an der doppelfunktionalen Zuständigkeitsnorm zu erklären. Es herrscht insoweit kein rechtseinheitliches internationales Zuständigkeitssystem.

Dass das *Ley Concursal* in der Überschrift zu Art. 10 LC kennzeichnet, dass der Tatbestand auch die internationale Zuständigkeit bestimmt, ist grundsätzlich als positiv zu bewerten, weil es das Verständnis des ungeübten Rechtsanwenders fördert. Dass in Art. 10 LC aber auch Tatbestände geregelt sind, die allein für die örtliche Zuständigkeit Geltung beanspruchen, erschwert wiederum das Verständnis des Art. 10 LC.

Art. 10.1 S. 2 LC enthält keine Alternativzuständigkeit am (Wohn-)sitz zur Begründung der internationalen Zuständigkeit.

Im Gesetzesentwurf von 1995 war eine alternative internationale Zuständigkeit am Ort des Wohnsitzes des Schuldners vorgesehen. Dies wurde aber in der spanischen Literatur als überflüssig und als Versuch der spanischen Gerichtsbarkeit eine maximale internationale Zuständigkeit zu sichern kritisiert[213].

§ 3 InsO sieht neben dem Mittelpunkt der wirtschaftlichen Tätigkeit als subsidiären Anknüpfungspunkt den allgemeinen Gerichtsstand des Schuldners vor.

Nach herrschender Meinung wird auch bei der internationalen Zuständigkeit nicht alternativ auf den allgemeinen Gerichtsstand abgestellt, sondern nur als Auffangtatbestand. Zwar kann, wie von der Mindermeinung in Deutschland mit beachtlichen Argumenten dargelegt wird, eine alternative Anknüpfung an den Wohnsitz in bestimmten Einzelfällen zur Erreichung des Ziels der Gläubiger-

---

212 In Betracht kämen zum Beispiel Ersatz- oder Notzuständigkeiten.

213 Vgl. Art. 8 Propuesta Anteproyecto de la Ley Concursal 1995, Boletín de informacion, Materiales para la reforma de la legislación concursal, Suplemento al num.1768, de 15 de febrero de 1996; Esplugues Mota, ZZPInt (1997), 69(84).

gleichbehandlung durchaus Sinn machen. Auf der anderen Seite haben aber diverse Kompetenzkonflikte im Anwendungsbereich der EuInsVO gezeigt, dass die Gerichte insbesondere bei grenzüberschreitenden Insolvenzen, aufgrund der Lukrativität der Insolvenzverwaltung versuchen, die Eröffnungszuständigkeit an sich zu ziehen, um den heimischen Insolvenzverwaltungsmarkt zu fördern[214]. Theorie und Praxis klaffen hier also (noch) auseinander. Deshalb ist eine Alternativzuständigkeit am Wohnsitz auf internationaler Ebene nicht zu begrüßen. Vielmehr müssen eindeutige Abgrenzungskriterien gefunden werden, um zu verhindern, dass zum Nachteil der Gläubigergleichbehandlung Gerichte welcher Nationalität auch immer versuchen, die Zuständigkeit an sich zu ziehen. Es ist daher positiv zu bewerten, dass nach dem *Ley Concursal* und der Insolvenzordnung keine Alternativzuständigkeit am Wohnsitz beziehungsweise allgemeinen Gerichtsstand besteht.

3. Zuständigkeitskriterien

Zur Bestimmung der internationalen Eröffnungszuständigkeit stellt § 3 InsO primär auf den Mittelpunkt der selbstständigen wirtschaftlichen Tätigkeit ab. Art. 10 LC weist die internationale Zuständigkeit zur Eröffnung eines Insolvenzverfahrens dem Staat zu, in dessen Staatsgebiet sich der Mittelpunkt der hauptsächlichen Interessen des Schuldners befindet. Der Begriff des Interesses in Art. 10 LC ist weiter angelegt als der der selbstständigen wirtschaftlichen Tätigkeit in § 3 InsO. Umfasst werden neben gewerblichen und anderen beruflich-wirtschaftlichen Handlungen auch allgemeine wirtschaftlich relevante Betätigungen. Gemeint sind damit wirtschaftliche Tätigkeiten insgesamt.

Nach der Insolvenzordnung wird infolge des Amtsermittlungsgrundsatzes eine Ermittlung des effektiven Verwaltungssitzes vorgenommen. Der Sitz einer juristischen Person oder Gesellschaft hat hierfür zwar grundsätzlich Indizwirkung, ist aber nicht das letztlich entscheidende Kriterium.

Art. 10 LC ordnet eine Vermutung dahingehend an, dass sich der Mittelpunkt der hauptsächlichen Interessen am Satzungssitz der Gesellschaft befindet. Die Vermutung kann durch Beweis des Gegenteils, nämlich dass sich das Zentrum der hauptsächlichen Interessen an einem anderen Ort befindet, widerlegt werden. Abzustellen ist auf den Ort der Verwaltung von wirtschaftlichen Tätigkeiten. Darunter ist der Ort zu verstehen, von dem das Unternehmen oder das Geschäft in für Dritte erkennbarer Weise geleitet oder geführt wird. Nicht entscheidend ist

---

214 Vgl. dazu High court of Justice Leeds, ZIP 2003, 1362; AG Mönchengladbach, ZIP 2004, 1064; AG Nürnberg, ZIP 2007, 83.

dafür, von welchem Ort die geschäftlichen Entscheidungen tatsächlich ausgeführt werden oder wo sich die Produktionsstätten befinden. Das ist der Ort des effektiven Verwaltungssitzes einer Gesellschaft[215].

Beide Zuständigkeitsvorschriften schließen damit weder die Anknüpfung an den satzungsmäßigen Sitz noch an den Verwaltungssitz aus. Der effektive Verwaltungssitz einer Gesellschaft wird regelmäßig mit dem Mittelpunkt der hauptsächlichen Interessen identisch sein[216].

Beide Rechtsordnungen sehen des Weiteren keine einheitliche Abwicklung von Insolvenzen zentral geführter Konzerne vor. Dies hat zur Folge, dass eine eigene gerichtliche Zuständigkeit für jeden Schuldner bestimmt werden muss, der eine juristisch selbstständige Einheit darstellt. International zuständig ist daher der Staat, in dem die Geschäfte der jeweiligen Tochtergesellschaft geleitet werden.

Art. 10.4 LC, der vorsieht, dass Insolvenzverfahren über Tochtergesellschaften am Sitz der Muttergesellschaft eingeleitet werden können, kann nur Anwendung finden, wenn die internationale Zuständigkeit Spaniens nach den Kriterien des Art. 10.1 LC sowohl über die Mutter- als auch über die Tochtergesellschaft gegeben ist[217]. Zur Bestimmung der internationalen Zuständigkeit bei einer Konzerninsolvenz wird in beiden Rechtsordnungen nicht auf eine wirtschaftliche Betrachtungsweise und konzerninterne Weisungsverhältnisse abgestellt. Vielmehr ist entscheidend, an welchem Ort die Geschäftsführer der Tochtergesellschaft die wesentlichen betrieblichen Entscheidungen für die Tochter treffen und umsetzen und der daher im Regelfall für Dritte erkennbar ist.

Dies steht im Einklang mit der vom EuGH in der Entscheidung *Eurofood* für den Anwendungsbereich der EuInsVO vorgegebenen Linie: Aus der Anordnung der Vermutung im Rahmen des Art. 3 EuInsVO, dass der satzungsmäßige Sitz der Mittelpunkt der hauptsächlichen Interessen ist, folge, dass für die Feststel-

---

215 Vgl. dazu auch Smid, DZWiR 2003, 397(402).

216 Auch im Anwendungsbereich der EuInsVO wird zur Lokalisierung des Mittelpunktes der hauptsächlichen Interessen ganz überwiegend auf den effektiven Verwaltungssitz abgestellt; vgl. insoweit Virgós/Gacimartín, Regalmento, S. 48 ff.; AG Nürnberg, ZIP 2007, 83; AG Duisburg, NJW-RR 2003, 556(557); AG Hamburg, NJW 2003, 2835; AG München, NZI 2004, 450; Huber, ZZP 114(2001), 133(141). Für die Lokalisierung am Ort der werbenden Tätigkeit der Gesellschaft, der durch die Geschäfte mit Dritten, den Einsatz von Mitarbeitern und den Marktauftritt bestimmt wird, AG Mönchengladbach, ZIP 2004, 1064 mit Anmerkungen Bähr/ Riedemann.

217 Dies übersieht Paulus, wenn er im Rahmen der *internationalen Zuständigkeit* darauf hinweist, dass in Spanien Insolvenzverfahren über die Tochtergesellschaft am Sitz der Muttergesellschaft eingeleitet werden können; vgl., Paulus, Europäische Insolvenzverordnung, Art. 3 Rn. 34.

lung der Zuständigkeit der Gerichte der Mitgliedstaaten eine eigene gerichtliche Zuständigkeit für jeden Schuldner existiert, der eine juristisch selbstständige Einheit darstellt.

Eine Widerlegung der Vermutung, dass der Satzungssitz mit dem Mittelpunkt der hauptsächlichen Interessen übereinstimme müsse durch *objektive und für Dritte feststellbare Elemente* belegt sein. Dafür reiche es nicht aus, dass die Tätigkeit der Tochtergesellschaft durch die Muttergesellschaft kontrolliert werde[218].

Die von der englischen Rechtsprechung im Anwendungsbereich der EuInsVO vertretene *Mind-of-management*-Lehre, die auf konzerninterne Strukturen wie Personal- oder Finanzleitung abstellen will, hat sich damit erledigt.

Bei natürlichen Personen kann es zu einer abweichenden Beurteilung der internationalen Zuständigkeit in Deutschland und Spanien kommen. Dies ist etwa dann der Fall, wenn sich eine Person ständig in Deutschland beziehungsweise Spanien aufhält, dort verschiedene Interessen verfolgt, ohne dass diese selbständiger wirtschaftlicher Natur sind oder ein Wohnsitz begründet wurde. Spaniens Gerichte wären nach Art. 10 LC international zuständig, wenn der Schuldner hier den Mittelpunkt seiner hauptsächlichen Interessen hat. Eine selbstständige wirtschaftliche Betätigung ist dafür nicht zwingend Voraussetzung. Anders aber nach § 3 InsO im deutschen Recht, bei dem bereits aus dem eindeutigem Wortlaut des § 3 InsO zu folgern ist, dass eine wirtschaftliche Tätigkeit erforderlich ist.

4. *Conclusiones* – Schlussfolgerungen

Für die Insolvenzordnung bietet sich ebenfalls eine Übernahme des Zuständigkeitskriteriums aus Art. 3 EuInsVO an. Wie sich durch den Rechtsvergleich gezeigt hat, gelangen die Kriterien des § 3 InsO und des Art. 10 LC bei juristischen Personen und Gesellschaften zu übereinstimmenden Ergebnissen. Auch entbindet eine Vermutungswirkung den deutschen Richter nicht von seiner Pflicht zur Ermittlung des Mittelpunktes der hauptsächlichen Interessen[219].

Lediglich bei natürlichen Personen sind unterschiedliche Ergebnisse möglich. Allerdings erweist sich hier das Kriterium des Mittelpunktes der hauptsächlichen Interessen als flexibler[220]. Insoweit sollte auch der deutsche Gesetzgeber das Tatbestandsmerkmal übernehmen. Das dient der Rechtssicherheit, denn dadurch

218 EuGH Rs C-341/04 ZIP 2006, 907 ff., mit Anmerkung von Knof/Mock.
219 Paulus, Europäische Insolvenzverordung, Art. 3 Rn. 26; Adam, Zuständigkeitsfragen, S. 52; Ludwig, Neuregelungen, S. 25, 58.
220 A.A.: Leipold, in Stoll(Hrsg.), Vorschläge und Gutachten, S. 186(190/191).

wäre die Unklarheit beseitigt, ob der allgemeine Gerichtsstand auf internationaler Ebene alternativ oder nur subsidiär die Zuständigkeit begründen kann[221].

Es steht auch nicht zu befürchten, dass durch die Anknüpfung an das Kriterium des Zentrums der hauptsächlichen Interessen eine Nichtanerkennung deutscher Insolvenzverfahren droht. Dieses ist auch außerhalb des Gemeinschaftsgebietes anerkannt. Das UNCITRAL-Modellgesetz verortet das Hauptinsolvenzverfahren ebenfalls am Mittelpunkt der hauptsächlichen Interessen[222]. Bereits viele Staaten haben ihr internationales Insolvenzrecht am UNCITRAL-Modellgesetz ausgerichtet[223]. Zuletzt haben die Vereinigten Staaten das UNCITRAL-Modellgesetz in ihr internationales Insolvenzrecht, das *Chapter* 15-Verfahren übernommen[224].

Es könnte eine internationale Zuständigkeitsnorm geregelt werden, die an den Mittelpunkt der hauptsächlichen Interessen anknüpft oder auf die EuInsVO verweist. Damit wäre die internationale Zuständigkeit an ein anderes Merkmal geknüpft als die örtliche Zuständigkeit.

Dies könnte zur Folge haben, dass Deutschland international zuständig ist, sich aber innerstaatlich kein örtlich zuständiges Gericht bestimmen lässt. Bei Gesellschaften und juristischen Personen wird sich das Problem aber nicht stellen, weil die Kriterien zu übereinstimmenden Ergebnissen gelangen. Lediglich bei natürlichen Personen kann es dazu kommen, dass sich innerstaatlich kein örtlich zuständiges Gericht bestimmen lässt[225].

Im Anwendungsbereich der EuInsVO trifft Art. 102 § 1 Abs. 1 EGInsO für einen solchen Fall eine Regelung[226]. Nach Art. 102 § 1 Abs. 1 EGInsO ist, wenn Deutschland nach Art. 3 Abs. 1 EuInsVO international zuständig ist, ohne dass nach § 3 InsO ein inländischer Gerichtsstand begründet ist, örtlich ausschließlich das Insolvenzgericht zuständig, in dessen Bezirk der Schuldner den Mittelpunkt seiner hauptsächlichen Interessen hat.

---

221 Auch Garasic fordert in Hinblick auf diesen Rechtsstreit eine eigenständige Bestimmung der internationalen Zuständigkeit; vgl.: Garasic, Anerkennung Teil 1, S. 193.

222 Wimmer, ZIP 1997, 2220(2221); im UNCITRAL-Modellgesetz ist keine Eröffnungszuständigkeit geregelt, sondern nur die Anerkennungszuständigkeit.

223 So Mexiko, Japan, Eritrea, Südafrika, Serbien und Montenegro.

224 Vgl. dazu Paulus, NZI 2004, 439 ff.

225 Vgl. dazu oben unter D.X.3.

226 Art. 102 EGInsO wurde durch das Gesetz zur Neuregelung des Internationalen Insolvenzrechts neugefasst. Er enthält nun Durchführungsvorschriften zur EuInsVO, um eine der Verordnung entsprechende Abwicklung grenzüberschreitender Insolvenzen zu gewährleisten.

Sollte man sich dafür entscheiden, eine eigenständige internationale Zuständigkeitsnorm zu regeln, so müsste eine dem Art. 102 § 1 Abs. 1 EGInsO entsprechende Regelung für das autonome Recht getroffen werden.

Möglich ist es aber auch, das Kriterium des Mittelpunktes der hauptsächlichen Interessen für die örtliche Zuständigkeit zu übernehmen und den örtlichen Zuständigkeitsvorschriften eine doppelte Funktion zuzuweisen. Diese Alternative hat der spanische Gesetzgeber gewählt. Dann stellt sich das Problem des Auseinanderfallens zwischen internationaler Zuständigkeit und innerstaatlicher örtlicher Zuständigkeit nicht. Für die Vorgehensweise spricht das Argument der Rechtseinheitlichkeit, weil auch im internationalen Zivilverfahrensrecht den örtlichen Zuständigkeitsvorschriften eine doppelte Funktion zugewiesen wird.

Ein entsprechender Verweis auf Art. 3 EuInsVO bietet sich im Übrigen auch für das *Ley Concursal* als Alternative an. Dann enthielte das spanische Insolvenzrecht für die internationale Zuständigkeit und für die örtliche Zuständigkeit jeweils eigenständige Vorschriften. Dies ist der Rechtseinheit im grenzüberschreitenden Rechtsverkehr dienlich, weil auch im internationalen Zivilverfahrensrecht eine selbstständige Zuständigkeitsnorm zur Bestimmung der internationalen Zuständigkeit existiert. Im Übrigen wäre insoweit der Kritik an der Norm des Art. 10 LC Rechnung getragen. Die Rechtsunsicherheit, wann Art. 10 LC eine Regelung zur Bestimmung der internationalen Zuständigkeit und wann nur zur örtlichen Zuständigkeit trifft, würde beseitigt.

Meines Erachtens dient in beiden Staaten eine eigenständige Vorschrift zur internationalen Zuständigkeit dem besseren Verständnis auch für den ungeübten Rechtsanwender. Dies gilt in Spanien insbesondere, weil es im Gegensatz zu Deutschland nicht der gängigen Rechtspraxis entspricht, örtlichen Zuständigkeitskriterien eine doppelte Funktion zuzuweisen.

XI. Internationale Zuständigkeit für Entscheidungen in Zusammenhang mit dem Insolvenzverfahren

Neben der Frage, welcher Staat international zuständig zur Eröffnung eines Insolvenzverfahrens ist, stellt sich bei einem grenzüberschreitenden Insolvenzverfahren die Frage der internationalen Zuständigkeit hinsichtlich einer Vielzahl von Einzelentscheidungen, die während eines Insolvenzverfahrens ergehen. Die internationale Zuständigkeit des Insolvenzeröffnungsstaates zum Erlass von Entscheidungen zur Durchführung und Beendigung des Insolvenzverfahrens ergibt sich aus Art. 10 LC[227]. Danach ist der Handelsrichter, in dessen Gerichtsbezirk

227 Espiniella Menéndez, REDI 2004, 593(596).

der Schuldner den Mittelpunkt seiner hauptsächlichen Interessen hat, für die Eröffnung und Durchführung des Insolvenzverfahrens zuständig. Entscheidungen zur Durchführung des Insolvenzverfahrens sind solche über die Anordnung beziehungsweise die Aufhebung der Beschränkung der Verfügungsbefugnis des Gemeinschuldners, die Verteilung des Vermögens des Gemeinschuldners sowie die Beendigung des Insolvenzverfahrens[228].

Fraglich ist, wie die internationale Zuständigkeit für andere in Zusammenhang mit einem Insolvenzverfahren sich ergebenden Rechtstreitigkeiten zu bestimmen ist.

1. Vis attractiva concursus im *Ley Concursal*

Das *Ley Concursal* sieht eine relativ weit gefasste vis attractiva concursus vor. Unter der Vis attractiva concursus ist eine umfassende Entscheidungskompetenz des Insolvenzgerichts über alle mit der Insolvenz zusammenhängenden Rechtsstreitigkeiten zu verstehen. Art. 8 LC legt die besondere und ausschließliche Zuständigkeit des Insolvenzrichters fest. Hiernach ist der Insolvenzrichter zunächst für Passivprozesse gegen den Gemeinschuldner zuständig. So sind zum Beispiel nach Art. 8.1° LC zivilrechtliche Klagen, die gegen das Vermögen des Gemeinschuldners gerichtet sind, dem Insolvenzrichter zugeordnet. Nach Art. 8.2° LC unterfallen darüber hinaus arbeitsrechtliche Klagen gegen den Gemeinschuldner als Arbeitgeber, wenn sie das Arbeitsverhältnis betreffen, der Zuständigkeit des Insolvenzrichters. Ebenso sind sämtliche Vollstreckungsmaßnahmen gegenüber dem Vermögen des Gemeinschuldners, sowie die Anordnung von vorläufigen Maßnahmen, welche die Insolvenzmasse betreffen, dem Zuständigkeitsbereich des Insolvenzrichters zuzuordnen. Von der Vis attractiva concursus umfasst sind nach Art. 8.6° LC aber auch Haftungsklagen gegen Leiter von Gesellschaften oder gegen den Insolvenzverwalter. Nicht aufgeführt sind in Art. 8 LC Anfechtungsklagen (*acciones de reintegración)*. Nach Ansicht der Literatur sind aber insolvenzrechtliche Anfechtungsklagen unter zivilrechtliche Klagen zu subsumieren, die gegen das Vermögen des Gemeinschuldners gerichtet sind. Dies ergebe sich aus Art. 72.2 LC, der eine passive Streitgenossenschaft zwischen Gemeinschuldner und dem dritten Begünstigten anordnet[229].

Die Zentralisation der genannten Rechtsstreitigkeiten bei einem Gericht und Richter wird mit der Universalität des Insolvenzverfahrens begründet. Sie soll die Insolvenzabwicklung vereinfachen und eine einheitliche Abwicklung der

228 Virgós Soriano/Garcimartín Alférez, in Comentario de la Ley Concursal, S. 347.
229 Carballo Pineiro, Acciones de reintegración, S. 169.

Streitigkeiten gewährleisten, um das Prinzip der Gläubigergleichbehandlung optimal zu verwirklichen[230].

2. Vis attractiva concursus bei grenzüberschreitenden Insolvenzen?

Allerdings existiert für Streitigkeiten in Zusammenhang mit der Insolvenz mit Art. 11 LC eine besondere Zuständigkeitsvorschrift für den internationalen Bereich.

Art. 11 LC regelt, dass der Insolvenzrichter, der mit einem internationalen Insolvenzverfahren befasst ist, nur über diejenigen Streitgegenstände entscheidet, welche ihre Rechtsgrundlage im Insolvenzrecht haben und in unmittelbarem Zusammenhang mit dem Insolvenzverfahren stehen. Handelt es sich um Klagen, die diese Voraussetzungen nicht erfüllen, so bestimmt sich die Zuständigkeit nach allgemeinen Regeln, Art. 22 LOPJ[231].

Fraglich ist, welche Streitigkeiten unter Art. 11 LC subsumierbar sind.

Calvo Caravaca/González Carrascosa verstehen Art. 11 LC folgendermaßen: Durch Art. 11 LC werde die Vis attractiva concursus als Zuständigkeitsregel grundsätzlich auch bei grenzüberschreitenden Insolvenzen anerkannt, wenn die Klagen ihre Grundlage im Insolvenzrecht haben, sowie bei solchen Klagen, die einen unmittelbaren Zusammenhang mit dem Insolvenzverfahren aufweisen. Sie legen Art. 11 LC so aus, dass die 2. Alt. der unmittelbaren Verbindungen mit dem Insolvenzverfahren dann eingreifen kann, wenn eine Klage ihre Rechtsgrundlage nicht im Insolvenzrecht hat[232].

Die überwiegende Ansicht liest Art. 11 LC so, dass solche Klagen in den Kompetenzbereich des Insolvenzrichters fallen, die ihre Grundlage im Insolvenzrecht haben und *gleichzeitig* einen unmittelbaren Zusammenhang mit dem Insolvenzverfahren aufweisen[233]. Der Wortlaut lasse die Interpretation, dass es sich

230 Exposición de Motivos Ley 22/2003 BOE 10/07/2003(IV); Carballo Pineiro, Acciones de reintegración de la masa, S. 137.

231 Espiniella Menéndez, in Comentarios a la legislación concursal, Hrsg.: Sánchez-Calero, Art. 11 S. 347; anders: Esplugues Mota ZZPInt (2001), 65(71) dieser meint Art. 11 LC regele, dass *der spanische Richter*, welcher mit einem internationalen Insolvenzverfahren befasst ist, ausschließlich über diejenigen Streitgegenstände entscheidet, welche von Art. 11 LC umfasst sind. International zuständig kann der spanische Richter jedoch auch bei solchen Klagen sein, die zwar nicht dem Art. 11 LC unterfallen, für die aber Spanien nach allgemeinen internationalen zivilprozessualen Kriterien zuständig ist.

232 Calvo Caravaca/Carrascosa González, Derecho concursal internacional, Rn. 505.

233 Espiniella Menéndez, REDI 2004, S. 593(595); Carballo Pineiro, Acciones de reintegración, S. 169 ff.; Virgós Soriano/Garcimartín Alférez, in Comentario de la Ley Concursal, Art. 11, S. 347/348.

dabei um Alternativen handele, nicht zu. Nur so könne ein Gleichlauf mit der Europäischen Insolvenzverordnung hergestellt werden, der erkläre, warum die Vis attractiva concursus für die örtliche und die internationale Zuständigkeit unterschiedlich geregelt sei[234].

Die Frage, welche Rechtsstreitigkeiten ihre Grundlage im Insolvenzrecht haben und einen unmittelbaren Zusammenhang zum Insolvenzverfahren aufweisen, soll sich an den Kriterien orientieren, die durch den EuGH zur Definierung des Anwendungsbereichs der EuGVÜ in der Entscheidung *Gourdain/Nadler* angewendet wurden[235]. Art. 1 Abs. 2 EuGVÜ/Art. 1 Abs. 2 Buchst. b EuGVVO schließt Konkurse, Vergleiche und ähnliche Verfahren vom Anwendungsbereich des Übereinkommens aus.

In der Entscheidung *Gourdain/Nadler* ging es um die Vollstreckung eines Urteils, mit dem der deutsche Geschäftsführer einer in Konkurs gefallenen französischen Kapitalanlagegesellschaft zur Deckung sämtlicher Schulden dieser Gesellschaft verurteilt worden war. Grundlage der erstinstanzlichen Entscheidung war eine Haftungsnorm im französischen Konkursgesetz. Der EuGH schloss die Klage vom Anwendungsbereich der EuGVÜ aus. Zur Abgrenzung stellte er auf die Art der erhobenen Klage ab. Wenn diese sich unmittelbar aus dem Insolvenzverfahren ableitet und in engem Zusammenhang mit diesem steht, sollte die EuGVÜ keine Anwendung finden[236].

Einen unmittelbaren Zusammenhang zum Insolvenzverfahren sah er als gegeben an, wenn das Einzelverfahren seine Rechtsgrundlage im Insolvenzrecht hat[237]. Zur Beantwortung der Frage, ob eine Entscheidung dem Insolvenzrecht zugeordnet werden kann, nahm der EuGH eine Gesamtbewertung der insolvenzbezogenen Entscheidung vor, welche sowohl die materielle Entscheidungsgrundlage als auch verfahrensrechtliche Elemente einschloss[238]. Der EuGH kam aufgrund der Anwendung dieser Kriterien zu dem Ergebnis, dass der im französichen Recht geregelte Haftungsanspruch gegen die gesetzlichen Vertreter einer Gesellschaft als insolvenzrechtliche Entscheidung zu qualifizieren sei, obwohl die französische Rechtsprechung und Literatur in dem Anspruch stets eine Spe-

234 Espiniella Menéndez, REDI 2004, S. 593(595).

235 Espiniella Menéndez, in Comentarios a la legislación concursal, Hrsg.: Sánchez-Calero, Art. 11, S. 338; Virgós Soriano/Garcimartín Alférez, in Comentario de la Ley Concursal, Art. 11 S. 345 ff.

236 Gourdain/Nadler Rs 133/78, Slg 1979, 733(744); Carballo Pineiro, AEDIPr 2003, 139(151).

237 Gourdain/Nadler Rs 133/78, Slg 1979, 733(744).

238 Gourdain/Nadler Rs. 133/78, Slg 1979, 733 ff.

zialnorm der allgemeinen deliktischen Haftung und nicht eine spezifisch konkursrechtliche Sanktion gesehen haben[239].

Diese vom EuGH entwickelten Kriterien wurden in der Vergangenheit auch von der spanischen Rechtsprechung weiter konkretisiert, um den Anwendungsbereich des autonomen Rechts zur EuGVÜ abzugrenzen[240]. Die *Audiencia Provincial de Valencia* entschied zum Beispiel in der Berufungsinstanz eine Massestreitigkeit. Zugrunde lag ein in Spanien eröffnetes Insolvenzverfahren. Ein Kläger machte sein Eigentum an einem Gegenstand geltend. Dieser unterfalle nicht der Insolvenzmasse, weil der Gemeinschuldner diesen von ihm unter Eigentumsvorbehalt erworben habe. Der Beklagte hielt die internationale Unzuständigkeit Spaniens dagegen. Der Kläger habe sich bereits dem Tribunal von Avignon unterworfen. Die Wirksamkeit einer solchen Unterwerfung hing von der Anwendbarkeit der EuGVÜ auf den Fall ab. Die *Audiencia Provincial de Valencia* wendete auf diese Streitigkeit unter Bezugnahme auf die Entscheidung *Gourdain/Nadler* die EuGVÜ an. Entscheidungserheblich war dafür, ob es sich um eine mit dem Insolvenzverfahren in unmittelbarem Zusammenhang stehende Streitigkeit handelte. Die *Audiencia Provincial de Valencia* lehnte dies bei der aufgrund des Eigentums erhobenen Klage ab. Zwar habe der Ausgang des Verfahrens Auswirkungen auf die Masse. Der geltend gemachte Anspruch sei aber nicht aus dem Insolvenzrecht hergeleitet und weise keinen unmittelbaren Zusammenhang zu dem Insolvenzverfahren auf[241]. Damit fand die EuGVÜ Anwendung.

Die spanische Literatur hat sich allerdings dieser Entscheidung nicht angeschlossen. Bei der Frage, ob ein Gegenstand, der an den Gemeinschuldner in Form eines Eigentumsvorbehalts veräußert worden sei, zur Insolvenzmasse zähle, handele es sich um eine eindeutig dem Insolvenzrecht zuzuordnende Frage. In dem entsprechenden Verfahren habe nicht die Wirksamkeit des Eigentumsvorbehaltes an sich in Frage gestanden[242].

Nach Ansicht der Literatur fehlt es an einer unmittelbaren Verbindung zur Insolvenz bei solchen Klagen, die der Insolvenzschuldner auch ohne die Eröffnung des Insolvenzverfahrens hätte erheben können, bei denen einzige Verbindung zum Insolvenzverfahren die Beteiligung des Insolvenzverwalters ist[243].

---

239 Junker, RIW 1986, 337(345).

240 Vor Inkrafttreten der EuInsVO.

241 Sentencia Audiencia Provincial de Valencia vom 6.2.2002 kommentiert von Espiniella Menéndez, REDI 2003, 437 ff.

242 Espiniella Menéndez, in Comentarios a la legislación concursal, Hrsg.: Sánchez-Calero, Art. 11 S. 351.

243 Virgós Soriano/Garcimartín Alférez, in Comentario de la Ley Concursal, Art. 11, S. 348.

Beispielsweise solche Rechtsstreitigkeiten, die lediglich die Klärung eines Vertrages zwischen dem Gemeinschuldner und einem Gläubiger oder zwischen dem Gemeinschuldner und einem Dritten zum Gegenstand hätten. Einziger Verbindungspunkt zum Insolvenzverfahren sei insoweit die Verfahrensbeteiligung des Insolvenzverwalters. Solche Streitigkeiten fallen danach bei grenzüberschreitenden Insolvenzen nicht in den Zuständigkeitsbereich des Insolvenzrichters[244].

Demgegenüber sollen aber insolvenzrechtliche Anfechtungsklagen[245] sowie Streitigkeiten des Insolvenzverwalters mit dem Gemeinschuldner über die Zugehörigkeit eines Gegenstandes zur Insolvenzmasse ebenso wie Streitigkeiten über den Umfang der Befugnisse des Insolvenzverwalters dem Kompetenzbereich des Insolvenzrichters unterliegen[246]. Ebenfalls unter Art. 11 LC subsumierbar sind nach allgemeiner Literaturansicht solche Klagen, die gegen die Verantwortlichen einer Gesellschaft gerichtet sind und deren rechtliche Anspruchsgrundlage nicht im gemeinen Recht begründet ist, sondern im *Ley Concursal*[247].

3. Verfassungsmäßigkeit der Vis attractiva concursus

Carballo Pineiro setzt sich mit der Frage auseinander, ob die Vis attractiva concursus im internationalen Bereich dem effektiven Rechtsschutz international genügt. Das sei der Fall, wenn das Verhältnismäßigkeitsprinzip gewahrt ist und die Maßnahme geeignet, erforderlich und verhältnismäßig ist, um den damit angestrebten Zweck zu erreichen. Zweck der Vis attractiva concursus sei es, die Effektivität des Insolvenzverfahrens zu erhöhen und damit eine Maximierung der Ziele des Insolvenzverfahrens, wie das Prinzip der Gläubigergleichbehandlung zu erreichen. Insoweit trete der Schaden, den das Recht auf effektiven Rechtsschutz durch die Attraktivkraft erleide, hinter die Vorteile, die im öffentlichen Interesse stünden, zurück. Dies gelte unproblematisch bei den direkt am Insolvenzverfahren Beteiligten. Bezüglich dieser sei das Recht auf effektiven Rechtsschutz ein-

---

244 Calvo Caravaca/Carrascosa González, Derecho concursal internacional, Rn. 506; Virgós Soriano/Garcimartín Alférez, in Comentario de la Ley Concursal, S. 348; Espiniella Menéndez, in Comentarios a la legislación concursal, Hrsg.: Sánchez-Calero, Art. 11, S. 345.

245 Carballo Pineiro, Acciones de reintegración, S. 170; Virgós Soriano/Garcimartín Alférez, in Comentario de la Ley Concursal, Art. 11 S. 348; Espiniella Menéndez, in Comentarios a la legislación concursal, Hrsg.: Sánchez-Calero, Art. 11, S. 341.

246 Virgós Soriano/Garcimartín Alférez, in Comentario de la Ley Concursal, Art. 11, S. 348.

247 Virgós Soriano/Garcimartín Alférez, in Comentario de la Ley Concursal, Art. 10, S. 330; Art. 11, S. 348; Espiniella Menéndez, in Comentarios a la legislación concursal, Hrsg.: Sánchez-Calero, Art. 11, S. 341; Espiniella Menéndez, Procedimientos de insolvencia, S. 76.

schränkbar, denn das Insolvenzverfahren verhindere den Eintritt eines größeren Schadens. Allerdings kann die Zulassung der Vis attractiva concursus auch dazu führen, dass nicht an der Durchführung des Insolvenzverfahrens beteiligte Dritte nunmehr im Insolvenzeröffnungsstaat verklagt werden können. So wäre beispielsweise bei einer insolvenzrechtlichen Anfechtungsklage nach allgemeinen prozessualen Regeln der Staat des Wohnsitzes des Beklagten international zuständig[248]. Nach den Kriterien des Art. 11 LC ist der Insolvenzeröffnungsstaat für die Entscheidung über eine insolvenzrechtliche Anfechtungsklage zuständig.

Die internationale Zuständigkeit für Klagen, die in engem Zusammenhang mit der Insolvenz stehen, im Insolvenzeröffnungsstaat zu verorten, lässt damit die internationalen Zuständigkeitsregeln, die den Rechtsschutz des Beklagten an erster Stelle stehen lassen und daher an den Wohnsitz des Beklagten anknüpfen, zurücktreten[249].

Carballo Pineiro hält auch insoweit die Vis attractiva concursus mit dem *derecho a la tutela judicial efectiva international*, dem Recht auf effektiven gerichtlichen Schutz im internationalen Bereich, für vereinbar[250].

Dafür überprüft sie, ob es sich bei der Vis attractiva concursus um eine vernünftige Verbindung handelt, die verfassungsgemäß ist[251]. Nach den dazu von der spanischen Verfassung vorgegebenen und vom *Tribunal Constitucional* konkretisierten Kriterien muss geprüft werden, ob es begründet ist, vom Beklagten zu fordern, an einem Gerichtsstand zu erscheinen und seine Rechte zu verteidigen[252]. Die Festlegung eines internationalen Gerichtsstandes dürfe keine unbegründbare Erschwerung *(carga irrazonable)* hinsichtlich des Rechts auf Verteidigung des Beklagten bewirken[253]. Nur wenn der Rechtsstreit ausreichende Bezugspunkte zu dem Land aufweise, sei es gerechtfertigt, dort den internationalen Gerichtsstand zu eröffnen[254].

Diesen Bezug zum Eröffnungsstaat sieht sie in dem rechtsgeschäftlichen Kontakt zum Gemeinschuldner. Die Begründbarkeit des Gerichtsstands der Vis attractiva concursus hänge mit der Begründbarkeit des Insolvenzgerichtsstands zusammen[255].

---

248 Vgl. Art. 22 LOPJ.

249 Carballo Pineiro, Acciones de reintegración, S. 142.

250 Carballo Pineiro, AEDIPr 2003, 139(153).

251 Carballo Pineiro, Acciones de reintegración, S. 143; so genannter juicio de razonabilidad.

252 STC 43/1986; vgl. auch Kommentierung dazu Amores Conradi, REDI 1987, 190(194).

253 STC 61/2000.

254 Carballo Pineiro, Acciones de reintegración, S. 144.

255 Carballo Pineiro, AEDIPr 2003, 139(153).

Aufgrund der Tatsache, dass der Beklagte mit dem Gemeinschuldner in rechtsgeschäftlichen Kontakt getreten ist, sei die Möglichkeit, eine Rechtsstreitigkeit am Interessenmittelpunkt des Schuldners auszutragen, auch nicht unvorhersehbar. Es handele sich um eine verhältnismäßige Einschränkung des verfassungsmäßig garantierten Rechts auf Verteidigung des Beklagten.

4. Alternativer Gerichtsstand

Fraglich ist, ob Art. 11 LC einen ausschließlichen Gerichtsstand im Insolvenzeröffnungsstaat festlegt. Die Literatur ist der Ansicht, dass Art. 11 LC im Gegensatz zu Art. 8 LC keinen zwingend ausschließlichen Charakter hat[256].

Die Zuständigkeitsregel der Vis attractiva concursus habe ihren Grund in der Effektivität der Abwicklung der Insolvenz. Der spanische Verwalter eines grenzüberschreitenden Insolvenzverfahrens könne es für zweckmäßiger erachten, einen mit der Insolvenz in unmittelbarem Zusammenhang stehenden Rechtsstreit im Ausland durchzuführen. Umgekehrt könne ein ausländischer Insolvenzverwalter es für sinnvoll halten, einen Rechtsstreit in Spanien abzuwickeln[257]. Würde man Art. 11 LC als ausschließliche Zuständigkeitsregel ansehen, so habe die Insolvenzverwaltung nicht nur keine Möglichkeit im Ausland Klage zu erheben, sondern auch keine Verteidigungsmöglichkeit gegenüber im Ausland von Gläubigern auf Grundlage der allgemeinen Zuständigkeitsregeln erhobenen Klagen[258]. Daneben bestehe die Gefahr negativer Zuständigkeitskonflikte[259]. So zum Beispiel, wenn der ausländische Insolvenzeröffnungsstaat keine vis attractiva concursus vorsieht, nach Art. 11 LC aber der Insolvenzeröffnungsstaat zuständig ist[260].

Im Übrigen gebiete die Tatsache, dass andere Staaten die Vis attractiva concursus nicht anerkennen, diese nicht als ausschließliche Zuständigkeitsregel anzusehen[261]. So gebe es keine Garantie, dass die Entscheidungen im Ausland anerkannt werden. Umgekehrt könnten aber auch in Spanien Entscheidungen, die

---

256 Virgós Soriano/Garcimartín Alférez, in Comentario de la Ley Concursal, Art. 11, S. 348; Carballo Pineiro, Acciones de reintegración, S. 170; dieselbe, AEDIPr 2003, 139(154); nicht eindeutig Espiniella Menéndez, in Comentarios a la legislación concursal, Hrsg.: Sánchez-Calero, Art. 11, S. 349/350.

257 Carballo Pineiro, Acciones de reintegración, S. 170.

258 Virgós Soriano/Garcimartín Alférez, in Comentario de la Ley Concursal, Art. 11, S. 350.

259 Carballo Pineiro, AEDIPr 2003, 139(154).

260 Espiniella Menéndez, in Comentarios a la legislación concursal, Hrsg.: Sánchez-Calero, Art. 11, S. 349.

261 Carballo Pineiro, AEDIPr 2003, 139(154); ähnlich Virgós Soriano/Garcimartín Alférez, in Comentario de la Ley Concursal, Art. 11 S. 350.

nach allgemeinen Zuständigkeitskriterien getroffen wurden, nicht anerkannt werden, wenn es sich bei Art. 11 LC um eine ausschließliche Zuständigkeitsnorm handele[262]. Aus diesen Gründen besteht nach einer breiten Literaturansicht keine ausschließliche internationale Zuständigkeit des Insolvenzeröffnungsstaates für Streitigkeiten, die ihre Grundlage im Insolvenzrecht haben und mit dem Insolvenzverfahren in unmittelbarem Zusammenhang stehen. Da es im *Ley Concursal* an einer alternativen Regelung der internationalen Zuständigkeit fehlt, sei auf allgemeine Zuständigkeitsregeln zurückzugreifen. Bei einer Anfechtungsklage sei damit alternativ in analoger Anwendung des Art. 22.2° LOPJ der Wohnsitz des Beklagten entscheidend[263].

XII. Internationale Zuständigkeit für Ansprüche in Zusammenhang mit der Insolvenz

§ 2 InsO konzentriert lediglich die sachliche Zuständigkeit für Insolvenzverfahren bei dem Amtsgericht am Sitz des Landgerichts[264]. Eine weitergehende Konzentration für Streitigkeiten, die in engem Zusammenhang mit der Insolvenz stehen, hat der deutsche Gesetzgeber nicht eingeführt[265]. Lediglich Entscheidungen, die sinnvollerweise ausschließlich durch das Eröffnungsgericht getroffen werden können, wie die Eröffnung und Beendigung des Insolvenzverfahrens, die Bekanntmachung des Eröffnungsbeschlusses sowie die Anordnung von Sicherungsmaßnahmen, unterliegen der ausschließlichen Zuständigkeit der Gerichte des Insolvenzeröffnungsstaates[266]. Eine auf die örtliche Zuständigkeit beschränkte vis attractiva concursus regelt das deutsche Recht nur für Feststellungsklagen zur Insolvenztabelle und Passivprozesse des Insolvenzverwalters. Nach § 180 Abs. 1 S. 2 InsO richtet sich die örtliche Zuständigkeit für einen Feststellungsstreit von Insolvenzforderungen nach dem Sitz des Insolvenzgerichts. Die sachliche Zuständigkeit ändert sich dagegen nicht[267].

---

262 Virgós Soriano/Garcimartín Alférez, in Comentario de la Ley Concursal, Art. 11 S. 350.

263 Carballo Pineiro, Acciones de reintegración, S. 172.

264 Schmerbach, in Frankfurter Kommentar-InsO, § 2 Rn. 1.

265 Schmerbach, in Frankfurter Kommentar-InsO, § 2 Rn. 5.

266 Trunk, Internationales Insolvenzrecht, S. 381; vgl. auch Haubold, IPRax 2002, 157(160) zu Art. 3 EuInsVO; vgl. zu solchen insolvenzrechtlichen Kernentscheidungen auch die Auflistung der Kompetenzen des Insolvenzgerichts nach der InsO in Gottwald, Insolvenzrechtshandbuch, § 17 Rn. 19; Willemer, Vis attractiva concursus, S. 26.

267 Willemer, Vis attractiva concursus, S. 26.

Nach § 19a ZPO bestimmt sich der allgemeine Gerichtsstand eines Insolvenzverwalters für Klagen, die sich auf die Insolvenzmasse beziehen, durch den Sitz des Insolvenzgerichts. Hierbei wird eine örtliche Zuständigkeitskonzentration zu den Gerichten am Sitz des Insolvenzgerichts angeordnet. Eine Zuständigkeitskonzentration bei den Insolvenzgerichten findet dagegen nicht statt[268].

Umstritten war, ob § 19a ZPO auch auf für *Aktiv*prozesse des Insolvenzverwalters Geltung beansprucht. Dies hätte zur Folge, dass die örtliche Zuständigkeit für Anfechtungsklagen am Sitz des Insolvenzgerichts zu verorten wäre. Der BGH hat diesbezüglich aber klargestellt, dass § 19a ZPO eine örtliche Zuständigkeit des Gerichts am Sitz des Insolvenzgerichts nur für Klagen gegen einen Insolvenzverwalter bestimmt. Die mögliche Arbeitserleichterung für den Insolvenzverwalter wollte der Gesetzgeber zum Schutz der möglichen Beklagten nicht ausreichen lassen und hat daher Aktivprozesse in § 19a ZPO nicht vorgesehen[269].

Über diese beiden Regelungen hinausgehend berührt die Eröffnung eines Insolvenzverfahrens Zuständigkeitsvorschriften nicht.

Die Zuständigkeitskriterien der §§ 12 ff. ZPO werden daher zur Bestimmung der internationalen Zuständigkeit für insolvenzbezogene Aktivstreitigkeiten des Insolvenzverwalters nach allgemeinen Grundsätzen im internationalen Zivilverfahrensrecht doppelfunktional angewendet. Damit unterfallen Anfechtungsklagen den Zuständigkeitskriterien der §§ 12 ff. ZPO.

XIII. Rechtsvergleich: Internationale Zuständigkeit für Entscheidungen in Zusammenhang mit der Insolvenz

Die Insolvenzordnung sieht keine Zuständigkeitsregel für insolvenzrechtliche Streitigkeiten vor. Diese unterfallen vielmehr den zivilprozessualen Regeln. Die Zivilprozessordnung enthält aber eine Sonderbestimmung für Passivprozesse des Insolvenzverwalters.

Nach § 19a ZPO wird der allgemeine Gerichtsstand eines Insolvenzverwalters für sich auf die Insolvenzmasse beziehende Klagen durch den Sitz des Insolvenzgerichts bestimmt. Hierbei wird eine örtliche Zuständigkeitskonzentration zu den Gerichten am Sitz des Insolvenzgerichts angeordnet. Dies hat Auswirkung auf die internationale Zuständigkeit, weil sich nach dem Prinzip der Dop-

268 Willemer, Vis attractiva concursus, S. 27.

269 Vgl. dazu BGH, NJW 2003, 2916; mit Anm. Mankowski, NZI 2003, 545; mit Anm. Leible, LM 2004, 14(15).

pelfunktionalität die internationale Zuständigkeit nach der örtlichen Zuständigkeit richtet.

Für Aktivprozesse des Insolvenzverwalters ist § 19a ZPO nicht anwendbar. Damit greifen die allgemeinen Vorschriften ein. Danach liegt beispielsweise die internationale Zuständigkeit für Insolvenzanfechtungsklagen häufig bei den Gerichten des Staates, auf dessen Staatsgebiet sich der Wohnsitz des Beklagten befindet.

Im spanischen Insolvenzrecht findet Art. 11 LC als internationale Zuständigkeitsnorm Anwendung. Hiernach entscheidet der spanische Insolvenzrichter in grenzüberschreitenden Insolvenzverfahren nur über solche Streitigkeiten, die ihre Rechtsgrundlage im Insolvenzrecht haben und in unmittelbarem Zusammenhang mit dem Insolvenzverfahren stehen. Unter diese Streitigkeiten ist beispielsweise die insolvenzrechtliche Anfechtungsklage subsumierbar. Ist nach Art. 10 LC in Spanien ein Insolvenzverfahren eröffnet, so ist Spanien auch für die Entscheidungfindung über eine insolvenzrechtliche Anfechtungsklage international zuständig.

Zu unterschiedlichen Ergebnissen gelangt man also dann, wenn der Insolvenzgerichtsstand und der allgemeine Gerichtsstand des Beklagten in verschiedenen Staaten angesiedelt sind.

Durch die Beschränkung der Vis attractiva concursus in Art. 11 LC auf solche Streitigkeiten, die ihre Rechtsgrundlage im Insolvenzrecht haben und eine unmittelbare Verbindung zum Insolvenzverfahren aufweisen, erhöht der spanische Gesetzgeber die Chance auf eine erfolgreiche grenzüberschreitende Insolvenzabwicklung. Entscheidungen, die nicht in unmittelbarem Zusammenhang mit dem Insolvenzverfahren stehen, aber dennoch im Insolvenzeröffnungsstaat getroffen werden, laufen Gefahr von anderen Staaten, in deren Rechtssystem keine vis attractiva concursus geregelt ist, nicht anerkannt zu werden, soweit nach deren Zuständigkeitsgrundsätzen ein anderer Staat zuständig wäre.

In Art. 11 LC zeigt sich auch die Bereitschaft des spanischen Gesetzgebers, auf die ausländischen Schutzinteressen Rücksicht zu nehmen. Er hat zur Kenntnis genommen, dass in anderen Staaten den Schutzinteressen des Beklagten gegenüber dem Interesse einer effektiven Abwicklung der Insolvenz der Vorrang eingeräumt wird und trägt dem im internationalen Bereich durch die Einführung des Art. 11 LC Rechnung. Art. 11 LC ist daher grundsätzlich zu befürworten.

Ebenfalls als positiv zu bewerten ist die in der spanischen Literatur befürwortete Auslegung des Art. 11 LC als konkurrierende Zuständigkeitsnorm. Dies erleichtert die internationalinsolvenzrechtliche Kooperation zwischen den Staaten und dient damit auch dem Schutz der Masse. Erlaubt man alternativ die allgemeinen Regeln des Art. 22 LOPJ anzuwenden, so kann der spanische Insolvenzverwalter, insbesondere in Fällen, bei denen die Nichtanerkennung der aufgrund der Vis attractiva concursus getroffenen Entscheidung droht, direkt im ausländischen Staat gerichtlich vorgehen. Abzuwarten bleibt, ob auch die spanische Rechtsprechung den Ansatz als alternative Zuständigkeitsnorm befürwortet.

XIV. *Ley aplicable* – Anwendbares Recht auf ein in Spanien eröffnetes Insolvenzverfahren

Wird in Spanien ein Insolvenzverfahren eröffnet und befinden sich Vermögensgegenstände in Drittstaaten[270], so bestimmt das autonome internationale Insolvenzrecht die Wirkungen.

1. Lex fori concursus, Art. 200 LC

Art. 200 LC schreibt als Grundregel fest, dass auf ein in Spanien eröffnetes Insolvenzverfahren mit internationalen Bezügen die Lex fori concursus und damit spanisches Recht Anwendung findet. Dabei regelt das spanische Recht die Voraussetzungen und Wirkungen eines Insolvenzverfahrens, dessen Entwicklung und Beendigung, Art. 200 LC. Sowohl das Insolvenzverfahren an sich als auch die materiellrechtlichen Wirkungen des Insolvenzverfahrens unterliegen der Lex fori concursus und damit spanischem Recht[271]. Aus Art. 200 i.V.m. Art. 76 LC ergibt sich, dass ein Insolvenzverfahren einen universalen Wirkungsanspruch hinsichtlich des weltweiten Schuldnervermögens hat[272].

Unter das Tatbestandsmerkmal Entwicklung des Insolvenzverfahrens fallen beispielsweise die verfahrensrechtlichen Voraussetzungen an den Erlass eines Eröffnungsbeschlusses (*auto de declaración de concurso)*[273]. Diese bestimmen sich damit nach Art. 21 ff. LC. Darüber hinaus richten sich die materiellrechtlichen Wirkungen eines Insolvenzverfahrens nach spanischem Recht. Darunter ist zum Beispiel die Einschränkung der Verfügungsbefugnis, die in Art. 40 LC geregelt ist, ebenso wie das Verbot von Einzelvollstreckungsmaßnahmen, das aus Art. 55 LC folgt, zu subsumieren. Die Wahl der Lex fori concursus beruht zum

270 Calvo Caravaca/Carrascosa González wollen darauf abstellen, ob Gläubiger einen Bezug zu Drittstaaten haben, vgl. oben unter D.V.3.

271 Beim freiwilligen Konkurs behält der Schuldner die Verfügungsbefugnis, bedarf aber für Vermögensverfügungen der Zustimmung des Konkursverwalters, Art. 40 Abs. 1 LC; beim notwendigen Konkurs verliert der Schuldner die Verfügungsbefugnis, Art. 40 Abs. 2 LC.

272 Vgl. zur universalen Wirkung auch Campuzano Díaz, Aspectos internacionales del derecho concursal, S. 143.

273 Calvo Caravaca/Carrascosa González, Derecho concursal internacional, Rn. 520.

einen auf der größten Nähe zum Schuldner und den mit der Insolvenz zusammenhängenden Rechtsfragen[274]. Durch die Behandlung verfahrensrechtlicher und materiellrechtlicher Fragen nach einer Rechtsordnung werden die mit einem grenzüberschreitenden Insolvenzverfahren befassten Gerichte, unter Ausnahme von Sonderregelungen, nicht mit der Prüfung einer ausländischen Rechtsordnung belastet. Dies fördert die Einheitlichkeit von Entscheidungen und stellt eine Erleichterung für die Durchführung des Insolvenzverfahrens dar[275]. Damit ist der Gläubigergleichbehandlung gedient[276]. Art. 200 LC ist einseitig ausgestaltet. Er findet nur Anwendung, wenn ein grenzüberschreitendes Insolvenzverfahren in Spanien eröffnet wurde.

2. Sonderregelungen

Ausnahmen von der Grundregel der Anwendung der Lex fori concursus sind in den Art. 201 bis 209 LC vorgesehen. Die Ausnahmeregelungen werden mit Vertrauensschutzerwägungen und der Wahrung von Rechtssicherheit gegenüber berechtigten Gläubigerinteressen begründet. So sei für Gläubiger, die in einem anderen Staat mit dem Schuldner in Kontakt getreten seien, die Anwendung des spanischen Rechts nicht vorherzusehen[277]. Ein solcher Überraschungseffekt soll bei bestimmten, besonders schutzbedürftigen Rechtspositonen und bei besonders komplexen Rechtsverhältnissen verhindert werden.

Es würde den Rahmen dieser Arbeit überschreiten sämtliche Sonderregelungen zu bearbeiten. Eingegangen werden soll auf die Sonderbestimmungen für dingliche Rechte, den Eigentumsvorbehalt, die Insolvenzanfechtung sowie die Wirkungen der Insolvenzeröffnung auf einen im Ausland anhängigen Rechtsstreit über einen der Insolvenzmasse unterfallenden Gegenstand. Von einer Erörterung der Art. 202 bis 207 LC wird abgesehen.

274 Carballo Pineiro, Acciones de reintegración, S. 186; Calvo Caravaca/Carrascosa González, Derecho concursal internacional, Rn. 514.

275 Calvo Caravaca/Carrascosa González, Derecho concursal internacional, Rn. 514; Virgós Soriano/Garcimartín Alférez, in Comentario de la Ley Concursal, Art. 200, S. 2879.

276 Virgós Soriano/Garcimartín Alférez, in Comentario de la Ley Concursal, Art. 200, S. 2879.

277 Calvo Caravaca/Carrascosa González, Derecho concursal internacional, Rn. 526; Carballo Pineiro, Acciones de reintegración, S. 191.

a) Dingliche Rechte

Wenig diskutiert war in der spanischen Literatur bis zum Inkrafttreten des *Nueva Ley Concursal* die Frage, welches Statut für die Wirkungen eines grenzüberschreitenden Insolvenzverfahrens auf in einem anderen Staat belegene dingliche Sicherheiten maßgeblich sein soll[278].

Nach Art. 201 LC richtet sich die Behandlung dinglicher Rechte Dritter an Vermögensgegenständen der Insolvenzmasse, die in einem anderen Staat belegen sind, nach dem Recht des Lagestaates. Art. 201 LC findet in Abgrenzung zur EuInsVO Anwendung, wenn sich der mit einem dinglichen Recht belastete Gegenstand in einem Drittstaat befindet.

Art. 201 LC enthält keine Definition eines dinglichen Rechts. Die Literatur schlägt vor, zunächst darauf abzustellen, ob die Lex rei sitae das Recht als dinglich einordne. Nur dann greife überhaupt Art. 201 LC ein. Einschränkungen dieser Klassifizierung könnten sich aber dann ergeben, wenn man die *Ratio* des Art. 201 LC zugrunde lege. Art. 201 LC schütze nur dingliche Rechte im engeren Sinne. Ob das ausländische Recht ein dingliches Recht im engeren Sinne vorsieht, soll über Art. 5 Abs. 2 EuInsVO konkretisiert werden[279]. Hier wird ein dingliches Recht näher umschrieben. Ein dingliches Recht ist danach direkt und unmittelbar an eine Sache gebunden, und zwar unabhängig von dem Verhältnis des Rechtsinhabers zu einer anderen Person. Aus der Absolutheit wird hergeleitet, dass der Rechtsinhaber von jedermann, der dieses Recht missachtet, Unterlassung verlangen kann. Danach zählen beispielsweise die Hypothek, ein Pfandrecht, der Nießbrauch zu dinglichen Rechten[280].

Wird beispielsweise in Spanien ein grenzüberschreitendes Insolvenzverfahren eröffnet, dessen Schuldner Eigentümer eines in Argentinien belegenen Grundstücks ist, das mit einer Hypothek zugunsten einer italienischen Bank belastet ist, so regelt nicht das spanische Recht als lex fori concursus die Wirkungen des Insolvenzverfahrens auf die Hypothek. Vielmehr bestimmt das argentinische Recht, welche Wirkungen das in Spanien eröffnete Insolvenzverfahren auf die Hypothek hat[281]. Die Frage, ob ein dingliches Recht überhaupt in die Masse fällt oder ob es zu den bevorzugt zu befriedigenden Rechten zu zählen ist, richtet sich also nach der Lex rei sitae. Unterliegt es der Insolvenzmasse, so re-

278 Einer der wenigen ist Sánchez Lorenzo, Garantías reales en el comercio internacional, S. 139 ff.

279 Virgós Soriano/Garcimartín Alférez, in Comentario de la Ley Concursal, Art. 201, S. 2891.

280 Virgós Soriano/Garcimartín Alférez, in Comentario de la Ley Concursal, Art. 201, S. 2891.

281 Calvo Carravaca/Carrascosa González, Derecho concursal internacional, Rn. 537.

gelt die Lex rei sitae des Weiteren, ob der dinglich gesicherte Gläubiger eine bessere Rangstelle einnimmt.

b) Eigentumsvorbehalt

Nach Art. 201.1 letzter Satz LC ist die kollisionsrechtliche Regel für dingliche Rechte auch auf Rechte des Verkäufers bezüglich der Gegenstände, die unter Eigentumsvorbehalt an den Schuldner veräußert wurden, anzuwenden. Das heißt, dass sich die Behandlung und Verwertung solcher Gegenstände, die unter Eigentumsvorbehalt an den Gemeinschuldner veräußert wurden, nach dem Recht des Belegenheitsstaates richten. Das Recht des Belegenheitsstaates bestimmt also, ob der Schuldner, wenn der Insolvenzverwalter den restlichen Kaufpreis nicht fristgemäß bezahlt, unter Berufung auf sein Eigentum die Herausgabe der Sache verlangen kann.

c) Kritik an der Kollisionsnorm

Calvo Caravaca/Carrascosa González befürworten eine Sonderregelung für dingliche Rechte, weil die Regelungen der Lex fori concursus für die Sicherungsinhaber nicht angemessen kalkulierbar seien. Beispielsweise könne der Eigentumsvorbehaltsverkäufer nicht voraussehen, dass das Recht eines anderen Staates angewandt werde als des Staates, in dem sich die unter Eigentumsvorbehalt veräußerte Sache befinde[282]. Dennoch diene Art. 201.1 LC nur begrenzt der Rechtssicherheit. Denn der Sicherungsinhaber sehe sich statt der Insolvenzwirkungen der Lex fori concursus den Beschränkungen durch die Lex rei sitae ausgesetzt. Vorzugswürdiger sei es jedoch Insolvenzwirkungen auf dingliche Rechte und Insolvenzwirkungen auf das Recht des Eigentumsvorbehaltskäufers bei grenzüberschreitenden Insolvenzen gänzlich auszuschließen[283]. Wenn dingliche Gläubiger damit rechnen müssten, dass ihre Sicherheiten durch ein ausländisches Insolvenzverfahren entwertet werden, würden sich zwangsläufig die Kosten für die Bestellung dinglicher Sicherheiten erhöhen[284]. Zwar handele es sich bei der Insolvenz grundsätzlich um ein voraussehbares und einkalkulierbares Risiko. Unvorhersehbar werde dieses jedoch, wenn die gesicherten Gläubiger nicht in demselben Staat wie der Gemeinschuldner operieren, sondern sich in einem Drittstaat aufhalten. Für einen in Argentinien ansässigen, dinglich gesicherten Gläubiger sei die Insolvenz eines Unternehmens, dessen Mittelpunkt der haupt-

282 Im diesem Sinne: Calvo Caravaca/Carrascosa González, Derecho concursal internacional, Rn. 549.

283 Eine solche Regelung sehen Art. 5 und Art. 7 EuInsVO vor.

284 Calvo Caravaca/Carrascosa González, Derecho concursal internacional, Rn. 538.

sächlichen Interessen sich in Madrid befinde, unvorhersehbar[285]. Daher soll es nach Ansicht von *Calvo Caravaca/Carrascosa González* gerechtfertigt sein, dingliche Sicherheiten bei grenzüberschreitenden Insolvenzen gänzlich aus dem Wirkungsbereich des Insolvenzverfahrens auszuschließen.

d) Insolvenzanfechtung

Eine weitere kollisionsrechtliche Sonderregelung hinsichtlich des anwendbaren Rechts enthält Art. 208 LC für die Insolvenzanfechtung.

aa) Art. 208 LC

Nach Art. 208 LC richtet sich die Insolvenzanfechtungsklage bei einem in Spanien eröffneten grenzüberschreitenden Insolvenzverfahren nicht nach dem *Ley Concursal*, wenn der Anfechtungsgegner (der Begünstigte) nachweist, dass für die anfechtbare Rechtshandlung das Recht eines anderen Staates maßgeblich und die Rechtshandlung nach diesem Recht in keiner Weise anfechtbar ist. Art. 208 LC findet in Abgrenzung zur EuInsVO Anwendung, wenn es sich nach der maßgeblichen lex causae nicht um das Recht eines Mitgliedstaates, sondern eines Drittstaates handelt. Art. 208 LC trifft eine Sonderregelung bezüglich der nach Art. 200 LC grundsätzlich angeordneten Geltung der Lex fori concursus. Diese Ausnahmeregelung greift allerdings nur dann ein, wenn der Anfechtungsgegner nachweist, dass die anfechtbare Rechtshandlung der Rechtsordnung eines anderen Staates unterliegt und nach dieser Rechtsordnung die entsprechende Rechtshandlung in keiner Weise anfechtbar ist. Kann dies der Anfechtungsgegner nicht nachweisen, so greift die Grundregel der Anwendung der Lex fori concursus.

Aus der Formulierung *en ningún caso su impugnación,* in keinem Fall anfechtbar, wird in der Literatur teilweise geschlossen, dass die Rechtshandlung in keinem Fall aufgrund einer insolvenzrechtlichen Anfechtung *(acción de reintegración)* angreifbar sein darf. Unerheblich sei, ob sie aufgrund anderer Mängel angefochten werden kann[286]. Nach anderer Literaturansicht darf die Rechtshandlung aber auch aufgrund allgemeiner Anfechtungstatbestände nicht angreifbar sein[287].

---

285 Calvo Caravaca/Carrascosa González, Derecho concursal internacional, Rn. 549.

286 Carballo Pineiro, Acciones de reintegración, S. 281; Calvo Caravaca/González Carrascosa, Derecho concursal internacional, Rn. 590.

287 Maldonado Ramos, in Comentarios a la legislación concursal, Art. 208, S. 1291; Virgós Soriano/Garcimartín Alférez, Comentario de la Ley Concursal, Art. 208, S. 2928.

Die Vorschrift findet nur Anwendung auf Rechtshandlungen, die vor der Eröffnung des Insolvenzverfahrens vorgenommen wurden. Wurde die entsprechende Rechtshandlung nach Eröffnung des Insolvenzverfahrens ausgeführt, so beurteilt sich die Frage, ob eine insolvenzrechtliche Anfechtung realisiert werden kann, nach der Lex fori concursus und damit nach spanischem Recht[288]. Nach Eröffnung des Insolvenzverfahrens ist das etwaige Vertrauen eines Gläubigers in die Wirksamkeit seiner Rechtsgeschäfte nach dem Recht des Nichtinsolvenzstaates nicht mehr gerechtfertigt[289].

bb) Kritik an der Kumulationslösung

Carballo Pineiro ist – soweit ersichtlich – die einzige Literaturvertreterin, die sich mit der Frage, welche Rechtsordnung auf die Insolvenzanfechtung anwendbar sein sollte, intensiv auseinandersetzt.

Sie lehnt Art. 208 LC wegen der Kumulation von Rechtsordnungen verschiedener Staaten ab und fordert eine zügige Änderung[290]. Dabei bezieht sie sich zunächst auf die in der deutschen Literatur geäußerte Kritik zur Kumulationslösung[291].

Da die Insolvenzanfechtung nach beiden Rechtsordnungen unterschiedliche Voraussetzungen vorsehe, bleibe nur noch der kleinste gemeinsame Nenner und damit im Ergebnis das anfechtungsfeindlichste Recht[292]. So sei es zum Beispiel möglich, dass eine Rechtsordnung eine Anfechtung in einem weit zurückreichenden Anfechtungsraum regele, allerdings dafür den Beweis der subjektiven Voraussetzungen für die Anfechtung erfordere. Die andere Rechtsordnung könne den Anfechtungszeitraum verkürzen, dafür aber die subjektiven Voraussetzungen vermuten. Die Folge sei eine Erschwerung der internationalen Insolvenzanfechtung[293]. Im Übrigen führe die Kumulation zweier Rechtsordnungen zu Normwidersprüchen, weil die Lösung jedes nationalen Rechts nach seiner Interessenbewertung versucht, ausgewogen zu sein, durch die Kumulation aber diese Ausgewogenheit gestört werde[294]. Die Kumulationslösung beinhalte eine Zurückdrängung der Lex fori concursus, obwohl doch gerade die Behandlung nach

---

288 Calvo Caravaca/Carrascosa González, Derecho concursal internacional, Rn. 591.

289 Virgós/ Schmit, Erläuternder Bericht, in Stoll(Hrsg.), Vorschläge und Gutachten, Rn. 138.

290 Carballo Pineiro, Acciones de reintegración, S. 281.

291 Carballo Pineiro, Acciones de reintegración, S. 233 ff.; Carballo Pineiro, AEDIPr 2003, 139(159 ff.).

292 Kemper, in Kübler/Prütting, Art. 102 EGInsO Rn. 115.

293 Reinhart, in Müko-InsO, Art. 102 EGInsO Rn. 142.

294 Hanisch, ZIP 1985, 1233(1239).

dieser Rechtsordnung die Par condicio creditorum gewährleiste und zwischen ihr und dem Anfechtungstatbestand die engste Verbindung bestehe[295].

Die Berufung auf den Vertrauensschutz sei problematisch. Ein Vertrauen auf eine von den Parteien unterstellte bestimmte Rechtsordnung scheine gerade nicht schützenswert, wenn diskutiert wird, welche Rechtsordnung Anwendung finden soll und eine entsprechende Kollisionsregel im Streit ist. Das Argument des Vertrauensschutzes in Hinblick auf das Wirkungsstatut habe, wenn die Anwendbarkeit der Lex fori concursus in einer Kollisionsregel angeordnet werde, vielmehr einen anderen Bezugspunkt, der von den Beteiligten in Erwägung gezogen werden müsse[296]. In Wahrheit sei unschwer zu erkennen, dass die Kumulationslösung im Misstrauen gegenüber einer ausländischen Rechtsordnung begründet sei und primär das Interesse verfolge, das nationale Recht zur Anwendung gelangen zu lassen. Dabei handele es sich um einen Rückschritt bezüglich der internationalen Entscheidungsharmonisierung und der Angleichung der Rechtsgrundlagen im internationalen Privatrecht, insbesondere in Zeiten, in denen sich die Rechtsordnungen dahingehend versuchen auszurüsten[297].

Allerdings wendet *Carballo Pineiro* auch ein, dass die in Art. 208 LC getroffene Lösung in Einklang mit Art. 13 EuInsVO stehe. Art. 13 EuInsVO sieht vor, dass die gemäß Insolvenzstatut zulässige Anfechtung nur ausgeschlossen ist, wenn der Anfechtungsgegner nachweist, dass nach dem Recht des Staates, das nach allgemeinem IPR auf die Rechtshandlung Anwendung findet, diese weder anfechtbar noch nichtig, noch sonst unwirksam wäre. Die ausnahmslose Anwendung der Lex fori concursus auf die Insolvenzanfechtung würde aber dazu führen, dass der Insolvenzverwalter in einem Insolvenzverfahren außerhalb des Anwendungsbereichs der EuInsVO mehr Möglichkeiten hätte, eine Anfechtung durchzuführen als in einem Insolvenzverfahren innerhalb der EU[298].

cc) Lex fori concursus

Dennoch befürwortet *Carballo Pineiro* die Anwendung der Lex fori concursus auf die Insolvenzanfechtung. Im Insolvenzrecht bestimme letztlich die internationale Zuständigkeit über die Rechtsgrundlage. Dies habe zwei Gründe: Zum einen wegen des im internationalen Verfahrensrecht geltenden Grundsatzes der Lex fori regit processum. Insoweit dürfe nicht übersehen werden, dass es sich bei dem Insolvenzverfahren um ein gerichtliches Verfahren handele. Darüber hinaus begründet sie die Anwendung der Lex fori concursus auf die Insolvenzanfech-

295 Hanisch, ZIP 1985, 1233(1240); Kindler, in Müko-BGB, § 339 Rn. 974.
296 Leipold, in FS für Henckel, S. 533(544).
297 Carballo Pineiro, AEDIPr 2003, 139(161).
298 Carballo Pineiro, AEDIPr 2003, 139(167).

tung mit der ihr innewohnenden engen Verbindung zum Insolvenzverfahren. Es handele sich bei der Insolvenzanfechtung um eine Klage, die den gleichen Zielen diene wie das Insolvenzverfahren, nämlich die Verteilung der Aktivmasse zwischen den Gläubigern zu gewährleisten[299]. Wegen dieser engen Verbindung zum Insolvenzverfahren sei die Lex fori concursus sowohl zur Regelung der Insolvenzanfechtung als auch zur Gewährleistung der Interessen des Rechtsverkehrs am geeignetsten[300].

Die Lex fori concursus sei, da sie über den Interessenmittelpunkt des Schuldners bestimmt werde, nicht so leicht manipulierbar wie die Lex causae, die an den Erwerbsvorgang anknüpfe. Im Übrigen sei sie für alle Beteiligten vorhersehbar. Die Verbindung des Insolvenzverfahrens mit dem Ort, an dem sich der Interessenmittelpunkt des Schuldners befinde, bewirke die Kalkulierbarkeit des anwendbaren Rechts für Dritte. Bei grenzüberschreitenden Rechtsgeschäften sei für alle Beteiligten erhöhte Vorsicht geboten. Dazu gehöre es diejenigen insolvenzrechtlichen Normen des Ortes zu kennen, an dem der Geschäftspartner seinen Interessenmittelpunkt habe[301]. Die Anwendung der Lex fori concursus fördere eine internationale Entscheidungsharmonie, denn es handele sich dabei um eine international anerkannte Regelung[302].

e) Wirkungen der Insolvenzeröffnung auf einen Rechtsstreit

Art. 209 LC regelt, welches Recht für die Wirkungen des Insolvenzverfahrens auf einen sich auf die Insolvenzmasse beziehenden Rechtsstreit Anwendung findet. Dies ist die Rechtsordnung des Landes, in dem der Rechtsstreit anhängig ist. Das heißt, dass sich die Wirkungen eines in Spanien eröffneten Insolvenzverfahrens auf einen im Ausland anhängigen Rechtsstreit nach dortigem Prozessrecht und umgekehrt die Wirkungen eines ausländischen Insolvenzverfahrens auf ein inländisches Erkenntnisverfahren nach spanischem Prozessrecht richten. Sinn und Zweck dieser Regelung ist es, Rechtssicherheit zu gewährleisten und das Vertrauen in die Rechtsordnung, unter deren Geltung der Prozess begonnen wurde, zu schützen[303]. Es handelt sich um eine allseitige Kollisionsnorm. *Carballo Pineiro* weist aber darauf hin, dass die Vorschrift letztlich nur in dem Fall Be-

---

299 Carballo Pineiro, AEDIPr 2003, 139(164).
300 Carballo Pineiro, AEDIPr 2003, 139(164).
301 Carballo Pineiro, Acciones de reintegración, S. 197; Carballo Pineiro, AEDIPr 2003, 139(166).
302 Carballo Pineiro, Acciones de reintegración, S. 197; Carballo Pineiro, AEDIPr 2003, 139(166).
303 Maldonado Ramos, in Comentarios a la legislación concursal, Art. 209. S. 1292; Calvo Caravaca/Carrascosa González, Derecho concursal internacional, Rn. 595.

deutung erlange, wenn ein ausländisches Verfahren in Spanien anerkannt werde. In diesem Fall bestimme das spanische Recht über Wirkungen, die das Insolvenzverfahren auf den inländischen Rechtsstreit über einen Massegegenstand habe[304].

XV. Anwendbares Recht auf ein in Deutschland eröffnetes Insolvenzverfahren

Wird in Deutschland ein grenzüberschreitendes Insolvenzverfahren eröffnet, so findet deutsches Insolvenzrecht Anwendung. Befinden sich Vermögensgegenstände in Drittstaaten, so ergibt sich die Anwendbarkeit des deutschen Rechts aus dem autonomen internationalen Insolvenzrecht, nämlich § 335 InsO.

1. Lex fori concursus, § 335 InsO

Nach § 335 InsO unterliegen das Insolvenzverfahren und seine Wirkungen dem Recht des Staates, in dem das Verfahren eröffnet worden ist. Die Norm ist als allseitige Kollisionsnorm ausgestaltet. Es wird geregelt, dass bei Eröffnung im Inland deutsches Recht zur Anwendung kommt und bei Eröffnung eines ausländischen Verfahrens das ausländische Recht anerkannt wird[305]. Dabei bezieht sich die Anordnung der Lex fori concursus sowohl auf das Verfahrensrecht der Insolvenzabwicklung als auch auf die materiellrechtlichen Wirkungen des Insolvenzverfahrens[306]. Aus § 335 InsO i.V.m. § 35 InsO ergibt sich der universale Wirkungsanspruch des deutschen Insolvenzverfahrens hinsichtlich des weltweiten Schuldnervermögens[307].

2. Insolvenzanfechtung

Streitig ist in der deutschen Literatur, nach welcher Rechtsordnung sich die insolvenzrechtliche Anfechtung bei einer grenzüberschreitenden Insolvenz richten soll[308].

---

304 Caraballo Pineiro, Acciones de reintegración, S. 178.

305 Liersch, NZI 2003, 302(304).

306 BT-Drs. 15/16, S. 18.

307 Adam, Zuständigkeitsfragen, S. 204; Kindler, in Müko-BGB, § 335 InsO Rn. 8.

308 Die Frage des Insolvenzanfechtungsstatuts gehört zu den strittigsten Fragen des internationalen Insolvenzrechts, die ausführlich diskutiert wurde. An dieser Stelle soll nur eine Übersicht über die am häufigsten vertretenen Standpunkte gegeben werden, die aber keinen Anspruch auf Vollständigkeit erheben kann.

Im wesentlichen werden dazu drei Meinungen vertreten:

Eine Ansicht will das Recht anwenden, das auf den Erwerbsvorgang als Rechtsgrund der Anfechtung anwendbar ist (lex causae). Im Gegensatz dazu will eine Ansicht auf die Lex fori concursus abstellen. Des Weiteren wird in verschiedenen Ausprägungen eine Kumulation aus lex fori concursus und lex causae vertreten.

a) Lex causae

Als Hauptvertreter der Ansicht, die auf die Insolvenzanfechtung das Recht des Erwerbsvorgangs anwenden will, gilt Henckel. Er argumentiert mit dem Zweck und den Folgen der Anfechtung: Richte sich die Anfechtung gegen eine Verfügung oder verfügungsähnliche Rechtshandlung, so solle damit die haftungsrechtliche Unwirksamkeit geltend gemacht werden und der Gegenstand der Verfügung dem haftenden Vermögen wieder zugewiesen werden. Daher sei für die Beurteilung der Anfechtung das Recht anzuwenden, das auch sonst für die Wirksamkeit der Handlung maßgebend sei[309]. Diese Lösung sei auch interessengerecht, weil sich der anfechtungsrechtliche Vertrauensschutz auf die Insolvenzfestigkeit der Verfügung beziehe. Dieser müsse daher nach dem Recht gewährt werden, das sonst für die Verfügung maßgeblich sei[310].

b) Lex fori concursus

Demgegenüber vertritt die herrschende Meinung in der Literatur die Auffassung, dass für die Anfechtung stets die Lex fori concursus heranzuziehen sei[311]. Das Rechtsverhältnis der Anfechtung sei am engsten mit dem Ort verknüpft, an dem das Insolvenzverfahren stattfindet. Hier liege der Mittelpunkt jenes Tatbestands, der die Notwendigkeit einer konkursmäßigen Anfechtung ausgelöst habe[312]. Gegen die Anwendung der Anfechtungsvorschriften desjenigen Rechts, das für den Erwerbsakt maßgeblich ist, spreche, dass das Kriterium des Geschäftsstatutes zufällig sein könne und manipulierbar sei[313]. Für die Anwendung der Lex fori

---

309 Henckel, in FS für Nagel, S. 93(106); Henckel, in Stoll(Hrsg.), Stellungnahmen und Gutachten, S. 156(158).

310 Henckel, in FS für Nagel, S. 93(109); Henckel, in Stoll(Hrsg.), Stellungnahmen und Gutachten, S. 156(160).

311 Hanisch, ZIP 1985, 1233(1239 ff.); derselbe, IPRax 1993, 69(74); Trunk, Internationales Insolvenzrecht, S. 187, 327; derselbe, KTS 1994, 33(37); Reinhart, in Mü-ko-InsO, Art. 102 EGInsO Rn. 142.

312 Hanisch, ZIP 1985, 1233(1240).

313 Hanisch, ZIP 1985, 1233(1240).

concursus wird angeführt, dass nur so eine Gleichbehandlung aller inländischen und ausländischen Anfechtungsgegner erreicht werden könne. Gehörten diese auch zu den Insolvenzgläubigern, so entspräche dies auch dem Grundsatz der Gläubigergleichbehandlung. Nur die Anknüpfung an das Konkursstatut könne das anfechtungspolitische Ziel der Gewährleistung der Par condicio creditorum bereits in der Zeit des sich anbahnenden finanziellen Zusammenbruchs des Schuldners und des effektiven und einheitlichen Masseschutzes gewährleisten[314].

c) Rechtsprechung des BGH

Im Jahre 1992 entschied der BGH bei einem inländischen Insolvenzverfahren, dass die Anfechtung einer Handlung, die ihren Rechtsgrund im ausländischen Recht hat, allein nach deutschem Recht, also der Lex fori conursus zu beurteilen sei. Er prüfte allerdings, ob der Inlandsbezug überwog und ausländische Interessen nicht berührt wurden[315].

In seiner ersten Entscheidung über die Anfechtung im Rahmen eines im Ausland eröffneten Insolvenzverfahrens entschied der BGH, dass eine dem deutschen Recht unterliegende Rechtshandlung von einem ausländischen Insolvenzverwalter grundsätzlich nur angefochten werden kann, wenn sie auch nach deutschem Recht anfechtbar ist oder aus sonstigen Gründen keinen Bestand hat. Allerdings könnten übergeordnete Gründe, beispielsweise eine besondere Nähe des Beklagten zur ausländischen Rechtsordnung, es gebieten im konkreten Fall dem deutschen Recht keine entscheidende Bedeutung beizumessen[316].

d) Kumulationslösungen des Gesetzgebers

Der Gesetzgeber verfolgt eine kombinierte Lösung, wonach die Rechtshandlung sowohl nach der Lex fori concursus als auch nach der Lex causae bewertet wird:

aa) § 382 EInsO

§ 382 EInsO sah vor, dass eine Rechtshandlung nur angefochten werden konnte, wenn kumulativ die Voraussetzungen der Insolvenzanfechtung des Staates der Verfahrenseröffnung vorlagen sowie die Voraussetzungen der Rechtsordnung, welche für die Wirkungen der Rechtshandlung maßgeblich ist[317]. Begründet wurde die Kumulationslösung vom Gesetzgeber mit dem Verkehrsschutz für den

---

314 Trunk, Internationales Insolvenzrecht, S. 187, 327.
315 BGHZ 118, 151.
316 BGH, ZIP 1997, 150 ff.
317 BT-Drs. 15/16, S. 19; Garasic, Anerkennung Teil 2, S. 327.

Fall, dass der potentielle Anfechtungsgegner sich vergewissert hat, dass der Vertrag nach dem für seine Wirksamkeit maßgeblichen Recht weder nichtig noch anfechtbar ist. Die Kumulationslösung wurde aber von der herrschenden Meinung in der Literatur stark kritisiert[318]. Da die Insolvenzanfechtung nach beiden Rechtsordnungen unterschiedliche Voraussetzungen vorsehe, bleibe nur noch der kleinste gemeinsame Nenner und damit im Ergebnis das anfechtungsfeindlichste Recht[319]. Dies habe eine Erschwerung der internationalen Insolvenzanfechtung zur Folge[320]. Im Übrigen führe die Kumulation zweier Rechtsordnungen zu Normwidersprüchen, weil die Lösung jedes nationalen Rechts nach seiner Interessensbewertung versucht, ausgewogen zu sein, durch die Kumulation aber diese Ausgewogenheit gestört werde[321]. Die Kumulationslösung beinhalte eine Zurückdrängung der Lex fori concursus, obwohl doch gerade die Behandlung nach dieser Rechtsordnung die Par condicio creditorum gewährleiste und im Übrigen zwischen ihr und dem Anfechtungstatbestand die engste Verbindung bestehe[322].

bb) Art. 102 Abs. 2 EGInsO

§ 382 EInsO wurde vom Gesetzgeber lediglich mit einer Formulierungsänderung in Art. 102 Abs. 2 EGInsO übernommen[323].

Art. 102 Abs. 2 EGInsO sah danach folgende Bestimmung für die Anfechtung einer Rechtshandlung bei grenzüberschreitenden Insolvenzen vor:

„*Eine Rechtshandlung, für deren Wirkungen inländisches Recht maßgeblich ist, kann vom ausländischen Insolvenzverwalter nur angefochten werden, wenn die Rechtshandlung entweder auch nach inländischem Recht angefochten werden kann oder aus anderen Gründen keinen Bestand hat.*“

Die Vorschrift wurde von der überwiegenden Ansicht in der Literatur als einseitige Kollisionsnorm ausgelegt[324]. Teilweise wurde eine erweiternde Auslegung als allseitige Kollisionsnorm befürwortet. So bestehe kein Grund den Vertrauensschutz, den die Kumulation erreichen solle, nicht auch da zu gewähren, wo er aus einem anwendbaren ausländischen Geschäftsrecht hergeleitet würde[325].

---

318 Leipold, in FS für Henckel, S. 533(541 ff.); Trunk, KTS 1994, 33(37).
319 Kemper, in Kübler/Prütting, Art. 102 EGInsO Rn. 115.
320 Reinhart, in Müko-InsO, Art. 102 EGInsO Rn. 142.
321 Hanisch, ZIP 1985, 1233(1239).
322 Hanisch, ZIP 1985, 1233(1240); Kindler, in Müko-BGB, § 339 Rn. 974.
323 Garasic, Anerkennung Teil 2, S. 328.
324 Leipold, in FS für Henckel, S. 533(542); Kemper, in Kübler/Prütting, Art. 102 EGInsO Rn. 102; Lüer, in Uhlenbruck, Art. 102 Rn. 86.
325 Flessner, in Stoll(Hrsg.), Vorschläge und Gutachten, S. 219(227).

Aus der Gesetzesbegründung zu Art. 102 EGInsO ergab sich, dass das Wirkungsstatut nur ergänzend zur Lex fori concursus herangezogen werden sollte: Eine Rechtshandlung sollte nur anfechtbar sein, wenn sie auch nach dem Recht, das die Wirkungen der Rechtshandlung bestimme, in irgendeiner Weise angegriffen werden könne[326].

cc) § 339 InsO

Dem Gesetzgeber war die Kritik an der in § 382 EInsO und Art. 102 Abs. 2 EGInsO enthaltenen Kumulationslösung bekannt. Er hat in § 339 InsO folgende Regelung vorgesehen: „*Eine Rechtshandlung kann angefochten werden, wenn die Voraussetzungen der Insolvenzanfechtung nach dem Recht des Staats der Verfahrenseröffnung erfüllt sind, es sei denn, der Anfechtungsgegner weist nach, dass für die Rechtshandlung das Recht eines anderen Staats maßgebend und die Rechtshandlung nach diesem Recht in keiner Weise angreifbar ist.*"

Die Kumulation der Voraussetzungen wird nur dadurch abgeschwächt, dass der Anfechtungsgegner nachzuweisen hat, dass auf die anfechtbare Rechtshandlung das Recht eines anderen Staates Anwendung findet und danach in keiner Weise angreifbar ist[327].

Eine Literaturansicht vertritt, dass der Anfechtungsgegner aber nicht damit belastet sei, den Inhalt der einschlägigen Vorschrift des Wirkungsstatuts zu benennen und ihre Maßgeblichkeit für den entscheidungsrelevanten Sachverhalt zu beweisen. Insoweit könnten die Grundsätze des § 293 ZPO für das autonome Recht herangezogen werden[328]. Danach hat das Gericht das maßgebliche Kollisionsrecht und das durch dessen Normen berufene Recht zu ermitteln, denn ausländisches Recht ist für den deutschen Richter nicht als Tatsache zu behandeln, sondern als Rechtsnorm, die vom Richter von Amts wegen zu ermitteln ist[329]. Im Ergebnis handelt es sich damit nach dieser Ansicht um eine Zweifelsregelung, die in dem Fall Wirkung erlangt, wenn dem Gericht trotz Ausschöpfung der zur Verfügung stehenden Erkenntnismöglichkeiten Zweifel hinsichtlich der Anwendung und Geltung des ausländischen Rechts bleiben. In diesem Fall gehe die Ungewissheit zu Lasten des Anfechtungsgegners und die Anfechtung bestimme sich damit nach der Lex fori concursus[330].

Nach herrschender Meinung ergibt sich aber aus § 339 InsO, dass dem Anfechtungsgegner die volle Darlegungs- und Beweislast dahingehend zukommt,

326 BT-Drs. 12/2443, S. 118.
327 Wimmer, in Frankfurter Kommentar-InsO, § 339 Rn. 11.
328 Wimmer, in Frankfurter Kommentar-InsO, § 339 Rn. 12.
329 Geimer, in Zöller-ZPO, § 293 Rn. 14.
330 Wimmer, in Frankfurter Kommentar-InsO, § 339 Rn. 12.

dass für die Rechtshandlung das Recht eines anderen Mitgliedstaats Anwendung findet und nach diesem die Rechtshandlung in keiner Weise angreifbar ist[331].

Damit ist im Grunde die Regelung der EuInsVO hinsichtlich der Insolvenzanfechtung in das deutsche autonome internationale Insolvenzrecht übernommen worden. Art. 13 EuInsVO sieht vor, dass die nach dem Insolvenzstatut zulässige Anfechtung nur ausgeschlossen ist, wenn der Anfechtungsgegner nachweist, dass nach dem Recht des Staates, das nach allgemeinem IPR auf die Rechtshandlung Anwendung findet, diese weder anfechtbar noch nichtig, noch sonst unwirksam wäre. Nach der Gesetzesbegründung hätte es der Zielrichtung der Insolvenzanfechtung, den Grundsatz der Gläubigergleichbehandlung bereits in der Zeit der Krise zu berücksichtigen, am ehesten entsprochen, strikt das Recht des Eröffnungsstaates auf die Insolvenzanfechtung anzuwenden. Allerdings wollte es der deutsche Gesetzgeber vermeiden, eine von Art. 13 EuInsVO abweichende Vorschrift vorzusehen, da dies zu erheblichen Wertungswidersprüchen geführt hätte, wenn in einem Insolvenzverfahren in der EU als harmonisierter Rechtsraum für die Anfechtung höhere Barrieren zu überwinden sind als in einem Insolvenzverfahren, das in einem Drittstaat eröffnet wurde[332]. § 339 InsO findet in Abgrenzung zu Art. 13 EuInsVO Anwendung, wenn es sich bei der nach der Kumulationslösung zu berücksichtigenden Lex causae um das Recht eines Drittstaates handelt.

Bezüglich der Angreifbarkeit nach der Lex causae wird nicht der Begriff Anfechtbarkeit verwendet[333]. Daraus wird allgemein geschlossen, dass auch die Angreifbarkeit aus anderen Gründen, zum Beispiel aufgrund von Willensmängeln oder Sittenwidrigkeit, unter den Tatbestand subsumiert werden kann[334].

XVI. Rechtsvergleich: Anwendbares Recht

Sowohl das *Ley Concursal*, als auch die Insolvenzordnung sehen bei einem im Inland eröffneten grenzüberschreitenden Insolvenzverfahren als Grundregel die Anwendung der Lex fori concursus vor. Die Anordnung der Anwendung der Lex fori concursus bezieht sich in Art. 200 LC und auch in Art. 335 InsO auf das

331 Kemper, in Kübler/Prütting, Art. 102 Rn. 9; Kindler, in Müko-BGB, § 339 InsO Rn. 976; Hanisch, in FS für Stoll, S. 503(518), allerdings in Hinblick auf Art. 13 EuInsVO.

332 BT-Drs. 15/16, S. 19.

333 So bereits in Art. 102 Abs. 2 EGInsO.

334 Liersch, NZI 2003, 302(305); Balz, ZIP 1996, 948(951); Pannen/Kühnle/Riedemann, NZI 2003, 72(75); vgl. zu Art. 102 Abs. 2 EGInsO: Leipold, in FS für Henckel, S. 533(547).

Verfahrensrecht der Insolvenzabwicklung sowie auf das Recht der materiellrechtlichen Wirkungen. Durch diese Vorschriften kommt zur Geltung, dass beide Rechtsordnungen einen universalen Geltungsanspruch verfolgen. Die inländische Verfahrenseröffnung soll weltweit das gesamte Vermögen erfassen. Dies ergibt sich im deutschen Recht aus §§ 335 i.V.m. 35 InsO. Im spanischen Recht ist der universale Geltungsanspruch des Insolvenzverfahrens aus Art. 200 i.V.m. Art. 76 LC zu entnehmen.

Art. 200 LC findet aber nur in dem Fall Anwendung, wenn in Spanien ein Insolvenzverfahren eröffnet wurde. Es handelt sich dabei um eine einseitige Kollisionsnorm. Demgegenüber stellt § 335 InsO eine allseitige Kollisionsnorm dar. Er greift tatbestandlich auch dann ein, wenn ein ausländisches Insolvenzverfahren anerkannt worden ist.

Beide Rechtsordnungen sehen Sonderregelungen als Ausnahme vom Grundsatz der Anwendbarkeit der Lex fori concursus vor.

Eine kollsionsrechtliche Sonderregelung existiert in beiden Rechtsordnungen für die insolvenzrechtliche Anfechtung. § 339 InsO und Art. 208 LC regeln in Einklang mit Art. 13 EuInsVO eine abgeschwächte Kumulationslösung. Danach kann eine Rechtshandlung angefochten werden, wenn die Voraussetzungen der Insolvenzanfechtung nach dem Recht des Staates der Verfahrenseröffnung erfüllt sind, es sei denn, der Anfechtungsgegner weist nach, dass für die Rechtshandlung das Recht eines anderen Staats maßgebend und die Rechtshandlung nach diesem Recht nicht anfechtbar ist. In § 339 InsO wird vorausgesetzt, dass der Insolvenzgegner nachweist, dass die Rechtshandlung in keiner Weise angreifbar ist. Eingeschlossen werden damit auch nicht insolvenzrechtliche Unwirksamkeitsgründe. Nach einer breiten Ansicht in der spanischen Literatur soll es für Art. 208 LC ausreichen, dass die Rechtshandlung in keiner Weise insolvenzrechtlich angefochten werden kann. Sowohl in Spanien als auch in Deutschland wird die Kumulationslösung kritisiert. So wird in der Literatur beider Staaten überwiegend die Ansicht vertreten, dass ausschließlich die Lex fori concursus auf die Insolvenzanfechtung Anwendung finden sollte. Hierbei wird in der spanischen Rechtswissenschaft auf das deutsche Schrifttum und dessen Argumentation verwiesen.

Im spanischen internationalen Insolvenzrecht ist in Art. 201 LC geregelt, dass dingliche Rechte Dritter an Vermögensgegenständen der Insolvenzmasse, die sich in einem anderen Staat befinden, von einer spanischen Insolvenzeröffnung nicht erfasst werden und nach dem Recht des Lagestaates zu beurteilen sind. Eine ebensolche Bestimmung ist auch für das Recht des Eigentumsvorbehaltsverkäufers in Art. 201.1 letzter Satz LC vorgesehen.

Demgegenüber wird in der Insolvenzordnung die Wirkung eines in Deutschland eröffneten grenzüberschreitenden Insolvenzverfahrens hinsichtlich im Ausland belegener dinglicher Sicherheiten nicht ausgeschlossen. Das heißt, das deutsche Insolvenzverfahren verfolgt auch in Hinblick auf im Ausland belegene dingliche Sicherheiten einen extraterritorialen Geltungsanspruch.

XVII. *Reconocimiento* – Anerkennung ausländischer Insolvenzverfahren

Voraussetzung für die Wirkungsentfaltung eines ausländischen, drittstaatlichen Insolvenzverfahrens in Spanien ist, dass dieses anerkannt ist. So kann sich als Beispiel folgender Fall ergeben: In Argentinien wird ein Insolvenzverfahren über ein Unternehmen eröffnet, das Fertigungshallen in Spanien besitzt. Der argentinische Insolvenzverwalter möchte das in Spanien belegene Vermögen verwerten. Dafür bedarf es der Anerkennung des ausländischen Insolvenzverfahrens.

1. Anerkennungsgegenstand

Im Laufe eines Insolvenzverfahrens ergehen eine Vielzahl von Entscheidungen, deren Wirkungen auch in anderen Staatsgebieten relevant werden können.

Besondere Bedeutung kommt dem Eröffnungsbeschluss zu, durch den das Insolvenzverfahren in Gang gesetzt wird. Dieser beruht im Unterschied zum Erkenntnisverfahren bereits auf einer anerkennungsfähigen Entscheidung[335].

Daneben ergehen jedoch im Laufe eines Insolvenzverfahrens regelmäßig andere Entscheidungen, die ebenfalls Rechtsfolgen anordnen. Es wird zwischen der Anerkennung eines Eröffnungsbeschlusses, welche in Art. 220 LC geregelt ist und der Anerkennung von Folgeentscheidungen nach Art. 222 LC unterschieden.

2. Anerkennungsprinzipien

a) Durchführung eines Anerkennungsverfahrens

Ausländische Insolvenzeröffnungsbeschlüsse werden gemäß Art. 220 LC über ein Exequaturverfahren, das in den Art. 955 ff. LEC 1881 geregelt ist, anerkannt. Im Rahmen des Exequaturverfahrens werden die Anerkennungsvoraussetzungen des Art. 220 LC geprüft.

Die Literatur leitet das Erfordernis der Durchführung eines Anerkennungsverfahrens aus der spanischen Verfassung ab. Art. 117.3 CE weise die gerichtliche Gewalt zur Urteilsfindung und Vollstreckung ausnahmslos für sämtliche Prozesse den durch das Gesetz festgelegten spanischen Gerichten zu. Danach

335 Ludwig, Neuregelungen, S. 75.

besitzen nur die spanischen Gerichte die Autorität, Urteile und gerichtliche Entscheidungen mit Wirkung für das spanische Territorium zu fällen. Konsequenz dessen sei, dass in Spanien zunächst ausländische Entscheidungen keine Wirkungen entfalten und diese auch nicht vollstreckt werden können, sondern eine Homologisierung durch die spanischen Gerichte erforderlich machten. Ausnahmen davon seien nur durch internationale Zusammenarbeit (Verträge) möglich[336].

Das Prinzip der automatischen Anerkennung, wie es der EuInsVO zugrunde liege, sei im Prinzip des gegenseitigen Vertrauens in die Gerichte der Gemeinschaft begründet[337]. Außerhalb solcher vertraglicher internationaler Übereinkommen sei ein homologisierendes Verfahren erforderlich[338].

Das in den Art. 955 ff. LEC 1881 geregelte Exequaturverfahren ist ein förmliches Anerkennungsverfahren.

Von der überwiegenden Ansicht wird im internationalen Zivilverfahrensrecht zwischen Anerkennung und Vollstreckung ausländischer Entscheidungen unterschieden[339]. Auch das *Ley Concursal* trennt zwischen Anerkennung und Vollstreckung und nennt keine gesonderten Voraussetzungen für die Vollstreckbarerklärung ausländischer insolvenzrechtlicher Entscheidungen.

Art. 220 LC normiert die Voraussetzung für die Anerkennung einer ausländischen Eröffnungsentscheidung. Nach Art. 222 LC können Folgeentscheidungen automatisch anerkannt werden. Als Ausnahme dazu regelt Art. 224 LC unter der Überschrift *ejecución* (Vollstreckung), dass ausländische Entscheidungen mit vollstreckbarem Inhalt der vorherigen Erteilung des Exequaturs bedürfen, um in Spanien vollstreckt werden zu können. Daher müssen Folgeentscheidungen mit vollstreckbarem Inhalt über Art. 220 LC, Art. 955 ff. 1881 LEC förmlich anerkannt werden.

Dennoch wollen *Calvo Caravaca/Carrascosa González* zwischen der Anerkennung einer Entscheidung und der Erklärung der Vollstreckungsfähigkeit unterscheiden. Habe eine ausländische Entscheidung keinen vollstreckbaren Inhalt, so ergehe mit Abschluss des Exequaturverfahrens nur eine förmliche Anerkennungsentscheidung, es werde aber nicht das Exequatur erteilt[340].

---

336 Fernández Rozas/Sánchez Lorenzo, Derecho internacional privado, S. 177/178.

337 Esplugues Mota, ZZPInt (2001), 65(82).

338 Campuzano Díaz, Aspectos internacionales del derecho concursal, S. 245.

339 Vgl. dazu Fernández Rozas/Sánchez Lorenzo, Derecho internacional privado, S. 188 ff.; Virgós Soriano/Garcimartín Alférez, Derecho procesal civil internacional, Rn. 670 ff.

340 Calvo Caravaca/González Carrascosa, Derecho concursal internacional, Rn. 630; Calvo Caravaca/González Carrascosa, Derecho internacional privado, S. 376.

Dass die Anerkennung einer ausländischen Entscheidung und deren Vollstreckbarkeit ohne Trennung in einem Verfahren beurteilt werden, wird aber von diesen Autoren kritisiert[341]. Dies berücksichtige nicht den qualitativen Unterschied zwischen solchen Fällen, in denen eine ausländische Entscheidung im Inland vollstreckt werden solle und anderen Situationen, in denen lediglich eine prozessrechtliche Folge Wirkung im Inland entfalten solle. Nur um einer ausländischen Entscheidung im Inland die Vollstreckbarkeit zu verleihen, sei ein spezielles Exequaturverfahren notwendig, das zusätzlich zu den Anerkennungsvoraussetzungen prüfen müsse, ob die Entscheidung im Erststaat vollstreckbar sei[342].

b) Verfahrensrechtliche Anerkennung

Bei der Anerkennung eines ausländischen Eröffnungsbeschlusses nach Art. 220 LC handelt es sich um eine verfahrensrechtliche Anerkennung.

Abzugrenzen ist die verfahrensrechtliche Anerkennung von der kollisionsrechtlichen Anerkennung. Der Grundsatz der verfahrensrechtlichen Anerkennung wurde für Hoheitsakte entwickelt. Aufgrund der Tatsache, dass im Rahmen der gerichtlichen Entscheidung mit der Sache bereits eine staatliche, unabhängige Stelle befasst war, gewährt die verfahrensrechtliche Anerkennung einen Vertrauensbonus und verzichtet weitgehend auf eine Überprüfung des angewandten materiellen Rechts[343]. Demgegenüber wird nach der kollisionsrechtlichen Anerkennung eine ausländische Entscheidung nur dann anerkannt, wenn das ausländische Recht nach den inländischen Kollisionsnormen anwendbar ist[344]. Damit wird den kollisionsrechtlichen Normen eine doppelte Funktion zugewiesen[345]. Einmal bestimmen sie darüber, ob eine ausländische Entscheidung anerkannt werden kann. Darüber hinaus regeln sie das anwendbare Recht.

In den Vorschriften zum internationalen Insolvenzrecht wird zwischen der Anerkennung einer ausländischen insolvenzrechtlichen Entscheidung und dem anwendbaren Recht unterschieden. Für die Anerkennung eines Eröffnungsbeschlusses ist mit Art. 220 LC eine Bestimmung mit gesonderten Bedingungen vorgesehen. Diese wäre überflüssig, wenn es sich um eine kollisionsrechtliche Anerkennung handelte. Der spanische Gesetzgeber hat damit eine verfahrens-

341 Calvo Caravaca/González Carrascosa, Derecho internacional privado, S. 328; Miguel Asensio, AEDIPr 2000, 337(360).

342 Miguel Asensio, AEDIPr 2000, 337(360).

343 Trunk, KTS 1987, 415(419); so auch Carballo Pineiro, Comentarios a la legislación concursal, S. 3417.

344 Miguel Asensio, AEDIPr 2000, 337(348).

345 Virgós Soriano/Garcimartín Alférez, Derecho procesal civil internacional, Rn. 671.

rechtliche Anerkennung von ausländischen insolvenzrechtlichen Eröffnungsentscheidungen geregelt[346].

c) Anerkennungswirkungen

Anerkennung bedeutet, einer ausländischen Insolvenzentscheidung Wirkung für das eigene Territorium zukommen zu lassen[347].

aa) Wirkungserstreckung

Das *Modelo de extensión* sieht dabei vor, dass dem betreffenden Hoheitsakt im Inland die gleichen Wirkungen zugeschrieben werden, die dieser im Entscheidungsstaat hat.

Im Gegensatz dazu werden nach dem so genannten *modelo de equiparación* die Wirkungen einer ausländischen Entscheidung einer inländischen gleichgestellt.

Die *Teoría de la acumulacion de efectos* sieht eine Kombination der Wirkungsersteckungs- und der Gleichstellungstheorie vor. Demzufolge führt die Anerkennung zu einer Wirkungserstreckung. Allerdings können die Wirkungen nicht weiter reichen als die Wirkungen, die eine Entscheidung im Inland herbeiführt. Mit dieser Kombination soll vermieden werden, dass wesentliche Prozessgrundsätze des ersuchten Staates verletzt werden[348]. Die Vor- und Nachteile dieser Modelle sind in Spanien – auch im internationalen Zivilprozessrecht – nur von wenigen Autoren diskutiert worden[349].

Im Ergebnis wird von der überwiegenden Literatur[350] und vom *Tribunal Supremo* in seiner neueren Rechtsprechung angenommen, dass mit der Anerkennung einer ausländischen Entscheidung dieser im Inland die Wirkungen beigemessen

---

346 Ebenso wie im internationalen Zivilverfahrensrecht; zur Unterscheidung zwischen kollisionsrechtlicher und verfahrensrechtlicher Anerkennung im internationalen Zivilverfahrensrecht, Virgós Soriano/Garcimartín Alférez, Derecho procesal civil internacional, Rn. 671ff.; Miguel Asensio, AEDIPr 2000, 337(348/349).

347 Miguel Asensio, AEDIPr 2000, 337(342).

348 Palomo Herrero, Reconocimiento 2000, S. 122-123; Alsina Naudi, Die Umsetzung des europäischen Zivilprozessrechts in Spanien, S. 116.

349 Dazu gehören: Virgós Soriano/Garcimartín Alférez, Derecho procesal civil interacional, Rn. 693 ff.

350 Fernández Rozas/Sánchez Lorenzo, Derecho internacional privado, S. 188; Virgós Soriano/Garcimartín Alférez, Derecho procesal civil internacional, Rn. 695; Torralba, in Anuario de derecho concursal (4), S. 245(256); Miguel Asensio, AEDIPr 2000, S. 337(342).

werden, die sie im Erststaat hat[351]. Die ausländische Entscheidung behält dabei ihren ausländischen Charakter. Es findet kein Nostrifizierungsprozess statt[352]. Unter die prozessrechtlichen Wirkungen, die sich durch die Anerkennung auf das Inland erstrecken, ist nach allgemeiner Ansicht sowohl die materielle Rechtskraft als auch die Vollstreckungsfähigkeit einer ausländischen Entscheidung im Inland zu fassen[353]. Dies sei eine konsequente Verfolgung der *Teoría de la extension de los efectos.* Bei der Erklärung der Vollstreckbarkeit einer ausländischen Entscheidung im Inland handele es sich um die Anerkennung der Wirkung der Vollstreckbarkeit einer ausländischen Entscheidung[354]. Andere Autoren sehen die Vollstreckungsfähigkeit einer ausländischen Entscheidung nicht als von der Wirkungserstreckung umfasst an[355].

Für das internationale Insolvenzrecht wurde vom spanischen Gesetzgeber zunächst die Gleichstellung einer ausländischen insolvenzrechtlichen Entscheidung mit einer inländischen Entscheidung vertreten. So sah der Gesetzesentwurf (*Anteproyecto de la Ley)* von 1983 vor, dass nach Art. 396 Abs. 1 ALC der ausländischen Eröffnungsentscheidung die gleichen Wirkungen beigemessen werden wie eine in Spanien eröffnete Insolvenz hätte[356]. Damit sollte einer ausländischen Entscheidung die Wirkung zugemessen werden, die sie nach inländischem Recht hat, mithin eine Gleichstellung der Wirkungen einer ausländischen Entscheidung mit einer inländischen herbeigeführt werden[357]. Rechtsprechung und Literatur befürworteten im internationalen Zivilverfahrensrecht bereits zu diesem Zeitpunkt die Wirkungserstreckungstheorie, nach der sich die Wirkungen einer aus-

351 ATS 18.3.1997; 8.9.1998.

352 Fernández Rozas/Sánchez Lorenzo, Derecho internacional privado, S. 188; Virgós Soriano/Garcimartín Alférez, Derecho procesal civil internacional, Rn. 695.

353 Virgós Soriano/Garcimartín Alférez, Derecho procesal civil internacional, Rn. 697; Fernández Rozas/Sánchez Lorenzo, Derecho internacional privado, S. 188; in diesem Sinne auch Carballo Pineiro, in Comentarios a la legislación concursal, Hrsg.: Sánchez-Calero, Art. 224 S. 3444; Amores Conradi, in Comentarios a la Ley Concursal, Hrsg.: Bercovitz Rodríguez-Cano, Art. 224 S. 2180; Virgós Soriano/Garcimartín Alférez, in Comentario de la Ley Concursal, Art. 223, S. 2991.

354 Carballo Pineiro, Acciones de reintegración, S. 105 Fn.191.

355 Garau Sobrino, Lecciones de derecho procesal civil internacional, S. 134; wohl auch Miguel Asensio, AEDIPr 2000, 337(342); Palomo Herrero, Reconocimiento 2000, S. 114, dieser bezieht sich allerdings auf die EuGVÜ und nicht auf autonomes Recht; vgl. insoweit andere Ansicht zur herrschenden Meinung in Spanien: Karl, Anerkennung, S. 17, sowie Alsina Naudi, Umsetzung des europäischen Zivilprozesses in Spanien, S. 116.

356 Esplugues Mota, La quiebra internacional, S. 422.

357 Turck, Internationales Insolvenzrecht in Spanien, S. 199.

ländischen Entscheidung auf das Inland erstrecken[358]. Auch die EuInsVO sieht eine Wirkungserstreckung vor[359].

Diese Ansicht hat nunmehr auch der Gesetzgeber im *Ley Concursal* übernommen. Gemäß Art. 223.1 LC hat ein in Spanien anerkannter Insolvenzbeschluss die Wirkungen, die das Recht des Staates der Verfahrenseröffnung dem Verfahren beilegt[360]. Es gelten die Vorschriften des Staates, dessen Eröffnungsbeschluss in Spanien anerkannt wurde[361]. Eine Wirkungseinschränkung bei davon abweichender inländischer Rechtslage durch einen entsprechenden Akt wird dabei nicht erwähnt.

Durch die verfahrensrechtliche Anerkennung erstrecken sich die prozessrechtlichen Wirkungen einer ausländischen Entscheidung auf das Inland[362]. Unter die prozessrechtliche Wirkung wird auch die Vollstreckbarkeit einer Entscheidung gefasst[363]. Weist der ausländische Eröffnungsbeschluss einen vollstreckbaren Inhalt auf, so erstreckt sich dieser mit der Anerkennung auf das Inland.

bb) Reichweite der Anerkennung

Uneinigkeit herrscht in der spanischen Literatur, ob die Anerkennung einer insolvenzrechtlichen Eröffnungsentscheidung, anders als das klassische Modell einer verfahrensrechtlichen Anerkennung, neben den prozessualen Wirkungen auch materiellrechtliche Folgen des Insolvenzverfahrens umfasst. Die überwiegende Anzahl der Autoren geht davon aus, dass mit der Anerkennung der ausländischen Entscheidung nicht nur die prozessrechtlichen, sondern auch die materiellrechtlichen Wirkungen der Entscheidung im Inland eintreten. Sie gelangt zu dieser Ansicht aufgrund der Formulierung des Art. 223.1° LC, wonach die anerkannte ausländische Entscheidung in Spanien die Wirkung entfaltet, die ihr das Recht des Eröffnungsstaates zuweist[364].

---

358 Fernández Rozas/Sánchez Lorenzo, Curso de derecho internacional privado 1991, S. 568; dieselben, Derecho internacional privado, S. 188.

359 Vgl. Art. 17 EuInsVO; demgegenüber sieht aber das UNCITRAL-Modellgesetz den Umfang der Wirkungen nach dem Recht des Anerkennungsstaates vor.

360 Ausnahmen von dieser Grundregel sind in Art. 201 bis 209 LC geregelt.

361 Mercadal Vidal, in Nueva Ley Concursal, Art. 223 S. 873.

362 Miguel Asensio, AEDIPr 2000, 337(347); Carballo Pineiro, AEDIPr 2003, 139 (148).

363 Vgl. dazu bereits oben unter diesem Gliederungspunkt.

364 Amores Conradi, in Comentarios a la Ley Concursal, Hrsg: Bercovitz Rodríguez-Cano, Art. 223 S. 2172; Virgós Soriano/Garcimartín Alférez, in Comentario de la Ley Concursal, Art. 223 S. 2991; Torralba, in Anuario de derecho concursal (4), S. 245(255/Fn. 25).

Carballo Pineiro äußert sich zu der Frage, ob das klassische Modell der prozessrechtlichen Anerkennung wegen der besonderen Struktur des Insolvenzverfahrens und der Schwierigkeit der Abgrenzung von prozessualen Wirkungen der Anerkennung und materiellen Folgen der Insolvenz abzuwandeln sei[365]. Sie lehnt dies ab, weil eine Bestimmung der prozessualen Folgen einer Eröffnungsentscheidung möglich sei.

Mit der Anerkennung erstrecken sich nach ihrer Ansicht nur die prozessrechtlichen Wirkungen eines Eröffnungsbeschlusses auf das Inland. Die Folgewirkungen sind kollisionrechtlich zu ermitteln.

Die ausländische insolvenzrechtliche Eröffnungsentscheidung entfalte zumeist in zweifacher Hinsicht Wirkung. Zum einen feststellend, dass eine Insolvenz vorliegt, zum anderen rechtsgestaltend, dass über das Vermögen des Schuldners ein Insolvenzverfahren eröffnet wurde[366]. Die Besonderheit der Anerkennung einer insolvenzrechtlichen Eröffnungsentscheidung liege darin, dass diese die Möglichkeit eröffne auch im Anerkennungsstaat insolvenzrechtliche Maßnahmen zu ergreifen. Die Anerkennung sei damit Voraussetzung für die materiellen Konsequenzen der Insolvenz. Wurde der Eröffnungsbeschluss anerkannt, so sei die Situation die gleiche wie bei der Eröffnung eines inländischen Insolvenzverfahrens. Die materiellrechtlichen Wirkungen der Insolvenz ergäben sich aus dem Insolvenzrecht des Anerkennungsstaates, nämlich aus den Vorschriften zum Internationalen Privatrecht[367].

d) Das Gegenseitigkeitsprinzip

Nach Art. 199 Abs. 2 LC finden die Kapitel III und IV des IX. Titels, welche die Anerkennung ausländischer Insolvenzverfahren und die Koordination zwischen parallelen Insolvenzverfahren regeln, keine Anwendung, wenn im Verhältnis zu dem entsprechenden Drittstaat keine Gegenseitigkeit gewährleistet ist oder das Kooperationsverhältnis mit dem jeweiligen Staaten systematisch gestört ist. Hier ist das so genannte Prinzip der Gegenseitigkeit geregelt.

---

365 Carballo Pineiro, AEDIPr 2003, 139(148), unter Bezugnahme auf Trunk, KTS 1987, 415(432); Gottwald, Insolvenzrechts-Handbuch, § 129 Rn. 2; Wenner, in Mohrbutter(Hrsg.), Handbuch der Insolvenzverwaltung, XXIII.174.

366 Carballo Pineiro, AEDIPr 2003, 139(148).

367 Carballo Pineiro, AEDIPr 2003, 139(148); dieselbe in Comentarios a la legislación concursal, Hrsg.: Sánchez-Calero, Art. 223, S. 3441.

aa) Exkurs: Gegenseitigkeitsprinzip im internationalen Zivilverfahrensrecht

Bis zum Inkrafttreten des *Ley Concursal* wurde die Anerkennung ausländischer insolvenzrechtlicher Eröffnungsbeschlüsse nach den zivilverfahrensrechtlichen Normen der Art. 951 ff. LEC behandelt. Im internationalen Zivilverfahrensrecht wird das Gegenseitigkeitsprinzip den Art. 952, 953 LEC 1881 entnommen. Art. 952 LEC 1881 legt den so genannten positiven Aspekt der Gegenseitigkeit fest. Danach haben ausländische Urteile in Spanien die gleichen Wirkungen wie spanische Urteile in diesem Staat haben. Art. 953 LEC 1881 normiert den negativen Aspekt der Gegenseitigkeit. Danach sollen ausländische Urteile nicht anerkannt werden, wenn der betreffende Staat seinerseits spanische Urteile nicht anerkennt[368]. Hierbei ist auf die tatsächliche Anerkennungspraxis des Erststaates abzustellen[369]. Ausreichend ist, dass die Gegenseitigkeit faktisch gewährt ist, das heißt, dass in der Rechtspraxis spanische insolvenzrechtliche Entscheidungen anerkannt werden[370].

Die Literatur hebt folgende Voraussetzungen hervor, welche ein Gegenseitigkeitsverhältniss aufweisen müssen: Spezialität, Bilateralität, Gegenwärtigkeit[371]. Die Merkmale Spezialität und Bilateralität charakterisieren dabei, dass bei der Prüfung des Gegenseitigkeitsverhältnisses auf diejenigen Bedingungen abgestellt wird, die der ausländische Staat an genau diese Art der Entscheidung, deren Anerkennung in Frage steht, stellt. Eigene Bedingungen an das Vorliegen von Gegenseitigkeit werden vom spanischen Recht seit jeher nicht gefordert[372]. Zur Feststellung der positiven Gegenseitigkeit muss der spanische Richter den Entscheidungstyp festlegen und die Voraussetzungen, welche die ausländische Rechtsordnung an die Anerkennung einer spanischen gleichwertigen Entscheidung vorsieht, prüfen[373]. Dadurch können sich zusätzliche Bedingungen der Anerkennung ergeben, die das spanische Recht selbst nicht vorsieht[374]. Entschei-

---

368 Virgós Soriano/Garcimartín Alférez, Derecho procesal civil, Rn. 763.

369 Karl, Anerkennung von Entscheidungen in Spanien, S. 55.

370 ATS 25.06.1971; 21.12.1971; 29.5.1972; Calvo Caravaca/Carrascosa González, Derecho concursal internacional, Rn. 624.

371 Virgós Soriano/Garcimartín Alférez, Derecho procesal civil, Rn. 763; Calvo Caravaca/Carrascosa González, Derecho concursal internacional, Rn. 624.

372 Calvo Caravaca/Carrascosa González, Derecho concursal internacional, Rn. 623.

373 Alsina Naudi, Die Umsetzung des europäischen Zivilprozessrechts in Spanien, S. 129.

374 Fernández Rozas/Sánchez Lorenzo, Derecho internacional privado, S. 185. Zusätzlich müssen jedoch immer die Tatbestandsmerkmale des Art. 954 LEC geprüft werden. Insoweit ist nunmehr geklärt, dass es sich bei Art. 952, 953 LEC und den Voraussetzungen des Art. 954 LEC um kumulative Bedingungen der Anerkennung handelt. Dies war im internationalen Zivilverfahrensrecht lange Zeit streitig. Seit ei-

dend sind die Voraussetzungen, die aktuell, das heißt im Zeitpunkt des Exequaturantrags an die Anerkennung spanischer Entscheidungen in den betreffenden Staaten gestellt werden[375]. Das Gegenseitigkeitsprinzip verliert aber im spanischen internationalen Zivilverfahrensrecht zunehmend an Bedeutung. Der Gegenseitigkeitsvorbehalt wird vom *Tribunal Supremo* nur noch als reine Tatsache behandelt, die von den Parteien zu rügen und zu beweisen ist[376]. Zwar hat er in den Anerkennungsentscheidungen von ausländischen Insolvenzeröffnungsbeschlüssen, die er nach den Art. 951 ff. LEC 1881 getroffen hat, den Gegenseitigkeitsvorbehalt noch erwähnt, dabei beschränkt er sich aber regelmäßig auf die Aussage, dass keine negative Gegenseitigkeit dargelegt worden sei[377].

bb) Das Gegenseitigkeitsprinzip im *Ley Concursal*

Fraglich ist, nach welchen Kriterien nunmehr das Gegenseitigkeitsprinzip im *Ley Concursal* zu prüfen ist. Nach überwiegender Ansicht ist in Art. 199 LC nur der negative Aspekt der Gegenseitigkeit in dem Sinne geregelt, dass die Vorschriften hinsichtlich der Anerkennung ausländischer insolvenzrechtlicher Entscheidungen dann nicht angewendet werden, wenn im Verhältnis zu diesen betreffenden Staaten keine Gegenseitigkeit gewährt oder das Kooperationsverhältnis gestört ist[378]. Es handele sich aber nicht um eine Voraussetzung der Anerkennung, die von dem Antragssteller bewiesen werden müsse, sondern um ein Veto. Derjenige, der die mangelnde Gegenseitigkeit einwendet, müsse diese beweisen[379].

---

ner Entscheidung des TC vom 17.06.1991 ist bestätigt, dass es sich bei den Voraussetzungen des Art. 954 LEC um Minimalvoraussetzungen handelt. Eine kumulative Prüfung der Voraussetzungen des Art. 954 LEC zusätzlich zum Gegenseitigkeitsprinzip nach Art. 952 LEC ist herrschende Meinung; vgl. dazu Fernández Rozas/Sánchez Lorenzo, Derecho internacional privado, S. 188.

375 Calvo Caravaca/Carrascosa González, Derecho concursal internacional, Rn. 624.

376 Karl, Anerkennung von Entscheidungen in Spanien, S. 57.

377 ATS 4.5.1999; 31.7.2003.

378 Espiniella Menéndez, REDI 2004, 593(596); Virgós Soriano/Garcimartín Alférez, in Comentario de la Ley Concursal, Art. 199 S. 2872; Amores Conradi, in Comentarios a la Ley Concursal, Hrsg.: Bercovitz Rodríguez-Cano, Art. 220 S. 2139; a.A.: wohl Calvo Caravaca/Carrascosa González, Derecho concursal internacional, Rn. 621, die davon ausgehen, dass sich die Voraussetzungen, die an das Vorliegen der Gegenseitigkeit gestellt werden, durch das Ley Concursal verschärft hätten.

379 Virgós Soriano/Garcimartín Alférez, in Comentario de la Ley Concursal, Art. 199, S. 2872.

Das Tatbestandsmerkmal des gestörten Kooperationsverhältnisses soll solche Fälle abdecken, in denen zwar nach der Gesetzeslage ein Gegenseitigkeitsverhältnis existieren müsste, dies aber in der Praxis nicht gewährt ist[380].

Das Gegenseitigkeitsverhältnis beziehungsweise das Kooperationsverhältnis müsse gegenwärtig und nachhaltig nicht gewährt sein. Ein einzelner Fall der Nichtanerkennung oder Nichtkooperation sei nicht ausreichend. Im Übrigen soll es nicht ausreichen, dass die Anerkennung oder die Kooperation aufgrund einer der in Art. 220 LC aufgezählten Anerkennungvoraussetzungen verweigert werde[381]. Ebenfalls sei nicht erforderlich, dass der entsprechende Staat die gleichen gesetzlichen Bedingungen für die Anerkennung vorsieht wie Spanien in Art. 220 LC[382].

cc) Sinn und Zweck des Gegenseitigkeitsprinzips

Das Gegenseitigkeitsprinzip gründet auf dem Gedanken, dass die Vollstreckung ausländischer Entscheidungen die Staatsgewalt einschränkt und daher von einem Gegenseitigkeitsverhältnis zu dem anderen Staat abhängig gemacht werden muss[383]. Des Weiteren wird mit der Normierung des Gegenseitigkeitsprinzips bezweckt, die Kooperation mit Drittstaaten herbeizuführen[384]. So sollen die betreffenden Staaten durch das Gegenseitigkeitsprinzip auch ihrerseits angeregt werden, spanische Entscheidungen anzuerkennen beziehungsweise eine solche Rechtslage herbeizuführen, die eine Anerkennung ermöglicht, um ihrerseits die Anerkennung der eigenen staatlichen Entscheidungen zu erreichen[385]. Dieser Aspekt könne dazu beitragen, dass die Wirkung spanischer Entscheidungen außerhalb des Staatsgebietes erhöht werde[386].

---

380 Virgós Soriano, in La nueva Ley Concursal, Hrsg.: Consejo General del Poder Judicial, S. 503(512/513).

381 Virgós Soriano/Garcimartín Alférez, in Comentario de la Ley Concursal, Art. 199, S. 2872/2873.

382 Virgós Soriano/Garcimartín Alférez, in Comentario de la Ley Concursal, Art. 199, S. 2873.

383 Calvo Caravaca/Carrascosa González, Derecho internacional privado 2004, S. 382.

384 Virgós Soriano, in La nueva Ley Concursal, Hrsg.: Consejo General del Poder Judicial, S. 503(512).

385 Calvo Caravaca/Carrascosa González, Derecho concursal internacional, Rn. 623; Campuzano Díaz, in Aspectos internacionales del derecho concursal, S. 247.

386 Campuzano Díaz, Aspectos internacionales del derecho concursal, S. 247.

dd) Kritik

Vermehrt wird in der spanischen Literatur Kritik am Gegenseitigkeitsprinzip laut. Der zugrunde liegende Gedanke, dass die Vollstreckung ausländischer Entscheidungen die Staatsgewalt einschränke, sei veraltet[387]. Es diene keinem objektiven Schutzzweck für spanische Staatsangehörige oder in Spanien wohnhafte Personen. Vielmehr würden diese zu stummen Opfern des Prinzips[388]. Außerdem führe es zu den Zwecken des internationalen Privatrechts widersprechenden Ergebnissen. Für den Fall, dass ein Staat ausländischen (spanischen) Entscheidungen keine Wirkungen im eigenen Hoheitsgebiet zuerkennt, können die Entscheidungen dieses Staates auch keine Wirkungen in Spanien entfalten. Dies laufe den privatrechtlichen Interessen aller Beteiligten an einem Insolvenzverfahren, aber auch dem staatlichen Interesse an einer Förderung des internationalen Rechtsverkehrs zuwider[389].

3. Exequaturverfahren, Art. 955 *Ley Enjuiciamiento Civil* 1881

Zur Anerkennung einer ausländischen insolvenzrechtlichen Eröffnungsentscheidung muss gemäß Art. 220.1 LC ein Exequaturverfahren durchlaufen werden, das sich nach Art. 955 ff. *Ley Enjuiciamiento Civil* 1881 der spanischen Zivilprozessordnung richtet[390]. Zwar wurde im Jahre 2000 das *Ley Enjuiciamiento Civil* neu geregelt, allerdings findet übergangsweise das LEC 1881 noch solange Anwendung, bis das *Ley Cooperación Jurídica Internacional en material civil* (Gesetz zur Verabschiedung über die internationale justizielle Zusammenarbeit in Zivilsachen) in Kraft getreten ist[391].

a) Zuständigkeit

Zuständig für die Durchführung des Exequaturverfahrens ist nach Art. 85 5. LOPJ das *Juzgado de la Primera Instancia,* vergleichbar mit dem deutschen Amtsgericht.

Bis zum Inkrafttreten des *Ley Orgánica* 19/2003 vom 23.12.2003 war gemäß Art. 955 LEC 1881 für sämtliche Exequaturverfahren hinsichtlich der Anerkennung von ausländischen Gerichtsentscheidungen und Schiedssprüchen der *Tri-*

387 Calvo Caravaca/Carrascosa González, Derecho concursal internacional, Rn. 623.
388 Esplugues Mota, ZZPInt (1998), 61(73).
389 In diesem Sinne Miguel Asensio, AEDIPr 2000, 337(344).
390 Maldonado Ramos, in Comentarios a la legislación concursal, Art. 220 S. 1308.
391 Alonso Puig/Martínez de Salas Rubio, in Comentarios a la Ley Concursal, S. 855.

bunal Supremo zuständig[392]. Durch die Zentralisierung der Exequaturverfahren beim obersten spanischen Zivilgericht sollte eine einheitliche Rechtspraxis bei der Anerkennung ausländischer Entscheidungen im gesamten spanischen Hoheitsgebiet gewährleistet werden[393]. Allerdings kam es durch den zunehmenden internationalen Rechtsverkehr zu einer stetig wachsenden Anzahl an Exequaturanträgen. Dies führte zu einer Überlastung des Obersten Gerichtshofes und zu längeren nachteiligen Wartezeiten. Darüber hinaus sah bereits die Mehrzahl der internationalen Abkommen die Zuständigkeit für die Anerkennung ausländischer Entscheidungen bei den *Juzgados de la primera Instancia* vor. Damit war ohnehin keine Einheitlichkeit der Rechtspraxis bei der Anerkennung ausländischer Entscheidungen gewährleistet[394].

Durch das *Ley Orgánica* 19/2003 und die Zuweisung an die Gerichte erster Instanz wurde eine Dezentralisation des Exequaturverfahrens herbeigeführt. Hiermit soll die Zuständigkeit eines Organs für die Erteilung des Exequaturs, für die Anordnung einstweiliger Maßnahmen und für die Vollstreckung der ausländischen Entscheidung gewährt sein[395].

Örtlich zuständig ist nunmehr das erstinstanzliche Gericht des Ortes, an dem der Geschäftssitz oder Wohnsitz derjenigen natürlichen oder juristischen Person angesiedelt ist, gegenüber der die anzuerkennende Entscheidung ihre Wirkung entfalten soll[396]. Subsidiär bestimmt sich die Zuständigkeit danach, an welchem Ort sich die Wirkungen der ausländischen Entscheidung entfalten sollen[397]. Die Anerkennungsentscheidung ist Voraussetzung dafür, dass der ausländische Insolvenzverwalter im Inland auf Vermögensgegenstände des Schuldners zugreifen kann. Der Antrag auf Anerkennung eines ausländischen Insolvenzverfahrens wird regelmäßig durch den ausländischen Insolvenzverwalter gestellt. Dieser bezweckt dabei, die Beschlagnahmewirkung über das in Spanien belegene Vermögen des Gemeinschuldners herbeizuführen. Sollte sich in Spanien eine Niederlassung des Gemeinschuldners befinden, so wäre dieser Ort für die Durchführung des Exequaturverfahrens maßgeblich[398], ansonsten ist der Ort, an dem sich

392 Alsina Naudi, Die Umsetzung des europäischen Zivilprozesses in Spanien, S. 134.
393 Miguel Asensio, AEDIPr 2000, 337(363).
394 Miguel Asensio, AEDIPr 2000, 337(363).
395 Virgós Soriano/Garcimartín Alférez, in Comentario de la Ley Concursal, Art. 220, S. 2977.
396 Rozas/Sánchez Lorenzo, Derecho internacional privado, S. 207; nach Virgós Soriano/Garcimartín Alférez, in Comentario de la Ley Concursal, Art. 220, S. 2977 kommt als Gericht erster Instanz nur das Handelsgericht in Betracht.
397 Virgós Soriano/Garcimartín Alférez, in Comentario de la Ley Concursal, Art. 220, S. 2977.
398 Zumeist würde dann aber wohl ein Partikularverfahren beantragt werden.

das sonstige Vermögen des Gemeinschuldners beziehungsweise ein Großteil des Vermögens befindet, entscheidend.

Das Exequaturverfahren endet mit einem rechtskräftigen Beschluss, Art. 956.2° LEC 1881. Gegen diesen Beschluss kann kein Rechtsmittel, außer der Verfassungsbeschwerde vor dem *Tribunal Constitucional,* eingelegt werden. Diese Regelung resultiert aus dem Zeitraum als das Exequaturverfahren dem *Tribunal Supremo* als der höchsten Instanz der Zivilgerichte zugewiesen war[399]. Mit der Zuweisung der Zuständigkeit an die *Juzgados de la primera Instancia* hat jedoch diese Regelung, so die Kritik in der Literatur, ihren Sinn verloren. Nunmehr seien dadurch, dass den Beteiligten des Exequaturverfahrens keine Rechtsmittel zustünden, deren Rechte in ungerechtfertigter Weise eingeschränkt[400].

b) Verfahrensprinzipien

Das Anerkennungsverfahren wird durch Einreichung eines Anerkennungsantrags beim *Juzgado de la Primera Instancia* eingeleitet. In diesem Verfahren wird selbstständig und unabhängig von der ausländischen Entscheidung der subjektive Anspruch auf Anerkennung einer ausländischen Eröffnungsentscheidung aus Art. 220 LC geltend gemacht[401]. Rechtsprechung und Literatur betonen, dass es sich bei dem Exequaturverfahren, trotz der Möglichkeit der Messung der Entscheidung an der spanischen öffentlichen Ordnung, um ein rein homologisierendes Verfahren handelt, welches primär das Vorliegen verfahrensrechtlicher Voraussetzungen prüft[402].

Die verfahrensrechtlichen Voraussetzungen richten sich nach Art. 955 ff. LEC 1881. Die Befugnis zur Einleitung eines Exequaturverfahrens ist hier nicht ausdrücklich geregelt. Daher muss auf allgemeine Grundsätze zurückgegriffen werden. Die Rechtsprechung sieht danach die Beteiligten des ausländischen Insolvenzverfahrens, ihre Rechtsnachfolger sowie solche Personen, die ein berechtigtes Interesse an der Anerkennung haben, als legitimiert zur Beantragung des Exequaturverfahrens an[403]. Regelmäßig wird der ausländische Insolvenzverwalter die Anerkennung beantragen. In Art. 221.1 LC ist normiert, dass als ausländi-

399 Calvo Caravaca/Carrascosa González, Derecho concursal internacional, Rn. 630.

400 Calvo Caravaca/Carrascosa González, Derecho internacional privado, S. 381.

401 Vgl. auch Karl, Anerkennung von Entscheidungen in Spanien, S. 92.

402 Maldonado Ramos, in Comentarios a la legislación concursal, Art. 220, S. 1308; STC 54/1889; 132/1991; Alonso Puig/Martinez de Salas, in Comentarios a la Ley Concursal, S. 859; Calvo Caravaca/Carrascosa González, Derecho concursal internacional, Rn. 631.

403 ATS 1.2.2000.

scher Insolvenzverwalter oder Vertreter des ausländischen Verfahrens einschließlich eines vorläufigen Insolvenzverwalters angesehen wird, wer befähigt ist, das Vermögen zu verwalten oder die Reorganisation beziehungsweise Liquidation des Vermögens oder der Aktivitäten des Schuldners zu überwachen oder wer befähigt ist, als Vertreter des Schuldners zu handeln. Nach Art. 221.2 LC muss die Bestellung des ausländischen Insolvenzverwalters mittels einer beglaubigten Kopie des Bestellungsbeschlusses oder mittels einer durch das Gericht ausgestellten Ausfertigung nachgewiesen werden.

Die Staatsanwaltschaft nimmt im Exequaturverfahren eine wichtige Rolle ein[404]. Ihre Beteiligung wurde vom Gesetzgeber des *Ley Enjuiciamiento Civil* 1881 damit gerechtfertigt, dass, wenn eine ausländische Entscheidung in Spanien Wirkung entfalten solle, das öffentliche Interesse an der Gesetzmäßigkeit verteidigt werden müsse[405].

Im Exequaturverfahren gilt die Dispositionsmaxime. Es wird von den Parteien selbst eingeleitet[406]. Darüber hinaus ist das Verfahren vom Beibringungsgrundsatz geprägt. Tatsachen und Beweismittel müssen die Parteien selbst vortragen[407]. Das Exequaturverfahren ist des Weiteren schriftlich und unterliegt den Regeln des Urkundsprozesses[408]. Da es sich nicht um ein kontradiktorisches Verfahren handelt, muss eine Beweiserhebung nicht zwingend durchgeführt werden[409]. Der Antrag auf Anerkennung wird dem Antragsgegner zugestellt. Dieser wird damit gleichzeitig geladen und aufgefordert, innerhalb einer 30-Tagesfrist vor Gericht zu erscheinen und gegebenenfalls seine Einwendungen geltend zu machen, Art. 957 LEC 1881. Die Entscheidung wird gemäß Art. 956 LEC 1881 als *auto* (Beschluss) getroffen.

Hat die ausländische Eröffnungsentscheidung einen vollstreckbaren Inhalt, so kann dieser auch im Inland vollstreckt werden. Das Exequatur stellt die Vollstreckbarkeit der ausländischen Entscheidung fest (das Exequatur lat.: er vollziehe). Hierbei handelt es sich um eine formale Erklärung, dass die ausländische Entscheidung alle gesetzlichen Bedingungen erfüllt und durch die staatlichen

---

404 Karl, Anerkennung von Entscheidungen in Spanien, S. 93.

405 Calvo Caravaca/Carrascosa González, Derecho concursal internacional, Rn. 630.

406 Allerdings soll der Antragssteller keinen Vergleich über die Anerkennung schließen können, da hierdurch in staatliche Interessen eingegriffen werden könnte, vgl. Karl, Anerkennung von Entscheidungen in Spanien, S. 94.

407 Fernández Rozas/Sánchez Lorenzo, Derecho internacional privado, S. 207; Calvo Caravaca/Carrascosa González, Derecho concursal internacional, Rn. 630; im Einzelnen ist dies bezüglich bestimmter Voraussetzungen streitig: Vgl. dazu Karl, Anerkennung von Entscheidungen in Spanien, S. 94.

408 Fernández Rozas/Sánchez Lorenzo, Derecho internacional privado, S. 207.

409 STC 54/1989.

Stellen im Inland vollstreckt werden kann[410]. Die Entscheidung ist damit lediglich feststellend. Sie stellt keinen Vollstreckungstitel dar. Allerdings schafft sie einen Vollstreckungstitel, weil sie die ausländische Entscheidung homologisiert[411]. Vollstreckungstitel ist die ausländische Entscheidung in Verbindung mit der Exequaturentscheidung. Eine Vollstreckung ist nach den gleichen Bedingungen durchzuführen, die für die Vollstreckung einer spanischen Entscheidung erforderlich sind[412]. Durch die Erteilung des Exequaturs wird das entsprechend zuständige Gericht autorisiert die Zwangsvollstreckungsmaßnahmen in Spanien durchzuführen[413].

c) Bindungswirkung der förmlichen Anerkennungsentscheidung

Ist in dem Exequaturverfahren über die Anerkennungsfähigkeit des ausländischen Eröffnungsbeschlusses entschieden worden, so hat dies Bindungswirkung für sämtliche andere Verfahren, für welche die Anerkennungsfähigkeit des ausländischen Eröffnungsbeschlusses Bedeutung erlangt[414]. Die Bindungswirkung ist nicht auf die Parteien des Exequaturverfahrens beschränkt.

4. Rechtslage ohne förmliche Anerkennungsentscheidung

Die förmliche Anerkennungsentscheidung wirkt konstitutiv. Das heißt, dass eine ausländische Insolvenzeröffnung keine Wirkungen im Inland entfaltet, soweit das Exequatur noch nicht erteilt wurde[415]. Folglich können sich die Gläubiger aus den in Spanien belegenen Vermögensgegenständen im Wege der Einzelvollstreckung befriedigen. Auch unterliegt der Schuldner vor Erlass der Anerkennungsentscheidung keinen Verfügungsbeschränkungen[416]. Aus dem Konstitutivcharakter der Anerkennung ergibt sich, dass eine inzidente Anerkennung nicht möglich ist.

---

410 Virgós Soriano/Garcimartín Alférez, Derecho procesal civil internacional, Rn. 882.

411 Turck, Internationales Insolvenzrecht in Spanien, S. 170.

412 Fernández Rozas/Sánchez Lorenzo, Derecho internacional privado, S. 206.

413 Ignacio Fernández, La nueva regulación concursal, S. 487; Stellungnahme des Consejo General del Poder Judicial zum Anteproyecto de la Ley Concursal vom 21.03.2002, AEDIPr 2003, 1112(1118).

414 Virgós Soriano/Garcimartín Alférez, in Comentario de la Ley Concursal, Art. 220, S. 2971.

415 Esplugues Mota, La quiebra internacional, S. 408ff; Carballo Pineiro, Acciones de reintegración de la masa, S. 119; Maldonado Ramos, in Comentarios a la legislación concursal, Art. 220, S. 1307.

416 Esplugues Mota, in Libro homenaje a Sánchez Calero, S. 5535(5542); Virgós Soriano/Garcimartín Alférez, in Comentario de la Ley Concursal, Art. 220, S. 2970.

Die Grundregel, dass eine ausländische insolvenzrechtliche Entscheidung ohne Erteilung des Exequaturs keine Wirkungen in Spanien entfaltet, wurde von der spanischen Rechtsprechung in diversen Entscheidungen bestätigt[417]. Der *Tribunal Supremo* entschied beispielsweise in einem Urteil, dass den geschäftsführenden Gesellschaftern einer Gesellschaft, über die in Frankreich ein Insolvenzverfahren eröffnet worden war, nicht die Verfügungsbefugnis hinsichtlich in Spanien befindlicher Vermögensgegenstände abgesprochen werden könne[418]. Des Weiteren wurde höchstrichterlich bewilligt, dass Gläubiger, die in einem ausländischen Insolvenzverfahren zumindest teilweise befriedigt wurden, zusätzlich ihre Forderung vollständig im Wege der Einzelvollstreckung an in Spanien befindlichen Vermögensgegenständen befriedigten[419].

a) Anordnung einstweiliger Maßnahmen

Auf Antrag des ausländischen Insolvenzverwalters können nach Art. 226.2 LC bereits vor Anerkennung des ausländischen Verfahrens durch das spanische Gericht auf Grundlage spanischen Rechts einstweilige Maßnahmen erlassen werden.

Konkret regelt Art. 226.2 LC

a) Dass jegliche Vollstreckungsmaßnahmen gegen Vermögensgegenstände und Rechte des Gemeinschuldners verhindert werden können.

b) Dem Insolvenzverwalter oder einem sonstigen ausländischen Vertreter oder jeglicher sonstiger Person, der die Durchführung dieser Maßnahmen gestattet wird, kann die Verwaltung der in Spanien belegenen Vermögensgegenstände oder Rechte des Gemeinschuldners übertragen werden, wenn dadurch verhindert wird, dass Schaden für diese Gegenstände eintritt oder diese deutlich an Wert verlieren.

c) Die Verfügungsbefugnis des Schuldners über seine Vermögensgegenstände oder Rechte kann vorläufig beschränkt werden.

Soweit der Zeitpunkt des Antrages auf Erlass einer vorläufigen Maßnahme vor Beantragung der Anerkennung liegt, muss die Anerkennung innerhalb einer Frist von 20 Tagen beantragt werden. Andernfalls verlieren die Maßnahmen des vorläufigen Rechtsschutzes ihre Wirkung.

Aus Art. 226 LC ergibt sich nicht, ob auch bereits vor Eröffnung des ausländischen Insolvenzverfahrens vorläufige Maßnahmen durch den spanischen Rich-

---

417 STS 13.12.1871; 20.6.1881; 12.5.1886; 29.5.1894; 15.11.1898; 10.3.1988.

418 STS 29.5.1894. Die Entscheidung ist ausführlich besprochen in Esplugues Mota, La quiebra internacional, S. 409 ff.; sowie in Turck, Internationales Insolvenzrecht in Spanien, S. 188 ff.

419 STS 20.11.1894.

ter erlassen werden können. *Carballo Pineiro* ist der Ansicht, dass Voraussetzung für den Erlass einstweiliger Maßnahmen auf Grundlage des Art. 226 LC ist, dass das ausländische Insolvenzverfahren eröffnet wurde[420]. Nach wohl überwiegender Ansicht ist der Erlass von einstweiligen Maßnahmen bereits vor Eröffnung des ausländischen Insolvenzverfahrens möglich[421]. Eine solche Möglichkeit sehe auch Art. 17 LC bei der Eröffnung eines Insolvenzverfahrens in Spanien vor. Das Bedürfnis für den Erlass von einstweiligen Maßnahmen sei ebenso vor der Eröffnung eines ausländischen Insolvenzverfahrens gegeben. Die Frist von 20 Tagen, die Art. 226.2 LC vorsehe, beginne mit Eröffnung des ausländischen Verfahrens zu laufen[422].

b) Legitimation des ausländischen Insolvenzverwalters

Nach Art. 221.4 LC kann der ausländische Insolvenzverwalter erst mit der förmlichen Anerkennungsentscheidung die Befugnisse ausüben, die ihm nach dem Recht des Verfahrenseröffnungsstaats zustehen.

Bereits Ende des 19. Jahrhunderts ergingen aber höchstrichterliche Urteile, in denen dem ausländischen Insolvenzverwalter schon vor der Anerkennung des ausländischen Insolvenzverfahrens die Befugnis zur Führung eines Prozesses und dessen Vertretungsrecht zugunsten der ausländischen Insolvenzmasse zugesprochen wurde[423]. Zum Beispiel wurde dem Insolvenzverwalter einer französischen Aktiengesellschaft bereits vor Erteilung des Exequaturs die Herausgabe von Aktien einer spanischen Eisenbahngesellschaft, die dem Gemeinschuldner gehörten, zugesprochen[424].

Dies wurde insbesondere mit der Rechtsprechung des *Tribunal Supremo* im internationalen Privatrecht begründet, wonach sich die Rechts- und Prozessfähigkeit nach der Lex fori richteten[425].

In jüngerer Zeit ergingen ein Urteil der *Audiencia de Barcelona* und eine Entscheidung des *Tribunal Superior de Justicia de Valencia.* In der spanischen Literatur wird von *Esplugues Mota* unter Hinweis auf diese Entscheidungen geschlossen, dass der ausländische Insolvenzverwalter auch vor Exequatur des

420 Carballo Pineiro, in Comentarios a la legislación concursal, Hrsg.: Sánchez-Calero, Art. 226, S. 3448.

421 Virgós Soriano/Garcimartín Alférez, in Comentario de la Ley Concursal, Art. 226, S. 3006; Amores Conradi, in Comentarios a la Ley Concursal, Hrsg.: Bercovitz Rodríguez-Cano, Art. 226, S. 2189.

422 Virgós Soriano/Garcimartín Alférez, in Comentario de la Ley Concursal, Art. 226, S. 3006.

423 STS 12.5.1885; 29.5.1894.

424 STS 12.5.1885.

425 STS 12.5.1885; Esplugues Mota, La quiebra internacional, S. 416.

Eröffnungsbeschlusses sowohl die Befugnis habe, vor den spanischen Gerichten einen Anfechtungsprozess zu führen, als auch die Fähigkeit besitze, das Vermögen des Schuldners zu verwalten. Die Grenze der Handlungsbefugnis des ausländischen Insolvenzverwalters sei dann erreicht, wenn es sich um Dispositionsmaßnahmen über das Vermögen des Schuldners handele, die einer Vollstreckung gleichkämen[426].

Die *Audiencia de Barcelona* sprach einem deutschen Insolvenzverwalter auch ohne vorausgegangenes Exequaturverfahren die Befugnis zu, einen Prozess zur Sicherung der Insolvenzmasse zu führen[427].

Ein deutscher Insolvenzverwalter klagte vor einem spanischen erstinstanzlichen Gericht eine Summe von 1.000.968, 72 DM für geliefertes Material ein. Der Klage wurde vollumfänglich stattgegeben. In der Berufung erwiderte der Beklagte, dass der ausländische Insolvenzverwalter nicht die Gesamtheit der Gläubiger gerichtlich vertreten könne, weil hinsichtlich der deutschen Eröffnungsentscheidung noch nicht das Exequatur erteilt worden sei. Diese Argumentation wurde von der *Audiencia de Barcelona* mit der Begründung abgewiesen, dass Art. 955 und 956 LEC 1881 auf eine vollstreckbare Entscheidung abstellen. Im Gegensatz zu einer Eröffnungsentscheidung handele es sich bei der Bestellung eines Insolvenzverwalters nicht um eine Entscheidung mit vollstreckbarem Inhalt, die in einem anderen Staat getroffen wurde und in Spanien Geltung erlangen solle. Die Befugnis, in Spanien sichernde und anfechtende Maßnahmen zu ergreifen, sei lediglich eine Schutzmaßnahme zugunsten der Gläubiger[428]. Im Übrigen sei die Ernennung des Insolvenzverwalters eine Maßnahme mit Urkundscharakter und müsse daher nicht dem Exequaturverfahren unterzogen werden[429].

Eine weitere Entscheidung hinsichtlich dieses Problemfeldes wurde vom *Tribunal Superior de Justicia de la Comunidad Valencia* erlassen[430].

Hier lag folgender Sachverhalt zugrunde:

Über das Vermögen eines in England ansässigen Libanesen wurde in England ein Konkursverfahren eröffnet. Der englische Konkursverwalter bestellte einen Unterbevollmächtigten, der eine in Spanien (Xàbia) belegene Finca an ein Unternehmen veräußerte. Am 22. Mai 1996 wurde in London vor dem spanischen Konsul die *Escritura pública de compraventa* (öffentliche Kaufvertragsurkunde) ausgestellt. Diese wurde zusammen mit der Vollmacht dem Grundbuch-

---

426 Esplugues Mota, in Libro homenaje a Sánchez Calero, S. 5535(5544); noch nicht so weitgehend Esplugues Mota, La quiebra internacional, S. 434.
427 Sentencia de la Audiencia de Barcelona 12.4.1994.
428 Sentencia de la Audiencia de Barcelona 12.4.1994.
429 Esplugues Mota, in Libro homenaje a Sánchez Calero, S. 5535(5546).
430 Auto del Tribunal Superior de Justicia de la Comunidad Valencia 20.09.1994.

amt von Xábia vorgelegt. Der britische Vizekonsul wendete ein, dass mit der Eintragung eine englische Entscheidung vollstreckt werde, auf die englisches Recht anzuwenden sei. Die Anwendung englischen Rechts setze aber eine Anerkennung des ausländischen Eröffnungsbeschlusses und damit die Erteilung des Exequaturs voraus. Der Käufer wurde nicht ins Grundbuch eingetragen. Gegen die Nichteintragung legte dieser Rechtsmittel ein. Als Rechtsmittelinstanz entschied der *Tribunal Superior de Justicia de la Comunidad Valencia.*

Dieser bestätigte zunächst, dass ein ausländischer Eröffnungsbeschluss ohne die Erteilung des Exequaturs keine Wirkung entfalte. Das Gericht führte aber aus, dass der ausländische Insolvenzverwalter trotzdem in Spanien Sicherungs- und Verwaltungsmaßnahmen zum Schutz der Masse vornehmen könne. Zu diesen Rechtshandlungen sei er aufgrund seiner Bestellung als Insolvenzverwalter legitimiert. Reine Verwaltungs- und Sicherungmaßnahmen zugunsten der Masse könnten durch den ausländischen Insolvenzverwalter auch ohne vorausgegangenes Exequaturverfahren realisiert werden[431].

Der zugrunde liegende Sachverhalt zeichnete sich allerdings dadurch aus, dass nicht eine schlichte Verwaltungsmaßnahme, sondern mit der Veräußerung eines Grundstückes des Schuldners eine Disposition über das Vermögen des Schuldners in Frage stand. Das Gericht führte aus, dass die Grenze insofern erreicht sei, als dass der ausländische Konkursverwalter nicht zur Durchführung solcher Maßnahmen befugt sei, die einer Vollstreckung gleichkämen. Solche müssten vorher über das Exequaturverfahren homologisiert werden[432].

c) Kein Anfechtungsrecht

Von *Carballo Pineiro* wird die Befugnis des ausländischen Insolvenzverwalters zur Führung eines Anfechtungsprozesses vor Erteilung des Exequaturs abgelehnt. Erst nach Anerkennung des ausländischen Insolvenzverfahrens soll dem ausländischen Insolvenzverwalter ein Anfechtungsrecht zustehen. Die Ansicht, die ein Anfechtungsrecht bewillige, verwechsele die Tatsache, dass es sich bei einem Anfechtungsrecht um eine Folge aus der Eröffnung eines Insolvenzverfahrens handele mit dem Erfordernis der Zügigkeit von Maßnahmen zur Sicherung der Masse. Diese Interpretation könne nicht geteilt werden, weil der Wirkungsentfaltung des Eröffnungsbeschlusses zwingend die Erteilung des Exequaturs vorausgehen müsse[433].

---

431 Vgl. dazu Esplugues Mota, in Libro homenaje a Sánchez-Calero, S. 5535 (5548/5549).

432 Esplugues Mota, in Libro homenaje a Sánchez-Calero, S. 5535(5550).

433 Carballo Pineiro, Acciones de reintegración de la masa, S. 125.

Problematisch sei die Rechtsgrundlage, die zur Bewertung eines etwaigen Anfechtungsprozesses als Sicherungsmaßnahme angewendet werden solle. Mangels Exequatur könne die Lex fori concursus nicht herangezogen werden[434].

d) Zusammenfassung und Relevanz des Rechtsstreits

Die Rechtsfrage, welche Maßnahmen der ausländische Insolvenzverwalter bereits vor Exequaturerteilung ergreifen kann, bleibt auch nach Inkraftteten des *Ley Concursal* relevant. Aus dem Gesetz ergibt sich nunmehr, dass der ausländische Insolvenzverwalter, der gemäß Art. 221.2 LC seine Rechtsstellung durch eine beglaubigte Kopie seiner Ernennung nachweist, bereits vor Erlass einer förmlichen Anerkennungsentscheidung vor Gericht vorläufige Sicherungsmaßnahmen nach Art. 226.2 LC beantragen kann. Ebenfalls unstreitig ist seine Antragsbefugnis in Hinblick auf das Exequaturverfahren. Zweifelhaft ist, ob der Gesetzgeber in Art. 221.1 und Art. 221.2 LC die vorausgegangene Rechtsprechung berücksichtigt hat[435] und mit Art. 221.1 i.V.m. Art. 221.2 LC daher auch Verwaltungsbefugnisse hinsichtlich der Masse zugesprochen werden sollen. Dagegen spricht Art. 221.4 LC, der besagt, dass der ausländische Insolvenzverwalter erst mit der förmlichen Anerkennungsentscheidung die Befugnisse ausüben kann, die ihm nach dem Recht des Eröffnungsstaates zustehen.

Bei Art. 221 LC könnte es sich auch um eine an das UNCITRAL-Modellgesetz angelehnte Regelung handeln, ohne dass hierbei die vorausgegangene Rechtsprechung berücksichtigt wurde. Das UNCITRAL-Modellgesetz sieht ebenfalls ein Anerkennungsverfahrens vor: Bereits im Vorfeld der Anerkennung kann der ausländische Verwalter nach Art. 19 vorläufige Sicherungsmaßnahmen beantragen. Allerdings hat der ausländische Insolvenzverwalter vor Erlass förmlichen Anerkennungsentscheidung keine Verwalterbefugnisse. Wäre die Regelung an das UNCITRAL-Modellgesetz angelehnt, so spräche dies ebenfalls gegen Verwaltungsbefugnisse ohne abgeschlossenes Anerkennungsverfahren.

Folgt man der Ansicht der Rechtsprechung des *Tribunal Superior de la Justicia de la Comunidad de Valencia* und der *Audiencia de Barcelona* auch auf Grundlage des *Nueva Ley Concursal*, kann der ausländische Verwalter Verwaltungsmaßnahmen zugunsten der Masse vornehmen und solche auch gerichtlich einklagen, aber nicht über das Schuldnervermögen verfügen.

Das heißt, der ausländische Insolvenzverwalter darf die in Spanien belegenen Vermögensgegenstände keinesfalls verwerten. Was aber unter schlichten Ver-

434 Carballo Pineiro, Acciones de reintegración de la masa, S. 125.

435 So Consejo General del Poder Judicial, AEDIPr 2003, 1112(1118); Calvo Caravaca/Carrascosa González, Derecho concursal internacional, Rn. 643.

waltungsmaßnahmen im Einzelnen zu verstehen ist, lässt die Rechtsprechung offen. Unter eine schlichte Verwaltungsmaßnahme dürfte das Einsammeln von Vermögen des Gemeinschuldners zu fassen sein. Allerdings äußern sich Rechtsprechung und Literatur nicht zu der Frage, ob es dem ausländischen Insolvenzverwalter auch erlaubt ist, das in Spanien befindliche Vermögen der ausländischen Insolvenzmasse zuzuführen, soweit dies noch nicht verwertet wird.

Streitig ist des Weiteren, ob eine insolvenzrechtliche Anfechtungsklage erhoben werden darf. *Esplugues Mota* betrachtet dies unter Heranziehung der oben genannten Rechtsprechung als massezugehörigen Anspruch und sieht dies somit als schlichte Verwaltungs- beziehungsweise Schutzmaßnahme zugunsten der Masse an.

Abzuwarten bleibt, wie sich die Rechtsprechung auf der Grundlage des *Nueva Ley Concursal* zu den Befugnissen des ausländischen Insolvenzverwalters ohne förmliche Anerkennungsentscheidung entscheidet.

e) Registereintragungen?

Nicht aufgeführt ist in Art. 226.2 LC die Möglichkeit, bereits vor Abschluss des Exequaturverfahrens Eintragungen einer ausländischen Insolvenzeröffnung ins Handels- und Grundeigentumsregister vorzunehmen. Solchen Eintragungen kann aber insbesondere vor Abschluss des Exequaturverfahrens, soweit der Gemeinschuldner in Spanien noch frei über sein Vermögen verfügen kann, erhebliche Relevanz zukommen. Dennoch können Registereintragungen nicht ohne vorherige förmliche Anerkennungsentscheidung vorgenommen werden.

Gemäß Art. 21 CCom und Art. 34 *Ley Hipotecaria* (LH) ist der gute Glaube Dritter an das Vorliegen eingetragener Umstände beziehungsweise an das Nichtvorliegen nicht eingetragener Umstände im Grundeigentumsregister geschützt. Von einem eingetragenen Gemeinschuldner kann nicht mehr gutgläubig erworben werden[436].

Eintragungen in das Grundeigentumsregister können jedoch nicht ohne eine vorherige Anerkennung vorgenommen werden. Insoweit steht das spanische Registerrecht entgegen. Dieses erlaubt gemäß Art. 38 *Reglamento Ley Hipotecaria*, um die Richtigkeit des Registers zu schützen, nur die Eintragung einer ausländischen Entscheidung unter Vorlage des Anerkennungstitels aus dem Exequaturverfahren[437]. Im Handelsregister fehlt eine entsprechende Regelung. Es entspricht jedoch ganz herrschender Meinung, dass einer nicht in der vorgeschrie-

436 Turck, Internationales Insolvenzrecht in Spanien, S. 183.
437 Fernández Rozas/Sánchez Lorenzo, Derecho internacional privado, S. 189.

benen Weise anerkannten Entscheidung keine eigenständige Registerwirkung zukommt[438].

5. Voraussetzungen der Anerkennung eines Eröffnungsbeschlusses

Ein ausländischer Insolvenzeröffnungsbeschluss wird dann anerkannt, wenn er die in Art. 220 LC normierten Voraussetzungen erfüllt.

a) Keine *revisión del fondo*

Ob das materielle ausländische Recht bei der Eröffnung des Insolvenzverfahrens im Erststaat nach den dortigen Vorschriften richtig angewandt wurde, wird bei der Anerkennung einer ausländischen Entscheidung nicht geprüft[439]. Ebenfalls unerheblich ist, ob nach den inländischen materiellrechtlichen Vorschriften die ausländische Entscheidung vom Ergebnis ebenso ergangen wäre[440].

Das materielle Recht wird nur im Rahmen der Voraussetzungen des Art. 220 LC überprüft. Hier wird zum Beispiel festgestellt, ob das ausländische Insolvenzverfahren die Voraussetzungen des Art. 220.1.1° LC erfüllt. Des Weiteren ist zu prüfen, ob ein Verstoß gegen den inländischen *orden público* vorliegt[441].

b) Endgültigkeit

Die Entscheidung muss nach dem Recht des Staates der Verfahrenseröffnung endgültig sein. Fraglich ist, was unter Endgültigkeit zu verstehen ist. Im internationalen Zivilverfahrensrecht wird für die Anerkennung einer ausländischen Entscheidung ausnahmslos deren Rechtskraft gefordert[442], da die Art. 951 ff. LEC 1881 von *sentencia firme* und von *ejecutoria* sprechen, worunter nach Art. 369 LEC eine formell rechtskräftige Entscheidung zu verstehen ist, gegen die kein Rechtsbehelf eingelegt werden kann[443].

Im Gegensatz zu den Art. 951 ff. LEC 1881 setzt Art. 220 LC bereits vom Wortlaut keine Rechtskraft voraus. Dass keine rechtskräftige Entscheidung ge-

---

438 Fernández Rozas/Sánchez Lorenzo, Derecho internacional privado, S. 189; Turck, Internationales Insolvenzrecht in Spanien, S. 184.

439 STC 132/1991; Turck, Internationales Insolvenzrecht in Spanien, S. 176. Miguel Asensio, AEDIPr 2000, 337(359).

440 Fernández Rozas/Sánchez Lorenzo, Derecho internacional privado, S. 220.

441 Amores Conradi, in Comentarios a la Ley Concursal, Hrsg.: Bercovitz Rodríguez-Cano, Art. 220, S. 2144.

442 Calvo Caravaca/González Carrascosa, Derecho concursal internacional, Rn. 633.

443 Karl, Anerkennung von Entscheidungen in Spanien, S. 47.

fordert ist, ergibt sich auch aus Art. 220.4 LC. Dieser erlaubt die Suspendierung des Exequaturverfahrens, wenn in dem Eröffnungsstaat ein Rechtsmittel gegen den Eröffnungsbeschluss eingelegt wurde oder die Frist für die Einlegung noch nicht abgelaufen ist. Folglich kann mit einer endgültigen Entscheidung keine rechtskräftige Entscheidung gemeint sein[444]. Übereinstimmend mit der Legaldefinition aus Art. 207.1 LEC handelt es sich um eine Entscheidung, welche die erste Instanz abschließt, gegen die aber noch Rechtsmittel eingelegt werden können.

c) Gesamtverfahren

Art. 220 LC enthält eine Definition, welche Voraussetzungen ein ausländisches Insolvenzverfahren erfüllen muss, um in Spanien anerkennungsfähig zu sein.

Danach ist ein Gesamtverfahren erforderlich, dessen Gegenstand die Insolvenz des Schuldners ist und im Laufe dessen die Vermögensgegenstände des Gemeinschuldners der Kontrolle oder Überwachung durch ein ausländisches Gericht oder eine ausländische Behörde mit dem Ziel der Restrukturierung oder Liquidation unterworfen sind[445]. Die Vorschrift regelt nicht, welche Zwecke mit der Restrukturierung oder Liquidation verfolgt werden müssen.

Durch die Legaldefinition wird festgelegt, dass es sich um ein Verfahren handeln muss, welches das gesamte Schuldnervermögen erfasst. Vom Wortlaut nicht vorausgesetzt wird dabei, dass das Vermögen einer Beschlagnahme unterliegt[446]. Das heißt, dass beispielweise auch solche Insolvenzverfahren, bei denen die Verwaltungs- und Verfügungsbefugnis beim Schuldner bleibt und nicht auf den Insolvenzverwalter übergeht, anerkennungsfähig sind[447]. Unerheblich ist darüber hinaus, ob im ausländischen Recht andere Verteilungsmaßstäbe als im spanischen *Ley Concursal* vorgesehen sind.

444 Calvo Caravaca/González Carrascosa, Derecho concursal internacional, Rn. 633.

445 Mercadal Vidal, in Nueva Ley Concursal, Art. 220, S. 867; Esplugues Mota, in ZZPInt (2001), 65(82/83); Carballo Pineiro, Acciones de reintegración de la masa, S. 114.

446 Eine solche Beschränkung sieht aber jedenfalls vom Wortlaut Art. 1 EuInsVO vor, wonach die EuInsVO für Verfahren gilt, die einen vollständigen oder teilweisen Vermögensbeschlag zur Folge haben.

447 So beispielsweise im US-amerikanischen Chapter 11-Verfahren. Nach 11 U.S.C. §§ 1101, 1104, 1107 verbleibt die Verfügungsbefugnis beim Schuldner.

d) Internationale Zuständigkeit des ausländischen Gerichts

Nach Art. 220.3° LC ist ein ausländischer Eröffnungsbeschluss nur dann anerkennungsfähig, wenn er von einem international zuständigen Gericht erlassen wurde[448]. Die Kriterien für die Bestimmung eines international zuständigen Gerichts richten sich nach der direkten Zuständigkeitsnorm des Art. 10 LC. Damit bestimmt sich die Anerkennungszuständigkeit nach dem so genannten *sistema bilaterista*[449]. Hiernach ist das ausländische Gericht dann international zuständig, wenn der ausländische Richter solche Kriterien herangezogen hat, die ein spanischer Richter zur Begründung der eigenen internationalen Zuständigkeit beigezogen hätte. Der *Tribunal Supremo* hat diese Form der Überprüfung der Anerkennungszuständigkeit bereits im internationalen Zivilverfahrensrecht und damit auch auf die Anerkennung ausländischer insolvenzrechtlicher Entscheidungen angewendet.

Wie bereits erörtert, ist nach Art. 10.1 LC Spanien international zuständig, wenn der Schuldner den Mittelpunkt seiner hauptsächlichen Interessen in Spanien hat. Nach Art. 10 Abs. 2 S. 1 LC wird unter dem Mittelpunkt der hauptsächlichen Interessen der Ort verstanden, wo der Schuldner gewöhnlich und in für Dritte erkennbarer Weise der Verwaltung seiner Interessen nachgeht. Ist der Schuldner eine juristische Person, so wird gemäß Art. 10.1 Abs. 2 S. 2 LC vermutet, dass der Mittelpunkt der hauptsächlichen Interessen sich am Satzungssitz befindet[450].

aa) Erweiterte Anerkennungszuständigkeit

Darüber hinaus wird ein ausländisches Gericht auch dann als international zuständig anerkannt, wenn dieses seine Zuständigkeit mit einer *conexión razonable de naturaleza equivalente,* das heißt mit einer vernünftigen Verbindung gleichwertiger Natur begründen kann. Damit bestimmt das *Ley Concursal* die Anerkennungszuständigkeit nach zwei unterschiedlichen Kriterien. Einmal nach dem so genannten *Sistema bilateralista,* wonach auf die Zuständigkeitskriterien des spanischen Rechts abgestellt wird und zudem danach, ob eine vernünftige Verbindung gleichwertiger Natur zu dem Eröffnungsstaat vorliegt.

Kritisiert wurde in der spanischen Literatur seit geraumer Zeit, dass durch das *Sistema bilateralista* nicht ausreichend das Zuständigkeitssystem des ausländischen Staates berücksichtigt werde. Hierbei griff die spanische Literatur die in

---

448 Calvo Caravaca/Carrascosa González, Derecho concursal internacional, Rn. 634.
449 Calvo Caravaca/Carrascosa González, Derecho concursal internacional, Rn. 634.
450 Vgl. dazu die Ausführungen oben unter D.V.4.a).

der französischen Rechtsprechung und Literatur vertretenen Ansätze auf, die sich für eine Aufgabe der Bilateralisierungsmethode aussprachen[451]. Allerdings befürwortete die spanische Literatur weiterhin, aus Gründen der Rechtssicherheit am *Sistema bilateralista* festzuhalten und nur subsidiär das Kriterium der hinreichenden Verbindung des Streitgegenstandes oder der Parteien zum Forum zurückzugreifen. Diese Kritik wurde auch von der spanischen Rechtsprechung aufgenommen. So wurde vom *Tribunal Supremo* ab Mitte der achziger Jahre die Anerkennungszuständigkeit nicht mehr ausschließlich anhand der durch das spanische Recht vorgegebenen Zuständigkeitskriterien bewertet, sondern es wurden auch andere vernünftige Verbindungen (*contactos razonables)*[452] anerkannt[453]. Danach wird die Anerkennungszuständigkeit eines ausländischen Gerichts auch dann erfüllt sein, wenn zu dem Land, in dem das Verfahren anhängig ist oder anhängig war, vernünftige Verbindungspunkte bestehen[454].

Diese Entscheidungen betrafen auch die Anerkennung insolvenzrechtlicher Beschlüsse. In einem Beschluss vom 10.9.1996 wurde in der Exequaturentscheidung hinsichtlich einer schweizerischen Konkurseröffnung vom *Tribunal Supremo* darauf hingewiesen, dass die Kriterien des Art. 22.2, 4 LOPJ[455] nicht abschließend seien.

Ähnliche Ausführungen wurden auch in einem Anerkennungsbeschluss in Hinblick auf ein in Deutschland eröffnetes Insolvenzverfahren im Jahre 1999 gemacht. So gäbe es über die nationalen Zuständigkeitskriterien hinaus Verbindungen, um die Zuständigkeit des Ursprungsstaates als begründet anzusehen. So beispielsweise die Verbindung aufgrund des Wohnsitzes oder die Verbindung aufgrund der Staatsangehörigkeit[456].

---

451 Calvo Caravaca/Carrascosa González, Derecho concursal internacional, Rn. 634; Karl, Anerkennung von Entscheidungen in Spanien, S. 77 ff.

452 Das Anerkennungskriterium der *Contactos razonables* hat seinen Ursprung in Frankreich; C.Cass.Civ. I, 6.2.1985; vgl. dazu Calvo Carrascosa/González Caravaca, Derecho concursal internacional, Rn. 635.

453 ATS vom 29.3.1985; 12.2.1988.

454 Vgl. dazu unter vielen ATS 10.2.1998; 21.4.1998; nach *Calvo Caravaca/González Carrascosa* basiert das Prinzip der indirekten Zuständigkeit, der *Contactos razonables* auf dem Näheprinzip; Calvo Caravaca/González Carrascosa, Derecho concursal internacional, Rn. 634.

455 Die zu diesem Zeitpunkt auch zur Begründung der internationalen Zuständigkeit für Insolvenzverfahren herangezogen wurden, weil noch keine speziell insolvenzrechtliche Zuständigkeitsnorm existierte.

456 ATS 4.5.1999. Im Übrigen wurde vom Tribunal Supremo bei der Anerkennung von anderen zivilrechtlichen Entscheidungen ebenfalls die Verbindung gleichwertiger vernünftiger Natur zugelassen; vgl. insoweit ATS 24.12.1996; 10.2.1998; 20.1.1998; 7.4.1998.

Diese Rechtsprechung könnte nunmehr vom Gesetzgeber im *Ley Concursal* berücksichtigt worden sein. Nach Art. 220.3 LC ist die Anerkennungszuständigkeit auch dann erfüllt, wenn das ausländische Gericht seine Zuständigkeit mit einer vernünftigen Verbindung ähnlicher Natur (*conexión razonable de naturaleza equivalente)* begründen kann.

bb) Vernünftige Verbindung gleichwertiger Natur

Eine vernünftige Verbindung gleichwertiger Natur liegt dann vor, wenn eine Nähebeziehung des Schuldners zum Eröffnungsstaat vorliegt, die gleichwertig mit einem Gerichtsstand nach dem *Ley Concursal* ist[457]. In der Literatur wird zur Konkretisierung einer gleichwertigen Verbindung auf Art. 220.2.2° LC zurückgegriffen[458]. Dort wird die Anerkennung als Territorialverfahren von solchen ausländischen Verfahren festgelegt, in deren Staatsgebiet sich eine Niederlassung des Schuldners oder eine Verbindung gleichwertiger Natur, wie die Belegenheit von Wirtschaftsgütern, befindet. Damit sind auch Insolvenzverfahren anerkennungsfähig, die in einem Staat eröffnet wurden, in dem der Schuldner Wirtschaftsgüter hat[459]. Nicht anerkennungsfähig sind Verbindungen, wie die Staatsangehörigkeit oder der bloße Aufenthaltsort des Gemeinschuldners.

Allerdings werden solche Verfahren, die sich auf Territorialzuständigkeitskriterien stützen, nicht als Hauptinsolvenzverfahren anerkannt. Bei Art. 220.2.2° LC handelt es sich also nicht um eine Anerkennungsvoraussetzung, sondern um die Wirkungsanordnung nach inländischen Maßstäben[460].

Das Zuständigkeitskriterium der gleichwertigen vernünftigen Verbindung wird in der Literatur teilweise positiv aufgenommen, da dadurch das forum *shopping* gleichermaßen wie exorbitante Gerichtsstände ausgeschlossen werden könnten[461]. Auf der anderen Seite wird die Erweiterung der Anerkennungszu-

457 Espiniella Menéndez, in Comentarios a la legislación concursal, Hrsg.: Sánchez-Calero, Art. 11, S. 349/350; Virgós Soriano/Garcimartín Alférez, in Comentario de la Ley Concursal, Art. 220 S. 2972; Amores Conradi, in Comentarios a la Ley Concursal, Hrsg.: Bercovitz Rodríguez-Cano, Art. 220, S. 2148.

458 Carballo Pineiro, in Comentarios a la legislación concursal, Hrsg.: Sánchez-Calero, Art. 220, S. 3421; Esplugues Mota, ZZPInt (2001), 65(83); Mercadal Vidal, La nueva Ley Concursal, S. 868; Amores Conradi, in Comentarios a la Ley Concursal, Hrsg.: Bercovitz Rodríguez-Cano, Art. 220, S. 2148.

459 Carballo Pineiro, in Comentarios a la legislación concursal, Hrsg.: Sánchez-Calero, Art. 220, S. 3421.

460 Carballo Pineiro, in Comentarios a la legislación concursal, Hrsg.: Sánchez-Calero, Art. 220, S. 3421.

461 Calvo Caravaca/Carrascosa González, Derecho concursal internacional, Rn. 634.

ständigkeit aber auch kritisiert. Sie stütze sich auf ein vages Kriterium und förde-re damit die Rechtsunsicherheit[462].

cc) Kompetenzkonflikt zwischen Spanien und Drittstaat

Internationale Kompetenzkonflikte mehrerer Staaten können sich ergeben, wenn sich hinsichtlich eines Schuldners die Zuständigkeit mehrerer Staaten begründen lässt. Scheidet ein Staat bereits offensichtlich als international unzuständig für die Eröffnung eines Hauptinsolvenzverfahrens aus, so liegt kein Kompetenzkonflikt vor. Da im spanischen Recht allein auf den Mittelpunkt der hauptsächlichen Interessen abgestellt wird und kein alternativer Gerichtsstand vorgesehen ist, ist die Möglichkeit von Kompetenzkonflikten eingeschränkt, aber nicht ausgeschlossen.

Ein Kompetenzkonflikt kann sich ergeben, bei einer natürlichen Person, die keine wirtschaftliche Betätigung ausübt, wenn sie Mehrfachwohnsitze hat, ohne dass ein Mittelpunkt festgestellt werden kann. Ebenso bei einer *Sociedad civil*[463], soweit der Mittelpunkt der hauptsächlichen Interessen nicht eindeutig ist. Hier kann die Vermutung, dass sich der Mittelpunkt der hautpsächlichen Interessen am satzungsmäßigen Sitz befindet, nicht zugrunde gelegt werden. Folge eines solchen Kompetenzkonfliktes ist, dass sich prinzipiell mehrere Staaten für zuständig zur Eröffnung eines Hauptinsolvenzverfahrens erklären können. Dieses Problem wird in der spanischen Literatur – soweit ersichtlich – nur wenig diskutiert. *Aguilar Benítez de Lugo* und *Campuzano Díaz* beschäftigen sich mit der Frage, wie in einem Fall zu verfahren ist, wenn sowohl im Inland als auch im Ausland ein Verfahren über denselben Schuldner eröffnet wurde. Ob es sich dabei um einen Kompetenzkonflikt in dem Sinne handelt, dass die Zuständigkeit sowohl Spaniens als auch des Drittstaates begründet werden kann, lassen sie allerdings offen.

Die Autoren schlagen vor, sich zur Lösung dieses Problems an der EuInsVO zu orientieren, allerdings die Einschränkungen außerhalb des Anwendungsbereiches der EuInsVO insoweit zu beachten, als dass im autonomen Recht eine Eröffnungsentscheidung nicht automatisch, sondern im Wege des Exequaturverfahrens anerkannt wird[464].

Nach Art. 3 Abs. 3 EuInsVO kommt es darauf an, welcher Staat zuerst wirksam ein Hauptinsolvenzverfahren eröffnet hat. Ein Staat, der sein Insolvenzverfahren zu einem späteren Zeitpunkt eröffnet, müsste ein solches einstellen oder

462 Esplugues Mota, ZZPInt (2001), 65(83).
463 Diese entspricht in etwa der BGB-Gesellschaft.
464 Aguilar Benítez/Campuzano Díaz, in Libro homenaje a Manuel Olivencia, S. 599 (628).

falls möglich als Territorialverfahren weiterführen. Das Hauptinsolvenzverfahren des ausländischen Staates muss nach Art. 16 EuInsVO automatisch anerkannt werden.

Diese Aussage der Autoren könnte darauf hinweisen, dass sie der Ansicht sind, dass erst mit der förmlichen Anerkennung eines ausländischen Insolvenzverfahrens ein zeitlicher Vorrang des ausländischen Insolvenzverfahrens entstehen kann. Damit könnte vor Erlass der förmlichen Anerkennungsentscheidung kein Zuständigkeitskonflikt entstehen.

Im Übrigen kann man aufgrund der spanischen Zuständigkeitsrechtsprechungsgeschichte bezweifeln, dass sich die spanischen Gerichte, zugunsten eines Drittstaates, der möglicherweise zeitlich früher ein Insolvenzverfahren eröffnet hat, daran gehindert sehen, eigens ein solches zu eröffnen. So bleibt fraglich, ob Spanien im Verhältnis zu Drittstaaten bereit ist, auf den eigenen Zuständigkeitsanspruch zu verzichten und konsequenterweise bei einem Kompetenzkonflikt, ein ausländisches vorzeitig eröffnetes Insolvenzverfahren im Inland anzuerkennen und ein inländisches Verfahren einzustellen.

dd) Kompetenzkonflikte zweier Drittstaaten

Auch der Fall, dass von zwei ausländischen Staaten Hauptinsolvenzverfahren hinsichtlich eines Schuldners eröffnet werden, beide mit der Begründung, dass sich auf ihrem jeweiligen Hoheitsgebiet der Mittelpunkt der hauptsächlichen Interessen des Schuldners befindet, ist in Art. 220 LC nicht geregelt. *Carballo Pineiro* erwägt das Anerkennungsgericht darüber entscheiden zu lassen, wo tatsächlich der Mittelpunkt der hauptsächlichen Interessen des Schuldners liegt. Allerdings verwirft sie diesen Gedanken, weil der Vorgehensweise die Eindeutigkeit und Klarheit fehle[465]. Stattdessen will sie mit der überwiegenden Literaturansicht auf die zeitliche Priorität abstellen[466]. Insoweit bietet sich der Zeitpunkt der Antragstellung oder der Zeitpunkt der Eröffnung des ausländischen Insolvenzverfahrens an. Befürwortet wird mehrheitlich der Zeitpunkt der Beantragung des Insolvenzverfahrens. So erlaube schließlich Art. 226 LC bereits vor Eröffnung des eigentlichen Verfahrens die Anerkennung von einstweiligen Maßnahmen[467].

---

465 Carballo Pineiro, in Acciones de reintegración de la masa, S. 114.

466 Benítez de Lugo/Campuzano Díaz, in Libro homenaje a Manuel Olivencia, S. 599(628); Virgós Soriano/Garcimartín Alférez, in Comentario de la Ley Concursal, Art. 220, S. 2972; Carballo Pineiro, in Acciones de reintegración de la masa, S. 114.

467 Carballo Pineiro, in Acciones de reintegración de la masa, S. 114; dieselbe, in Comentarios a la legislación concursal, Hrsg.: Sánchez-Calero, Art. 220, S. 3422.

e) Keine unfreiwillige Versäumnis

Art. 220.4° LC regelt weiterhin als Voraussetzung für die Anerkennung:

Dass die Entscheidung nicht während der Säumnis des Gemeinschuldners ergangen ist oder im anderen Fall, dass vorher eine Ladung mit Fristsetzung oder ein gleichwertiges Dokument übergeben oder zugestellt wurde, und zwar in der entsprechenden Form und in ausreichender Zeit, um dagegen Einspruch erheben zu können.

Art. 220.4° LC schützt die prozessrechtlichen Verteidigungsrechte des Schuldners[468].

Art. 954 LEC 1881, die Anerkennungsnorm des internationalen Zivilverfahrensrechts regelt als Ausschlussgrund ebenfalls die Säumnis des Schuldners. Die Versäumnis nach Art. 954.2 LEC 1881 stellt in der Praxis den am häufigsten eingreifenden Grund für die Anerkennungsverweigerung im internationalen Zivilverfahrensrecht dar[469]. Der *Tribunal Supremo* führt dazu aus, dass die verfahrensrechtlichen Garantien des Art. 24 CE nicht mehr gewahrt seien, wenn das Recht auf Verteidigung der eigenen Rechtsstellung, welches mit dem Zugang zum Verfahren beginne, nicht im erforderlichen Maß wahrgenommen werden könne. Eine solche ausreichende Möglichkeit zur Verteidigung sah der *Tribunal Supremo* im Rahmen einer Entscheidung nach Art. 954 LEC 1881 als nicht gewährleistet an, wenn die entsprechenden Ladungen zu einem Gerichtsverfahren als einfacher Brief zugeschickt und nicht förmlich zugestellt wurden[470].

Dass die Versäumnis nicht durch eigenenes Verschulden herbeigeführt worden sein darf, wurde jedoch insoweit für Art. 954.2 LEC 1881 durch eine Entscheidung des *Tribunal Constitucional* vom 15.4.1986 klargestellt, in dem das Verfassungsgericht eine vorausgegangene Rechtsprechung des *Tribunal Supremo* bestätigte[471]. Die willkürliche Säumnis bei ordnungsgemäßer Zustellung der Ladung und Gewährung rechtlichen Gehörs sei nicht durch Art. 954.2 LEC 1881 geschützt. Durch diese Urteile wurde klargestellt, dass die so genannte Säumnis aus Überzeugung (*rebeldía por convicción)* und die so genannte Säumnis aus Zweckmäßigkeit (*rebeldía por conveniencia)* nicht zu einer Verweigerung der Anerkennung taugen[472]. Allerdings müssen nach dem *Tribunal Constitucional*

---

468 Virgós Soriano/Garcimartín Alférez, in Comentario de la Ley Concursal, Art. 220, S. 2973.

469 Fernández Rozas/Sánchez Lorenzo, Derecho Internacional Privado, S. 215.

470 STS 15.2.2000.

471 STC 43/1986.

472 Säumnis aus Überzeugung meint dabei den Fall, dass der Beklagte sich auf das Verfahren nicht einlässt, weil er das ausländische Gericht für unzuständig erachtet. Die Säumnis aus Zweckmäßigkeit ist dann gegeben, wenn der form- und fristgerecht

stets diejenigen Formalitäten und Zustellungsvoraussetzungen eingehalten werden, die Teil des *Orden público* sind[473].

Hieran knüpft die herrschende Meinung an und vertritt, dass Art. 220.1.4° LC regelt, dass, sofern eine ausländische Entscheidung aufgrund der Säumnis ergeht, erforderlich ist, dass vorher die formgerechte Ladung oder ein gleichwertiges Schriftstück so rechtzeitig zugestellt oder übergeben wurde, dass dazu Stellung bezogen werden kann[474].

Abweichend davon sehen *Calvo Caravaca/González Carrascosa* in Art. 220.1.4° LC zwei Gesetzesalternativen geregelt. Art. 220.1.4° 1. HS LC normiere die Anerkennungsverweigerung wegen Versäumnis des Gemeinschuldners. Diese Alternative erlaube die Anerkennungsverweigerung, wenn die Entscheidung während der Versäumnis des Gemeinschuldners erging, unabhängig davon, ob die Versäumnis selbst verschuldet war.

Art. 220.1.4° 2. HS LC regele darüber hinaus die Anerkennungsverweigerung für den Fall, dass die Entscheidung zwar ohne Versäumnis des Gemeinschuldners ergangen sei, aber vorher dem Gemeinschuldner keine Ladung mit Fristsetzung beziehungsweise ein gleichwertiges Dokument zugestellt wurde, um sich dagegen zu verteidigen.

Zu klären ist des Weiteren, wie die Kriterien *en forma y tiempo suficiente para defenderse,* das heißt Benachrichtigungsform und Benachrichtigungsfrist, zu bestimmen sind. Nach herrschender Literaturansicht ist hinsichtlich der Benachrichtigunsform auf die Formerfordernisse des Ursprungsstaates abzustellen. Bei der Frage, ob die Zeit ausreichend zur Verteidigung war, sei eine Gesamtbewertung dahingehend vorzunehmen, ob die Zeit für den Schuldner ausreichend war, um sich nach den im Ursprungsstaat rechtlich vorgesehenen Möglichkeiten gegen den Vorwurf der Insolvenz zu verteidigen[475].

Calvo Caravaca/González Carrascosa wollen nicht auf die förmlichen Zustellungsanfordungen des Ursprungsstaates abstellen, sondern allgemein darauf,

---

Geladene vorsätzlich nicht erscheint, Karl, Anerkennung von Entscheidungen in Spanien, S. 59 Fn. 58.

473 STC 43/1986.

474 Espiniella Menéndez, REDI 2004, 593(597); Fernández-Ballesteros, Proceso concursal práctico, S. 927; Virgós Soriano/Garcimartín Alférez, in Comentario de la Ley Concursal, Art. 220 S. 2973; Carballo Pineiro, in Comentarios a la legislación concursal, Hrsg.: Sánchez-Calero, Art. 220, S. 3422.

475 Virgós Soriano/Garcimartín Alférez, in Comentario de la Ley Concursal, Art. 220, S. 2973; Carballo Pineiro, Comentarios a la legislación concursal, Hrsg.: Sánchez-Calero, Art. 220, S. 3423.

ob der Gemeinschuldner Kenntnis von dem Verfahren in der Art und Weise erlangt hat, dass er sich dagegen verteidigen konnte[476].

f) Kein *Orden público* Verstoß

Voraussetzung für die Anerkennung ist nach Art. 220.1.5 LC darüber hinaus, dass die Entscheidung nicht im Widerspruch zur spanischen öffentlichen Ordnung, dem *Orden público* steht.

Es wird zwischen verfahrensrechtlichem und materiellrechtlichem *Orden público* unterschieden[477]. Materiellrechtlich wird geprüft, ob das Ergebnis der anzuerkennenden ausländischen Entscheidung mit dem *Orden público* vereinbar ist[478]. Verfahrensrechtlich erfasst der *Orden público* insbesondere die Ordnungsmäßigkeit des Verfahrens und der diesem zugrunde liegenden Vorschriften[479]. Dabei wird das Verfahren aber nicht einer allgemeinen Kontrolle unterzogen. Nicht überprüft werden die Unterschiede zwischen ausländischen und inländischen Normen. Vielmehr werden die verfassungsrechtlich garantierten Minimalvoraussetzungen an ein ordentliches Gerichtsverfahren überprüft[480]. Dabei müssen sämtliche Umstände des Einzelfalls mit einbezogen werden. Auch ist zu bewerten, ob die Entscheidung eine ausreichende Inlandsbeziehung aufweist, um die Anerkennung wegen eines Verstoßes gegen den *Orden público* zu verweigern[481]. Wann allerdings eine Inlandsbeziehung vorliegt, wird – soweit ersichtlich – nicht erörtert.

aa) Rechtsprechung des *Tribunal Constitucional*

Auch der *Tribunal Constitucional* hat sich zu der Auslegung des *Orden público* als Anerkennungshindernis geäußert. Er hatte im Rahmen einiger Verfassungsbeschwerden (*recurso de amparo*) gegen Anerkennungsbeschlüsse verschiedener

---

476 Calvo Caravaca/González Carrasosa, Derecho concursal internacional, Rn. 637; Auf dieses Kriterium der Verteidigungsmöglichkeit stellt der TS auch im Rahmen des Art. 954.2 LEC ab.

477 ATS 15.02.2000; Fernández-Ballesteros, Proceso concursal práctico, S. 929; Virgós Soriano/Garcimartín Alférez, in Comentario de la Ley Concursal, Art. 220, S. 2974.

478 Virgós Soriano/Garcimartín Alférez, in Comentario de la Ley Concursal, Art. 220, S. 2974.

479 Carballo Pineiro, in Comentarios a la legislación concursal, Hrsg.: Sánchez-Calero, Art. 220, S. 3424.

480 Virgós Soriano/Garcimartín Alférez, in Comentario de la Ley Concursal, Art. 220, S. 2974.

481 Unter Verwendung der deutschen Vokabel: Virgós Soriano/Garcimartín Alférez, in Comentario de la Ley Concursal, Art. 220, S. 2974.

Rechtsmaterien, die auf Grundlage der §§ 951 ff. LEC 1881 erlassen wurden, über deren Verfassungsmäßigkeit zu entscheiden[482].

In diesen Entscheidungen weist er darauf hin, dass der *Orden público* mit dem Inkrafttreten der Verfassung 1978 eine neue Dimension erhalten habe. Er definiert ihn als Gesamtheit der Prinzipien, die sich in der verfassungsmäßigen Ordnung der *Constitución* 1978 widerspiegeln. Der *Orden público* verkörpere die Grundrechte und Grundfreiheiten der spanischen Verfassung und hierbei im speziellen Art. 24 CE, der für jedermann das Recht auf effektiven Rechtsschutz garantiert und in dem die Prozessrechte verkörpert sind[483]. Der *Tribunal Constitucional* prüft dabei die Bildung der Entscheidung, ihre Begründung und das Beweisverfahren. Es wird betont, dass der *Orden público* auf internationaler Ebene rein verfassungsrechtlich auszulegen sei und es hier darauf ankomme, eine von Art. 24.2 CE geschützte Rechtlosstellung zu verhindern. Eine solche liege vor, wenn jemand ungerechtfertigt daran gehindert wird, seine prozessuale Situation zu verteidigen[484].

bb) Verfahrensrechtlicher *Orden público*

Die verfassungsrechtliche Garantie auf effektiven Rechtsschutz konkretisiert sich in verfahrensrechtlicher Hinsicht durch die Zustellung der Verfahrensentscheidungen an den Schuldner, seine Möglichkeit Einwendungen im Verfahren vorzubringen und diese durch die entsprechenden Beweismittel zu untermauern[485]. Die Fälle der Nichtzustellung der Eröffnungsentscheidung und der damit verbundenen Verletzung rechtlichen Gehörs bei der Verfahrensdurchführung fallen häufig unter den insoweit gegenüber dem *Orden público* spezielleren Ausschlussgrund der unfreiwilligen Säumnis, Art. 220.1.4° LC. Der *Tribunal Supremo* betont die enge Verbindung dieses Ausschlussgrundes zum *Orden público*, denn beide verkörpern die verfahrensrechtlichen Garantien des Art. 24 CE[486].

In der Literatur wird teilweise ohne nähere Erörterung auf die *Krombach/Bamberski*-Entscheidung des EuGH als Beispiel dafür verwiesen, dass ein Verstoß gegen den *Orden público* dann vorliege, wenn das Verfahren, das zu der anzuerkennenden Entscheidung geführt habe, kein faires Verfahren gewesen sei[487]. In dieser Vorlageentscheidung wurde entschieden, dass ein Gericht des

---

482 STC 132/1991; 334/1993; 126/1996; 113/1998; ATC 276/1983.
483 STC 132/1991; ATC 276/1983.
484 STC 334/1993; 126/1996; 113/1998.
485 Virgós Soriano/Garcimartín Alférez, in Comentario de la Ley Concursal, Art. 220, S. 2974.
486 STS 15.2.2000.
487 Fernandez-Ballesteros, Proceso concursal práctico, S. 929.

Vollstreckungsstaats über Art. 27 Nr. 1 EuGVÜ den Ordre public-Vorbehalt anwenden darf, weil das Strafgericht des Ursprungsstaates dem Beklagten das Recht versagt hat, sich verteidigen zu lassen. Insoweit stellte der EuGH fest, dass das Recht auf einen Verteidiger für die Gestaltung und Durchführung eines fairen Prozesses eine herausragende Bedeutung habe[488].

Der Verweis auf diese Entscheidung des EuGH ist so zu verstehen, dass auch in einem fairen Insolvenzverfahren dem Schuldner die Möglichkeit gewährt sein muss, sich durch einen Rechtsbeistand vertreten zu lassen[489].

cc) Materiellrechtlicher *Orden público*

Materiellrechtlich sollen nach der Literatur und der Rechtsprechung im Rahmen des *Orden público* Vorbehaltes diejenigen insolvenzrechtlichen Prinzipien überprüft werden, die eine Gleichbehandlung der Schuldner gewährleisten und eine Bevorzugung der Gläubiger im Land der Verfahrenseröffnung verhindern[490]. Das heißt, dass im Umkehrschluss die Anerkennung abzulehnen ist, wenn eine willkürliche Verfahrenseröffnung vorliegt oder wenn die Gläubiger des Inlands gegenüber den ausländischen Gläubigern bevorzugt werden. Dann liegt auch ein Verstoß gegen den in Art. 14 CE garantierten Gleichheitssatz vor.

dd) Prüfung von Amts wegen

Der Vorbehalt des *Orden público* wird von Amts wegen geprüft und nicht als bloße Einrede[491]. Abzustellen ist dabei auf den *Orden público* im Zeitpunkt der Anerkennungsentscheidung und nicht auf den Erlass der ausländischen Entscheidung[492].

6. Rechtsfolgen bei Fehlen einer Anerkennungsvoraussetzung

Ist das ausländische Gericht nicht zuständig oder ist im ausländischen Verfahren ein Verstoß gegen den inländischen *Orden público* festgestellt worden, so erfolgt

488 EuGH Rs. C-7/98 Krombach/Bamberski NJW 2000, 1853.

489 So auch Virgós Soriano/Garcimartín Alférez, in Comentario de la Ley Concursal, Art. 220, S. 2975.

490 STS 4.5.1999; Usón Duch, Ley Concursal, Art. 220, S. 408; Virgós Soriano/Garcimartín Alférez, in Comentario de la Ley Concursal, Art. 220, S. 2975; Carballo Pineiro, in Comentarios a la legislación concursal, Hrsg.: Sánchez-Calero, Art. 220, S. 3424.

491 STS 20.7.1999; Fernández-Ballesteros, Proceso concursal práctico, S. 929.

492 Fernández Rozas/Sánchez Lorenzo, Derecho Internacional Privado, S. 216.

keine Anerkennung des ausländischen Insolvenzeröffnungsbeschlusses. Infolgedessen ist das gesamte ausländische Insolvenzverfahren nicht anerkennungsfähig.

7. *Revocación del reconocimiento* – Widerruf der Anerkennung

Während der Durchführung eines Insolvenzverfahrens können sich tatsächliche Umstände ergeben oder erstmalig in Erscheinung treten, welche die Beurteilung der Anerkennungsfähigkeit verändern. So beispielsweise, wenn dem Gericht nachträglich Umstände bekannt werden, die einen Verstoß gegen den inländischen *Orden público* darstellen und die es rechtfertigen das gesamte Insolvenzverfahren nicht anzuerkennen[493].

Dem trägt Art. 220.5 LC Rechnung. Danach kann die Anerkennung widerrufen oder verändert werden, wenn eine Änderung oder ein Wegfall der Entscheidungsmotive eintritt. Als Beispiel für einen Wegfall oder eine Änderung der Entscheidungsmotive führt die spanische Literatur die Einlegung eines Rechtsmittels im Erlassstaat an. Zu einer solchen Änderung der Anerkennungsentscheidung könne es dann kommen, wenn aus welchen Gründen auch immer das Exequaturverfahren nicht nach Art. 220.4 LC ausgesetzt worden sei, obwohl im Erststaat Rechtsmittel gegen die Eröffnungsentscheidung eingelegt wurden[494].

Calvo Caravaca/González Carrascosa kritisieren darauf hin, dass nach dieser Vorschrift auch eine zuvor abgelehnte Anerkennungsentscheidung erteilt werden könne. Die Möglichkeit der „*Flucht*“ aus der Anerkennung oder Nichtanerkennung fördere die Rechtsunsicherheit[495].

XVIII. *Reconocimiento* – Anerkennung anderer Entscheidungen

Soweit der ausländische Eröffnungsbeschluss anerkannt ist, werden weitere Entscheidungen, die in diesem Insolvenzverfahren ergehen und ihre Grundlage im Insolvenzrecht haben, automatisch, ohne dass ein *„irgendwie geartetes Verfahren erforderlich wäre“*, anerkannt, Art. 222 LC. Eine Bindungswirkung aufgrund der Anerkennung der Eröffnungsentscheidung besteht nicht. So hat die Anerkennung des Eröffnungsbeschlusses nicht automatisch die Anerkennung

---

493 Ausführlicher dazu auch Kolmann, Kooperationsmodelle, S. 536; Trunk, Internationales Insolvenzrecht, S. 425.

494 Virgós Soriano/Garcimartín Alférez, in Comentario de la Ley Concursal, Art. 220 S. 2978; Amores Conradi, in Comentarios a la Ley Concursal, Hrsg.: Bercovitz Rodríguez-Cano, Art. 220, S. 2154.

495 Calvo Caravaca/González Carrascosa, Derecho concursal internacional, Rn. 631.

aller nachfolgenden Insolvenzentscheidungen zur Folge. Vielmehr ist jede Entscheidung gesondert anzuerkennen und muss damit einer gesonderten Anerkennungsprüfung unterzogen werden. Dies ergibt sich aus dem Verweis des Art. 222 LC auf Art. 220 LC. Der Unterschied zwischen der Anerkennung der Eröffnungsentscheidung und der Anerkennung von Folgeentscheidungen kann aber in dem Anerkennungsverfahren liegen. Die Eröffnungsentscheidung wird via Exequaturverfahren anerkannt, während Folgeentscheidungen, jedenfalls soweit sie keinen vollstreckbaren Inhalt aufweisen[496], automatisch anerkannt werden. Unterschiede in den materiellen Anerkennungsvoraussetzungen gibt es nicht.

Nach Art. 222.1 S. 2 LC wird für die Anerkennung von Folgeentscheidungen eine vorherige Übergabe oder Zustellung der Ladung oder eines gleichwertigen Dokuments vorausgesetzt, und zwar bei jeder vom Gemeinschuldner verschiedenen Person, die im Rahmen des ausländischen Insolvenzverfahrens beklagt wurde und deren Verfahrensausgang das Insolvenzverfahren betreffen[497].

1. Folgeentscheidungen

Da im Laufe eines Insolvenzverfahrens eine Vielzahl weiterer insolvenzrechtlicher Entscheidungen ergehen, ist es erforderlich abzugrenzen, welche Entscheidungen dem Art. 222 LC unterfallen.

Grundvoraussetzung für die automatische Anerkennung von Folgeentscheidungen ist nach dem Wortlaut des Art. 222 LC, dass für den Eröffnungsbeschluss das Exequatur erteilt ist. Darüber hinaus muss es sich um eine Entscheidung handeln, die in dem Insolvenzverfahren ergangen ist und die ihre Grundlage im Insolvenzrecht hat. Auffällig ist, dass insoweit der Wortlaut *„die ihre Grundlage im Insolvenzrecht haben"* mit dem von Art. 11 LC übereinstimmt. Obwohl im Gegensatz zu Art. 11 LC der Zusatz *„und mit dem Insolvenzverfahren in einem unmittelbaren Zusammenhang stehen"* fehlt, soll zur Bestimmung der Entscheidungen, die unter Art. 222 LC subsumierbar sind, ebenso wie in Art. 11 LC, auf die durch den EuGH in der Entscheidung *Gourdain/Nadler* herausgearbeiteten Kriterien zurückgegriffen werden[498]. Damit wird ein Einklang von solchen Entscheidungen, die nach Art. 11 LC in den internationalen Kompetenzbereich des Insolvenzrichters fallen und solchen Entscheidungen, die über das insolvenzrechtliche Anerkennungssystem anerkannt werden, herbeigeführt. Nach Art. 222 i.V.m. Art. 220 LC anerkennungsfähig sind nach überwiegender An-

496 Vgl. dazu unten unter D.XVIII.2.

497 Esplugues Mota, ZZPInt (2001), 65(84).

498 Carballo Pineiro, in Comentarios a la legislación concursal, Hrsg.: Sánchez-Calero, Art. 222, S. 3434; Virgós Soriano/Garcimartín Alférez, in Comentario de la Ley Concursal, Art. 222, S. 2987, Verweis auf Kommentierung zu Art. 11.

sicht beispielsweise Anfechtungsentscheidungen, einstweilige Maßnahmen, die in diesem Insolvenzverfahren erlassen wurden, oder ein Insolvenzplan[499]. Aus der Formulierung *„in diesem Insolvenzverfahren"* ist nach *Virgós/Garcimartín* zu schließen, dass es sich um Entscheidungen handeln muss, die von dem Insolvenzeröffnungsgericht getroffen wurden[500]. Damit können Entscheidungen, die in unmittelbarem Zusammenhang mit dem Insolvenzverfahren stehen, aber von einem ordentlichen Gericht getroffen wurden, zum Beispiel etwaige Anfechtungsentscheidungen, nicht über die insolvenzrechtliche Anerkennungsnorm Art. 222, 220 LC anerkannt werden, sondern müssen der zivilprozessualen Anerkennung nach Art. 951 ff. LEC 1881 unterzogen werden.

2. Entscheidungen mit vollstreckungsfähigem Inhalt

Nicht unter die automatische Anerkennung von Folgeentscheidungen fallen darüber hinaus solche Entscheidungen, die einen vollstreckbaren Inhalt aufweisen.

Nach Art. 224 LC bedarf es für ausländische vollstreckungsfähige Entscheidungen der Erteilung des Exequaturs, um sie in Spanien vollstrecken zu können. Es muss also geprüft werden, ob die ausländische Entscheidung nach dortigem Recht einen vollstreckbaren Inhalt aufweist. Solche Entscheidungen können nur im Wege des Exequaturverfahrens anerkannt werden[501]. Aus völkerrechtlichen Gründen spricht die Staatssouveränität gegen die direkte Ausübung von Zwangsbefugnissen auf anderem Staatsgebiet, denn diese würde angetastet, wenn die Vollstreckungsorgane auf Anweisung des anderen Staates direkt agierten[502].

Unter Art. 224 LC sind beispielsweise insolvenzrechtliche Anfechtungsentscheidungen zu subsumieren, da diese nach ausländischem Recht regelmäßig einen vollstreckungsfähigen Inhalt aufweisen werden[503].

Somit können sie nicht automatisch anerkannt werden.

---

499 Virgós Soriano/Garcimartín Alférez, in Comentario de la Ley Concursal, Art. 222, S. 2987.

500 Virgós Soriano/Garcimartín Alférez, in Comentario de la Ley Concursal, Art. 222, S. 2987.

501 Carballo Pineiro, Acciones de reintegración, S. 115; Alonso Puig/Martínez de Salas Rubio, Comentarios a la Ley Concursal, S. 856.

502 Ignacio Fernández, La nueva regulación concursal, S. 487; Stellungnahme des Consejo General del Poder Judicial zum Anteproyecto de la Ley Concursal vom 21.3.2002, AEDIPr 2003, 1112(1118).

503 Carballo Pineiro, Acciones de reintegración, S. 115.

3. Voraussetzungen des Art. 220 LC

Auch die Anerkennung von Folgeeentscheidungen ist bedingt durch das Gegenseitigkeitsprinzip. Art. 199 LC schließt die Anwendung sämtlicher Vorschriften hinsichtlich der Anerkennung von insolvenzrechtlichen Entscheidungen aus, wenn zu dem betreffenden Staat keine Gegenseitigkeit gewährleistet ist oder das Kooperationsverhältnis gestört ist.

Sowohl im Rahmen der automatischen Anerkennung von Folgeentscheidungen als auch bei Entscheidungen mit vollstreckbarem Inhalt sind materiellrechtlich die Voraussetzungen des Art. 220 LC zu prüfen. Damit gelten die selben Anerkennungsvoraussetzungen wie für die Anerkennung einer Eröffnungsentscheidung.

Im Rahmen der Überprüfung der internationalen Zuständigkeit des ausländischen Gerichts stellt sich die Frage, ob eine Entscheidung anerkannt werden kann, die nicht von den Gerichten eines Staates getroffen worden ist, die nach den Kriterien des Art. 11 LC international zuständig gewesen wären.

Zum Beispiel kann eine insolvenzrechtliche Anfechtungsentscheidung zur Anerkennung stehen, die von einem ausländischen ordentlichen Gericht am Wohnort des Beklagten erlassen wurde. In der Literatur wird kritisiert, dass Art. 220.1.3 LC lückenhaft sei, weil dieser nicht berücksichtige, dass die Folgeentscheidungen von einem anderen Gericht als dem Insolvenzeröffnungsgericht getroffen werden können[504]. Geht man aber mit *Virgós/Garcimartín* davon aus, dass die Folgeentscheidungen im Sinne von Art. 222 LC von dem Insolvenzeröffnungsgericht erlassen worden sein müssen, so ist Art. 220 LC ohnehin nicht anwendbar. Eine vom ordentlichen Gericht erlassene Anfechtungsentscheidung muss über Art. 951 ff. LEC 1881 anerkannt werden. Sieht man es aber nicht als erforderlich an, dass die Entscheidung vom Insolvenzeröffnungsgericht getroffen wurde, so ist zu prüfen, ob die Entscheidung trotz der Tatsache, dass sie nicht im Insolvenzeröffnungsstaat getroffen wurde, nach Art. 220 LC anerkennungsfähig ist.

Streng nach dem *Sistema bilateralista* wäre eine Anerkennung einer Anfechtungsentscheidung, die nicht im Insolvenzeröffnungsstaat getroffen wurde[505], jedenfalls dann nicht möglich, wenn Art. 11 LC einen ausschließlichen Gerichtsstand begründet. *Espiniella Menéndez* erwägt, eine solche Entscheidung über das erweiterte Anerkennungskriterium des Art. 220 LC *der conexión razonable de*

---

504 Carballo Pineiro, Acciones de reintegración, S. 116.

505 Unabhängig davon, ob sie über Art. 220, 222 LC oder über Art. 951 ff. LEC 1881 anerkannt werden.

naturaleza equivalente, das heißt, das Zuständigkeitskriterium der vernünftigen Verbindung gleichwertiger Natur anzuerkennen[506].

Wie bereits oben erwähnt, soll nach *Carballo Pineiro* aufgrund der Tatsache, dass andere Staaten keine Vis attractiva concursus kennen sowie aus abwicklungstechnischen Gründen, der Vorschrift des Art. 11 LC kein abschließender Charakter zukommen, sondern ein alternativer Gerichtsstand am Wohnort des Beklagten in analoger Anwendung des Art. 22.2° LOPJ bestehen[507]. Folgt man dieser Ansicht, die eine analoge Anwendung des Art. 22.2° LOPJ für möglich hält, so können auch bei ausschließlicher Zugrundelegung des *Sistema bilateralista* beispielsweise von einem ordentlichen Gericht im Staat des Wohnortes des Beklagten erlassene Anfechtungsentscheidungen anerkannt werden.

Der Grundsatz der automatischen Anerkennung von Folgeentscheidungen wird jedoch von Art. 222.2 LC insoweit eingeschränkt als in dem Fall, dass Einwendungen gegen die Anerkennung erhoben werden, jede interessierte Person beantragen kann, dass diese im Wege des Exequaturverfahrens gemäß der Art. 955 ff. LEC 1881 überprüft werden. Damit kann der Antragssteller die Wirkung erga omnes der Anerkennungsentscheidung herbeiführen. Durch Erteilung des Exequaturs wird eine Bindungswirkung für die Anerkennung anderer Folgeentscheidungen der Art, für die das Exequatur erteilt wurde, herbeigeführt[508].

4. Anerkennung von Maßnahmen des vorläufigen Rechtsschutzes

Art. 226 LC regelt die Anerkennung von Maßnahmen des vorläufigen Rechtsschutzes, die im ausländischen Verfahren vor Erlass des Eröffnungsbeschlusses ergangen sind. Diese können nunmehr über das Exequaturverfahren anerkannt werden. Es handelt sich dabei um eine Neuerscheinung in der spanischen Rechtsordnung, weil bislang über Art. 954 LEC 1881 nur für rechtskräftige Maßnahmen das Exequatur erteilt werden konnte und daher auch allgemein angenommen wurde, dass vorläufige Maßnahmen nicht der Anerkennung fähig seien[509]. Damit sollte die Rechtssicherheit von Entscheidungen gewährleistet werden, indem verhindert wird, dass eine Entscheidung im Anerkennungs- und Vollstreckungsstaat gegenstandslos wird, weil sie im Erststaat aufgehoben wur-

---

506 Espiniella Menéndez, in Comentarios a la legislación concursal, Hrsg.: Sánchez-Calero, Art. 11, S. 349/350.

507 Vgl. dazu oben unter D.XI.4.

508 Calvo Caravaca/Carrascosa González, Derecho concursal internacional, Rn. 651.

509 Sabater Martín, in Proceso concursal práctico, S. 940; Fernández Rozas/Sánchez Lorenzo, Derecho internacional privado, S. 197; Calvo Caravaca/Carrascosa González, Derecho concursal internacional, Rn. 661.

de[510]. Dies wird jedoch nicht der Interessenlage im internationalen Insolvenzrecht gerecht. Es besteht ein fundamentales Interesse an zügigen Maßnahmen zur Sicherung der Masse. Könnten diese erst mit der Rechtskraft der ausländischen Entscheidung im Erststaat anerkannt werden, so besteht die Gefahr, dass die in Spanien belegene Masse bis zu diesem Zeitpunkt aufgezehrt ist.

Diese Neuerung wird daher auch von der spanischen Literatur begrüßt, weil dadurch der Rechtsschutz auf internationaler Ebene erweitert werde[511].

Für eine Anerkennung von einstweiligen Maßnahmen müssen die Voraussetzungen des Art. 220.1 LC erfüllt sein[512]. Insbesondere darf die ausländische Maßnahme des einstweiligen Rechtsschutzes keinen Verstoß gegen den *Orden público* darstellen[513].

XIX. *Efectos del reconocimiento* – Wirkungen der Anerkennung

Nach Art. 220.2 LC wird ein ausländischer Eröffnungsbeschluss, der in einem Staat erlassen wurde, in dem der Schuldner den Mittelpunkt seiner hauptsächlichen Interessen hat, als Hauptinsolvenzverfahren anerkannt. Damit entfaltet der Eröffnungsbeschluss auch Wirkung hinsichtlich in Spanien befindlicher Vermögensgegenstände[514].

Bei der Anerkennung der ausländischen Eröffnungsentscheidung handelt es sich um eine verfahrensrechtliche Anerkennung, die eine Wirkungserstreckung zur Folge hat. Die Wirkungen treten konstitutiv mit der förmlichen Anerkennungsentscheidung ein. Diese hat keine Rückwirkung. Die anschließende Erteilung des Exequaturs berührt eine einmal erlangte Rechtsstellung nicht mehr.

Bisher sind in Spanien keine gerichtlichen Entscheidungen ergangen, in denen über die Frage, welches Recht auf ein im Ausland eröffnetes und im Inland anerkanntes Insolvenzverfahren angewendet werden soll, entschieden wurde[515].

---

510 Karl, Anerkennung von Entscheidungen in Spanien, S. 48.

511 Calvo Caravaca/Carrascosa González, Derecho concursal internacional, Rn. 661; Es entsprach im internationalen Verfahrensrecht bereits herrschender Lehrmeinung, dass zwecks der Herbeiführung der Anerkennungsfähigkeit von einstweiligen Maßnahmen auf das Rechtskrafterfordernis verzichtet werden müsse; Esplugues Mota, in ZZPInt (1998), 61(84).

512 Virgós Soriano/Garcimartín Alférez, in Comentario de la Ley Concursal, Art. 226, S. 3004.

513 Vgl. zu den Voraussetzungen des Art. 220.1. LC im Einzelnen D.XVII.5.

514 Vgl. dazu Calvo Caravaca/Carrascosa González, Derecho concursal internacional, Rn. 641.

515 Esplugues Mota, ZZPInt (2001), 65(79).

Nunmehr ist erstmalig dahingehend im *Ley Concursal* eine Regelung getroffen. Danach hat gemäß Art. 223.1 LC ein in Spanien anerkannter Insolvenzbeschluss, vorbehaltlich der in Art. 201 bis 209 LC vorgesehenen Ausnahmen, die Wirkungen, die das Recht des Landes der Verfahrenseröffnung dem Verfahren beilegt[516]. Damit wird das am Ort der Eröffnung des Insolvenzverfahrens geltende materielle Insolvenzrecht als Gesamtstatut angewendet[517].

Die Wirkungen, die das ausländische Insolvenzverfahren im Inland entfaltet, richten sich nach ausländischem Recht. Eine Folge der Insolvenzeröffnung wird nach ausländischem Recht sein, dass das schuldnerische Vermögen Teil der Insolvenzmasse wird. Sieht das ausländische Insolvenzrecht vor, dass der Schuldner mit der ausländischen Verfahrenseröffnung die Verfügungsbefugnis über sein Vermögen verliert und diese Verfügungsbefugnis auf einen Insolvenzverwalter übergeht, so tritt diese Wirkung auch hinsichtlich des inländischen Schuldnervermögens ein[518]. Charakteristisch für die Eröffnung eines Insolvenzverfahrens ist des Weiteren, dass die Gläubiger ihre Ansprüche gegenüber dem Gemeinschuldner nicht mehr im Wege der Einzelvollstreckung befriedigen können[519]. Diese Wirkung wird regelmäßig auch das ausländische Insolvenzrecht vorsehen.

1. Wirkungseintritt ex tunc?

Um einer Benachteiligung der Gläubigerinteressen durch den Zeitverlust bis zum Erlass der förmlichen Anerkennungsentscheidung entgegenzuwirken, wird in der spanischen Literatur die Auffassung vertreten, die Wirkungen des ausländischen Insolvenzverfahrens ex tunc, das heißt ab Erlass der ausländischen Entscheidung eintreten zu lassen[520]. Dieser Vorschlag ist nicht neu. Bereits das *Anteproyecto de la Ley Concursal* aus dem Jahre 1995 sah eine Ex-tunc-Wirkung ab Zulassung des Antrags auf Anerkennung vor, wenn der Antrag innerhalb einer Zweimonatsfrist ab Erlass der ausländischen Entscheidung gestellt wurde[521].

Eine solche Ex-tunc-Wirkung hätte zur Folge, dass die Verfügungsbefugnis des Gemeinschuldners nachträglich entfiele und in der Zwischenzeit durch den Schuldner getätigte Verfügungen nachträglich unwirksam wären. Auch Einzel-

516 Ausnahmen von dieser Grundregel sind in Art. 201 bis 209 LC geregelt.
517 Carballo Pineiro, Acciones de reintegración, S. 130.
518 Carballo Pineiro, AEDIPr 2003, 139(147).
519 Esplugues Mota, in Libro homenaje a Sánchez Calero, S. 5535(5542).
520 Carballo Pineiro, Acciones de reintegración de la masa, S. 120.
521 Vgl. Art. 268.2 Propuesta Anteproyecto de la Ley Concursal 1995, Boletín de informacion, Materiales para la reforma de la legislación concursal, Suplemento al num.1768, de 15 de febrero de 1996.

vollstreckungsmaßnahmen gegenüber dem Gemeinschuldner verlören ihre Wirksamkeit. Nach Ansicht von *Carballo Pineiro* ist mit der Dezentralisation des Exequaturverfahrens eine Rückwirkung der Anerkennungsentscheidung ohne erhebliche Beeinträchtigung der Rechtssicherheit möglich, weil der Zeitraum zwischen Anerkennungsantrag und Exequaturentscheidung verkürzt werde[522]. Im Übrigen diene die Möglichkeit der Anerkennung und Anordnung einstweiliger Maßnahmen bereits vor Exequaturerteilung dem Vertrauensschutz. Auch Dritte, die an den Schuldner zahlten, seien über Art. 225 LC geschützt[523]. Art. 225.1 LC ordnet an, dass derjenige, der in Spanien an einen Schuldner leistet, über den in einem anderen Staat ein Insolvenzverfahren eröffnet wurde, von seiner Leistungspflicht befreit wird, wenn ihm die Eröffnung des Insolvenzverfahrens nicht bekannt war. Erfolgt die Leistung vor der öffentlichen Bekanntmachung im Sinne von Art. 221.3.1° LC, so wird bis zum Beweis des Gegenteils vermutet, dass dem Leistenden die Eröffnung nicht bekannt war, Art. 225.2 LC.

2. Umfang der Insolvenzmasse

Die Grundregel, dass die Lex fori concursus bei der Anerkennung eines ausländischen Insolvenzverfahrens bestimmt, welche Gegenstände unter die Insolvenzmasse fallen, wird unter anderem durch die Art. 201 LC und Art. 208 eingeschränkt[524]. Nach ihrem Wortlaut finden sowohl Art. 201 LC als auch Art. 208 LC nur auf in Spanien eröffnete Insolvenzverfahren Anwendung und sind damit nur als einseitige Kollisionsnormen ausgestaltet. Allerdings lässt die Formulierung des Art. 223.1 LC darauf schließen, dass die Kollisionsnormen der Art. 201 bis 209 LC allseitig anwendbar sind[525]. Art. 223.1 LC regelt, dass *vorbehaltlich der in Art. 201 bis 209 vorgesehenen Ausnahmen* ausländische Insolvenzbeschlüsse die Wirkungen haben, die das Recht des Landes der Verfahrenseröffnung dem Verfahren beilegen. Insoweit ist es allgemeine Ansicht, dass die Kollisionsnormen der Art. 201 bis 209 LC allseitig anzuwenden sind[526].

---

522 Carballo Pineiro, Acciones de reintegración de la masa, S. 120.

523 Carballo Pineiro, Comentarios a la legislación concursal, Art. 220, S. 3426.

524 Vgl. dazu bereits oben unter D.XIV.2.

525 Carballo Pineiro, Acciones de reintegración de la masa, S. 281/282.

526 Virgós Soriano/Garcimartín Alférez, Comentario de la Ley Concursal, Art. 223, S. 2992/2993; Garcimartín, RJC 2004, 301(321); Amores Conradi, in Comentarios a la Ley Concursal, Hrsg.: Bercovitz Rodríguez-Cano, Art. 223, S. 2174; Carballo Pineiro, in Comentarios a la legislación concursal, Hrsg.: Sánchez-Calero, Art. 223, S. 3442.

a) Dingliche Rechte

Art. 201 LC bestimmt, dass die Wirkungen eines inländischen Insolvenzverfahrens auf einen im Ausland belegenen mit einem dinglichen Recht belasteten Gegenstand, sich nach der Lex rei sitae richten[527]. In dem Fall, dass im Ausland ein Insolvenzverfahren eröffnet wurde, das in Spanien anerkannt ist und sich mit dinglichen Rechten belastete Gegenstände in Spanien befinden, ergibt sich die Geltung spanischen Rechts aus Art. 223 LC i.V.m. Art. 201 LC.

Wird beispielsweise in Argentinien ein grenzüberschreitendes Insolvenzverfahren eröffnet, dessen Schuldner Eigentümer eines in Spanien belegenen Grundstücks ist, welches mit einer Hypothek zugunsten einer italienischen Bank belastet ist, so bestimmt das spanische Recht als Lex rei sitae welche Wirkungen das in Argentinien eröffnete Insolvenzverfahren auf die Hypothek hat.

Das Schicksal dinglicher Rechte an zum Zeitpunkt der ausländischen Insolvenzeröffnung in Spanien belegenen Vermögensgegenständen richtet sich aus Gründen des Schutzes von Inhabern dinglicher Rechte nach spanischem Recht[528]. Die Verwirklichung dieser schutzbedürftigen Rechtspositionen soll nicht davon abhängig sein, ob im Inland oder im Ausland ein Insolvenzverfahren eröffnet wird.

Art. 90 LC sieht im Rahmen einer Liquidation eine gesonderte Befriedigung gesicherter Forderungen vor. Unter solche privilegierten Forderungen fallen nach Art. 90.1 LC zum Beispiel hypothekarisch oder durch ein Pfandrecht gesicherte Forderungen sowie Forderungen, die mit einem Nutzungspfandrecht an einer Sache gesichert sind. Bei einem Vergleich sind privilegierte Gläubiger nur dann an dessen Inhalt gebunden, wenn sie für den Vergleich gestimmt haben oder wenn ihre Unterzeichnung oder ihr Beitritt zur Vereinbarung als Zustimmung gewertet wurde, Art. 134 Abs. 2 LC.

Bei der Normierung des Art. 201 LC hat der spanische Gesetzgeber die Fassung des Art. 5 EuInsVO nicht übernommen. Dieser sieht vor, dass dingliche Rechte von Gläubigern oder Dritten an Gegenständen des Schuldners, die sich zum Zeitpunkt der Verfahrenseröffnung in einem anderen Mitgliedstaat befinden, nicht von der Verfahrenseröffnung berührt werden. Dies wird in der Literatur positiv aufgenommen. Art. 5 EuInsVO, der eine Freistellung von sämtlichen Wirkungen des Insolvenzverfahrens vorsieht, stelle eine zu weitgehende Schutzmaßnahme zugunsten der Inhaber dinglicher Sicherheiten dar. Der Inha-

527 Vgl. ebenfalls bereits oben unter D.XIV.2.a).

528 Dieser entscheidende Unterschied wird in der spanischen Literatur außer Acht gelassen, die ohne nähere Erläuterungen auf Art. 5 EuInsVO verweist; vgl. Maldonado Ramos, in Comentarios a la Ley Concursal, Art. 201, S. 1279; Ignacio Fernández, La nueva Regulación Concursal, S. 470.

ber eines dinglichen Rechts könne nach dieser Regelung trotz der Eröffnung eines ausländischen Insolvenzverfahrens im Inland Einzelvollstreckungsmaßnahmen vornehmen, obgleich sowohl die Lex fori concursus als auch die Lex rei sitae die Vornahme solcher nicht erlaube[529].

Aber auch die Fassung des Art. 201 LC, wonach sich im Fall der Anerkennung eines ausländischen Insolvenzverfahrens die Einbeziehung dinglicher Sicherheiten in das ausländische Insolvenzverfahren nach spanischem Recht richtet, wird in der Literatur vereinzelt kritisch hinterfragt. Dieser Schutz der Gläubiger, die über dinglich gesicherte Rechte verfügten, lasse außer Betracht, dass die Gläubiger selbst ein Risiko eingingen, wenn sie mit den Schuldnern, die in Drittstaaten ihren Sitz hätten, Verträge schlössen. Es handele sich hierbei um einen *„verdächtigen"* Schutz spanischer Gläubiger. Zum Schutz Letzterer sei die Möglichkeit eines Territorialverfahrens vorgesehen[530]. Dieser Kritik lässt sich wenn auch nicht explizit ausgesprochen, eine Befürwortung der Anwendung der Lex fori concursus auf dingliche Sicherheiten entnehmen.

Nach Art. 201.3 LC unterliegt eine in Spanien befindliche Kaufsache, die vom Gemeinschuldner unter Eigentumsvorbehalt erworben wurde, ebenso wie ein dingliches Recht nicht der Lex fori concursus, sondern dem Recht des Lageortes, in diesem Fall der spanischen Rechtsordnung[531].

b) Insolvenzanfechtung

Gemäß Art. 223.1 i.V.m. 208 LC richtet sich die Insolvenzanfechtung zugunsten eines ausländischen anerkannten Insolvenzverfahrens nach der Lex fori concursus, es sei denn, der Anfechtungsgegner weist nach, dass für die anfechtbare Rechtshandlung das Recht eines anderen Staates maßgeblich ist und die Rechtshandlung nach diesem Recht in keiner Weise anfechtbar ist[532].

3. Im Inland anhängiger Rechtsstreit

Die Wirkungen eines ausländischen Insolvenzverfahrens auf einen im Inland anhängigen, sich auf die Insolvenzmasse beziehenden Rechtsstreit, bestimmen

529 Virgós Soriano/Garcimartín Alférez, in Comentario de la Ley Concursal, Art. 201, S. 2895.

530 Carballo Pineiro, Acciones de reintegración de la masa, S. 128.

531 Vgl. zu der Kritik an der kollisionsrechtlichen Regelung bezüglich dinglicher Rechte und Eigentumsvorbehalts oben unter D.XIV.2.d) bb).

532 Vgl. zu den Prüfungsvoraussetzungen des Art. 208 LC bereits oben unter D.XIV.2.d) aa).

sich nach spanischem Prozessrecht. Dies ergibt sich aus Art. 209 LC[533]. Danach richten sich Wirkungen eines Insolvenzverfahrens auf einen Rechtsstreit nach dem Recht des Staates, in dem der Prozess anhängig ist. Das heißt, dass ein ausländisches Insolvenzverfahren einen inländischen sich auf die Insolvenzmasse beziehenden Rechtsstreit grundsätzlich beeinflussen kann. Wie allerdings diese Wirkungen aussehen, bestimmt sich nicht nach der ausländischen Lex fori concursus, sondern nach der inländischen Lex fori processus. Das spanische Recht bestimmt in Art. 51.1 LC, dass solche Prozesse, die bereits zum Zeitpunkt der Insolvenzeröffnung anhängig waren, unberührt bleiben und bis zum Eintritt der Rechtskraft fortgesetzt werden. In dem Fall, dass der Schuldner mit der Insolvenzeröffnung die Verfügungsbefugnis über sein Vermögen verliert, ordnet Art. 51.2 LC an, dass die Insolvenzverwaltung in die laufenden Verfahren eintritt. Die Insolvenzverwaltung benötigt aber zur Erklärung eines Rücktritts oder einer Anerkenntnis die Autorisierung durch den Insolvenzrichter, Art. 51.2 LC. Die Frage, ob dem Schuldner die Verfügungsbefugnis durch die Insolvenzeröffnung entzogen wurde, richtet sich freilich nach der Lex fori concursus und nicht nach spanischem Recht. Dies ergibt sich aus Art. 223.1 LC.

4. Öffentliche Bekanntmachung im Inland

Um Dritte und in Spanien ansässige Gläubiger zu schützen[534], soll ein ausländisches Verfahren in der gleichen Weise wie ein inländisches Verfahren im Inland veröffentlicht werden[535].

Soweit der Gemeinschuldner eine Niederlassung im Inland unterhält, ist mit der Anerkennung des ausländischen Eröffnungsbeschlusses der ausländische Verwalter verpflichtet, eine Veröffentlichung im Inland zu veranlassen, Art. 221.3.1° LC. Diese muss sich nach den Vorgaben des Art. 23 LC richten. Der regelt, dass der Eröffnungsbeschluss eines Insolvenzverfahrens im *Boletín Oficial del Estado,* dem Gesetzesblatt, bekannt gemacht wird sowie in der verbreitetsten Zeitung der Provinz, in welcher der Schuldner seinen Wohnsitz beziehungsweise den Mittelpunkt seiner hauptsächlichen Interessen hat, inseriert wird. Wird ein ausländisches Insolvenzverfahren in Spanien anerkannt, so liegt der Mittelpunkt der hauptsächlichen Interessen des Gemeinschuldners regelmäßig nicht in Spanien. Es wird also in der Provinz inseriert werden, in welcher der Schuldner seine Niederlassung hat.

---

533 Vgl. bereits oben unter D.XIV.2.e).

534 Rodríguez Pineau, in Comentarios a la Ley Concursal, Hrsg.: Bercovitz Rodríguez-Cano, Art. 221, S. 2163.

535 Carballo Pineiro, in Comentarios a la legislación concursal, Hrsg.: Sánchez-Calero, Art. 221, S. 3430.

Hat der Schuldner keine Niederlassung im Inland, sind nach Art. 221.3.2° LC in Übereinstimmung mit Art. 24 LC die Eintragungen in die öffentlichen Register zu beantragen.

5. Befugnisse des Insolvenzverwalters

Ist das ausländische Insolvenzverfahren anerkannt, so hat der ausländische Insolvenzverwalter nach Art. 221.4 LC im Inland die Befugnisse, die ihm nach dem Recht des Eröffnungsstaates zukommen, soweit sie nicht unvereinbar sind mit den Wirkungen eines etwaigen in Spanien eröffneten Territorialverfahrens oder mit einstweiligen Sicherungsmaßnahmen, die im Vorgriff auf einen Insolvenzeröffnungsantrag erlassen wurden und sofern keine Unvereinbarkeit mit dem *Orden público* vorliegt. Bei der Ausübung seiner Befugnisse muss der ausländische Insolvenzverwalter nach Art. 221.4 LC die Vorschriften des spanischen Rechts beachten, insbesondere diejenigen Bestimmungen über die Verwertung der Vermögensgüter und Rechte des Gemeinschuldners.

Damit kann der ausländische Insolvenzverwalter die Vermögensgegenstände des Gemeinschuldners verwalten und darüber verfügen. Darüber hinaus darf er hinsichtlich im Inland anhängiger Rechtsstreitigkeiten gegenüber dem Gemeinschuldner intervenieren sowie die erforderlichen Liquidationsmaßnahmen ergreifen, welche der Liquidationsplan des Hauptinsolvenzverfahrens vorsieht[536].

Der Umfang der Befugnisse, die der ausländische Insolvenzverwalter wahrnehmen kann, richtet sich nach der Lex fori concursus. Die Ausübung dieser Befugnisse bestimmt sich aber nach spanischem Recht. Das ergibt sich aus der Formulierung *„en el ejercicio de sus facultades, el administrador o representante deberá respetar la ley espanola"* (in Ausübung seiner Befugnisse muss der ausländische Verwalter das spanische Recht beachten). Dies ist folgendermaßen zu verstehen: Erlaubt die Lex fori concursus dem Insolvenzverwalter das Vermögen direkt zu veräußern oder zu verwerten, so kann dies der ausländische Insolvenzverwalter auch in Spanien, unabhängig davon, was das *Ley Concursal* vorschreibt. Sieht aber die Lex fori concursus eine bestimmte Verwertungsform vor, beispielsweise eine öffentliche Versteigerung, so bestimmt das spanische Recht die Art und Weise[537].

---

536 Virgós Soriano/Garcimartín Alférez, in Comentario de la Ley Concursal, Art. 221 S. 2983; Rodríguez Pineau, in Comentarios a la Ley Concursal, Hrsg.: Bercovitz Rodríguez-Cano, Art. 221, S. 2163.

537 Torralba, in Anuario de derecho concursal (4), S. 245(260).

Der etwaige *Orden público* Verstoß ist nach allgemeinen Grundsätzen zu prüfen[538]. Beispielhaft für einen Verstoß des ausländischen Insolvenzverwalters gegen den inländischen *Orden público* führt die Literatur Selbsthilfe an. Die Anwendung von Zwangsmaßnahmen obliegt den staatlichen Autoritäten[539].

Hinsichtlich der Unvereinbarkeit von Maßnahmen des ausländischen Insolvenzverwalters mit einem inländischen Territorialverfahren soll die Autonomie eines inländischen Territorialverfahrens gegenüber einem ausländischen Hauptinsolvenzverfahren abgesichert werden. Die Verwaltung der Insolvenzmasse eines Territorialverfahrens obliegt ausschließlich der dafür zuständigen Stelle[540].

Darüber hinaus hat der ausländische Insolvenzverwalter wie jede andere Person, das spanische Recht zu beachten. So muss er beipielsweise die spanischen Behörden nach Art. 64 LC über die Aufhebung oder Änderung von Arbeitsverträgen informieren. Des Weiteren kann er nicht einen dem spanischen Kulturgut gehörenden Gegenstand in einen anderen Staat exportieren[541].

XX. Anerkennung ausländischer Insolvenzverfahren nach der Insolvenzordnung

Voraussetzung für die Wirkungsentfaltung eines ausländischen, drittstaatlichen Insolvenzverfahrens im Inland ist dessen Anerkennung.

1. Anerkennungsprinzipien

Nach herrschender Meinung richtet sich die Anerkennung insolvenzrechtlicher Entscheidungen nach den allgemeinen Regeln des internationalen Verfahrensrechts zu den Vorschriften der §§ 328 ZPO, 16a FGG[542]. Es handelt sich um eine verfahrensrechtliche Anerkennung.

---

538 Rodríguez Pineau, in Comentarios a la Ley Concursal, Hrsg.: Bercovitz Rodríguez-Cano, Art. 221, S. 2166; Virgós Soriano/Garcimartín Alférez, in Comentario de la Ley Concursal, Art. 221, S. 2983.

539 Virgós Soriano/Garcimartín Alférez, in Comentario de la Ley Concursal, Art. 221, S. 2983.

540 Virgós Soriano/Garcimartín Alférez, in Comentario de la Ley Concursal, Art. 221 S. 2983; Rodríguez Pineau, in Comentario de la Ley Concursal, Hrsg.: Bercovitz Rodríguez-Cano, Art. 221, S. 2165.

541 Vgl. insoweit Ley 16/1985, de 25 de junio, del Patrimonio Histórico, Art. 5.

542 BGH, NJW 1997, 524(526); Trunk, KTS 1987 S. 415(420;431); Reinhart in Müko-InsO, vor Art. 102 EGInsO Rn. 35; Trunk, Internationales Insolvenzrecht, S. 410; Homann, KTS 2000, 343(351); Reinhart, S. 126; Kolmann, Kooperationsmodelle, S. 110.

Zu unterscheiden ist diese von einer Anerkennung nach kollisionsrechtlichen Grundsätzen.

a) Verfahrensrechtliche Anerkennung

Der Grundsatz der verfahrensrechtlichen Anerkennung wurde für Hoheitsakte entwickelt. Aufgrund der Tatsache, dass im Rahmen der gerichtlichen Entscheidung bereits eine staatliche, unabhängige Stelle mit der Sache befasst war, gewährt die verfahrensrechtliche Anerkennung einen Vertrauensbonus und verzichtet weitgehend auf eine Überprüfung des angewandten materiellen Rechts[543]. Der kollisionsrechtliche Ansatz wurde für den Bereich nicht hoheitlicher wirtschaftsrechtlicher Rechtsakte entwickelt, weil ein solcher Privatakt einer inhaltlichen Überprüfung bedürfe[544].

Insbesondere die Tatsache, dass die ausländische Insolvenzeröffnung von einer hoheitlichen Stelle erlassen wird, die das Insolvenzverfahren auch weiterhin überwacht, rechtfertigt nach herrschender Meinung die Tatsache, dass die Anerkennung der insolvenzrechtlichen Entscheidung nach verfahrensrechtlichen Grundsätzen zu erfolgen hat[545].

Im elften Teil der Insolvenzordnung wird zwischen der Anerkennung (§ 343) einerseits und dem anwendbaren Recht (§ 335) andererseits unterschieden. Damit liegt der Regelung nach herrschender Meinung der verfahrensrechtliche Anerkennungsbegriff zugrunde. Bei einer kollisionsrechtlichen Anerkennung wäre § 343 InsO, der explizit von der Anerkennung einer insolvenzrechtlichen Entscheidung spricht, als überflüssig anzusehen[546]. Darüber hinaus wird gegen den kollisionsrechtlichen Ansatz eingewendet, dass dieser zu einer Vermischung zwischen Kollisionsrecht und Verfahrensrecht führe: Die meisten Kollisionsnormen im internationalen Insolvenzrecht setzen für die Anwendung der Lex fori concursus die Eröffnung eines Insolvenzverfahrens voraus. Ein solches müsse aber im Inland existent sein. Dafür werde wiederum der Anerkennungsakt benötigt[547].

Die Rechtsprechung folgt ebenfalls dem verfahrensrechtlichen Anerkennungsgrundsatz. Der BGH hat ausdrücklich festgestellt, dass Gegenstand der Anerkennung der Eröffnungsbeschluss ist und dass davon die kollisionsrechtlich zu ermittelnden Folgewirkungen abzugrenzen sind[548].

---

543 Trunk, KTS 1987, 415(419).
544 Homann, KTS 2000, 343 (348);Trunk, KTS 1987, 415(419).
545 Trunk, KTS 1987, 415(420); Homann, KTS 2000, 343(348/349).
546 Ludwig, Neuregelungen, S. 60.
547 Ludwig, Neuregelungen, S. 61; Homann, System der Anerkennung, S. 29.
548 Norsk-Data Entscheidung, BGH, NJW 1997, 524(526).

b) Wirkungserstreckung

Ganz herrschende Meinung ist, dass Anerkennung im deutschen internationalen Insolvenzrecht wie nach allgemeinem Verfahrensrecht die Tatsache bedeutet, einer ausländischen Insolvenzentscheidung Wirkung für das eigene Territorium zukommen zu lassen[549].

Umstritten ist, ob im Rahmen der verfahrensrechtlichen Anerkennung dem betreffenden Hoheitsakt im Inland die gleichen Wirkungen zugeschrieben werden wie im Entscheidungsstaat oder ob dieser einem inländischen gleichgestellt wird[550].

Dahingehend werden drei Meinungen vertreten. Die Lehre von der Gleichstellung nimmt an, dass die anzuerkennende Entscheidung die Wirkungen im Inland entfaltet, die sie auch nach dem Recht des Anerkennungsstaates hätte[551]. Nach der Theorie der so genannten Wirkungserstreckung werden der ausländischen Entscheidung im Inland die gleichen Wirkungen zugesprochen wie im Erlassstaat[552]. Darüber hinaus existiert eine Meinung, die beide Modelle kombiniert. Sie geht grundsätzlich von einer Wirkungserstreckung aus, allerdings werden einer ausländischen Entscheidung nur diejenigen Wirkungen beigemessen, die auch eine inländische Entscheidung hätte[553].

Die herrschende Meinung in der Literatur vertritt die Theorie von der Wirkungserstreckung. Danach erstrecken sich durch die Anerkennung die prozessualen Wirkungen der im Ausland ergangenen Entscheidung auf das Inland[554]. Es sind auch solche Folgen anzuerkennen, die im Zweitstaat unbekannt sind[555].

---

549 Kolmann, Kooperationsmodelle, S. 111.

550 Kropholler, Internationales Privatrecht, S. 678.

551 Schack, IPRax 1989, 139(142); zur Gleichstellungstheorie, vgl. auch Gottwald, ZZP 103(1990), 257(260/261).

552 Homann, KTS 2000, 343(352); Im internationalen Zivilverfahrensrecht: Kropholler, Internationales Privatrecht, S. 679.

553 Schack, IPRax 1989, 139(142); Schack, Internationales Zivilverfahrensrecht, Rn. 796, will dadurch die wesentlichen Verfahrensgrundsätze des Anerkennungsstaates schützen.

554 Reinhart, in Müko-InsO, Art. 102 EGInsO Rn. 281; Homann, KTS 2000, 343(353); Graf, Anerkennung, S. 261; Reinhart, S. 125/126; Garasic, Anerkennung Teil 2, S. 505; Spellenberg, in Stoll(Hrsg.), Stellungnahmen und Gutachten, S. 181(193); Die Formulierung der Wirkungserstreckung auf das Inland wird von Thieme kritisiert: darin stecke eine gegenständliche Verengung der Anerkennung auf „Inlandswirkungen" im Sinne einer gegenständlichen Erstreckung des Konkursbeschlags. Eine Anerkennung sei aber auch in Fällen möglich und nötig, in denen im Inland gar kein Aktiv- oder Passivmassesubstrat vorhanden sei, wohl aber als Vor- oder Hauptfrage über die Anerkennung zu entscheiden sei.

555 Kropholler, Internationales Privatrecht (5. Aufl.), S. 659.

Dies wird damit begründet, dass die Entscheidung sowohl materiellrechtlich als auch verfahrensrechtlich auf das Rechtssystem des Erststaates ausgerichtet sei[556]. Die Entscheidung werde eine inhaltlich andere, wenn sich die Rechtsfolgen nach den Vorschriften des Anerkennungsstaates richten. Problematisch wäre dies insbesondere im Hinblick auf Rechtsverteidigungsmöglichkeiten sowie hinsichtlich des Anspruchs auf rechtliches Gehör, weil der Inhalt der Entscheidung nach dem Anerkennungsstaat in dem dortigen Verfahren nicht berücksichtigt worden sei[557]. Darüber hinaus wird gegen die Gleichstellungslehre vorgebracht, dass danach einer insolvenzrechtlichen Eröffnungsentscheidung in verschiedenen Staaten jeweils andere Wirkungen beigemessen werden könnten[558]. Damit werde jedoch ein Widerspruch zu dem das Insolvenzrecht beherrschenden Prinzip der Gläubigergleichbehandlung hergestellt[559].

Dieselben Argumente werden gegen die Kumulationslösung vorgebracht. Die Heranziehung des deutschen Rechts als Grenze führe ebenfalls dazu, dass die ausländische Entscheidung einen anderen Inhalt bekäme, weshalb dieser Meinung die gleichen Bedenken entgegengebracht werden. Dem Anliegen der Vertreter der Kumulationslösung eine Verletzung der wesentlichen Verfahrensprinzipien des Anerkennungsstaates zu verhindern, könne im Übrigen über den Ordre public-Vorbehalt des § 343 Abs. 1 InsO hinreichend Rechnung getragen werden[560].

Auch der Gesetzgeber ging für das internationale Insolvenzrecht von einer Wirkungserstreckung aus. In der Gesetzesbegründung zu § 343 InsO heißt es, dass die Anerkennung der Eröffnung des ausländischen Insolvenzverfahrens bedeutet, dass dieses unmittelbar, das heißt ohne ein besonderes Anerkennungsverfahren im Inland, die Wirkungen entfaltet, die es nach dem maßgeblichen Insolvenzstatut äußert[561]. Eine Wirkungseinschränkung durch einen entsprechenden inländischen Akt wird dabei nicht erwähnt. Die Gesetzesbegründung zu § 335 InsO spricht davon, *"dass nach der automatischen Anerkennung eines ausländischen Insolvenzverfahrens eine Wirkungserstreckung dieses Verfahrens auf das Inland stattfindet"*[562].

Zusammenfassend ist daher festzuhalten, dass der Gesetzgeber und die ganz herrschende Meinung auch im internationalen Insolvenzrecht die Theorie der

556 Martiny, Handbuch des Internationalen Zivilverfahrensrechts Bd. III/1, Rn. 367/368.
557 Homann, KTS 2000, 343(352).
558 Ludwig, Neuregelungen, S. 63.
559 Garasic, Anerkennung Teil 2, S. 506.
560 Ludwig, Neuregelungen, S. 64.
561 BT-Drs. 15/16, S. 21.
562 BT-Drs. 15/16, S. 18.

Wirkungserstreckung befürwortet. Damit treten die Wirkungen eines ausländischen Verfahrens nach der Lex fori concursus auch im Inland ein.

c) Reichweite der Anerkennung

Streitig ist darüber hinaus, welche Wirkungen sich aufgrund der Anerkennung der ausländischen Eröffnungsentscheidung auf das Inland erstrecken.

Nach der herrschenden Wirkungserstreckungstheorie erstrecken sich bei einer verfahrensrechtlichen Anerkennung die prozessrechtlichen Wirkungen einer ausländischen Entscheidung auf das Inland[563]. Unter prozessrechtlicher Wirkung sind dabei beispielsweise die Rechtskraftwirkung und die Gestaltungswirkung einer Entscheidung zu verstehen[564].

Trunk und *Spahlinger* sehen in der Anerkennung einer ausländischen Eröffnungsentscheidung lediglich deren Beachtlichkeit im Inland, sie kann überhaupt für das Inland Wirkungen entfalten. Eine Abgrenzung zwischen prozessualen und materiellrechtlichen Folgen ist nach *Trunk* nicht möglich. Die Insolvenzabwicklung erfordere, dass auch die materiellrechtlichen Folgen der ausländischen Eröffnungsentscheidung ins Inland wirken. Die Frage, ob diese Wirkungen der Lex fori concursus oder einem anderen Recht zu entnehmen sind, bedürfe einer gesonderten kollisionsrechtlichen Interessenabwägung[565]. Diese Ansicht stellt daher in einer stufenhaften Prüfung zunächst die Anerkennungsfähigkeit des ausländischen Insolvenzverfahrens fest. Anschließend ermittelt sie kollisionsrechtlich die konkreten Wirkungen der Entscheidung.

Graf ist der Ansicht, dass die Anerkennung des Eröffnungsbeschlusses auch die Erfassung des inländischen Schuldnervermögens von der Auslandsinsolvenz im Sinne einer materiellrechtlichen Wirkung zur Folge habe[566]. Die systematische Stellung des § 343 Abs. 1 InsO spräche dafür, dass der Anerkennung auch ein materiellrechtlicher Gehalt beigelegt ist. Die Erweiterung des § 343 Abs. 2 InsO auf Sicherungsmaßnahmen wäre sinnlos, wenn nicht bereits durch die Anerkennung Wirkungen auf das Schuldnervermögen ausgingen. Des Weiteren führt sie die Vorschrift des § 351 InsO an, die im Falle einer rein verfahrensrechtlichen Anerkennung ohne materiellrechtliche Wirkungen ebenfalls sinnentleert wäre[567]. *Graf* kommt zu dem Schluss, dass Rechtsfolgen, welche die ausländi-

563 Reinhart, Sanierungsverfahren, S. 128; Homann, KTS 2000, 343(346).
564 Reinhart, Sanierungsverfahren, S. 128.
565 Trunk, Internationales Insolvenzrecht, S. 411; Spahlinger, Sekundäre Insolvenzverfahren, S. 58.
566 Graf, Anerkennung, S. 327/328.
567 Graf, Anerkennung, S. 328.

sche Insolvenzordnung unmittelbar der Insolvenzeröffnung als Hoheitsakt zuordnet, von der Anerkennung mit umfasst werden.

Insoweit verdränge das Anerkennungsrecht das Kollisionsrecht[568].

Nach wohl herrschender Ansicht in der Literatur[569], die auch von der Rechtsprechung übernommen wurde[570], ist Anerkennungsgegenstand der Hoheitsakt der Eröffnungsentscheidung an sich. Die prozessualen Wirkungen dieses Hoheitsaktes sollen sich auf das Inland erstrecken[571]. Davon seien die Folgewirkungen zu unterscheiden, die sich nicht unmittelbar aus der Entscheidung selbst, sondern aus insolvenzrechtlichen Normen ergeben, die nur an das Merkmal Insolvenzeröffnung anknüpfen. Diese Folgewirkungen seien auf kollisionsrechtlicher Ebene zu ermitteln[572]. Insoweit könne ein Gleichlauf zwischen der zivilprozessualen und der insolvenzrechtlichen Anerkennungssystematik gewährleistet werden[573]. Denn auch das zivilprozessuale Anerkennungsrecht sei gegenüber dem Internationalen Privatrecht selbstständig und regele abschließend die Frage, unter welchen Umständen die Wirkungen ausländischer Entscheidungen im Inland anzuerkennen seien. Das Anerkennungsrecht habe insoweit Vorrang, als eine Rechtsfrage bereits durch einen hoheitlichen Akt entschieden wurde[574]. Insoweit spreche man von einer Verdrängung des Kollisionsrechts durch das Anerkennungsrecht[575].

Welche konkreten Wirkungen unmittelbar aus der Anerkennung des Eröffnungsbeschlusses resultieren und welche sich erst aufgrund einer Kollisionsnorm ergeben, muss daher nach der herrschenden Meinung anhand der prozessualen Wirkungen der ausländischen Entscheidung beurteilt werden[576]. In Hinblick auf die Anerkennung eines ausländischen Eröffnungsbeschlusses ist daher zunächst festzustellen, welche Wirkungen dieser im Ausland selbst entfaltet[577]. Der Tenor eines Eröffnungsbeschlusses wird zumeist den Ausspruch der Eröffnung eines

---

568 Graf, Anerkennung, S. 333.

569 Reinhart, Sanierungsverfahren, S. 128; Reinhart, ZIP 1997, 1734(1737); Kolmann, Kooperationsmodelle, S. 117; Geimer, Anerkennung, Rn. 41a, 46; Ludwig, Neuregelungen, S. 66.

570 BGH, NJW 1997, 524(526).

571 Reinhart, Sanierungsverfahren, S. 128.

572 BGH, NJW 1997, 524(526); Reinhart, ZIP 1997, 1734(1737).

573 Kolmann, Kooperationsmodelle, S. 116/117.

574 Kolmann, Kooperationsmodelle, S. 117; Geimer, Anerkennung, Rn. 41a, 46; Schack, Internationales Zivilverfahrensrecht, Rn. 24.

575 Kolmann, Kooperationsmodelle, S. 117; Graf, Anerkennung, S. 333, spricht jedoch von einer weitergehenden Verdrängung in Hinblick auf solche Rechtsfolgen, die untrennbar mit der Insolvenzentscheidung verbunden sind.

576 Ludwig, Neuregelungen, S. 66.

577 Homann, KTS 2000, 343(344).

Insolvenzverfahrens enthalten. Dieser Tenor entfaltet rechtsgestaltende Wirkung hinsichtlich der Eröffnung eines Insolvenzverfahrens über das Vermögen des Schuldners und die feststellende Wirkung, dass die Voraussetzungen für die Eröffnung vorliegen[578]. Nur auf diese prozessrechtlichen Wirkungen bezieht sich nach herrschender Meinung die Anerkennung nach § 343 InsO[579]. Die anderen Wirkungen ergeben sich erst aufgrund eines kollisionsrechtlichen Verweises und bedürfen der Nachprüfung durch den deutschen Richter. Zwar enthalte die Gestaltungswirkung mit der Änderung der Rechtslage eine materiellrechtliche Komponente. Diese soll aber anerkennungsfähig sein, weil sie in der Entscheidung selbst angeordnet wird und nicht mittelbar über eine gesetzliche Vorschrift eintritt[580].

Im Rahmen von insolvenzrechtlichen Kollisionsnormen ist die Anerkennung des Eröffnungsbeschlusses somit als Vorfrage zu qualifizieren. Nach § 335 InsO unterliegen das Insolvenzverfahren und seine Wirkungen, soweit nichts anderes bestimmt ist, dem Recht des Staates, in dem das Verfahren eröffnet worden ist. Bei dieser Verweisung auf die Lex fori concursus handelt es sich nach herrschender Ansicht nicht um eine unmittelbare Folge der Anerkennung der ausländischen Eröffnungsentscheidung, sondern um eine Folge aus dem Prinzip der engsten Verbindung[581].

d) Anerkennung ipso iure

Es gilt der Grundsatz der Anerkennung ipso iure. Ein ausländisches Insolvenzverfahren entfaltet daher ohne förmliches Anerkennungsverfahren unmittelbar Wirkungen im Inland[582]. Bereits ab Wirksamkeit der ausländischen Eröffnungsentscheidungen treten die Wirkungen auch in Deutschland ein[583].

---

578 Homann, KTS 2000, 343(345); Morscher, S. 22/23; für den Fall, dass in einer Rechtsordnung mit der hoheitlichen Insolvenzeröffnungsentscheidung zugleich auch eine materielle Folge beispielsweise der Übergang der Verfügungsbefugnis auf den Insolvenzverwalter angeordnet wird, will Ludwig, Neuregelungen, S. 68, keine unmittelbare Wirkungserstreckung zulassen, sondern eine kollisionsrechtliche Ermittlung der Folgewirkungen durchführen.

579 Geimer, Anerkennung, S. 46/47; Reinhart, ZIP 1997, 1734(1737); auch auf die Folgewirkungen der Eröffnungsentscheidung will Kemper, in Kübler/Prütting, Art. 102 EGInsO Rn. 91, die Anerkennung erstrecken. In neuerer Auflage spricht er von mit der Eröffnungsentscheidung verbundenen Wirkungen: Kemper, in Kübler/Prütting § 335 Rn. 15.

580 Homann, System der Anerkennung, S. 33; Ludwig, Neuregelungen, S. 68.

581 Kemper, in Kübler/Prütting, § 335 Rn. 5; Ludwig, Neuregelungen, S. 69/70.

582 Garasic, Anerkennung Teil 2, S. 32.

583 Trunk, Internationale Insolvenzrecht, S. 420.

Folge des Prinzips der automatischen Anerkennung ist, dass sich der ausländische Insolvenzverwalter zur Sammlung und Verwertung des Vermögens des Schuldners direkt an Drittschuldner oder andere Stellen, insbesondere Kreditinstitute wenden kann, die in Besitz von Schuldnervermögen sind. Diese angesprochenen Stellen prüfen zunächst für sich selbst, ob die ausländische Eröffnungsentscheidung anerkennungsfähig ist und sie daher verpflichtet sind, sich den Folgen der Eröffnung eines Insolvenzverfahrens zu unterwerfen und das Vermögen herauszugeben[584]. Zu einer gerichtlichen Überprüfung der Anerkennungsfähigkeit kommt es zum einen, sofern die Frage der Anerkennungsfähigkeit der ausländischen Entscheidung in einem inländischen Verfahren entscheidungserheblich wird[585]. Darüber hinaus prüft das inländische Insolvenzgericht, ob die Voraussetzungen für die Anerkennung vorliegen, bevor es das ausländische Verfahren im Inland öffentlich bekannt macht beziehungsweise bevor es eine Eintragung ins Grundbuch vornimmt, §§ 345, 356 InsO[586].

2. Rechtskraftwirkungen der automatischen Anerkennung?

Wurde in einem inländischen Gerichtsverfahren inzident die Anerkennungsfähigkeit bejaht, so ergibt sich daraus keine Bindungswirkung für andere gerichtliche Verfahren[587]. In Rechtskraft erwächst nach § 322 Abs. 1 ZPO nur der erhobene prozessuale Anspruch, das heißt das Bestehen oder Nichtbestehen des geltend gemachten Anspruchs. Der Tenor einer gerichtlichen Entscheidung, bei der inzident die Anerkennungsfähigkeit einer ausländischen insolvenzrechtlichen Entscheidung bejaht oder verneint wurde, enthält keinen Ausspruch zur Anerkennung der ausländischen Entscheidung. Das heißt, dass die Anerkennungsfähigkeit einer ausländischen Entscheidung auch nicht in Rechtskraft erwächst[588]. Dies kann zur Folge haben, dass die Frage, ob eine ausländische Entscheidung anzuerkennen ist, in verschiedenen Verfahren unterschiedlich beurteilt wird[589].

Allerdings besteht die Möglichkeit, die Anerkennungsfähigkeit einer ausländischen insolvenzrechtlichen Entscheidung zum Gegenstand einer Zwischenfeststellungsklage nach § 256 Abs. 2 ZPO zu machen[590]. Wird im Rahmen einer

584 Garasic, Anerkennung Teil 2, S. 32; Kirchhof, WM 1993, 1364(1368).

585 Garasic, Anerkennung Teil 2, S. 558.

586 Zu den Voraussetzungen für eine Eintragung durch das inländische Gericht, vgl. oben D.XX.1.c).

587 Kolmann, Kooperationsmodelle, S. 158; Laut, Universalität und Sanierung, S. 52/53; Stephan, in Heidelberger Kommentar-InsO, § 343 Rn. 13.

588 Trunk, Internationales Insolvenzrecht, S. 421; Habscheid, KTS 1989, 593(611).

589 Trunk, Internationales Insolvenzrecht, S. 421.

590 Trunk, Internationales Insolvenzrecht, S. 420.

Feststellungsklage darüber entschieden, ob eine ausländische Entscheidung anerkennungsfähig ist, so entfaltet der Ausspruch Rechtskraft im Sinne von § 322 ZPO. Allerdings ist diese nach § 325 ZPO auf die Parteien des jeweiligen Verfahrens beschränkt. Damit entfaltet eine Entscheidung, in der die Anerkennungsfähigkeit einer ausländischen Eröffnungsentscheidung beispielsweise vom ausländischen Insolvenzverwalter gegenüber einem Gläubiger zum Gegenstand einer Zwischenfeststellungsentscheidung gemacht wurde, keine Rechtskraftwirkung erga omnes gegenüber anderen Gläubigern[591].

3. Anerkennungsfähigkeit einer ausländischen Verfahrenseröffnung

§ 343 InsO ordnet die automatische Anerkennung einer ausländischen Eröffnungsentscheidung bezüglich eines Insolvenzverfahrens an[592]. Grundvoraussetzung dafür ist, dass das ausländische Verfahren anerkennungsfähig ist. Zu beachten ist, dass im Unterschied zum Erkenntnisverfahren bereits die Eröffnung der Insolvenz auf einer anerkennungsfähigen Entscheidung beruht[593].

Eine Legaldefinition eines Insolvenzverfahrens ist in § 343 InsO nicht vorgesehen. Daher ist im Wege der Qualifikation festzustellen, ob das ausländische Verfahren unter den Tatbestand des § 343 InsO subsumiert werden kann[594].

a) Qualifikation von Insolvenzverfahren

Wie auch im internationalen Verfahrensrecht ist ebenso im internationalen Insolvenzrecht Aufgabe einer Qualifikation, einen Sachverhalt der richtigen Kollisions- oder Verfahrensnorm zuzuordnen[595]. Dazu werden die Anknüpfungsgegenstände der Kollisionsnorm, die so genannten Systembegriffe ausgelegt[596]. Der BGH beschreibt die Vorgehensweise bei der Qualifikation folgendermaßen: Zunächst ist die Norm des ausländischen Rechts beziehungsweise das ausländische Rechtsinstitut sinngemäß zu erfassen, ihre Bedeutung vom Standpunkt des ausländischen Rechts aus zu würdigen und mit der Einrichtung der deutschen

---

591 Kolmann, Kooperationsmodelle, S. 158; Trunk, Internationales Insolvenzrecht, S. 281.

592 Im Gegensatz zu Art. 102 Abs. 1 EGInsO bezieht sich die Anerkennung nach der Neuregelung nun ausdrücklich auf den Eröffnungsbeschluss. Art. 102 Abs. 1 EGInsO sprach insoweit noch ungenau von einem Insolvenzverfahren.

593 Ludwig, Neuregelungen, S. 75.

594 Graf, Anerkennung, S. 262; Zur Qualifikation vgl. auch Kropholler, Internationales Privatrecht, S. 113 ff.

595 Kolmann, Kooperationsmodelle, S. 131.

596 Kolmann, Kooperationsmodelle, S. 131; Graf, Anerkennung, S. 262.

Rechtsordnung zu vergleichen. Auf der so gewonnenen Grundlage ist sie dann der deutschen (Kollision-)Norm zuzuordnen[597].

Im internationalen Insolvenzrecht besteht die Schwierigkeit der Qualifikation als Zuordnungsfunktion darin, dass sich das Sachrecht der einzelnen Staaten erheblich unterscheidet[598].

aa) Begriffsbestimmung unabhängig vom Sachrecht?

Deshalb wird teilweise in der Literatur vertreten, dass die Begriffsbestimmung des Insolvenzverfahrens gänzlich unabhängig vom Sachrecht vorzunehmen sei. Ein Insolvenzverfahren setze sich allein aus einem Insolvenzzweck und einem Insolvenzgrund zusammen. Entscheidend sei damit allein, dass das ausländische Verfahren die Regelung eines insolvenzrechtlichen Tatbestandes im Sinne eines Insolvenzgrundes bezwecke. Eine Definition des ausländischen Verfahrens solle nicht vorgenommen werden. Von Bedeutung für den Qualifikationsvorgang sei allein, dass die Rechte von Schuldner und Gläubiger durch einen gesetzlich vorgegebenen Rahmen geregelt werden. Unbeachtlich sei die Art der Insolvenzabwicklung[599].

Eine Interpretation des Zwecks des Insolvenzverfahrens im Sinne einer Begriffsbestimmung durch das Sachrecht sei schwer in Einklang zu bringen mit der schlichten Zuordnungsfunktion des Qualifikationsvorgangs. So führe eine Konkretisierung der Zweckbestimmung des Insolvenzverfahrens zur Berücksichtigung rechtspolitischer Anschauungen im Qualifikationsvorgang. Solche sollten aber bei der Qualifikation außen vor bleiben[600].

Stattdessen könne eine Korrektur von Voraussetzungen, die bei einzelnen ausländischen Verfahren nicht hingenommen werden könnten, über die im Kollisions- und Anerkennungsrecht vorgesehene Ordre public-Klausel erfolgen[601]. Allein dieses Anerkennungshindernis soll verhindern, dass die Anwendung ausländischen Rechts oder die Anerkennung ausländischer Entscheidungen zu Ergebnissen führe, die aus deutscher Sicht unerträglich erscheinen[602].

---

597 BGHZ 29, 137(139).

598 Graf, Anerkennung, S. 264; Begründung zum Gesetzesentwurf der Bundesregierung – Entwurf einer Insolvenzordnung, BR-Drs. 1/92, S. 236.

599 Reinhart, Sanierungsverfahren, S. 172; wohl auch Kolmann, Kooperationsmodelle, S. 131/132; ihm folgend Stephan, in Heidelberger Kommentar-InsO, § 343 Rn. 6.

600 Reinhart, Sanierungsverfahren, S. 169/170.

601 Trunk, Internationales Insolvenzrecht, S. 268; Reinhart, Sanierungsverfahren, S. 170.

602 Reinhart, Sanierungsverfahren, S. 167 ff.

bb) Weitergehender Bedeutungsgehalt als inländisches Sachrecht

Nach ganz herrschender Meinung wird das deutsche Insolvenzrecht als Ausgangspunkt für die Definition des Insolvenzverfahrens beibehalten. Zur Begründung wird angeführt, dass so Maßnahmen, die unter dem Deckmantel der Insolvenz völlig verfahrensfremde Zwecke verfolgen, aus dem Anwendungsbereich des Insolvenzrechts ausgenommen werden könnten. Allerdings muss das deutsche Insolvenzrecht in einen internationalen Zusammenhang gestellt werden[603].

Aufgrund der Vielzahl der international anzutreffenden Ausgestaltungen eines Insolvenzverfahrens sei eine abschließende Aufzählung von anerkennungsfähigen Insolvenzverfahren nicht möglich und es müssten Abweichungen vom nationalen Insolvenzrecht hingenommen werden[604]. Um der Zuordnungsfunktion der Qualifikation gerecht zu werden, müsse den Kollisions- und Anerkennungsvorschriften ein weitergehender Bedeutungsgehalt zugeordnet werden als den entsprechenden Vorschriften des inländischen Sachrechts. Nur durch eine weite und flexible Handhabe könne der Tatsache Rechnung getragen werden, dass sich rechtsvergleichend im Insolvenzrecht das Sachrecht erheblich unterscheidet[605].

Davon ging auch der Gesetzgeber bei der Neuregelung des internationalen Insolvenzrechts aus. Er führte in seiner Gesetzesbegründung zum Gesetz zur Neuregelung des Internationalen Insolvenzrechts aus, dass es nicht Voraussetzung ist, dass das ausländische Insolvenzverfahren dem deutschen spiegelbildlich entspricht, vielmehr müssten lediglich *„in etwa"* die gleichen Ziele wie bei einem Verfahren nach der Insolvenzordnung verfolgt werden, das heißt, dass das ausländische Verfahren mit dem inländischen im Wesentlichen vergleichbar sein muss[606]. Im Rahmen der Neuordnung des internationalen Insolvenzrechts wurde § 1 InsO zur Definition der Ziele des Insolvenzverfahrens als Gesetzespräambel vorangestellt[607]. Danach bezweckt das Insolvenzverfahren die gleichmäßige Befriedigung aller Gläubiger, indem das Vermögen des Insolvenzschuldners verwertet und verteilt wird oder in einem Insolvenzplan eine abweichende Regelung zum Erhalt des Unternehmens getroffen wird. Anerkennungsfähig sind nach der

---

603 Kemper, in Kübler/Prütting, § 343 Rn. 4; Hanisch, in FS für Jahr, S. 455(460); Wimmer, in Frankfurter Kommentar-InsO, § 343 Rn. 4; Graf, Anerkennung, S. 269.

604 Ludwig, Neuregelungen, S. 75.

605 Reinhart, Sanierungsverfahren, S. 167; Kolmann, Kooperationsmodelle, S. 131; Graf, Anerkennung, S. 269; Gottwald, Insolvenzrechtshandbuch (2. Aufl.), § 129 Rn. 11.

606 BT-Drs.15/16 S. 21; Kemper, in Kübler/Prütting, Anh. II Art. 102 EGInsO Rn. 65; Graf, Anerkennung, S. 268.

607 BT-Drs. 12/2443, S. 108/109; Prütting in Kübler/Prütting, § 1 Rn. 23.

Intention des Gesetzgebers auch liqiuidationsabwendende Verfahren, das heißt solche Verfahren, durch die nach Eintritt der Insolvenz die Durchführung eines Insolvenzverfahrens verhindert werden soll, sofern diese zumindest auch das Ziel der Befriedigung der Gläubiger verfolgen[608]. Des Weiteren ist keine Voraussetzung für die Anerkennungsfähigkeit, dass der Gemeinschuldner im ausländischen Verfahren seine Verfügungsbefugnis verliert[609].

cc) Zusammenfassung

Nach herrschender Meinung sind grundsätzlich staatliche oder staatlich kontrollierte Verfahren anzuerkennen, die auf die (drohende) Katastrophe des finanziellen Zusammenbruchs des Schuldners reagieren und eine möglichst gleichmäßige Gläubigerbefriedigung zum Ziel haben, in denen also das Ziel des § 1 InsO zum Ausdruck kommt[610]. Demnach werden Sanierungsverfahren, die nicht nur die Liquidation des Vermögens, sondern auch dessen Sanierung zum Ziel haben, vom anerkennungsrechtlichen Sinn des Insolvenzverfahrens umfasst[611].

b) Wirksamkeit und Rechtskraft

Ungeschriebene Anerkennungsvoraussetzung ist nach allgemeiner Ansicht, dass die ausländische Insolvenzeröffnungsentscheidung nach der Lex fori concursus wirksam ist[612]. Diese Voraussetzung ergibt sich notwendigerweise daraus, dass eine Entscheidung im Ausland nur Wirkungen entfalten kann, wenn ihr auch nach dem Recht des Verfahrenseröffnungsstaates Wirkungen zukommen[613]. Einer nichtigen Entscheidung ist daher die Anerkennung im Inland zu versagen. Unerheblich ist aber, ob die ausländische Entscheidung fehlerhaft und aufhebbar

608 BT-Drs.12/2443, S. 236, 239, 241; bereits aus dem Regierungsentwurf der InsO ging hervor, dass der Gesetzgeber auch solche Verfahren für anerkennungsfähig hält, durch die nach Eintritt der Insolvenz die Eröffnung eines Insolvenzverfahrens vermieden werden soll.

609 Auch das deutsche Recht sieht die Möglichkeit der Eigenverwaltung in §§ 270 ff. InsO vor.

610 Wimmer, in Frankfurter Kommentar-InsO, § 343 Rn. 3; Ludwig, Neuregelung, S. 75; Trunk, Internationales Insolvenzrecht, S. 268.

611 Beispielsweise das amerikanische Reorganisationsverfahren nach Chapter 11 Bankruptcy Code; Ludwig, Neuregelungen, S. 76; Kolmann, Kooperationsmodelle, S. 129.

612 BGHZ 95, 256(270); Garasic, Anerkennung Teil 1, S. 201; Ludwig, Neuregelungen, S. 85; Graf, Anerkennung, S. 283.

613 Ludwig, Neuregelungen, S. 85.

ist, weil dies nicht die rechtliche Nichtexistenz der Entscheidung im Sinne einer absoluten Wirkungslosigkeit zur Folge hat[614].

Eine formelle Rechtskraft der ausländischen Entscheidung wird aber nach allgemeiner Ansicht nicht zur Voraussetzung der Anerkennung erhoben. Dem Abwarten der formellen Rechtskraft stehe der Sinn der automatischen Anerkennung entgegen, die eine schnelle Beschlagnahme auch des Inlandsvermögens für das ausländische Verfahren bezwecke. Jeglicher Zeitverlust fördere Manipulationen zum Nachteil der Insolvenzmasse[615].

c) Der extraterritoriale Geltungsanspruch des ausländischen Insolvenzverfahrens

Die Frage der Anerkennung im Inland stellt sich nur für solche Auslandsinsolvenzen, die überhaupt eine Anerkennung beanspruchen[616]. Die insolvenzrechtliche Entscheidung entfaltet nur dann Wirkungen im Inland, wenn die ausländische Rechtsordnung diese universale Wirkung auch bezweckt[617]. Das ausländische Verfahren muss daher einen universalen Geltungsanspruch erheben und darf nicht ausschließlich das Territorialitätsprinzip verfolgen.

Die Rechtsprechung ging sowohl auf Grundlage des § 237 KO als auch des Art. 102 Abs. 1 EGInsO davon aus, dass Voraussetzung für die Anerkennung einer Auslandsinsolvenz in Deutschland ist, dass die ausländische Rechtsordnung auch den Anspruch auf Wirkung im Ausland erhebt[618]. In der so genannten Wendeentscheidung des BGH und seiner Abkehr vom Territorialitätsprinzip sieht er als Grundvoraussetzung dafür, dass sich die Wirkungen eines Hoheitsaktes auf das Gebiet eines anderen Staates erstrecken können, dass die Rechtsordnung des jeweiligen Staates bezwecke, dass der Hoheitsakt seine Wirkungen auch im Hoheitsgebiet eines anderen Staates entfalte[619]. Diese Ansicht wird von der Rechtsprechung in darauf folgenden Entscheidungen beibehalten und ist im Ergebnis auch bei § 343 Abs. 1 InsO unbestritten[620].

---

614 Graf, Anerkennung, S. 283; Ludwig, Neuregelungen, S. 85.
615 Ludwig, Neuregelungen, S. 85; Garasic, Anerkennung Teil 1, S. 202.
616 Ludwig, Neuregelungen, S. 70.
617 Wimmer, in Frankfurter Kommentar-InsO § 343 Rn. 2.
618 BGH, NJW 1985, 2897.
619 BGH, NJW 1985, 2897(2898).
620 Wimmer, in Frankfurter Kommentar-InsO, § 343 Rn. 2.

Von der Literatur wird bemängelt, dass es sich dabei nicht um eine Anerkennungsvoraussetzung handelt, sondern um den Inhalt der ausländischen Entscheidung[621].

Im Ergebnis herrscht jedoch in Rechtsprechung und Literatur völlige Übereinstimmung dahingehend, dass nur Entscheidungen solcher Staaten, die auch die Wirkung ihrer insolvenzrechtlichen Entscheidungen im Ausland anstreben anerkannt werden können[622].

d) Kein Gegenseitigkeitsvorbehalt

§§ 343 ff. InsO erwähnen kein ausdrückliches Gegenseitigkeitserfordernis. Auch § 384 RegInsO enthielt ein solches nicht. In der Gesetzesbegründung zum Regierungsentwurf wurde sogar ausdrücklich erwähnt, dass es der Gegenseitigkeit für eine Anerkennung nicht bedürfe[623]. Demgegenüber hatte sich aber der Bundesrat in seiner Stellungnahme zum Regierungsentwurf für das Prinzip der Gegenseitigkeit ausgesprochen. Danach sollten Inlandsgläubiger im Fall des Auslandskonkurses ebenso weitgehende Rechte haben wie Auslandsgläubiger[624].

aa) Gegenseitigkeitsvorbehalt im internationalen Zivilverfahrensrecht

Ein Gegenseitigkeitserfordernis ist im internationalen Verfahrensrecht in § 328 Abs. 1 Nr. 5 ZPO vorgesehen. Danach ist ein Urteil eines anderen Staates nur dann anzuerkennen, wenn zu diesem anderen Staat ein Gegenseitigkeitsverhältnis vorliegt. Die Gegenseitigkeit ist verbürgt, wenn der ausländische Staat in seiner Anerkennungspraxis beziehungsweise bei Fehlen einer solchen nach dessen Anerkennungsrecht bei einer Gesamtwürdigung im Wesentlichen gleichwertige Bedingungen für die Vollstreckung eines Urteils gleicher Art schafft[625]. Fraglich ist, ob dieses Gegenseitigkeitserfordernis auf das Insolvenzanerkennungsrecht zu übertragen ist. Dies hieße, dass Deutschland eine ausländische Eröffnungsentscheidung nur dann anerkennen darf, wenn der ausländische Staat auch seinerseits deutsche Eröffnungsentscheidungen anerkennt beziehungsweise hypothetisch betrachtet nach seiner derzeitigen Rechtslage anerkennen würde. Entscheidend ist, dass das jeweilige Anerkennungsrecht und die Anerkennungspraxis im Wesentlichen gleichwertige Bedingungen für die Anerkennung schaf-

---

621 Reinhart, Sanierungsverfahren, S. 225 Fn. 145; Leipold, in FS für Baumgärtel, S. 291(300).
622 Graf, Anerkennung, S. 286; Trunk, KTS 1987, S. 415(421/422).
623 BT-Drs.12/2443, S. 236, 269.
624 BT-Drs. 12/2443, S. 260.
625 BGH, NJW 1999, 3198(3201); BGH, NJW 2001, 524.

fen. Nicht erforderlich ist eine völlige Übereinstimmung der Anerkennungsbedingungen[626]. Das Gegenseitigkeitserfordernis verfolgt das staatliche Interesse, andere Staaten zur Anerkennung deutscher Entscheidungen oder zum Abschluss entsprechender Abkommen zu bewegen[627].

bb) Kritik am Gegenseitigkeitserfordernis

Im internationalen Insolvenzrecht erwähnte der BGH in seiner so genannten Wendeentscheidung das Gegenseitigkeitserfordernis nicht als Voraussetzung einer Anerkennung[628]. In nachfolgenden Entscheidungen sprach er sich ausdrücklich gegen ein solches aus[629]. Den Verzicht auf das Gegenseitigkeitserfordernis begründet der BGH in der *Norsk-Data*-Entscheidung insbesondere damit, dass der Gesetzgeber im Rahmen der insolvenzrechtlichen Anerkennung auch eigene Belange, nämlich die des Interesses an einer grenzüberschreitenden Durchsetzung des Gebots der Gläubigergleichbehandlung, verfolge. Wie sich aus den Vorschriften § 328 Abs. 2 und § 16a ZPO ergebe, hätten die staatlichen Interessen an dem Gegenseitigkeitserfordernis bei der Anerkennung ausländischer Entscheidungen nur insoweit Vorrang, wenn auf der anderen Seite allein die Interessen beteiligter Zivilparteien stehen. Die staatlichen Interessen träten allerdings dann zurück, wenn der Staat selbst zur Herstellung einer geordneten Rechtspflege eigene Ziele mit der Anerkennung verfolge[630].

Die überwiegende Ansicht in der Literatur schließt sich dieser Rechtsprechung an. Dies wird auch aus dem Schweigen des Gesetzgebers in den §§ 343 ff. InsO in Hinblick auf das Gegenseitigkeitserfordernis geschlossen[631]. Im Übrigen wird ein Gegenseitigkeitserfordernis von der Literatur als rechtspolitisch verfehlt angesehen[632]. So wird darauf verwiesen, dass sich im internationalen Zivilverfahrensrecht das Gegenseitigkeitsprinzip nicht als geeignet erwiesen habe, andere Staaten zu einer anerkennungsfreundlichen Haltung zu bewegen[633]. Aber auch wenn man eine solche Eignung als Druckmittel unterstelle, so wirke sich dieses Instrument im konkreten Anerkennungsfall zum Nachteil der Gläubigergemeinschaft aus. Materielle Gerechtigkeit könne damit nicht erreicht werden, denn

626 Geimer, Anerkennung, S. 93.
627 Kropholler, Internationales Privatrecht, S. 675.
628 BGHZ 95, 256(256 ff.).
629 BGHZ 122, 373(375); BGH, ZIP 1993, 1094(1095); BGH, NJW 1997, 524 (527).
630 BGH, NJW 1997, 524(527).
631 Reinhart, in Müko-InsO, Art. 102 EGInsO Rn. 170; Leipold, in FS für Henckel, S. 533(537); Ludwig, Neuregelungen, S. 86
632 Kropholler, Internationales Privatrecht (5. Aufl.), S. 656.
633 Laut, Universalität und Sanierung, S. 99; Lüke, KTS 1986, 1(16).

dieser diene die Anerkennung einer ausländischen Entscheidung[634]. Abgesehen davon habe die Diskussion nur geringe praktische Relevanz, da ohnehin die wichtigsten Wirtschaftspartner Deutschlands deutsche insolvenzrechtliche Entscheidungen anerkennen würden. Schon aufgrund dieser Tatsache sei es jedenfalls nicht gerechtfertigt, eine sämtliche Auslandsverfahren belastende Gegenseitigkeitsprüfung einzuführen[635].

4. Anerkennungshindernisse

Nicht in jedem Fall ist eine Anerkennung der ausländischen Entscheidung über die Eröffnung eines Insolvenzverfahrens möglich. Die Unzuständigkeit des entscheidenden Gerichts oder ein entgegenstehender Ordre public-Vorbehalt sind Anerkennungshindernisse. Liegt ein solches Anerkennungshindernis vor, so versagt das deutsche internationale Insolvenzrecht dem ausländischen Insolvenzbeschlag für das im Inland belegene Schuldnervermögen die Wirkung. Damit kann der ausländische Insolvenzverwalter nicht auf das inländische Vermögen zugreifen[636].

a) Unzuständigkeit

Das ausländische Insolvenzverfahren wird nach § 343 Abs. 1 Nr.1 InsO nicht anerkannt, wenn das Gericht des Staates der Verfahrenseröffnung nach deutschem Recht nicht zuständig ist.

Auch wenn die handelnde Stelle nach dem Wortlaut ein Gericht sein muss, hat der deutsche Gesetzgeber in seiner Gesetzesbegründung unter Bezugnahme auf Art. 2 Buchst. d EuInsVO klargestellt, dass unter Gericht im Sinne dieser Vorschrift jede Stelle subsumiert werden kann, die befugt ist, ein Insolvenzverfahren zu eröffnen oder im Laufe des Verfahrens Entscheidungen zu treffen[637]. Insoweit begründet die Tatsache, dass es sich bei der entsprechend zuständigen Stelle des Staates der Verfahrenseröffnung nicht um ein Gericht handelt, noch kein Anerkennungshindernis.

634 Ludwig, Neuregelungen, S. 87.

635 Trunk, Internationales Insolvenzrecht, S. 417; a.A. noch 1989: Trunk, KTS 1989, 415(427).

636 Kolmann, Kooperationsmodelle, S. 143.

637 BT-Drs. 15/16, S. 21.

aa) Spiegelbildliche Prüfung der Zuständigkeit

Dabei bestimmt sich die internationale Zuständigkeit nach dem so genannten Spiegelbildprinzip über die örtliche Zuständigkeit des deutschen Rechts[638]. Das deutsche Gericht prüft, ob die ausländische Eröffnungsstelle bei Anwendung der deutschen Verfahrensregeln international zuständig gewesen wäre. Die Entscheidungs- und die Anerkennungszuständigkeit stimmen überein. Das deutsche Recht billigt damit den ausländischen Gerichten den gleichen Zuständigkeitsrahmen zu, den auch die inländischen Gerichte innehaben. Eine über die nach deutschem Recht hinausgehende Zuständigkeit wird den ausländischen Gerichten nicht zugestanden[639]. Entscheidend ist, dass die Zuständigkeit an irgendeinem Ort im Eröffnungsstaat gegeben sein muss. Bedingung ist aber nicht, dass die Zuständigkeitsregeln im Ausland eingehalten wurden[640].

Nach herrschender Meinung wird § 3 Abs. 1 InsO so gelesen, dass primär das Insolvenzgericht zuständig ist, in dessen Bezirk der Mittelpunkt der vom Schuldner selbstständig ausgeübten wirtschaftlichen Tätigkeit liegt. Übt der Schuldner keine selbstständige wirtschaftliche Tätigkeit aus, richtet sich die Zuständigkeit nach dem allgemeinen Gerichtsstand des Wohnortes[641]. Nach der Literaturansicht, die eine Alternativzuständigkeit am allgemeinen Gerichtsstand befürwortet, ist die Anerkennungszuständigkeit auch dann gegeben, wenn der Schuldner eine wirtschaftliche Tätigkeit ausübt, aber das Insolvenzverfahren im Staat des allgemeinen Gerichtsstands eröffnet wurde[642].

Hat der Schuldner im Staat der Eröffnung des Verfahrens lediglich Vermögen, so sind bei spiegelbildlicher Betrachtung die ausländischen Gerichte nur hinsichtlich einer auf das dort belegene Vermögen beschränkten Eröffnung eines Insolvenzverfahrens zuständig, nicht aber zur Eröffnung eines Hauptinsolvenzverfahrens. Folglich ist das ausländische Verfahren nicht als Hauptinsolvenzverfahren anzuerkennen[643]. Damit kann der Verwalter des ausländischen Verfahrens nicht auf in Deutschland belegenes Vermögen zugreifen[644].

---

638 Smid, Deutsches und Europäisches Internationales Insolvenzrecht, § 343 Rn. 2.
639 Graf, Anerkennung, S. 289.
640 Graf, Anerkennung, S. 293, schließt dies aus § 328 Abs. 1 Nr. 1 ZPO aus der Formulierung „die Gerichte des Staates, dem das ausländische Verfahren angehört".
641 Stephan, in Heidelberger Kommentar-InsO, § 343 Rn. 8; vgl. bereits oben unter D.IX.3.b).
642 Vgl. zu dem Streit oben unter D.IX.4.
643 Ein solches Verfahren wird als Partikularverfahren anerkannt, vgl. dazu unten D.XXVII.3.k).
644 Kolmann, Kooperationsmodelle, S. 143; eine Ausnahme gilt nur bei im Inland anerkannten Partikularverfahren, wenn Vermögen vom Eröffnungsstaat nach Deutschland transferiert wurde; vgl. dazu unten D.XXVII.3.k).

bb) Kompetenzkonflikte

Streitig ist, ob die Regel des § 3 Abs. 2 InsO, wonach das Gericht bei dem die Eröffnung zuerst beantragt wurde, die Zuständigkeit der anderen Gerichte ausschließt, auch dann angewendet werden soll, wenn es um die Konkurrenz einer deutschen und einer ausländischen Insolvenzeröffnungsstelle geht. Geht man mit der in dieser Arbeit als Mindermeinung ermittelten Literaturansicht von einem Alternativverhältnis zwischen allgemeinem Gerichtsstand und Tätigkeitsmittelpunkt aus, so bleibt die Möglichkeit der parallelen Zuständigkeit mehrerer Staaten[645].

Kompetenzkonflikte können sich aber auch, obgleich seltener, nach der herrschenden Meinung ergeben, die eine Alternativzuständigkeit ablehnt, wenn der Schuldner mehrere selbstständige wirtschaftliche Tätigkeiten ausübt, ohne dass ein Mittelpunkt festgestellt werden kann[646], oder wenn der Schuldner einen Mehrfachwohnsitz hat, aber keine selbstständige wirtschaftliche Tätigkeit ausübt[647]. Bei spiegelbildlicher Anwendung des § 3 Abs. 2 InsO würde der zeitlich vorausgehende Antrag über die Zuständigkeit des Gerichts bei einem Kompetenzkonflikt entscheiden.

(1) Vorrang des deutschen Insolvenzverfahrens

Der BGH hatte in der so genannten Wendeentscheidung eine Konkurrenzsituation zugunsten des inländischen Insolvenzverfahrens aufgelöst, indem er feststellte, dass ein deutsches Insolvenzgericht weder durch die Anhängigkeit noch durch die Eröffnung eines Insolvenzverfahrens im Ausland gehindert werde, ein inländisches Verfahren zu eröffnen. Vielmehr gehe ein Inlandsinsolvenzverfahren einem Auslandsinsolvenzverfahren grundsätzlich vor[648].

Teilweise wird auch nach Inkrafttreten der Insolvenzordnung die Geltung des Prioritätsprinzips im Verhältnis zwischen Auslands- und Inlandsverfahren von Literaturvertretern abgelehnt[649]. § 3 Abs. 2 InsO sei nicht anwendbar. Es fehle an einer Vergleichbarkeit der Interessenlage, um § 3 Abs. 2 InsO auf internationaler

645 Adam, Zuständigkeitsfragen, S. 246.

646 Smid, Deutsches und Europäisches Internationales Insolvenzrecht, § 3 InsO Rn. 18; Leipold in Stoll(Hrsg.), Stellungnahmen und Gutachten, S. 72(75).

647 Garasic, Anerkennung Teil 1, S. 156; Smid, Deutsches und Europäisches Internationales Insolvenzrecht, § 3 InsO Rn. 18; Leipold, in Stoll(Hrsg.), Stellungnahmen und Gutachten, S. 72(75).

648 BGH in der so genannten Wendeentscheidung, NJW 1985, 2897(2899).

649 Reinhart, in Müko-InsO, Art. 102 EGInsO Rn. 47; Geimer, Internationales Zivilprozessrecht, Rn. 3411; Gottwald, Insolvenzrechtshandbuch (2. Aufl.) § 128 Rn. 14; a.A. aber Gottwald, Insolvenzrechtshandbuch, § 132 Rn. 25.

Ebene analog anwenden zu können. § 3 Abs. 2 InsO gehe von einer Gleichwertigkeit der inländischen Insolvenzgerichte aus, gerade dies sei im Hinblick auf ausländische Gerichte nicht gewährleistet[650]. Daher verdränge ein am inländischen allgemeinen Gerichtsstand eröffnetes Verfahren nach dem Spezialitätsprinzip sogar die Wirkungen eines ausländischen Tätigkeitsmittelpunkt-Verfahrens[651].

(2) Prioritätsprinzip

Der Vorrang des deutschen Insolvenzverfahrens wird von anderen Vertretern abgelehnt. Es habe zwar im Rahmen des § 71 Abs. 2 KO der herrschenden Meinung entsprochen, dass Deutschland bei einer eigenen Zuständigkeit der Vorrang zukomme. Dies lasse sich aber unter der Geltung der §§ 343 ff. InsO nicht mehr vertreten, weil dies im Widerspruch zur Intention des deutschen Gesetzgebers stünde, ausländischen Insolvenzverfahren mit größerer Offenheit gegenüberzustehen[652].

Herrschend ist mittlerweile in der Literatur die Ansicht, die ebenso wie in der EuInsVO vorgesehen, dem zuerst eröffneten Insolvenzverfahren den Vorrang gewähren will[653]. So könne einem Wettlauf der Antragssteller vorgebeugt werden[654]. Dies sei angebracht, weil erst ab diesem Zeitpunkt, sofern nach nationalem Recht vorgesehen, eine Beschlagnahmewirkung eintrete, die das Vermögen dem Zugriff eines anderen Insolvenzverfahrens mit universalem Beschlag entziehe. Das Anknüpfungskriterium der Verfahrenseröffnung könne aufgrund der Tatsache, dass zumeist eine Bekanntmachung der Eröffnungsentscheidung erfolge, eindeutig bestimmt werden und sei für das jeweilige Gericht überschaubar[655]. Da § 3 Abs. 2 InsO im Rahmen der internationalen Zuständigkeit nur entsprechend angewendet werde, bewege sich die Modifikation im Rahmen der zulässigen Auslegung[656].

---

650 Reinhart, in Müko-InsO, Art. 102 EGInsO Rn. 47.
651 Kolmann, Kooperationsmodelle, S. 142.
652 Ludwig, Neuregelungen, S. 54.
653 Lüer, in Kölner Schrift zur Insolvenzordnung, S. 297(309); Leipold, in FS für Henckel, S. 533(537); Ludwig, Neuregelungen, S. 52; Kindler, in Müko-BGB, IntGesR Rn. 522; Kemper, in Kübler/Prütting, Art. 102 EGInsO Rn. 81; Gottwald, Insolvenzrechtshandbuch, § 132 Rn. 25.
654 Ludwig, Neuregelungen, S. 52.
655 Adam, Zuständigkeitsfragen, S. 247.
656 Leipold, FS für Henckel, S. 533(537).

cc) Kompetenzkonflikt zweier Drittstaaten

Des Weiteren kann sich der Fall ergeben, dass zwei Drittstaaten ein Insolvenzverfahren eröffnen und sich die Frage stellt, welches von beiden Verfahren Wirkung im Inland erzielen soll.

Bei einem Zuständigkeitskonflikt mehrerer ausländischer Staaten wollen *Trunk* und *Kolmann* dem Verfahren am Tätigkeitsmittelpunkt Vorrang gewähren. Für den Fall, dass ein Verfahren aufgrund des allgemeinen Gerichtsstandes und ein anderes Insolvenzverfahren am Ort der selbstständigen wirtschaftlichen Tätigkeit des Schuldners eröffnet werde, soll das Verfahren im Staat des Tätigkeitsmittelpunktes Vorrang haben. Insoweit werde der Auffangfunktion des allgemeinen Gerichtsstands neben dem Tätigkeitsmittelpunkt Rechnung getragen. Darüber hinaus wird angeführt, dass der Schuldner unter normalen Umständen am Tätigkeitsmittelpunkt den engsten Bezug zur Rechtsordnung habe[657].

Die überwiegende Ansicht wendet aber auch hier wie bei einem Konflikt zwischen einem inländischen und einem ausländischen Verfahren das Prioritätsprinzip an, so dass auf die zeitlich frühere Eröffnung abzustellen ist[658].

b) Extensive Auslegung der Anerkennungszuständigkeit?

Die Anerkennungszuständigkeit wird nicht extensiver als die direkte Zuständigkeit ausgelegt. Damit kann die Verfahrenseröffnung eines ausländischen Staates nicht anerkannt werden, wenn diese auf einem Zuständigkeitsgrund basiert, den das direkte Zuständigkeitsrecht nicht vorsieht[659].

Nach Ansicht der Autoren, die sich mit der Frage einer Erweiterung der Anerkennungszuständigkeit auseinandersetzen, ist nach derzeitiger Gesetzeslage, die sich ohne Einschränkungen am Spiegelbildprinzip orientiert, eine Erweiterung der Zuständigkeit durch extensive Auslegung des § 3 InsO nicht möglich. Eine solche extensive Auslegung könne nur am Tatbestandsmerkmal des Mittelpunktes der wirtschaftlichen Tätigkeit festgemacht werden, da das Tatbestandsmerkmal des allgemeinen Gerichtsstands eindeutig bestimmt sei. Soweit ersich-

---

657 Kolmann, Kooperationsmodelle, S. 141; Trunk, Internationales Insolvenzrecht, S. 439.

658 Geimer, Internationales Zivilprozessrecht, Rn. 3410; Adam, Zuständigkeitsfragen, S. 246; Ludwig, Neuregelungen, S. 52/53.

659 Beispielsweise kann in den USA gemäß § 109 (a) BC jede Person (natürliche oder juristische), die in den USA ihren Aufenthaltsort, ihren Wohnsitz, eine Geschäftsniederlassung oder ein Vermögen hat, Insolvenzschuldner unter dem Bankruptcy Code sein. Jede dieser Voraussetzungen ermöglicht die Eröffnung eines Insolvenzverfahrens mit universalem Geltungsanspruch; Laut, Universalität und Sanierung, S. 153.

tlich wird jedoch von niemand in der deutschen Literatur vertreten, dass beispielsweise die Präsenz am Ort der Antragsstellung oder die Nationalität – beides Kriterien, welche in anderen Rechtsordnungen als Eröffnungszuständigkeitskriterium vorgesehen sind – unter das Kriterium des Mittelpunktes der wirtschaftlichen Tätigkeit subsumiert beziehungsweise damit gleichgesetzt werden kann.

Da der Gesetzgeber keine Erweiterung der Anerkennungszuständigkeit normiert hat, sondern die spiegelbildliche Anwendung des § 3 InsO beibehalten wurde, komme de lege lata eine Anerkennung eines Hauptinsolvenzverfahrens nur in Betracht, wenn dieses am Mittelpunkt der hauptsächlichen Interessen eröffnet wird[660].

c) Ordre public

Nach § 343 Abs. 1 Nr. 2 InsO ist einem ausländischen Eröffnungsbeschluss die Anerkennung in Deutschland zu versagen, soweit die Anerkennung zu einem Ergebnis führt, das mit wesentlichen Grundsätzen des deutschen Rechts offensichtlich unvereinbar ist, insbesondere soweit sie mit den Grundrechten unvereinbar ist. Mit der so genannten Ordre public-Klausel soll verhindert werden, dass eine ausländische Entscheidung anerkannt und möglicherweise sogar vollstreckt werden muss, die gegen fundamentale Grundsätze der deutschen Rechtsordnung verstößt[661].

§ 343 Abs. 1 Nr. 2 InsO, der vom Wortlaut an die entsprechenden Bestimmungen anderer Verfahrensgesetze, nämlich § 328 Abs. 1 Nr.4 ZPO und § 16a Nr. 4 FGG angelehnt ist[662], regelt nur den verfahrensrechtlichen Ordre public-Vorbehalt bezogen auf die Anerkennung eines ausländischen Eröffnungsbeschlusses[663]. Allerdings wird gemeinhin angenommen, dass hier auch der allgemeine kollisionsrechtliche Ordre public-Vorbehalt im Sinne von Art. 6 EGBGB Geltung beansprucht[664]. Dieser findet dann Anwendung, wenn es sich um materielle Folgewirkungen handelt, die sich nicht unmittelbar aus dem Beschluss[665], sondern aus der von Kollisionsnormen angeordneten Anwendung materiellen Rechts ergeben[666].

660 Ludwig, Neuregelungen, S. 81.
661 Ludwig, Neuregelungen, S. 83.
662 Reinhart, in Müko-InsO, Art. 102 Rn. 307.
663 Spellenberg, in Stoll (Hrsg.), Stellungnahmen und Gutachten S. 183(186); Reinhart, in Müko-InsO, Art. 102 EGInsO Rn. 309.
664 Reinhart, in Müko-InsO, §102 Rn. 315; Spellenberg, in Stoll(Hrsg.), Stellungnahmen und Gutachten, S. 183(186).
665 BGH, NJW 1997, 524(526).
666 Reinhart, in Müko-InsO, Art. 102 EGInsO Rn. 309

Unter Einbeziehung des kollisionsrechtlichen Ordre public wird im internationalen Insolvenzrecht allgemein zwischen dem Ordre public hinsichtlich des ausländischen Verfahrens und hinsichtlich seiner materiellrechtlichen Wirkungen unterschieden[667].

aa) Verfahrensrechtlicher Ordre public

Ein Verstoß gegen den verfahrensrechtlichen Ordre public liegt vor, wenn das ausländische Verfahren von den Grundprinzipien des deutschen Rechts so stark abweicht, dass es nicht mehr rechtsstaatlichen Anforderungen entspricht[668]. Abzustellen ist bei der Prüfung des Ordre public auf das Ergebnis der Anerkennung. Damit sind nur die jeweiligen Auswirkungen der konkreten Anerkennung am Ordre public zu messen, nicht aber die zugrunde liegenden Vorschriften oder die Rechtmäßigkeit der ausländischen Entscheidung oder Anordnung als solche zu überprüfen[669]. Unterschiede in der ausländischen Verfahrensgestaltung sind grundsätzlich unbeachtlich[670]. Vielmehr kann ausländisches Recht im Rahmen des Ordre public nur unter Berücksichtigung des Systems und der Struktur des ausländischen Verfahrensrechts gemessen werden[671].

Zu solchen in Art. 103 GG garantierten grundlegenden Prinzipien, die bei Nichtbeachtung einen Verstoß gegen den Ordre public herbeiführen können, gehört, dass ein Verfahrensbeteiligter nicht als bloßes Objekt behandelt werden darf und es daher grundsätzlich verboten ist, eine Entscheidung zu treffen, bevor der Betroffene Gelegenheit hatte, sich zu äußern[672].

Dabei ist dieser Grundsatz jedoch auch im deutschen Recht nicht uneinschränkbar, sondern richtet sich nach der Struktur der einzelnen Verfahrensarten[673]. So gilt der Anspruch auf rechtliches Gehör im Insolvenzverfahren wegen der Verquickung von Erkenntnis- und Vollstreckungsverfahren grundsätzlich nur in differenzierter Form[674].

---

667 BT-Drs. 15/16, S. 21; Reinhart in Müko-InsO, Art. 102 EGInsO Rn. 309; Stephan, in Heidelberger Kommentar-InsO (3. Aufl.), § 343 Rn. 13; differenzierter Spellenberg, in Stoll(Hrsg.), in Stellungnahmen und Gutachten S. 183 ff.

668 Stephan, in Heidelberger Kommentar-InsO (3. Aufl.), § 343 Rn. 14; Reinhart, in Müko-InsO, Art. 102 Rn. 310; BGHZ 48, 327(331).

669 Spellenberg, in Stoll(Hrsg.), Stellungnahmen und Gutachten S. 183(186); Reinhart, ZIP 1997, 1734(1736).

670 Reinhart, in Müko-InsO, Art. 102 EGInsO Rn. 310.

671 BGHZ 48, 327(333).

672 BGHZ 48, 327(333).

673 BGHZ 48, 327(332).

674 Stürner, in Müko-InsO, Einleitung Rn. 60.

Allerdings ist zu beachten, dass regelmäßig auch im ausländischen Antragsverfahren, anders als im Insolvenzverfahren selbst, sich die Beteiligten wie im Erkenntnisverfahren quasi als Parteien gegenüberstehen. In dieser Phase ist bei Maßnahmen des Gerichts dem rechtlichen Gehör besonderes Gewicht beizumessen[675].

Darüber hinaus greift die Eröffnung eines (ausländischen) Insolvenzverfahrens, erheblich in Schuldnerrechte ein, da ihm regelmäßig weitere Verfügungen über das Vermögen untersagt sind[676]. Ein ausländischer Eröffnungsbeschluss, der erlassen wurde, ohne dass dem Schuldner vorher die Möglichkeit zur mündlichen oder schriftlichen Stellungnahme gegeben wurde, verstößt daher gegen den deutschen Ordre public[677].

Ein Ordre public-Verstoß liegt nicht schon deshalb vor, weil ein ausländisches Insolvenzverfahren nicht von dem in der Insolvenzordnung vorherrschenden Prinzip der Gläubigerselbstverwaltung beherrscht wird. Eine Ausschließung der Gläubiger vom Verfahren ist allerdings dann als ordre public-widrig anzusehen, wenn den Gläubigern überhaupt kein rechtliches Gehör mehr gewährt würde, indem zum Beispiel Stellungnahmen und Anträge nicht mehr zur Kenntnis des entscheidenden Richters gelangen[678]. In diesem Fall könnte nicht mehr von einem rechtsstaatlichen justizförmigen Verfahren ausgegangen werden[679].

bb) Materiellrechtlicher Ordre public

Erst wenn es in materiellrechtlicher Hinsicht zu einer untragbaren Rechtsabweichung kommt, liegt ein Ordre public-Verstoß vor[680]. Die Aufhebbarkeit der ausländischen Entscheidung nach dortigem Recht begründet ebenso wenig einen Verstoß gegen den materiellrechtlichen Ordre public[681] wie die Abweichung von zwingenden materiellrechtlichen Vorschriften des inländischen Insolvenzrechts. Vielmehr sind Abweichungen vom deutschen Insolvenzrecht, zum Beispiel die nach einer anderen Rechtsordnung geltenden großzügigeren Entschuldungsrege-

675 Vallender, in Kölner Schrift zur Insolvenzordnung, S. 249(256).
676 Smid, Grundzüge des Insolvenzrechts, § 1 Rn. 73.
677 Reinhart, in Müko-InsO, Art. 102 EGInsO Rn. 310; Stephan, in Heidelberger Kommentar-InsO, § 343 Rn. 14; Kemper, in Kübler/Prütting § 343 Rn. 17; Gottwald, Insolvenzrechtshandbuch, § 130 Rn. 19.
678 Stephan, in Heidelberger Kommentar-InsO (3. Aufl.), § 343 Rn. 14; Reinhart, in Müko-InsO, Art. 102 EGInsO Rn. 311.
679 Vallender, in Kölner Schrift zur Insolvenzordnung, S. 249(269); Gottwald, Insolvenzrechtshandbuch (2. Aufl.), § 130 Rn. 20.
680 BGH, NJW 1985, 2897(2900); Reinhart, in Müko-InsO, Art. 102 EGInsO Rn. 315.
681 BGH, NJW 1985, 2897(2900).

lungen, hinzunehmen[682]. Eine untragbare Rechtsabweichung wäre anzunehmen, wenn der Verfahrensstaat ausländische Gläubiger bei der Geltendmachung ihrer Forderungen gegenüber inländischen Gläubigern diskriminiert[683]. Insoweit fehlte es an einem sachlichen Differenzierungskriterium für eine Ungleichbehandlung, so dass ein Verstoß gegen Art. 3 GG vorläge[684].

cc) Inlandsbeziehung

Voraussetzung für einen Verstoß gegen den deutschen Ordre public ist, dass im konkreten Einzelfall eine genügende Inlandsbeziehung der zu prüfenden Entscheidung besteht[685]. Eine ausländische Eröffnungsentscheidung kann daher trotz einer untragbaren Abweichung zum deutschen Recht trotzdem nach § 343 InsO anerkannt werden, wenn kein Inlandsbezug vorliegt. Ein solcher besteht, wenn inländische geschützte Interessen durch die ausländische Eröffnungsentscheidung berührt werden[686]. Dies ist jedenfalls der Fall, wenn ein Verfahrensbeteiligter seinen ständigen Aufenthalt im Inland hat. Nach wohl überwiegender Ansicht im internationalen Insolvenzrecht reicht auch die deutsche Staatsangehörigkeit eines Verfahrensbeteiligten aus[687].

Umstritten ist, ob in dem Fall, dass nur Vermögen im Inland belegen ist, ohne dass inländische Schuldner oder Gläubiger vorhanden sind, hinreichend inländische Interessen berührt werden. Nach einer Ansicht stellt sich in diesem Fall allein die Frage der Durchsetzung der Universalität des in einem anderen Mitgliedstaat eröffneten Insolvenzverfahrens[688]. Nach anderer Ansicht vermittelt auch schon die Belegenheit von Vermögen einen hinreichenden Inlandsbezug[689]. Uns-

---

682 BGH, NJW 2002, 960(961).

683 Gottwald, Insolvenzrechtshandbuch, § 130 Rn. 19; Reinhart, in Müko-InsO, Art. 102 EGInsO Rn. 316; Wimmer, in Frankfurter Kommentar-InsO (3. Aufl.), Anh. I Art. 102 EGInsO Rn. 271.

684 Reinhart, in Müko-InsO, Art. 102 EGInsO Rn. 316, Stephan, in Heidelberger Kommentar-InsO, § 343 Rn. 15.

685 Smid, Deutsches und Europäisches Internationales Insolvenzrecht, § 343 Rn. 8; Kemper, in Kübler/Prütting InsO, § 343 Rn. 19; Wenner, in Mohrbutter(Hrsg.), Handbuch für Insolvenzverwaltung, Rn. XXXIII.122.

686 Kemper, in Kübler/Prütting InsO, § 343 Rn. 19; Gottwald, Insolvenzrechtshandbuch (2. Aufl.), § 130 Rn. 19.

687 Spellenberg, in Stoll(Hrsg.), Stellungnahmen und Gutachten, S. 183(192); Kemper, in Kübler/Prütting, § 343 Rn. 19.

688 Spellenberg, in Stoll(Hrsg.), Stellungnahmen und Gutachten, S. 183(191); Smid, Deutsches und Europäisches Internationales Insolvenzrecht, § 343 Rn. 7.

689 Kemper, in Kübler/Prütting, § 343 Rn. 19; Reinhart, in Müko-InsO, Art. 102 EGInsO Rn. 321.

treitig ist, dass je mehr dieser Merkmale erfüllt sind, ein umso stärkerer Inlandsbezug vorliegt[690].

dd) Offensichtlichkeit

Der Verstoß gegen den Ordre public muss, um die Verweigerung der Anerkennung zu rechtfertigen, offensichtlich sein[691]. Teilweise wird angenommen, dass dieses Merkmal erfordert, dass der Verstoß so deutlich ist, dass er sich einem verständigen Anwender unmittelbar erschließt[692]. Da dies bei Verstößen gegen Verfahrensgrundrechte beziehungsweise anerkannte Rechte der Verfahrensbeteiligten regelmäßig der Fall sei, wird diese Erklärung von anderer Ansicht als Leerformel abgelehnt[693]. Jedenfalls weist die Formulierung nach überwiegender Ansicht auf den Ausnahmecharakter hin, so dass im Sinne einer restriktiven Handhabe ein deutlicher Verstoß vorliegen muss[694].

ee) Prüfung von Amts wegen

Die Prüfung des Ordre public-Verstoßes erfolgt von Amts wegen und nicht etwa als bloße Einrede[695]. Maßgeblich ist der Zeitpunkt der Anerkennung der Entscheidung im Inland[696].

Die Darlegungs- und Beweislast für die tatsächlichen Voraussetzungen des Ordre public-Verstoßes trägt wie nach allgemeinen zivilrechtlichen Beweislastregeln derjenige, der die Anerkennung verhindern will[697].

---

690 BGHZ 48, 327(348); Spellenberg, in Stoll(Hrsg.), Stellungnahmen und Gutachten, S. 183(192).

691 Smid, Deutsches und Europäisches Internationales Insolvenzrecht, § 343 Rn. 8.

692 Kemper, in Kübler/Prütting, § 343 Rn. 16.

693 Smid, Deutsches und Europäisches Internationales Insolvenzrecht, § 343 Rn. 8.

694 Wimmer, in Frankfurter Kommentar-InsO (3. Aufl.), Anh I Art. 102 EGInsO Rn. 270; Zum Merkmal der Offensichtlichkeit in Art. 26 EuInsVO Leible/Staudinger, KTS 2000, 533(567); *Duursma-Kepplinger*/Duursma/Chalupsky, EuInsVO, Art. 26 Rn. 3.

695 Smid, Deutsches und Europäisches Internationales Insolvenzrecht, § 343 Rn. 4; Spellenberg, in Stoll(Hrsg.), Stellungnahmen und Gutachten, S. 183(188); Kemper, in Kübler/Prütting, § 343 Rn. 15.

696 Kemper, in Kübler/Prütting, § 343 Rn. 15

697 BGH, NJW 2002, 960(962); BGH, NJW 1997, 524(527).

5. Rechtsfolgen bei Vorliegen eines Anerkennungshindernisses

Sollte der Fall vorliegen, dass nur einzelne Teile des Verfahrens oder seiner materiellrechtlichen Wirkungen gegen wesentliche deutsche Grundsätze verstoßen, so lässt § 343 Abs. 1 S. 2 InsO mit der Formulierung *soweit* eine grundsätzliche Anerkennung zu, während einzelne Teile des Verfahrens oder einzelne seiner materiellrechtlichen Wirkungen mit dem deutschen Recht als unvereinbar angesehen werden können[698]. Insoweit stellt sich die Frage, was an die Stelle der ausländischen Entscheidung tritt.

Entsteht durch die Ausschaltung der ordre public-widrigen Entscheidung eine regelungsbedürftige Lücke, so ist diese nach Möglichkeit aus dem anzuwendenden ausländischen Recht zu schließen. Sollte dies nicht möglich sein, weil das ausländische Recht keine weitere auf den konkreten Fall anwendbare Regelung vorsieht, so ist erst hilfsweise deutsches Recht anzuwenden[699]. Dies kann durch die Modifikation des ausländischen Rechts geschehen, so dass nach inländischen Minimalstandards eine vertretbare Behandlung des Beteiligten erfolgt oder der Beteiligte so behandelt wird, wie es nach einem entsprechenden inländischen Verfahren der Fall gewesen wäre[700].

6. Anerkennung sonstiger insolvenzrechtlicher Entscheidungen

Nach § 343 Abs. 2 InsO gilt § 343 Abs. 1 InsO entsprechend für Sicherungsmaßnahmen, die nach dem Antrag auf Eröffnung getroffen werden, sowie Entscheidungen, die zur Durchführung oder Beendigung des anerkannten Insolvenzverfahrens ergangen sind.

a) Sicherungsmaßnahmen

Vor der Neuregelung des internationalen Insolvenzverfahrensrechts war bewusst keine Regelung zur Anerkennung vorläufiger Maßnahmen ausländischer Insolvenzgerichte vorgesehen. Noch in der Begründung zum Regierungsentwurf 1992 hieß es, dass vorläufige Maßnahmen grundsätzlich nicht anerkennungsfähig seien. Ob vorläufige Sicherungsmaßnahmen ausnahmsweise in den Fällen, in denen sie im Rahmen eines formalisierten Vorverfahrens erlassen werden, anerkannt

698 Kemper, in Kübler/Prütting, § 343 Rn. 20; BT-Drs. 15/16, S. 21; Reinhart, in Müko-InsO, Art. 102 EGInsO Rn. 309; Vallender, in Kölner Schrift zur Insolvenzordnung, S. 249(283).

699 Vallender, in Kölner Schrift zur Insolvenzordnung, S. 249(283).

700 Hanisch, in FS für Jahr, S. 455(473).

werden können, sollte der Rechtsprechung überlassen bleiben[701]. In der Literatur war es lange umstritten, ob Entscheidungen, die im Vorfeld der Eröffnung des Insolvenzverfahrens ergangen sind, anerkannt werden können[702]. Nachdem der BGH entschied, einem inländischen allgemeinen Veräußerungsverbot nach § 106 Abs. 1 S.2 KO Auslandswirkung zuzuerkennen, reagierte der Gesetzgeber. Nunmehr erstreckt sich der Grundsatz der Anerkennung ipso iure über § 343 Abs. 2 InsO auch auf Sicherungsmaßnahmen, welche im Stadium der Verfahrenseröffnung erlassen werden. Damit wird der Tatsache Rechnung getragen, dass es zu einer effektiven Verwaltung der Insolvenzmasse bei grenzüberschreitenden Insolvenzverfahren unerlässlich ist, dass Maßnahmen zur Sicherung des schuldnerischen Vermögens schon vor Verfahrenseröffnung getroffen werden können[703]. Im Falle der Nichtanerkennung solcher vorläufiger Maßnahmen bestünde die Gefahr von Verlusten für die Masse[704].

b) Qualifikation von Entscheidungen zur Durchführung und Beendigung eines Insolvenzverfahrens

Anerkennungsfähig sind nach § 343 Abs. 1 i.V.m. 2 InsO auch Entscheidungen, die zur Durchführung und Beendigung eines anerkannten Insolvenzverfahrens ergehen.

Hier wird berücksichtigt, dass die Durchführung eines Insolvenzverfahrens aus einer Vielzahl von Entscheidungen besteht. Die Anerkennung des Eröffnungsbeschlusses nach § 343 Abs. 1 InsO hat nicht automatisch die Anerkennung sämtlicher nachfolgenden Insolvenzentscheidungen zur Folge. Vielmehr ist jede Entscheidung gesondert anzuerkennen und muss damit einer eigenständigen Anerkennungsprüfung unterzogen werden[705]. Die Anerkennungsfähigkeit kann damit je nach Anerkennungsgegenstand unterschiedlich beurteilt werden[706].

Grundvoraussetzung für die Anerkennung einer Entscheidung nach § 343 Abs. 2 InsO ist, dass die Entscheidung über die Eröffnung des Insolvenzverfahrens, in dessen Rahmen diese Entscheidung ergangen ist, anerkennungsfähig ist[707]. Dies lässt sich schon aus dem Wortlaut des § 343 Abs. 2 InsO entnehmen,

---

701 BT-Drs. 12/2443, S. 241.

702 Darstellung der einzelnen Meinungen in Garasic, Anerkennung Teil 1, S. 97.

703 BT-Drs. 15/16, S. 21; Kindler, in Müko-BGB, § 343 InsO Rn. 1050.

704 Kindler, in Müko-BGB, § 343 InsO Rn. 1050.

705 Trunk, Internationales Insolvenzrecht, S. 417.

706 Kolmann, Kooperationsmodelle, S. 107.

707 Kolmann, Kooperationsmodelle, S. 157; Trunk, Internationales Insolvenzrecht, S. 278; Garasic, Anerkennung Teil 1, S. 243.

der explizit auf ein anerkanntes Insolvenzverfahren Bezug nimmt[708]. Eine Anerkennung insolvenzrechtlicher Folgeentscheidungen, unabhängig von der Eröffnungsentscheidung würde einer kontrollierten Anerkennung des ausländischen Insolvenzverfahrens als Einheit entgegenwirken[709].

Im Wege der Qualifikation ist festzustellen, welche Entscheidungen, die zur Durchführung eines Insolvenzverfahrens ergehen, der Anerkennungsprüfung nach § 343 Abs. 2 InsO unterliegen sollen. Solche Entscheidungen, die nicht unter § 343 Abs. 2 InsO subsumiert werden können, müssen unter den strengeren Voraussetzungen von § 328 ZPO anerkannt werden[710]. Der Gesetzgeber benennt in der Gesetzesbegründung kein eindeutiges Qualifikationsmerkmal, verweist aber auf Art. 25 Abs. 1 EuInsVO. Art. 25 EuInsVO präzisiert die Entscheidungen, die zur Durchführung und Beendigung eines Insolvenzverfahrens ergangen sind, in Art. 25 Abs. 1 Unterabsatz 2 EuInsVO dahingehend, als nach dieser Norm auch solche Entscheidungen anzuerkennen sind, die unmittelbar aufgrund des Insolvenzverfahrens ergehen und in engem Zusammenhang damit stehen, auch wenn diese Entscheidungen von einem anderen Gericht getroffen werden. In Art. 25 Abs. 1 EuInsVO werden die vom EuGH in der Entscheidung *Gourdain/Nadler* entworfenen Abgrenzungsvorgaben übernommen, die dieser dazu verwendet hat, um insolvenzrechtliche von nicht insolvenzrechtlichen Entscheidungen abzugrenzen[711]. Aufgrund des Verweises des Gesetzgebers auf Art. 25 EuInsVO[712] ist davon auszugehen, dass auch im Rahmen des § 343 Abs. 2 InsO nicht sämtliche Entscheidungen, die in irgendeinem Zusammenhang mit dem Insolvenzverfahren stehen, anerkannt werden, sondern dass ein unmittelbarer Zusammenhang zu fordern ist.

Unproblematisch sind unter § 343 Abs. 2 InsO solche Entscheidungen des Gerichts zu subsumieren, die im Rahmen des laufenden Verfahrens oder zur Beendigung des Verfahrens getroffen werden. So zum Beispiel die Bestellung oder Entlassung des Verwalters, die Erteilung der Restschuldbefreiung sowie die Einstellung des Verfahrens mangels Masse[713]. Auch gerichtliche Entscheidungen über Insolvenzanfechtungsklagen werden über § 343 Abs. 2 i.V.m. Abs. 1 InsO anerkannt. Diese stehen in einem untrennbaren Zusammenhang mit dem Insol-

---

708 Garasic, Anerkennung Teil 1, S. 243.

709 Kolmann, Kooperationsmodelle, S. 157; Ludwig, Neuregelungen, S. 93.

710 Ludwig, Neuregelungen, S. 89.

711 Vgl. zu der Entscheidung Gourdain/Nadler bereits oben unter D.XI.4.

712 Diesen Verweis des Gesetzgebers auf Art. 25 EuInsVO läßt Kemper, in Kübler/Prütting, § 343 Rn. 24 ff. außer Betracht. So seien Annexentscheidungen, die sich unmittelbar aus dem Insolvenzrecht ableiten, nicht von der Anerkennung nach § 343 InsO umfasst.

713 Kemper, in Kübler/Prütting, § 343 Rn. 24.

venzverfahren. Sie können ohne die Eröffnung eines Insolvenzverfahrens nicht erhoben werden und dienen dem gleichen Ziel wie das Insolvenzverfahren, nämlich der Gläubigergleichbehandlung[714].

Problematisch sind dagegen die Ansprüche, die weder ihrer Rechtsnatur noch funktional dem Insolvenzrecht zugeordnet werden können. In diesen Fällen ist auf das Charakteristikum des Insolvenzverfahrens, dessen Sinn und Zweck es ist, eine sinnvolle und gerechte Bereinigung der Insolvenz vorzunehmen, abzustellen. Prägend für das Insolvenzverfahren sind damit dessen universaler Geltungsanspruch sowie die Allseitigkeit der insolvenzrechtlichen Haftungsordnung. Beides sind Charakteristiken, welche einer gleichmäßigen Gläubigerbefriedigung dienen. Anhand des Kriteriums der Gläubigergleichbehandlung wird auch beurteilt, ob überhaupt ein Insolvenzverfahren vorliegt. Um eine einheitliche rechtliche Würdigung zu gewährleisten, soll es daher auch bei sonstigen, im Zusammenhang mit einem Insolvenzverfahren ergehenden Entscheidungen auf das Kriterium der Par conditio creditorum ankommen[715]. Das einer Entscheidung eines ausländischen Gerichts zugrunde liegende Verfahren ist danach zu untersuchen, ob es dazu dient, eine umfassende und gerechte Insolvenzbereinigung zu verwirklichen und somit das Prinzip der Gläubigergleichbehandlung zugrunde gelegt ist. Kommt eine solche Untersuchung zu dem Ergebnis, dass es sich um eine Entscheidung handelt, die in einem unmittelbarem Zusammenhang mit einem Insolvenzverfahren steht, so erfolgt die Anerkennung über § 343 Abs. 2 i.V.m. Abs. 1 InsO.

c) Weitere Anerkennungsvoraussetzungen

Aus dem Verweis von § 343 Abs. 2 auf § 343 Abs. 1 InsO ergibt sich, dass darüber hinaus dieselben Anerkennungsvoraussetzungen gelten wie bei der Anerkennung einer ausländischen Insolvenzeröffnungsentscheidung. Demnach muss die Entscheidung von einem international zuständigen Gericht getroffen worden sein und darf nicht gegen den inländischen Ordre public verstoßen.

Als ungeschriebene Voraussetzung muss die entsprechende Entscheidung Wirksamkeit entfalten. Die Rechtskraft der Entscheidung ist aber ebenso wie bei der Anerkennung eines Eröffnungsbeschlusses nach allgemeiner Ansicht keine Anerkennungsvoraussetzung[716].

---

714 Trunk, Internationales Insolvenzrecht, S. 185.

715 Ludwig, Neuregelungen, S. 92.

716 Kolmann, Kooperationsmodelle, S. 157; Garasic, Anerkennung Teil 1, S. 243; Ludwig, Neuregelungen, S. 94; a.A.: Leipold, in Stoll(Hrsg.), Vorschläge und Gutachten, S. 185(196).

Wie die Anerkennung einer Eröffnungsentscheidung wird auch die Anerkennung von sonstigen Entscheidungen nicht vom Erfordernis der Gegenseitigkeit abhängig gemacht[717].

Die internationale Zuständigkeit des ausländischen Gerichts im Sinne von § 343 Abs. 1 Nr. 1 InsO ist wie auch bei der Anerkennung eines Eröffnungsbeschlusses nach dem Spiegelbildprinzip zu bestimmen[718].

aa) Beachtlichkeit der ausländischen Vis attractiva concursus

Fraglich ist, wie der Fall zu behandeln ist, dass das ausländische Insolvenzgericht eine Entscheidung aufgrund einer weitreichenden Vis attractiva concursus erlassen hat.

Das deutsche Recht sieht keine umfassende Kompetenz des Insolvenzgerichts vor[719]. Vielmehr richtet sich die Zuständigkeit für Klagen des Insolvenzverwalters gegen Dritte nach allgemeinen Regeln. Bei einer Anfechtungsklage ist der Staat international zuständig, in dem sich der Wohnsitz des Beklagten befindet[720]. Denkbar ist der Fall, dass aus deutscher Sicht ein dritter Staat für die Entscheidung international zuständig gewesen wäre. Ist dies der Fall so wäre nach streng spiegelbildlicher Beurteilung eine Anerkennung nicht möglich.

In der deutschen Literatur ist streitig, ob dennoch eine ausländische Entscheidung, die aufgrund einer Vis attractiva concursus erlassen wurde, anerkannt werden kann.

Eine Ansicht in der Literatur nimmt an, dass die Vis attractiva concursus auch im Inland beachtlich ist, weil sie von der Wirkungserstreckung des § 335 InsO auf das Inland erfasst sei. Die Vis attractiva concursus sei als insolvenzrechtlich zu qualifizieren und werde damit von der kollisionsrechtlichen Grundregel erfasst[721].

Nach überwiegender Meinung in der Literatur wird die Beachtlichkeit der Vis attractiva concursus im Inland abgelehnt[722]. Sie unterteilt sich dabei in Vertreter, welche die Vis attractiva concursus als verfahrensrechtlich einstufen, da sie die inländische internationale Zuständigkeit konsumiere[723] und andere Vertre-

---

717 Trunk, Internationales Insolvenzrecht, S. 280; Ludwig, Neuregelungen, S. 94.

718 Vgl. dazu oben unter D.XX.4.a) aa).

719 Vgl. dazu oben unter D.XII.

720 Gottwald, Insolvenzrechtshandbuch, § 130 Rn. 59.

721 Aderhold, Auslandskonkurs, S. 305.

722 Habscheid, Grenzüberschreitendes Insolvenzrecht, S. 368 ff.(372); Habscheid, ZIP 1999, 1113(1117); Ludwig, Neuregelungen, S. 97; Grasmann, KTS 1990, 157(175); Leipold, in FS Ishikawa, S. 221(230/231).

723 Habscheid, Grenzüberschreitendes Insolvenzrecht, S. 374; Habscheid, ZIP 1999, 1113(1117).

ter, welche die Vis attractiva concursus als insolvenzrechtlich einstufen, aber dennoch eine Beachtlichkeit im Inland ablehnen[724].

Gegen die Beachtung der Vis attractiva concursus im Inland werden zum einen Praktikabilitätserwägungen vorgebracht. So wäre es für die einzelnen Gläubiger schwierig, ihre Rechte in einem anderen Staat in einer anderen Sprache durchzusetzen[725]. Im Übrigen müsste das angerufene inländische Gericht stets die Reichweite der ausländischen Vis attractiva concursus ermitteln, was zu Verfahrensunsicherheiten führe, da das inländische Verfahren bis zur Klärung dieser Rechtsangelegenheit ausgesetzt werden müsste[726]. Darüber hinaus wird die Ablehnung der Beachtlichkeit der ausländischen Vis attractiva concursus damit begründet, dass den ausländischen Praktikablilitätserwägungen im Rahmen einer Abwägung nicht der Vorrang gegenüber der inländischen Zuständigkeitsordnung eingeräumt werden könne. Dies ergebe sich daraus, dass der Verlust der inländischen Zuständigkeitsnorm zugunsten des ausländischen Rechts einen Eingriff in verfassungsrechtlich geschützte Bereiche, wie die Rechtsweggarantie nach Art. 19 Abs. 4 GG, das Recht auf den gesetzlichen Richter nach Art. 101 GG sowie das Recht auf rechtliches Gehör aus Art. 103 GG darstelle[727]. Durch die Anerkennung der ausländischen Vis attractiva concursus werde die inländische Gerichtsbarkeit konsumiert und auf ein anderes Land übertragen. Ein solcher Eingriff bedürfe einer Rechtfertigung durch eine gesetzliche Grundlage. Als solche sei jedoch die Kollisionsnorm des § 335 InsO nicht ausreichend, weil der gesetzliche Richter eindeutig bestimmt sein müsse[728].

Nach einer differenzierenden Ansicht soll die ausländische Vis attractiva concursus im Inland für solche Rechtsstreitigkeiten gelten, die in unmittelbarem, untrennbarem Zusammenhang mit dem Insolvenzrecht stehen[729]. Diese Ansicht qualifiziert die Vis attractiva concursus als insolvenzrechtlich. Aufgrund der kollisionsrechtlichen Wirkungserstreckung durch § 335 InsO sei die Vis attractiva concursus auch im Inland zu beachten. Damit müsse die Frage, ob eine ausländische Entscheidung, die aufgrund einer Zuständigkeitskonzentration beim ausländischen Insolvenzgericht erging, anerkannt werden kann, am inländischen Ordre public gemessen werden[730]. Im Rahmen dessen seien die ausländischen Prakti-

---

724 Ludwig, Neuregelungen, S. 97.
725 Lüderitz, JZ 1986, S. 96(97).
726 Ludwig, Neuregelungen, S. 96.
727 Leipold spricht allgemein von den Konsequenzen, die sich für den Rechtsschutz der Beteiligten ergeben; vgl. Leipold, in FS Ishikawa, S. 221(230/231).
728 Ludwig, Neuregelungen, S. 97.
729 Kolmann, Kooperationsmodelle, S. 127.
730 Hierbei handelt es sich um eine Frage des kollisionsrechtlichen Ordre public nach Art. 6 EGBGB.

kabilitätserwägungen mit den verfassungsrechtlich geschützten, berechtigten Interessen der Gläubiger auf ein Fortbestehen der inländischen Zuständigkeitsordnung abzuwägen. Eine solche Abwägung ergebe, dass die Gläubiger damit rechnen müssten, dass im Fall der Schuldnerinsolvenz auch ausländisches Insolvenzrecht einschließlich der Vis attractiva concursus zu beachten sei, wenn der ausländische Tätigkeitsmittelpunkt erkennbar gewesen sei. Auf der anderen Seite sei das Vertrauen des Beklagten in den allgemeinen Gerichtsstand schützenswert, wenn die maßgebliche Rechtsfrage in keinerlei Zusammenhang mit der Insolvenz stehe. Im Regelfall gelange man im Rahmen der Abwägung zu dem Ergebnis, dass die ausschließliche Zuständigkeit des ausländischen Insolvenzgerichts nur für solche Rechtsstreitigkeiten gelten solle, welche in unmittelbarem, untrennbaren Zusammenhang mit dem Insolvenzrecht stehen[731]. Darunter sollen Anfechtungsklagen, Aussonderungsklagen sowie Klagen über die Zugehörigkeit einer Forderung zur Passivmasse fallen[732].

bb) Zusammenfassung

Zusammenfassend lässt sich als ganz herrschende Meinung bezeichnen, dass die ausländische Vis attractiva concursus bei solchen Rechtsstreitigkeiten, bei denen nach spiegelbildlichen Kriterien ein dritter Staat für die Entscheidung zuständig gewesen wäre, nicht anzuerkennen ist, soweit kein unmittelbarer Zusammenhang zum Insolvenzverfahren vorliegt.

Immer noch als herrschend kann man die Ansicht ansehen, die prinzipiell solche Entscheidungen, die aufgrund einer Vis attractiva concursus ergingen, nicht anerkennen will, wenn der Entscheidungsstaat nach spiegelbildlichen Grundsätzen nicht zuständig gewesen ist, auch wenn ein unmittelbarer Zusammenhang zum Insolvenzverfahren vorliegt. Allerdings existiert für diesen Fall, der beispielsweise eine vom Insolvenzgericht getroffene Anfechtungsentscheidung betrifft, eine vordringende Gegenansicht. Diese befürwortet die Anerkennung solcher im Insolvenzeröffnungsstaat getroffener Entscheidungen, die in unmittelbarem Zusammenhang mit dem Insolvenzverfahren stehen, auch wenn diese von einem nach spiegelbildlichen Grundsätzen nicht zuständigen Staat getroffen wurden.

731 Kolmann, Kooperationsmodelle, S. 127.

732 Gottwald, Insolvenzrechtshandbuch, § 132 Rn. 52; Kolmann, Kooperationsmodelle, S. 127.

7. Anerkennung insolvenzrechtlicher Entscheidungen anderer Staaten

Mit der Insolvenz im Zusammenhang stehende Entscheidungen können auch von anderen Staaten als dem Eröffnungsstaat getroffen werden, so zum Beispiel Anfechtungsentscheidungen am Wohnsitz des Anfechtungsbeklagten. Fraglich ist, ob solche Entscheidungen von der Anerkennungsnorm in § 343 Abs. 2 InsO umfasst sind. Eine Ansicht in der Literatur will Entscheidungen, die nicht innerhalb der organisatorischen Einheit des Verfahrens im Eröffnungsstaat ergehen, nach § 328 ZPO anerkennen[733]. *Ludwig* befürwortet solche Entscheidungen über § 343 InsO anzuerkennen. § 343 Abs. 2 InsO enthalte keine Beschränkung auf Entscheidungen, die durch das Insolvenzgericht getroffen wurden und schließe somit die Anerkennung insolvenzbezogener Entscheidungen anderer Staaten als denen des Insolvenzeröffnungsstaates nicht aus. Im Übrigen sei nicht einzusehen, warum insolvenzrechtliche Entscheidungen, die in einem engen Zusammenhang mit dem Insolvenzverfahren stehen, einem anderen Anerkennungsregime unterstehen sollten als ebensolche Entscheidungen, die im Insolvenzeröffnungsstaat ergangen sind[734].

XXI. Wirkungen der Anerkennung nach deutschem Recht

Wie bereits erörtert, hat die verfahrensrechtliche Anerkennung in Deutschland eine umfassende Wirkungserstreckung zur Folge. Das bedeutet, dass unmittelbar ohne besonderes Anerkennungsverfahren und zeitgleich die Wirkungen eintreten, welche die Lex fori concursus vorschreibt[735]. Zu trennen ist aber zwischen Wirkungen, die bereits unmittelbar aufgrund der verfahrensrechtlichen Anerkennung eintreten und solchen, denen erst aufgrund eines kollisionsrechtlichen Verweises Inlandswirkung zukommt[736].

Die Anwendbarkeit der Lex fori concursus ergibt sich aus § 335 InsO[737]. Danach unterliegen das Insolvenzverfahren und seine Wirkungen zunächst dem Recht des Staates, in dem das Verfahren eröffnet worden ist. Dabei bezieht sich die Anordnung der Lex fori concursus sowohl auf das Verfahrensrecht der Insolvenzabwicklung als auch auf die materiellrechtlichen Wirkungen des Insolvenzverfahrens[738].

---

733 Kolmann, Kooperationsmodelle, S. 108.
734 Ludwig, Neuregelungen, S. 98.
735 Kolmann, Kooperationsmodelle, S. 168; Ludwig, Neuregelungen, S. 99.
736 Vgl. dazu bereits oben unter D.XX.1.c).
737 BT-Drs. 15/16, S. 18.
738 BT-Drs. 15/16, S. 18.

Eine wichtige Folge der Anerkennung ist, dass das inländische Vermögen als Teil der ausländischen Insolvenzmasse zu behandeln ist. Der Insolvenzschuldner verliert mit der Insolvenzeröffnung im Ausland seine Verfügungsbefugnis, wenn dies die Lex fori concursus vorsieht. Damit einher geht ein Verlust der Prozessführungsbefugnis, die entsprechend dem ausländischen Recht auf den Insolvenzverwalter übergeht[739].

Aus § 356 InsO folgt, dass die Anerkennung des ausländischen Insolvenzverfahrens die inländischen Gerichte hindert, ein weiteres Hauptinsolvenzverfahren zu eröffnen. Eröffnet werden kann in diesem Fall nur noch ein Sekundärinsolvenzverfahren.

1. Ausnahmslose Sperre der individuellen Rechtsverfolgung?

Das neue autonome internationale Insolvenzrecht enthält keine besondere Regelung zu der Frage, welche Auswirkungen ein anerkennungsfähiges ausländisches Insolvenzverfahren auf die Einzelvollstreckung in das inländische Vermögen des Gemeinschuldners hat. Daraus ist zunächst der Schluss zu ziehen, dass nach § 335 InsO die Lex fori concursus die Auswirkungen auf die Einzelvollstreckung regelt[740]. Die Lex fori concursus wird regelmäßig ein Verbot von Einzelvollstreckungsmaßnahmen vorsehen.

Das deutsche Schrifttum diskutiert aber über die Frage, ob es trotz anerkennungsfähigen ausländischen Insolvenzverfahrens eine Ausnahme von einem nach der Lex fori concursus vorgesehenen Einzelvollstreckungsverbot geben sollte[741]. Erwogen werden solche Ausnahmen insbesondere in Hinblick auf Forderungen, die aus rechtlichen Gründen im ausländischen Verfahren nicht berücksichtigt werden, zum Beispiel öffentlich rechtliche Forderungen. Zum anderen für solche Gläubiger, deren Teilnahme am ausländischen Verfahren typischerweise nicht zuzumuten ist, weil dadurch die Möglichkeit der Rechtsverfolgung für sie erheblich erschwert würde[742].

739 Turck, Internationales Insolvenzrecht in Spanien, S. 152.

740 Garasic, Anerkennung Teil 2, S. 160.

741 § 237 KO regelte, dass bei einem Schuldner, über dessen Vermögen im Ausland ein Konkursverfahren eröffnet worden ist, die Zwangsvollstreckung in das inländische Vermögen zulässig ist.

742 Drobing, in Stoll(Hrsg.), Gutachten und Stellungnahmen, S. 51(71); Leipold, in Stoll(Hrsg.), Gutachten und Stellungnahmen, S. 72(83-86) beide beziehen sich herbei auf Art. 17 des Vorentwurfs von Vorschriften zur Neuordnung des Internationalen Insolvenzrechts vom 1.3.1989, der diesen Kategorien von Gläubigern das Recht gab, eine Befriedigung vom Verwalter außerhalb des Insolvenzverfahrens zu verlangen.

Allerdings geht die herrschende Meinung[743] in der deutschen Literatur davon aus, dass eine solche Ausnahme nicht zulässig ist, weil Zwangsvollstreckungsmaßnahmen einzelner Gläubiger im klaren Widerspruch zum Universalitätsprinzip[744] stünden[745]. Die Zulassung von Einzelvollstreckungsmaßnahmen einzelner Gläubiger liefe dem Gebot der Gläubigergleichbehandlung zuwider[746]. Zudem bestünde die Gefahr, dass es zu einem Wettlauf der Gläubiger käme, der aber gerade durch ein Insolvenzverfahren verhindert werden sollte[747]. Im Rahmen der Durchführung von Partikularverfahren seien die schützenswerten Interessen der inländischen Gläubiger ebenso gewährleistet wie durch das ausnahmsweise Zulassen von Einzelvollstreckungsmaßnahmen. Demgegenüber würden aber bei der Durchführung von Partikularverfahren die Interessen der Gläubigergemeinschaft weniger beeinträchtigt[748]. Im Übrigen könnte das Zulassen von Einzelvollstreckungsmaßnahmen zu einem Wertungswiderspruch mit einem Partikularverfahren führen. Ein Partikularverfahren könnte jederzeit bei Vorliegen der entsprechenden Voraussetzungen eröffnet werden. Im Rahmen dessen ist regelmäßig den Gläubigern die Einzelvollstreckung verwehrt. Konsequenterweise müssten sich dann auch die Priviligierungen dieser einzelnen Gläubiger im Partikularverfahren niederschlagen, was nach derzeitiger Gesetzeslage nicht der Fall ist[749].

2. Einstweiliger Rechtsschutz im Inland?

Zudem ist streitig, ob trotz der Sperre der individuellen Rechtsverfolgung nach der ausländischen Lex fori concursus einstweilige inländische Sicherungsmaßnahmen möglich bleiben[750].

Das autonome Insolvenzrecht enthält keine Bestimmung, die eine Ausnahme von der Lex fori concursus normiert, indem sie ausdrücklich die Zulässigkeit

743 Ludwig, Neuregelungen, S. 105; Kolmann, Kooperationsmodelle, S. 184; Homann, System der Anerkennung, S. 138; Laut, Universalität und Sanierung, S. 136.
744 Einer Verletzung des Universalitätsprinzips widerspricht aber Homann, System der Anerkennung, S. 137/138: Universalität besage nur, dass sich das ausländische Verfahren auf das Inland erstrecke. Die Zulassung der Einzelverfolgung für bestimmte Gläubiger stelle aber eine kollisionsrechtliche Frage dar.
745 Ludwig, Neuregelungen, S. 105; Leipold, in Stoll(Hrsg.), Stellungnahmen und Gutachten, S. 72(83).
746 Ludwig, Neuregelungen, S. 105.
747 Kolmann, Kooperationsmodelle, S. 183; Ludwig, Neuregelungen, S. 105; Homann, System der Anerkennung, S. 136.
748 Homann, System der Anerkennung, S. 138.
749 Homann, System der Anerkennung, S. 137; Ludwig, Neuregelungen, S. 105.
750 Vgl. zum Streitstand Garasic, Anerkennung Teil 2, S. 164 ff.

einstweiliger Rechtsschutzmaßnahmen nach der Eröffnung eines anerkennungsfähigen ausländischen Insolvenzverfahrens vorsieht[751].

Dennoch wird in der Literatur teilweise die Ansicht vertreten, dass die Zulassung einstweiliger Sicherungsmaßnahmen aus rechtspolitischen Gründen unabhängig von der Rechtslage im Insolvenzeröffnungsstaat erforderlich ist. In Betracht kommt nach dieser Ansicht ein Arrest zur Sicherung eines Zahlungsanpruches gemäß § 916 ZPO. Zwar könnten untitulierte Gläubiger im Normalfall nach Eröffnung des Insolvenzverfahrens die Voraussetzungen eines Arrestes nach § 916 Abs. 1 ZPO nicht mehr erfüllen, weil nach der Eröffnung des Insolvenzverfahrens kein vollstreckbarer Titel mehr erlangt werden kann, dessen Einzelvollstreckung der Arrest sichern kann[752]. Wenn aber beispielsweise im Laufe des Verfahrens wegen eines Ordre public-Verstoßes die Anerkennungsfähigkeit entfällt oder das Verfahren wegen Masseunzulänglichkeit eingestellt wird, dann entfiele auch das Verbot der Einzelvollstreckung. Damit wäre der Anspruch in der Hauptsache wieder durchsetzbar. Dadurch, dass der ausländische Insolvenzverwalter vorher die Möglichkeit hatte, sein Vermögen ungehindert abzuziehen, seien die inländischen Gläubiger faktisch rechtlos gestellt[753]. Daraus folge, dass grundsätzlich auch der Arrest zulässig sein müsse[754]. Zwar sei auf nationaler Ebene über § 89 InsO der einstweilige Rechtsschutz ausgeschlossen, aber dort bestehe auch nicht die Gefahr, dass nach Einstellung des Insolvenzverfahrens Vermögen ins Ausland transportiert worden sei und die Gläubiger mit Einstellung des Insolvenzverfahrens ihre Forderungen im Ausland durchsetzen müssten[755].

Daher wollen einige Vertreter in der Literatur eine Ausnahme von dem nach der Lex fori concursus geltenden Verbot des einstweiligen Rechtsschutzes dann machen, wenn der Antragssteller glaubhaft machen kann, dass der ausländische Verfahrenseröffnungsbeschluss wieder aufgehoben wird, weil das Verfahren frühzeitig beendet oder die Anerkennung des Eröffnungsbeschlusses im Ganzen oder hinsichtlich einzelner Teile verweigert wird[756].

Andere Vertreter wollen einstweilige Rechtsschutzmaßnahmen zulassen, um die Insolvenzmasse eines eventuellen inländischen Sekundärinsolvenzverfahrens

---

751 Laut, Universalität und Sanierung, S. 137.

752 Kolmann, Kooperationsmodelle, S. 186.

753 Ludwig, Neuregelungen, S. 109; Laut, Universalität und Sanierung, S. 138.

754 Homann, System der Anerkennung, S. 153.

755 Homann, System der Anerkennung, S. 156; so auch Ludwig, Neuregelungen, S. 109.

756 Homann, System der Anerkennung, S. 166; dagegen wendet sich jedoch Ludwig, Neuregelungen, S. 110 mit dem Hinweis, dass es in der Praxis schwer auszumachen sei, ob einem ausländischen Verfahren die Nichtanerkennung oder das Aus bevorstehe; ebenfalls dagegen Otte, RabelsZ 58, 1994, S. 292(313).

vor dem ausländischen Hauptinsolvenzverfahren durch den einstweiligen Rechtsschutz zu sichern[757]. Aufgrund der Tatsache, dass ein Sekundärinsolvenzverfahren erst im Anschluss an das Hauptinsolvenzverfahren eröffnet werden könne, wäre das Interesse der Gläubiger an einer inländischen Gerichtszuständigkeit und einer Abwicklung der Insolvenz im Inland dem ausländischen Insolvenzverwalter ausgeliefert. In dem Zeitraum bis zur Eröffnung beziehungsweise Beantragung des Sekundärinsolvenzverfahrens, in dem das Hauptinsolvenzverfahren bereits Wirkung entfalte, könne der Insolvenzverwalter bereits sämtliche Vermögensgegenstände in den Verfahrenseröffnungsstaat geschafft haben. Bis zur Beantragung eines Sekundärinsolvenzverfahrens verstreiche regelmäßig etwas Zeit, weil darüber entschieden werden muss, ob ein inländisches Sekundärinsolvenzverfahren, das zu weiteren Kosten und einer Zersplitterung der Masse führen kann, überhaupt zweckmäßig ist[758]. Sicherungsmaßnahmen nach §§ 21 ff. InsO stünden aber erst nach Beantragung des Sekundärinsolvenzverfahrens zur Verfügung[759]. Ein inländisches Sekundärinsolvenzverfahren könne nur seinen Zweck erfüllen, wenn überhaupt noch Schuldnervermögen im Inland vorhanden ist[760]. Sollte dies nicht mehr der Fall sein, werde die der Insolvenz innewohnende Gesamtvollstreckung vereitelt. Damit liege auch ein Arrestgrund im Sinne von § 917 Abs. 1 InsO vor[761].

Nach herrschender Literaturansicht sind einstweilige Sicherungsmaßnahmen nach Eröffnung des ausländischen Insolvenzverfahrens ausgeschlossen[762]. Dies vertritt auch die Rechtsprechung[763]. Durch den Erlass vorläufiger Sicherungsmaßnahmen bestehe die Möglichkeit das Inlandsvermögen bis zur Beendigung des Insolvenzverfahrens auf Eis zu legen. Wird davon Gebrauch gemacht, so sei eine vernünftige Masseverwertung beziehungsweise eine Sanierung oder Fortführung eines Unternehmens erschwert oder sogar unrealisierbar[764]. So könne beispielsweise durch die Pfändung von Forderungen dem Unternehmer Kapital entzogen werden, welches für die Unternehmensfortführung eine wichtige Rolle einnehme[765]. Der Erlass einstweiliger Sicherungsmaßnahmen während des lau-

---

757 Ludwig, Neuregelungen, S. 110; Laut, Universalität und Sanierung, S. 110.
758 Homann, System der Anerkennung, S. 161/162.
759 Homann, System der Anerkennung, S. 163.
760 RabelsZ 58, 1994, S. 292(303).
761 Ludwig, Neuregelungen, S. 110.
762 Wenner, in Mohrbutter(Hrsg.), Handbuch der Insolvenzverwaltung, Rn. XXIII.141; Spahlinger, Sekundäre Insolvenzverfahren, S. 122/129; Kemper, in Kübler/Prütting, Art. 102 EGInsO Rn. 123; Kolmann, Kooperationsmodelle, S. 185 etwas zweifelnd.
763 OLG Düsseldorf, ZIP 1982, 1341(1343).
764 Trunk, Internationales Insolvenzrecht, S. 315; Laut, Universalität und Sanierung, S. 139.
765 Laut, Universalität und Sanierung, S. 139.

fenden Insolvenzverfahrens bedeute eine „*Vorbereitung einer Sonderbefriedigung außerhalb des Insolvenzverfahrens*", was aber mit dem eigentlichen Sinn des Insolvenzverfahrens, eine gleichmäßige Gläubigerbefriedigung herbeizuführen, nicht zu vereinbaren sei[766]. Grundsätzlich sei für den Schutz des inländischen Vermögens die Durchführung eines Sekundärinsolvenzverfahrens ausreichend[767]. Für bestimmte, besonders schutzbedürftige Gläubiger wäre es im Einzelfall möglich, die Wirkungen des ausländischen Insolvenzverfahrens nicht anzuerkennen. So, wenn die Teilnahme am ausländischen Insolvenzverfahren erschwert werde oder bei diskriminierender Wirkung des ausländischen Verfahrens[768].

3. Umfang der Insolvenzmasse

Der Umfang der Insolvenzmasse bestimmt sich gemäß § 335 InsO nach der Lex fori concursus. Zu dieser Grundregel gibt es einige Ausnahmen.

a) Dingliche Rechte

Umstritten ist in der deutschen Literatur[769] die Frage, welches Statut für die Wirkungen eines ausländischen Insolvenzverfahrens auf im Inland belegene Gegenstände der Insolvenzmasse, an denen dingliche Rechte Dritter bestehen, maßgeblich sein sollte.

aa) Lex fori concursus

Eine Ansicht spricht sich für eine generelle Anwendung des Rechts des Staates der Verfahrenseröffnung aus[770]. Nach dieser Ansicht ist der Lex fori concursus zu entnehmen, welche Einschränkungen die fremden Sicherungsrechte im Fall der Insolvenz des Sicherungsgebers hinzunehmen haben. Das Spannungsverhältnis zwischen Sicherungsnehmern und der Gläubigergemeinschaft in der Insolvenz müsse im Eröffnungsstaat bewertet werden, da dieser Konflikt stark in das

---

766 Kemper, in Kübler/Prütting, Art. 102 EGInsO Rn. 123.

767 Laut, Universalität und Sanierung, S. 139.

768 Trunk, Internationales Insolvenzrecht, S. 316

769 Insbesondere vor Inkrafttreten des Gesetzes zur Neuregelung des Internationalen Insolvenzrechts, denn Art. 102 EGInsO enthielt noch keine Regelung zur Behandlung im Inland belegener dinglicher Rechte bei Anerkennung eines ausländischen Insolvenzverfahrens.

770 Roßmeier, Besitzlose Mobiliarsicherheiten, S. 89; Wenner, in Mohrbutter(Hrsg.), Handbuch der Insolvenzverwaltung, Rn. XXIII.212; Riegel, Grenzüberschreitende Konkurswirkung, S. 201.

Verfahrensrecht verwoben sei. Bei der Fragestellung wie Sicherungsrechte in der Insolvenz zu behandeln sind, handele es sich um einen insolvenzrechtlichen Tatbestand, weil die Sicherungsrechte gerade für den Insolvenzfall konzipiert seien. Insoweit wäre eine Auseinandersetzung des Insolvenznehmers mit dem internationalen Insolvenzrecht nicht unbillig[771]. Der Anknüpfungspunkt der Belegenheit von beweglichen Gegenständen sei im Übrigen rein zufällig, weil sich der Belegenheitsort ständig ändern könne[772]. Die Anwendung der Lex fori concursus diene einer einheitlichen Lösung, somit der Rechtsklarheit und darüber hinaus der besten Verwirklichung des Universalitätsprinzips[773]. Das Argument, dass das Sicherungsrecht gerade für den Insolvenzfall bestellt ist und deshalb Bestand haben muss, spreche nicht für die Berufung der Lex rei sitae, sondern nur für die allgemeine Geltung eines vorhersehbaren Statuts[774].

bb) Lex rei sitae

Die Vertreter der Meinung, die das Recht des Lageortes zur Anwendung kommen lassen wollen, begründen ihre Ansicht hauptsächlich mit der Gewährung von Rechtssicherheit bezüglich dinglicher Rechte und mit dem damit verbundenen Schutz des Wirtschaftsverkehrs im Staat der Belegenheit[775]. So könnten Gläubiger der Vorzugsrechte nicht ausgerechnet in dem Moment, in dem sich der Schutz ihres Rechts entfalten solle, in ihrem Vertrauen auf den Bestand und die Wirksamkeit des Sicherungsrechts enttäuscht werden[776]. Der Aufwand, ausländisches Insolvenzrecht bei jeder einzelnen Sicherheit zu ermitteln, um eine insolvenzfeste Sicherheit zu erhalten, sei zu groß. Dies führe zu einer erheblichen Belastung im Kreditbereich und bei der Mobilisierung von Mitteln und habe negativen Einfluss auf den Wirtschaftsverkehr im Ganzen[777]. Dagegen sei das Insolvenzrecht des Lageortes für unbewegliche Gegenstände in jedem Fall vorhersehbar. Bei beweglichen Gegenständen könne es zwar auch zu Lageortswechseln kommen, allerdings müssten die Gläubiger zukünftige Veränderungen des

771 Riegel, Grenzüberschreitende Konkurswirkungen, S. 197, 200.
772 Trunk, Internationales Insolvenzrecht, S. 296; bei beweglichen Gegenständen sei der kollisionsrechtliche Vertrauenstatbestand schwächer als bei unbeweglichen: Er will daher bei beweglichen Gegenständen die Lex fori concursus zur Anwendung gelangen lassen.
773 Prütting, ZIP 1996, 1277(1284).
774 Wenner, in Mohrbutter(Hrsg.), Handbuch der Insolvenzverwaltung, Rn. XXIII.213.
775 Reinhart, in Müko-InsO, Art. 102 EGInsO Rn. 154; Kolmann, Kooperationsmodelle, S. 181.
776 Garasic, Anerkennung Teil 2, S. 225.
777 Kolmann, Kooperationsmodelle, S. 181.

Lageortes und das dort geltende Recht bei der Bestellung einer Sicherheit an beweglichen Gegenständen ohnehin berücksichtigen[778].

Darüber hinaus seien das dingliche Recht und seine Haftungsverwirklichung eng miteinander verwoben. So seien die einzelnen Sicherungsformen im materiellen Recht, die prozessualen Vorzugsrechte und die Rangfolge der Gläubiger im Insolvenzverfahren aufeinander ausgerichtet. Dieser Zusammenhang werde gestört, wenn man die Wirkungen des Insolvenzverfahrens auf Sicherungsrechte einer anderen Rechtsordnung entnehme[779].

cc) Kombinationsmodelle

Die in der Literatur vertretenen Kumulationslösungen basieren regelmäßig auf einem Kompromiss aus Insolvenz- und Sicherungsstatut[780]. Danach soll sich die Verwertung des mit einem Sicherungsrecht belasteten Gegenstandes zunächst nach der Lex fori concursus oder nach der Lex rei sitae richten, dem jeweils anderen Statut wird aber ein mehr oder weniger ausgeprägtes Mitspracherecht gewährt. Allerdings dürfen die Sicherungsrechte nicht höheren Schranken unterliegen als dies nach dem jeweils anderen Statut der Fall wäre[781]. Der Kerngedanke dieses Lösungsmodells liegt darin, dass der Sicherungsgläubiger diejenigen Einschränkungen hinnehmen muss, die ihm in der Sache von beiden beteiligten Rechtsordnungen, also sowohl vom Sicherungsstatut als auch vom Insolvenzstatut auferlegt werden. Dabei gilt das Prinzip des kleinsten Nenners, so dass sich der Sicherungsrechtsinhaber immer auf die für ihn günstigere Lösung berufen kann[782].

dd) Gesetzliche Bestimmung, § 351 InsO

Nunmehr enthält § 351 InsO eine Sonderregelung für dingliche Rechte. Hiernach können Dritte ihre Rechte an einem im Inland belegenen Gegenstand der Insolvenzmasse, welche nach inländischem Recht einen Anspruch auf Aussonderung und abgesonderte Befriedigung gewähren, trotz der Eröffnung eines ausländischen Insolvenzverfahrens realisieren. Unter § 351 InsO werden sämtliche Rech-

---

778 Garasic, Anerkennung Teil 2, S. 226; Metzger, S. 129.

779 Garasic, Anerkennung Teil 2, S. 225; Metzger, S. 128.

780 Eine abschließende Darstellung sämtlicher Lösungen, die eine Kombination zwischen Lex fori concursus und Lex rei sitae vertreten, soll an dieser Stelle nicht erfolgen. Dies kann bei Garasic, Anerkennung Teil 2, S. 227 nachgelesen werden.

781 Drobing, in Stoll(Hrsg.), Stellungnahmen und Gutachten, S. 177(181); vgl. auch Garasic, Anerkennung Teil 2, S. 227/228/229.

782 Vgl. dazu Garasic, Anerkennung Teil 2, S. 229.

te gefasst, an denen nach inländischem Recht, ein Aus- oder Absonderungsrecht besteht[783].

Ein Aussonderungsrecht nach § 47 InsO besteht bei dinglichen Rechten, wie dem Alleineigentum und dem Miteigentum, aber auch bei beschränkt dinglichen Rechten, wie einer Grunddienstbarkeit[784]. Auch der Eigentumsvorbehalt begründet bei der Insolvenz des Käufers ein Aussonderungsrecht[785], soweit der Insolvenzverwalter die restlichen Kaufpreisforderungen nicht erfüllt[786].

Ein Absonderungsrecht gewährt ein besonderes Recht auf Befriedigung aus einem Gegenstand der Masse. Dazu zählen nach §§ 49 ff. InsO beispielsweise die Hypothek, die Grundschuld, das Sicherungseigentum sowie das Pfandrecht an beweglichen Sachen[787].

§ 351 InsO dient laut Gesetzesbegründung dazu, das Vertrauen in den inländischen Wirtschaftsverkehr zu schützen, welches bei Entwertung dinglicher Sicherheiten durch ein fremdes Insolvenzstatut erheblich beeinträchtigt würde[788].

Allgemein wird angenommen, dass in Hinblick auf im Ausland belegene Sicherungsrechte der universale Geltungsanspruch des deutschen Insolvenzverfahrens nicht zurückgenommen wird, weil § 351 InsO nicht allseitig formuliert ist[789]. Diese Ungleichbehandlung von inländischen Sicherheiten im Auslandsverfahren und ausländischen Sicherheiten im Inlandsverfahren wird kritisiert[790]. Das deutsche Recht müsse aus Gründen der Verfahrensvereinfachung gerade im Hinblick auf sein eigenes Verfahren bestrebt sein, die Einbeziehung ausländischer Sicherheiten zu vermeiden[791]. *Wimmer* will daher die Zurücknahme des Geltungsanspruches des deutschen Insolvenzverfahrens über eine teleologische Reduktion des § 351 InsO herbeiführen[792].

---

783 Wimmer, in Frankfurter Kommentar-InsO, § 351 Rn. 4; Kindler, in Müko-BGB, § 351 Rn. 1136. Bereits vor Einführung des § 351 InsO war herrschende Meinung, dass sich die Vorfrage des wirksamen Bestands eines Sicherungsrechts nach der Lex rei sitae bestimmt; vgl. Roßmeier, Besitzlose Mobiliarsicherheiten, S. 70; Laut, Universalität und Sanierung, S. 127.

784 Kindler, in Müko-BGB, § 351 InsO; Prütting, in Kübler/Prütting, § 47 Rn. 15 ff.

785 Kemper, in Kübler/Prütting, § 351 Rn. 4.

786 Roßmeier, Besitzlose Mobiliarsicherheiten, S. 32/33; Nach § 107 Abs. 2 InsO i.V.m. 103 InsO kann der Insolvenzverwalter in der Insolvenz des Vorbehaltskäufers wählen, ob er den Vertrag erfüllen und seinerseits die offene Kaufpreisforderung begleichen will oder ob er die Erfüllung des Vertrages ablehnen will.

787 Prütting, in Kübler/Prütting §§ 49, 50 ff.

788 BT-Drs. 15/16, S. 24; die Begründung nimmt Bezug auf Art. 5 EuInsVO, mit dessen Regelungsgehalt § 351 InsO übereinstimmt.

789 Kemper, in Kübler/Prütting, § 351 Rn. 2.

790 Flessner, in Stoll(Hrsg.), Vorschläge und Gutachten, S. 219(222).

791 Garasic, Anerkennung Teil 2, S. 231; Metzger, S. 125.

792 Wimmer, in Frankfurter Kommentar-InsO, § 351 Rn. 7.

ee) Sachnorm

Allgemeine Ansicht ist, dass § 351 InsO eine sachrechtliche Regelung vorsieht[793] und durch die Regelung entgegenstehende Sachvorschriften des deutschen Rechts verdrängt werden[794]. So wird aus der Formulierung *nicht berührt* geschlossen, dass Folge der Anordnung ist, dass den Sicherungsgläubigern bei Belegenheit des Sicherungsgutes im Inland trotz der Insolvenz ein uneingeschränktes Verwertungsrecht zusteht[795]. Damit schließt § 351 InsO alle Wirkungen eines ausländischen Insolvenzverfahrens auf das Recht eines Dritten an einem Gegenstand an der Insolvenzmasse aus. Dingliche Sicherheiten unterliegen auch keinen Einschränkungen nach deutschem Recht. Gläubiger können ihre Sicherheiten damit frei verwerten. Eine Ausnahme vom freien Verwertungsrecht der Gläubiger gilt nur dann, wenn im Inland ein Partikularverfahren durchgeführt wird, denn dann unterliegen die dinglichen Sicherheiten den Einschränkungen des inländischen Insolvenzrechts nach §§ 165 ff. InsO[796]. Ein solches muss daher der ausländische Insolvenzverwalter beantragen, wenn er die inländischen Sicherheiten in die Insolvenzabwicklung einbeziehen will.

Die von § 351 InsO angeordnete Rechtsfolge wird allgemein kritisiert, weil selbst für den Fall, dass die Lex rei sitae die gleichen oder noch größere insolvenzbedingte Eingriffe zulässt, diese bei der Eröffnung eines ausländischen Insolvenzverfahrens nicht zur Anwendung gelangen[797]. Dabei handele es sich um einen übertriebenen Schutz der inländischen Sicherungsgläubiger, denn kein Gläubiger könne darauf vertrauen, dass seine Sicherheit auch von solchen insolvenzrechtlichen Einschränkungen eines ausländischen anerkennungsfähigen Insolvenzverfahrens unberührt bleibe, die sogar das inländische Insolvenzrecht vorsehe[798].

---

793 Liersch, NZI 2003, 302(307); Kindler, in Müko-BGB, § 351 InsO Rn. 1135, 1139; Ludwig, Neuregelungen, S. 161; Kemper, in Kübler/Prütting, § 351 Rn. 2, der jedoch nur feststellt, dass es sich bei § 351 InsO um keine kollisionsrechtliche Regelung handelt.

794 Vgl. dagegen zum Streitstand, im Rahmen der EuInsVO, ob es sich bei Art. 5 um eine Sach-oder Kollisionsnorm handelt: *Duursma-Kepplinger*/Duursma/Chalupsky, EuInsVO, Art. 5 Rn. 11 ff.; Kindler, in Müko-BGB, Art. 5 EuInsVO Rn. 266 ff.

795 Liersch, NZI 2003, 302(307); Stephan, in Heidelberger Kommentar-InsO, § 351 Rn. 2; Kemper, in Kübler/Prütting, § 351 Rn. 9; Wimmer, in Frankfurter Kommentar-InsO, § 351 Rn. 9; Kindler, in Müko-BGB, § 351 InsO Rn. 1135; Garasic, Anerkennung Teil 2, S. 229/230; nicht eindeutig: Ludwig, Neuregelungen, S. 106.

796 BT-Drs. 15/16, S. 22.

797 Wimmer, in Frankfurter Kommentar-InsO, § 351 Rn. 9; Drobing, in Stoll(Hrsg.), Stellung-nahmen und Gutachen, S. 177(179/180).

798 So bereits Metzger, S. 125; Garasic, Anerkennung Teil 2, S. 231.

Damit stelle die Vorschrift ein Sanierungshindernis dar, welches nur durch eine Ablösung des Sicherungsrechts und die darauf folgende Überführung in die Verfügungsgewalt des Insolvenzverwalters überwunden werden kann[799]. Insolvenzrechtliche Beschränkungen der Sicherungsrechte, wie sie viele Rechtsordnungen vorsehen, seien aber sowohl bei der Liquidation als auch bei der Sanierung, insbesondere für eine Unternehmensfortführung, unentbehrlich. Etwas anderes widerspräche dem Prinzip der Gläubigergleichbehandlung[800].

b) Insolvenzanfechtung

Für den Fall, dass zugunsten eines ausländischen anerkennungsfähigen Insolvenzverfahrens eine Anfechtungsklage erhoben wird, richtet sich die Frage, nach welchem Recht eine solche zu beurteilen ist nach § 339 InsO. § 339 InsO ist als allseitige Kollisionsnorm ausgestaltet und ist sowohl anwendbar, wenn das Verfahren in Deutschland eröffnet wird, als auch dann, wenn im Ausland ein Insolvenzverfahren eröffnet wurde, das in Deutschland anerkannt ist. Nach § 339 InsO kann, wie bereits erwähnt, eine Rechtshandlung angefochten werden, wenn die Voraussetzungen der Insolvenzanfechtung nach dem Recht des Staates der Verfahrenseröffnung erfüllt sind, es sei denn, der Anfechtungsgegner weist nach, dass für die Rechtshandlung das Recht eines anderen Staats maßgebend und die Rechtshandlung nach diesem Recht in keiner Weise angreifbar ist[801].

4. Unterbrechung eines im Inland anhängigen Rechtsstreits

Die Frage, ob die Eröffnung eines ausländischen Insolvenzverfahrens die Unterbrechung eines im Inland gegen den Schuldner anhängigen (Passiv-)Prozesses herbeiführt, war lange Zeit höchst umstritten[802]. Ausgangspunkt der Diskussion war § 240 ZPO, der bestimmt, dass ein Rechtsstreit bezogen auf die Insolvenzmasse durch die Eröffnung eines inländischen Insolvenzverfahrens unterbrochen wird.

Zunächst vertrat der BGH aus Gründen der Rechtssicherheit die Ansicht, dass die Eröffnung eines ausländischen Insolvenzverfahrens keine Unterbrechung eines im Inland anhängigen Rechtsstreits herbeiführt[803]. Dem stand der

799 Kindler, in Müko-BGB, § 351 InsO Rn. 1135; Liersch, in NZI 2003, 302(307).
800 Drobnig, in Stoll(Hrsg.), Stellungnahmen und Gutachten, S. 177(180).
801 Zur Prüfung der Voraussetzungen des § 339 InsO kann insoweit auf D.XV.2.cc) verwiesen werden.
802 Im Rahmen dieser Arbeit können nur die wesentlichen Argumentationslinien nachgezeichnet werden.
803 BGH, NJW 1988, 3096.

überwiegende Teil der Literatur gegenüber, die der Ansicht war, dass die Eröffnung eines anerkennungsfähigen Insolvenzverfahrens im Ausland einen im Inland anhängigen Rechtsstreit gemäß § 240 ZPO unterbricht[804]. Der BGH hat mittlerweile seine vorherige Ansicht ausdrücklich aufgegeben und begründete dies mit der Ratio legis des § 240 ZPO, die gerade nicht die Verwirklichung von Rechtssicherheit sei, sondern die dem Insolvenzverwalter und den Parteien die Gelegenheit geben wolle, sich auf die neue Situation nach der Eröffnung eines Insolvenzverfahrens einzustellen. Dieser Zweck treffe aber auch auf die Eröffnung eines anerkennungsfähigen Insolvenzverfahrens im Ausland zu[805]. Damit kam es auch nach Ansicht des BGH im Falle eines ausländischen, anerkennungsfähigen Insolvenzverfahrens zur Unterbrechung eines inländischen, anhängigen Rechtsstreits, allerdings nur unter der Voraussetzung, dass das ausländische Insolvenzrecht in vergleichbarer Weise wie das deutsche Insolvenzrecht die ausschließliche Prozessführungsbefugnis des Verwalters über das Massevermögen vorsieht. Zudem hob der BGH hervor, dass die Frage *„wie sich der insolvenzbedingte Wechsel der Prozessführungsbefugnis auf einen anhängigen Rechtsstreit auswirkt, keine Frage des Insolvenzrechts, sondern des Prozessrechts sei, so dass sie sich nach autonomen Recht richte"*. Er führt aus, dass die Lex fori concursus möglicherweise andere Auswirkungen als die Unterbrechung allein vorsieht, wie zum Beispiel eine Unterbrechung auf Antrag der Partei oder ganz allgemein durch Gerichtsbeschluss. So sei es aber nicht sachgerecht, wenn sich das inländische Prozessgericht mit ausländischen Formen der Prozessunterbrechung befassen müsste[806].

Die prozessrechtliche Einordnung entspricht auch der überwiegenden Auffassung in der Rechtsprechung und Literatur[807]. Kritisiert wurde aber von einigen Vertretern der Literatur die Bedingung, dass auch das ausländische Recht die ausschließliche Prozessführungsbefugnis des Verwalters über das Massevermögen vorschreiben muss[808]. Der Wortlaut des § 240 ZPO stütze die Ansicht, dass eine ausschließliche Prozessführungsbefugnis des Verwalters erforderlich ist, nicht. Denn nach der Neuformulierung stellt dieser nunmehr auf ein *Insolvenzverfahren* ab. Ein solches könne jedoch auch ein der Eigenverwaltung nach §§

804 Trunk, Internationales Insolvenzrecht, S. 304; Geimer, Internationales Zivilprozessrecht, Rn. 3529; Homann, System der Anerkennung, S. 169; Gottwald, Insolvenzrechtshandbuch (2. Aufl.), § 130 Rn. 40.

805 BGH, ZIP 1998, 659(660).

806 BGH, ZIP 1998, 659(660).

807 Liersch, NZI 2003, 302(308); Geimer, Internationales Zivilprozessrecht, Rn. 3370, 3529; Ludwig, Neuregelungen, S. 101/102; Lüer, in Uhlenbruck-InsO, Art. 102 EGInsO, Rn. 91.

808 Kolmann, Kooperationsmodelle, S. 191 ff; Reinhart, in Müko-InsO, Art. 102 EGInsO Rn. 352; Lüer, in Uhlenbruck-InsO, Art. 102 EGInsO Rn. 162.

270 ff. InsO entsprechendes Verfahren sein. Auch hier hat der Gemeinschuldner weiterhin die Prozessführungsbefugnis inne. Trotzdem führe dieses Verfahren zu einer Unterbrechung der im Inland anhängigen Verfahren[809].

Dass die Eröffnung eines ausländischen anerkennungsfähigen Insolvenzverfahrensverfahrens die Unterbrechung eines inländischen auf die Masse bezogenen Prozesses herbeiführt, ist nunmehr mit der Neuregelung des internationalen Insolvenzrechts in § 352 InsO angeordnet. Die Unterbrechung dauert danach solange an bis der Rechtsstreit von einer Person aufgenommen wird, die nach dem Recht des Staates der Verfahrenseröffnung zur Fortführung des Verfahrens berechtigt ist, § 352 S. 2 InsO. Für die Frage, wer zur Aufnahme des Rechtsstreits berechtigt ist, ist damit die Prozessführungsbefugnis nach dem Recht des Eröffnungsstaats entscheidend. Es soll nicht in die insolvenzrechtlichen Befugnisse der Beteiligten durch den ausländischen Staat eingegriffen werden[810]. Daraus wird allgemein geschlossen, dass keine Voraussetzung ist, dass der Verwalter die ausschließliche Prozessführungsbefugnis über das Massevermögen hat, wie dies der BGH vor der Neuregelung des internationalen Insolvenzrechts gefordert hatte. Zwar ist berechtigt im Sinne des § 352 InsO in aller Regel der Insolvenzverwalter, es sei aber nicht ausgeschlossen, dass dies nach der Lex fori concursus der Gemeinschuldner selbst ist[811].

Im Ergebnis ist festzuhalten, dass nach derzeitiger Gesetzeslage die Anerkennung eines ausländischen Insolvenzverfahrens die Unterbrechung sämtlicher Aktiv- und Passivprozesse des Gemeinschuldners im Inland zur Folge hat.

5. Bekanntmachung im Inland

Nach § 345 InsO hat das inländische Insolvenzgericht auf Antrag des ausländischen Insolvenzverwalters den wesentlichen Inhalt der Entscheidung über die Verfahrenseröffnung und die Bestellung des Insolvenzverwalters im Inland bekannt zu machen. Der Antrag auf Veröffentlichung ist nach Abs. 3 nur zulässig, wenn die tatsächlichen Voraussetzungen der Anerkennung glaubhaft gemacht werden[812]. Durch diese Vorschrift soll sichergestellt werden, dass auch in grenzüberschreitenden Insolvenzverfahren durch die Kenntnis der Verfahrenseröffnung bei Rechtshandlungen eine Gutgläubigkeit Dritter ausgeschlossen wird[813].

---

809 Kolmann, Kooperationsmodelle, S. 192; Ludwig, Neuregelungen, S. 103.
810 BT-Drs. 15/16, S. 24.
811 Stephan, in Heidelberger Kommentar-InsO, § 352 Rn. 11; Kemper, in Kübler/Prütting, § 352 Rn. 7.
812 BT-Drs. 15/16, S. 22.
813 Liersch, NZI 2003, 302(306).

Existiert im Inland eine Niederlassung des Schuldners, muss nach Abs. 2 eine Veröffentlichung stets vorgenommen werden, weil dann – so die Begründung des Gesetzgebers – die Vermutung besteht, dass zahlreiche Kontakte zu im Inland ansässigen Personen bestehen[814]. Befindet sich im Inland keine Niederlassung, so steht wegen der durch die Veröffentlichung entstehenden Kosten, die nach § 24 GKG dem ausländischen Insolvenzverwalter aufzuerlegen sind und damit die Masse belasten, eine Veröffentlichung in dessen Ermessen[815].

Nach § 346 Abs. 1 InsO ist das inländische Insolvenzgericht auf Antrag des ausländischen Insolvenzverwalters verpflichtet die Eintragung der Insolvenzeröffnung ins Grundbuch zu ersuchen, wenn durch die Verfahrenseröffnung die Verfügungsbefugnis über ein inländisches Grundstück oder ein Recht an einem solchen Grundstück eingeschränkt wird. Die Bedeutung der Vorschrift ergibt sich insbesondere aus § 349 InsO[816]. Hierin wird angeordnet, dass für den Fall, dass der Gemeinschuldner über einen Gegenstand der Insolvenzmasse verfügt, der im Inland im Grundbuch eingetragen ist, oder über ein Recht an einem solchen Gegenstand verfügt, die §§ 878, 892, 893 BGB anzuwenden sind.

6. Befugnisse des Insolvenzverwalters

Der ausländische Insolvenzverwalter hat im Inland die Befugnisse, die ihm nach dem Recht des Staates der Verfahrenseröffnung zukommen[817]. Er kann das Vermögen des Schudners danach freigeben, verwalten und verwerten[818]. So hat er die Möglichkeit, sich im Inland direkt an die Stellen oder Personen zu wenden, die in Besitz des betreffenden Schuldnervermögens sind. Auch die Prozessführungsbefugnis geht in dem Umfang auf den Verwalter über, wie dies die Lex fori concursus vorsieht[819]. Die verfahrensmäßige Ausübung seiner Rechte richtet sich aber nach deutschem Recht[820].

---

814 BT-Drs. 15/16, S. 22.

815 Kindler, in Müko-BGB, § 345 Rn. 1069.

816 Kindler, in Müko-BGB, § 346 Rn. 1082.

817 Dies ergibt sich auch aus § 352 InsO.

818 Ludwig, Neuregelungen, S. 100; Turck, Internationales Insolvenzrecht in Spanien, S. 152; vgl. zur Verwertungsbefugnis im Inland auch LG Krefeld, ZIP 1992, 1407.

819 BGHZ 95, 256(260f./271); Trunk, Internationales Insolvenzrecht, S. 290; Habscheid, Grenzüberschreitendes Insolvenzrecht, S. 465, 468 ff.; Turck, Internationales Insolvenzrecht in Spanien, S. 152 Fn. 92; Gottwald, Insolvenzrechtshandbuch, § 131 Rn. 8, § 132 Rn. 58/59.

820 Gottwald, Insolvenzrechtshandbuch, § 132 Rn. 59; Turck, Internationales Insolvenzrecht in Spanien, S. 152; Hanisch, EWiR 1990, 83; vgl. dazu auch Garasic, Anerkennung Teil 2, S. 38.

XXII. Vollstreckbarkeit im Inland

Die Wirkungserstreckung infolge der Anerkennung einer ausländischen Entscheidung bewirkt nicht automatisch deren Vollstreckbarkeit im Inland[821]. Soll aus einem ausländischen Insolvenzeröffnungsbeschluss oder einer anderen Entscheidung, die im Laufe des Insolvenzverfahrens ergangen ist, im Inland vollstreckt werden, so bedarf es der Verleihung der inländischen Vollstreckbarkeit[822]. Die Vollstreckbarkeit einer ausländischen Entscheidung beinhaltet nach dortigem Recht die Anweisung an die Vollstreckungsorgane, den entsprechenden Anspruch auf Anweisung per Zwang durchzusetzen. Das deutsche Recht lehnt eine Erstreckung dieser Anweisung im Wege der Anerkennung ab[823]. So müsse bei einer Wirkungserstreckung, für den Fall, dass im Ausland die Vollstreckbarkeit einer Entscheidung wieder entfällt, die Vollstreckbarkeit auch im Inland entfallen[824].

1. § 353 InsO

§ 353 InsO regelt die Vollstreckbarkeit von Entscheidungen, die in einem anzuerkennenden ausländischen Verfahren ergehen. Aus der Gesetzesbegründung zu § 353 InsO ergibt sich, dass unter die Vorschrift Entscheidungen über die Eröffnung des Verfahrens, Entscheidungen des ausländischen Insolvenzgerichts über die Auskunftserteilung, die Verfahrensmitwirkung, die Vorführung oder Verhaftung von Verfahrensbeteiligten, die Postsperre, die Feststellung bestrittener Forderungen im Insolvenzverfahren sowie die Bestätigung eines Vergleichs oder Insolvenzplans fallen. Aus der Formulierung *insbesondere* ergibt sich, dass die getroffene Auflistung nicht abschließend ist. Nach § 353 InsO kann die Zwangsvollstreckung aus einer solchen Entscheidung, die in einem ausländischen Insolvenzverfahren ergeht, nur dann vollstreckt werden, wenn die Zulässigkeit durch ein deutsches Vollstreckungsurteil ausgesprochen wird. Nach § 353 Abs. 1 S. 1 InsO werden die §§ 722 Abs. 2 und 723 Abs. 1 ZPO für entsprechend anwendbar erklärt.

Nunmehr soll auf die örtliche Zuständigkeit für die Vollstreckbarerklärung im Inland und das Vollstreckungsverfahren sowie auf die Voraussetzungen für die Vollstreckbarerklärung näher eingegangen werden.

---

821 Ludwig, Neuregelungen, S. 118;
822 Ludwig, Neuregelungen, S. 119; Geimer, in Zöller-ZPO, § 722 Rn. 3.
823 Geimer, in Zöller-ZPO, § 722 Rn. 2.
824 Geimer, Internationales Zivilprozessrecht, Rn. 3101.

2. Örtliche Zuständigkeit

Nach § 722 Abs. 2 ZPO, auf den § 353 Abs. 1 S. 2 InsO verweist, ist für die Klage auf Erlass eines Vollstreckungsurteils das Gericht zuständig, bei dem der Vollstreckungsgegner seinen allgemeinen Gerichtsstand hat und in Ermangelung eines solchen Ortes das Gericht an seinem Vermögensgerichtsstand gemäß § 23 ZPO. Sofern keine Identität zwischen Vollstreckungsschuldner und Gemeinschuldner vorliegt, gilt ebenfalls, dass das Gericht zuständig ist, bei dem der Schuldner seinen allgemeinen Gerichtsstand hat und hilfsweise, in dessen Bezirk sich der allgemeine Gerichtsstand des Schuldners befindet. Im Rahmen des Vollstreckbarerklärungsverfahrens wird der Vermögensgerichtsstand als sachnah angesehen[825].

3. Vollstreckbarerklärungsverfahren

Das Vollstreckbarkeitserklärungsverfahren erfolgt wie die Vollstreckbarerklärung sonstiger ausländischer Urteile im Wege eines Klageverfahrens nach den §§ 722, 723 ZPO. Die Vollstreckungsklage ist eine prozessuale Gestaltungsklage, die auf die Verleihung der Vollstreckbarkeit des ausländischen Titels im Inland gerichtet ist[826]. Vollstreckungstitel ist nicht etwa das ausländische Urteil, sondern das inländische Vollstreckungsurteil. Die Voraussetzungen für die Vollstreckbarkeitserklärung müssen nach deutschem Recht erfüllt sein[827]. Liegen diese Voraussetzungen vor, so ergeht ein Vollstreckungsurteil, das die Zulässigkeit der Zwangsvollstreckung ausspricht[828].

Teilweise wird in der Literatur darüber nachgedacht, ob im autonomen Insolvenzrecht wie auf europäischer Ebene ein vereinfachtes einseitig ausgestaltetes Beschlussverfahren[829], bei dem der Vollstreckungsgegner in der ersten Instanz nicht gehört wird und in dem das Gericht auch nicht ermächtigt ist, Vollstreckungshindernisse zu prüfen, zur Feststellung der Vollstreckbarkeit gegenüber einem Klageverfahren zu bevorzugen ist. Dafür spräche das Interesse an einer zügigen Insolvenzabwicklung. Ein Klageverfahren ist zeitaufwendig und verursacht darüber hinaus nicht unerhebliche, die Masse belastende Kosten[830]. Dem Vollstreckungsschuldner würde der Anreiz genommen, durch das Vorbringen

---

825 BGH, NJW 1997, 325(326); Gottwald, in Müko-ZPO, § 722 Rn. 21.

826 Geimer, in Zöller-ZPO, § 722 Rn. 3; Gottwald, in MüKo-ZPO, § 722 Rn. 20.

827 Geimer, in Zöller-ZPO, § 722 Rn. 6.

828 Kindler, in Müko-BGB, § 353 InsO Rn. 1166.

829 Dieses richtet sich nach Art. 38 bis 52 EuGVVO, was sich aus dem Verweis des Art. 25 Abs. 1 Unterabsatz 3 EuInsVO ergibt.

830 Ludwig, Neuregelungen, S. 123.

von Einwendungen das Verfahren zu verschleppen. Allerdings wird diese Ansicht – soweit ersichtlich – nicht vertreten. Vielmehr wird darauf verwiesen, dass nur auf europäischer Ebene aufgrund des besonderen Vertrauensvorschusses in die Rechtspflege der Mitgliedstaaten ein solches vereinfachtes Verfahren gerechtfertigt ist[831].

Allerdings wird für das autonome Recht in der Literatur teilweise die Einführung eines Beschlussverfahrens befürwortet, in dessen Rahmen dem Vollstreckungsgegner rechtliches Gehör zu gewähren ist und für komplizierte Fälle die Möglichkeit der Anberaumung einer mündlichen Verhandlung besteht[832].

4. Vollstreckbarerklärungsvoraussetzungen

Damit eine ausländische insolvenzrechtliche Entscheidung im Inland für vollstreckbar erklärt werden kann, müssen folgende Voraussetzungen erfüllt sein. Es müssen die Voraussetzungen der Anerkennung vorliegen[833]. Dies ist zwar im § 353 InsO nicht ausdrücklich erwähnt, allerdings wäre es widersprüchlich, wenn einer ausländischen Entscheidung die Anerkennung versagt würde, aber dennoch die Vollstreckung dieser Entscheidung erlaubt würde[834]. Im Übrigen ergibt sich aus der Gesetzesbegründung zu § 353 InsO, dass auch der Gesetzgeber davon ausging, dass nur anerkannte Entscheidungen für vollstreckbar erklärt werden können[835]. Hier heißt es: *„Die Vorschrift regelt die Vollstreckbarkeit von Entscheidungen, die in einem anzuerkennenden ausländischen Insolvenzverfahren ergehen."* Außerdem wird der in § 343 Abs. 1 S. 2 InsO enthaltene Ordre public-Vorbehalt explizit als Anerkennungsvoraussetzung genannt. Die Vollstreckbarerklärung setzt daher die Anerkennung der Insolvenzeröffnungsentscheidung beziehungsweise der einzelnen insolvenzbezogenen Entscheidungen voraus. Allerdings besteht kein Automatismus dahingehend, dass die Anerkennung immer eine Vollstreckbarerklärung nach sich zieht. Die Vollstreckbarkeit einer Entscheidung kann beispielsweise durch Erfüllung nachträglich entfallen. Dann ist der ausländischen Entscheidung trotz Vorliegen der Anerkennungsvoraussetzungen das Exequatur zu verweigern[836].

---

831 Eingehend zu dieser Frage: Ludwig, Neuregelungen, S. 121 ff.
832 Ludwig, Neuregelungen, S. 130; Eidenmüller, IPRax 2001, 2(14).
833 Kolmann, Kooperationsmodelle, S. 166.
834 Wolff, in Martiny, Handbuch des Internationalen Zivilverfahrensrechts, Bd. III/2 Rn. 19.
835 BT-Drs. 15/16, S. 24.
836 Ludwig, Neuregelungen, S. 131.

Keine Voraussetzung für die Vollstreckbarerklärung ist, dass die Entscheidung von einem ausländischen Gericht erlassen wurde[837]. Ausreichend ist, dass es sich um eine staatliche Stelle handelt, die befugt ist, ein Insolvenzverfahren zu eröffnen oder im Laufe des Verfahrens Entscheidungen zu treffen. Insoweit wäre es widersprüchlich im Rahmen der Vollstreckbarerklärung andere Voraussetzungen zu fordern als für die Anerkennung einer ausländischen Entscheidung[838].

Damit die Entscheidung für vollstreckbar erklärt werden kann, muss es sich um einen im Eröffnungsstaat vollstreckbaren Titel handeln[839]. Die Vollstreckbarkeit nach dem Recht des Eröffnungsstaates ist damit zwingend für die Verleihung der Vollstreckbarkeit durch das Exequaturgericht[840]. Zu beachten ist im Übrigen das Verbot des Doppelexequaturs[841]. Die Vollstreckbarerklärung von drittstaatlichen Entscheidungen ist von § 353 InsO nicht umfasst. Eine Vollstreckbarerklärung ist auf das betreffende Territorium begrenzt. Jeder Staat bestimmt eigenständig, welche ausländischen Entscheidungen er anerkennt und lässt sich dies nicht von einem ausländischen Staat vorschreiben[842].

Des Weiteren muss die ausländische Entscheidung hinreichend bestimmt sein, um im Inland vollstreckt werden zu können. Allerdings kann im Verfahren der Vollstreckbarerklärung der ausländische Titel, ausgehend von den gesetzlichen Vorschriften des Auslandes oder sicher feststellbaren Umständen, konkretisiert werden[843].

Für die Vollstreckbarerklärung der ausländischen Entscheidung ist es nicht erforderlich, dass die ausländische Entscheidung rechtskräftig ist. § 353 InsO verweist nicht auf § 723 Abs. 2 ZPO, der das Rechtskrafterfordernis festlegt. Der Verzicht auf die Voraussetzung der Rechtskraft erfolgt laut Gesetzesbegründung im Interesse einer zügigen Abwicklung der Insolvenz[844].

In der Literatur wird dies kritisiert. Problematisch sei der Wegfall der Voraussetzung der Rechtskraft hinsichtlich solcher Entscheidungen, bei denen sich wie im Zivilprozess zwei Parteien gegenüberstehen, beispielsweise solche aufgrund eines Anfechtungsprozesses. Im Übrigen wird eingewendet, dass im internationalen Insolvenzrecht die Vollstreckbarerklärung im Gegensatz zur Aner-

---

837 Dies wird von Leipold, in Stoll(Hrsg.), Vorschläge und Gutachten, S. 185(196) aus Rechtsschutzgesichtspunkten für das autonome Recht gefordert.

838 Ludwig, Neuregelungen, S. 131.

839 Wolff, Handbuch des Internationalen Zivilverfahrensrechts, S. 330.

840 Kolmann, Kooperationsmodelle, S. 166.

841 Geimer, in Zöller-ZPO, § 722 Rn. 21.

842 Geimer, Internationales Zivilprozessrecht, Rn. 3110; Ludwig, Neuregelungen, S. 132.

843 Wimmer, in Frankfurter Kommentar-InsO, § 353 Rn. 5; Gottwald, in Müko-ZPO, § 722 Rn. 17.

844 BT-Drs.15/16, S. 24.

kennung nicht so eilbedürftig sei. Entscheidend zur Sicherung der Gläubigerinteressen sei die Vermögensbeschlagnahme[845]. Des Weiteren wird vorgebracht, dass eine ausländische Entscheidung im Inland nicht mehr Wirkungen entfalten könne als ihr im Erlassstaat zukommen[846]. Sogar im Inland sei die formelle Rechtskraft einer Entscheidung Voraussetzung für die Vollstreckung des Insolvenzgerichts. Es sei nicht einzusehen, warum davon bei ausländischen insolvenzrechtlichen Entscheidungen abgewichen werden solle[847].

5. Vollstreckbarerklärung von Sicherungsmaßnahmen

§ 353 Abs. 2 InsO erklärt für die in § 343 Abs. 2 InsO genannten Sicherungsmaßnahmen § 353 Abs. 1 InsO für entsprechend anwendbar. Dieser Regelung bedarf es, da nach § 343 Abs. 2 InsO auch die vom ausländischen Gericht erlassenen Sicherungsmaßnahmen ohne weitere Förmlichkeiten anerkannt werden. Es muss somit festgelegt sein, wie sie gegebenenfalls für vollstreckbar erklärt werden.

XXIII. Rechtsvergleich: Anerkennung von ausländischen Insolvenzverfahren

Beide Rechtsordnungen sind, wenn auch mit Einschränkungen, bereit, drittstaatlichen Insolvenzverfahren Wirkungen im eigenen Hoheitsgebiet zukommen zu lassen. Die Wirkungsentfaltung im Inland setzt in beiden Staaten die Anerkennung des ausländischen Insolvenzverfahrens voraus.

1. Anerkennungsprinzipien

Das deutsche internationale Insolvenzrecht ist vom Prinzip der automatischen Anerkennung geprägt[848], währenddessen nach spanischem internationalen Insolvenzrecht zur Anerkennung ausländischer insolvenzrechtlicher Eröffnungsentscheidungen die Durchführung eines Anerkennungsverfahrens erforderlich ist. Beide Staaten wahren durch ihr jeweiliges Anerkennungsmodell das Prinzip der Rechtseinheit. Auch im deutschen Zivilprozess und auf dem Gebiet der freiwilligen Gerichtsbarkeit erfolgt im Regelfall eine Anerkennung ipso iure[849]. Spanien

845 Leipold, in Stoll(Hrsg.), Vorschläge und Gutachten, S. 185(196).
846 Ludwig, Neuregelungen, S. 134.
847 Kemper, in Kübler/Prütting, § 353 Rn. 7.
848 BT-Drs. 15/16, S. 21.
849 BT-Drs. 15/16, S. 22.

sieht im Zivilprozess und auch im Anwendungsbereich der freiwilligen Gerichtsbarkeit ebenfalls eine Anerkennung ausländischer Entscheidungen im Wege des Exequaturverfahrens vor. Allerdings ist im *Ley Concursal* nunmehr eine Neuheit vorgesehen, dass Folgeentscheidungen, die nach Anerkennung des ausländischen Eröffnungsbeschlusses ergehen und keinen vollstreckbaren Inhalt aufweisen, automatisch anerkannt werden. Bei Folgeentscheidungen mit vollstreckbarem Inhalt wird aber das Prinzip beibehalten, dass diese im Wege des Exequaturverfahrens anerkannt werden[850].

Die herrschende Meinung in Deutschland und in Spanien sieht in der Anerkennung einer ausländischen insolvenzrechtlichen Eröffnungsentscheidung eine verfahrensrechtliche Anerkennung. Dies ergibt sich daraus, dass beide Rechtsordnungen zwischen der Anerkennung einer ausländischen insolvenzrechtlichen Entscheidung und dem anwendbaren Recht unterscheiden.

Sowohl in Spanien als auch in Deutschland wird von der herrschenden Meinung die Wirkungserstreckungstheorie vertreten. Danach erstrecken sich mit der Anerkennung die prozessrechtlichen Wirkungen einer ausländischen Entscheidung auf das Inland. Der Umfang der Wirkungen richtet sich nach der Lex fori concursus. Die Wirkungserstreckung ist uneingeschränkt zu befürworten. Hierdurch wird eine Übereinstimmung mit der EuInsVO herbeigeführt, die ebenfalls eine Wirkungserstreckung vorsieht. Nach Art. 17 EuInsVO entfaltet ein, in einem anderen Mitgliedstaat eröffnetes Verfahren, die Wirkungen, die das Recht des Verfahrenseröffnungsstaates dem Verfahren beilegt. Demgegenüber sehen die UNCITRAL-Modellbestimmungen in Art. 20 eine autonome Bestimmung der Wirkungen nach dem Recht des Anerkennungsstaates vor. Eine solche Regelung ist aber keine nennenswerte Alternative, da sie zu Ungereimtheiten führen kann, wenn das Recht des Anerkennungsstaates weitergehendere Wirkungen vorsieht als der Eröffnungsstaat. So kann sich der Fall ergeben, dass der Gemeinschuldner im Erststaat seine Verfügungsbefugnis behält. Sieht das Recht des Anerkennungsstaates eine solche Rechtsfolge aber nicht vor, kann diese auch nicht im Inland eintreten[851].

In Spanien geht die überwiegende Literaturansicht davon aus, dass sich mit der Anerkennung einer ausländischen Entscheidung auch deren Vollstreckbarkeit auf das Inland erstreckt. Demgegenüber umfasst nach deutschem Recht die Wirkungserstreckung nicht die Vollstreckbarkeit der Entscheidung.

Des Weiteren ist die spanische Literatur überwiegend der Ansicht, dass durch die Anerkennung neben den prozessualen Wirkungen auch materiellrechtliche Folgen des Insolvenzverfahrens im Inland eintreten. Zu dieser Ansicht gelangen

850 Vgl. dazu mehr unter XXV.

851 Vgl. dazu auch Wimmer, in ZIP 1997, 2220(2222).

die Autoren aufgrund der Formulierung des Art. 223.1° LC, wonach die anerkannte ausländische Entscheidung in Spanien die Wirkung entfaltet, die ihr das Recht des Eröffnungsstaates zuweist. Anders die herrschende Meinung in Deutschland. Sie trennt im internationalen Insolvenzrecht ebenso wie im internationalen Zivilverfahrensrecht zwischen Wirkungen, die unmittelbar aufgrund der verfahrensrechtlichen Anerkennung eintreten und solchen Wirkungen, denen erst aufgrund eines kollisionsrechtlichen Verweises Inlandswirkung zukommt. Allerdings hat die unterschiedliche Beurteilung der Rechtsfrage, ob die materiellrechtlichen Wirkungen des Insolvenzverfahrens aufgrund der verfahrensrechtlichen Anerkennung eintreten oder aufgrund eines kollisionsrechtlichen Verweises, nur akademische Bedeutung, aber keine Auswirkungen in der Praxis.

Der in der Praxis relevanteste Rechtsunterschied im Rahmen der Anerkennungsprinzipien ist die Anerkennung ipso iure in Deutschland im Gegensatz zur Durchführung eines Anerkennungsverfahrens in Spanien. Die Anerkennung ipso iure setzt grundsätzlich ein gewisses Maß an Vertrauen in die Funktionsfähigkeit und Rechtsstaatlichkeit der Justiz anderer Staaten voraus. Innerhalb der Europäischen Union ist dieses Vertrauen gewährleistet. Im Anwendungsbereich der EuInsVO werden daher nach Art. 16 EuInsVO die Eröffnungsentscheidungen anderer Mitgliedstaaten automatisch anerkannt. Das autonome Recht ist allerdings gegenüber Drittstaaten anwendbar. Fraglich ist, ob auch gegenüber Drittstaaten eine Anerkennung ipso iure gerechtfertigt ist.

So sehen beispielsweise die UNCITRAL-Modellbestimmungen ein förmliches Anerkennungsverfahren vor[852]. Darüber geht Deutschland mit dem Grundsatz der automatischen Anerkennung hinaus.

Geht man aber von der Zweckbestimmung des internationalen Insolvenzrechts aus, das Prinzip der Gläubigergleichbehandlung auch bei grenzüberschreitenden Insolvenzen möglichst umfassend zu gewährleisten, so ist eine automatische Anerkennung sinnvoll. Durch die Anerkennung ipso iure lässt sich am besten das Insolvenzrecht beherrschende Prinzip der gleichmäßigen Gläubigerbefriedigung verwirklichen, da jedes zusätzliche Verfahren Zeit in Anspruch nehmen wird, welche die Gläubiger zur Vornahme von Einzelvollstreckungsmaßnahmen nutzen können. Nach deutschem Recht tritt bereits mit der Eröffnung des ausländischen Insolvenzverfahrens die Beschlagnahmewirkung über das Schuldnervermögen im Inland ein und Gläubiger können bereits mit der Eröffnung des ausländischen Verfahrens nicht mehr in das in Deutschland befindliche Vermögen vollstrecken.

Während des anhängigen Anerkennungsverfahrens können Gläubiger dagegen – soweit (noch) keine einstweiligen Maßnahmen nach Art. 226.2 LC erlas-

852 Vgl. Art. 15 ff. UNCITRAL-Modellgesetz.

sen sind – weiterhin im Rahmen von Einzelvollstreckungsmaßnahmen in die in Spanien belegenen Vermögensgegenstände vollstrecken. Der Schuldner kann während dieses Zeitraums weiter über sein Vermögen verfügen. Eine inzidente Anerkennung in einem gerichtlichen Verfahren ist in Spanien wegen des Konstitutivcharakters der Exequaturentscheidung ausgeschlossen.

Zwar ist den Befürwortern der Durchführung eines förmlichen Anerkennungsverfahrens zuzugeben, dass dieses die Rechtssicherheit fördert. Im Gegensatz zu der Anerkennungsüberprüfung inzidenter, entfaltet das Exequaturverfahren Rechtskraftwirkung nicht nur beschränkt auf die jeweiligen Parteien des Rechtsstreites, sondern erga omnes. Das heißt, dass der ausländische Eröffnungsbeschluss in allen Rechtsstreitigkeiten, die sich in Spanien in Hinblick auf das Insolvenzverfahrens ergeben, als anerkannt gilt. Eine Beschränkung auf die Parteien des Exequaturverfahrens findet nicht statt. Zwar kommt es auch in Deutschland zu einer inzidenten Überprüfung der Anerkennungsvoraussetzungen, wenn sich in einem gerichtlichen Verfahren die Frage der Anerkennungsfähigkeit stellt. Aber es kann vorkommen, dass inländische Gerichte, die in unterschiedlichen Verfahren die Voraussetzungen der Anerkennung einer Entscheidung inzidenter prüfen, diese abweichend beurteilen. Eine Bindungswirkung entsteht nicht bei einer Anerkennung inzidenter. In Rechtskraft erwächst nach § 322 Abs. 1 ZPO nur der erhobene prozessuale Anspruch und damit das Bestehen oder Nichtbestehen eines geltend gemachten Anspruchs. Das heißt, dass die Anerkennungsfähigkeit bei einer inzidenten Anerkennung auch nicht in Rechtskraft erwächst. Auch eine Feststellungsklage stellt in Deutschland keine gleichwertige Alternative dar. Nach § 325 ZPO ist der Tenor einer Feststellungsentscheidung auf die Parteien des jeweiligen Verfahrens beschränkt. Damit entfaltet eine Entscheidung, in der die Anerkennungsfähigkeit einer ausländischen Eröffnungsentscheidung, beispielsweise vom ausländischen Insolvenzverwalter gegenüber einem Gläubiger, zum Gegenstand einer Zwischenfeststellungsentscheidung gemacht wurde, keine Rechtskraftwirkung erga omnes gegenüber anderen Gläubigern. Demgegenüber kann die Durchführung eines Anerkennungsverfahrens dazu beitragen, dass die wesentlichen Aspekte des ausländischen Insolvenzrechts einheitlich beurteilt werden[853].

Ob dadurch, dass in einem einheitlichen Verfahren die Anerkennungsfähigkeit festgestellt wird, die Kosten für die Masse minimiert werden[854], bleibt aber vom Einzelfall abhängig. Auch die Durchführung des Exequaturverfahrens wird Kosten verursachen[855]. Lohnenswert wegen einer Reduzierung der Massekosten

853 Vgl. Lüer, in FS für Uhlenbruck, S. 843(865).
854 Kolmann, Kooperationsmodelle, S. 528
855 So auch Ludwig, Neuregelungen, S. 73.

ist es sicherlich nur, wenn der ausländische Insolvenzverwalter mit einer Vielzahl von Prozessen im Inland rechnen muss. Dies hängt u.a. mit der Anzahl der Gläubiger zusammen, die den Mittelpunkt ihrer wirtschaftlichen Tätigkeit im Inland haben und daher hier bevorzugt ihre Forderungen anmelden werden.

Es ist aber nicht so, dass nach der Insolvenzordnung ausländische Insolvenzverfahren überhaupt keiner gerichtlichen Überprüfung unterliegen. Zu einer gerichtlichen Überprüfung der Anerkennungsvoraussetzungen im Sinne einer „*Quasiformalisierung*"[856] kommt es vor einer Veröffentlichung der ausländischen Eröffnungsentscheidung im Inland beziehungsweise vor der Eintragung der Eröffnungsentscheidung ins Grundbuch. Dann prüft nach §§ 345, 346 InsO das inländische Gericht von Amts wegen das Vorliegen der Anerkennungsvoraussetzungen.

Letztlich kann nur eine Anerkennung ipso iure einen lückenlosen Masseschutz gewährleisten, weil mit der Durchführung des Exequaturverfahrens wichtige Zeit verloren geht[857]. Insoweit kann ein Exequaturverfahren den Zwecken des Insolvenzverfahrens, eine gleichmäßige Gläubigerbefriedigung herbeizuführen, entgegenwirken[858]. Wie bereits erwähnt, unterliegt das Schuldnervermögen während des Exequaturverfahrens keiner Beschlagnahme.

Die Gefahr der Schmälerung der Masse kann auch nicht durch Rückwirkung der Exequaturentscheidung auf den Zeitpunkt der Eröffnung des ausländischen Insolvenzverfahrens beseitigt werden. Bis zur Entscheidung einer Anerkennung kann der Schuldner weiter über sein Vermögen verfügen und insbesondere versuchen, es vor den Gläubigern in Sicherheit zu bringen[859].

Positiv zu bewerten ist zwar, dass mit der Normierung des *Ley Concursal* einige Problempunkte geregelt wurden, die daraus resultierten, dass das ausländische Insolvenzverfahren ohne Anerkennungsbeschluss keine Wirkung im Inland entfaltet. So existiert mit Art. 226.2 LC nunmehr eine gesetzliche Bestimmung, die es ermöglicht, bereits vor Abschluss des Exequaturverfahrens, einstweilige Sicherungsmaßnahmen zu ergreifen. So können jegliche Einzelvollstreckungsmaßen gegen den Gemeinschuldner durch das spanische Gericht verhindert werden, Art. 226.2.1° LC. Auch die Verfügungsbefugnis des Gemeinschuldners kann durch einstweilige Anordnung aufgehoben werden, Art. 226.2.3° LC.

In Deutschland werden aber bereits die Sicherungsmaßnahmen, die im Vorfeld der Verfahrenseröffnung, also nach dem Antrag auf Eröffnung eines Insolvenzverfahrens, getroffen werden, ipso iure anerkannt. Das heißt, wenn die Ver-

---

856 So Ludwig, Neuregelungen, S. 73.
857 Ludwig, Neuregelungen, S. 73.
858 Stephan, in Heidelberger Kommentar-InsO, § 343 Rn. 3; Spahlinger, Sekundäre Insolvenzverfahren, S. 307.
859 Spahlinger, Sekundäre Insolvenzverfahren, S. 307.

fügungsbefugnis in einem ausländischen Staat im einstweiligen Verfahren eingeschränkt wird, so entfaltet dies automatisch auch Wirkung im Inland. Im *Ley Concursal* muss die Beschränkung der Verfügungsbefugnis durch den spanischen Richter angeordnet werden. Diese Maßnahmen müssen jeweils durch den ausländischen Insolvenzverwalter beantragt werden. Dafür muss er aber bereits ermittelt haben, ob und welche Vermögensgegenstände sich in Spanien befinden.

Darüber hinaus kann auch bis zum Erlass einer einstweiligen Anordnung für die Sicherung der Insolvenzmasse entscheidende Zeit verstrichen sein[860]. Wie lange der spanische Insolvenzrichter benötigt, um eine solche Anordnung zu erlassen, lässt sich nicht vorhersagen. Art. 226 LC enthält auch keine Bearbeitungsfrist oder Ähnliches.

Ein entscheidender Nachteil ist des Weiteren, dass in Spanien bis zum Erlass der förmlichen Anerkennungsentscheidung die eigentliche Insolvenzabwicklung nicht beginnen kann. Zwar dürfte durch die Zuständigkeitsreform und der damit verbundenen Dezentralisation des Exequaturverfahrens die Wartezeit bis zur Bearbeitung eines Exequaturantrags verkürzt worden sein, allerdings erfordert Art. 220 LC einen nicht unerheblichen Prüfungsaufwand. Das Anerkennungsgericht prüft mit den Voraussetzungen des Art. 220 LC, ob keine unfreiwillige Versäumnis des Gemeinschuldners vorliegt und ob die ausländische Entscheidung mit dem inländischen *Orden público* vereinbar ist. Eine solche Überprüfung des ausländischen Verfahrensablaufs nimmt Zeit in Anspruch. Zwischen der Eröffnung des ausländischen Insolvenzverfahrens und dem Erlass der inländischen Anerkennungsentscheidung wird sich also immer eine entsprechende Zeitspanne befinden.

2. Das Gegenseitigkeitsverhältnis

Im spanischen internationalen Insolvenzrecht ist die Anerkennung zu versagen, wenn im Verhältnis zu dem entsprechenden Drittstaat keine Gegenseitigkeit gewährt ist oder das Kooperationsverhältnis nachhaltig gestört ist[861]. Dabei obliegt derjenigen Partei, die sich gegen die Anerkennung richtet, die Darlegungs- und Beweislast dafür, dass in dem Erststaat spanische Eröffnungsentscheidungen nach der geltenden Rechtslage oder der Anerkennunspraxis nicht anerkannt werden. Unklar bleibt, ob für das Vorliegen eines Gegenseitigkeitsverhältnisses Voraussetzung ist, dass eine spanische Entscheidung im Sinne einer Wirkungserstreckung anerkannt wird, oder ob es dafür auch ausreicht, dass der Anerken-

860 Spahlinger, Sekundäre Insolvenzverfahren, S. 308.
861 Siehe oben unter III.1.

nungsstaat nur im Sinne einer Gleichstellung mit einer inländischen Entscheidung anerkennt. Dies diskutiert die Literatur – soweit ersichtlich – nicht.

Ein positiver Aspekt der Gegenseitigkeit, in dem Sinne, dass Spanien als Anerkennungsstaat auf die Voraussetzungen abstellt, die der Erststaat an die Anerkennung dieser Art der Entscheidungen stellt, ist im *Ley Concursal* im Gegensatz zum internationalen Zivilverfahrensrecht nicht vorgesehen.

Auch der *Tribunal Supremo* hatte zuvor in den Entscheidungen zur Anerkennung ausländischer Insolvenzeröffnungsbeschlüsse nach den Art. 951 ff. LEC 1881 nur noch einen negativen Aspekt der Gegenseitigkeit erwähnt. Dies ist als positiv zu bewerten. Die Ermittlung der ausländischen Anerkennungsvoraussetzungen kann zu erheblichen praktischen Schwierigkeiten und Zeitverzögerungen führen. Solche würden die Masse zusätzlich belasten. Im Übrigen erweist sich die Nichtübernahme des positiven Aspekts der Gegenseitigkeit als eine Annäherung an privatrechtliche Interessen[862].

Der deutsche Gesetzgeber hat im Rahmen des § 343 InsO in Anlehnung an die Rechtsprechung auf das Gegenseitigkeitserfordernis verzichtet und sich somit für eine möglichst umfassende international geordnete Bereinigung einer Insolvenz entschieden[863]. Insoweit verfolgt Deutschland mit der grenzüberschreitenden Durchsetzung des Gebots der Gläubigergleichbehandlung auch eigene Interessen. Diese Entscheidung des deutschen Gesetzgebers ist uneingeschränkt zu befürworten. Neben den grundsätzlichen Einwänden gegen das Gegenseitigkeitsprinzip, das den Interessen der Gläubiger zuwider läuft, könnte die Ermittlung der Gegenseitigkeit aus deutscher Sicht Schwierigkeiten mit sich bringen.

Zum Beispiel wenn ein Drittstaat zur Anerkennung von ausländischen insolvenzrechtlichen Eröffnungsentscheidungen zwar grundsätzlich bereit ist, aber ein Exequaturverfahren durchführt, mit dessen Abschluss die Wirkungen nur ex nunc eintreten. In diesem Fall ist, da die Gläubiger bis zum Abschluss des Exequaturverfahrens vollstrecken können, das Gebot der Gläubigergleichbehandlung nicht in der Art und Weise gewährleistet wie in Deutschland, wo ausländische Entscheidungen automatisch anerkannt werden[864].

Allerdings soll auch darauf hingewiesen werden, dass die Bedeutung des Gegenseitigkeitsprinzips in der spanischen Rechtsprechungspraxis gering ist. Jedenfalls im internationalen Insolvenzrecht ist bis dato keine Entscheidung zu finden, in der die Erteilung des Exequaturs mit der Begründung des Fehlens eines Gegenseitigkeitsverhältnisses abgelehnt wurde.

---

862 Espiniella Menéndez, REDI 2004, 593(596).
863 Gottwald, Insolvenzrechtshandbuch, § 132 Rn. 31.
864 Laut, Universalität und Sanierung, S. 99; Trunk, KTS 1994, 33(39).

3. Anerkennung von Eröffnungsbeschlüssen

Die Voraussetzungen für die Anerkennung eines ausländischen Eröffnungsbeschlusses sind in Art. 220 LC im spanischen Recht sowie in § 343 Abs. 1 InsO im deutschen Recht geregelt.

a) Anerkennungsfähiges ausländisches Insolvenzverfahren

Das *Ley Concursal* sieht in Art. 220 LC eine Definition für ein anerkennungsfähiges Insolvenzverfahren vor. Danach ist tatbestandliche Voraussetzung, dass das ausländische Verfahren ein Gesamtverfahren darstellt, dessen Gegenstand die Insolvenz des Schuldners ist und im Laufe dessen die Vermögensgegenstände des Gemeinschuldners der Kontrolle oder Überwachung durch ein ausländisches Gericht oder eine ausländische Behörde mit dem Ziel der Restrukturierung oder Liquidation unterworfen sind[865]. Vom *Ley Concursal* werden damit am inländischen Sachrecht angelehnte Kriterien vorausgesetzt, die ein ausländisches Verfahren erfüllen muss, um in Spanien anerkennungsfähig zu sein.

§ 343 InsO enthält demgegenüber nur die Regelung, dass ein ausländisches Insolvenzverfahren anerkannt wird, aber nicht welche Bedingungen ein solches anerkennungsfähiges Insolvenzverfahren erfüllen muss. Daher ist es in der Literatur streitig, ob die Qualifikation als Insolvenzverfahren unabhängig oder auf der Grundlage des deutschen Sachrechts geschehen soll. Bestrebungen, das ausländische Verfahren unabhängig vom deutschen Sachrecht nur danach zu bestimmen, ob es die Abwicklung einer Insolvenz verfolgt, konnten sich bisher nicht durchsetzen. Vielmehr soll nach herrschender Meinung darauf abgestellt werden, dass das ausländische Insolvenzverfahren im Wesentlichen den gleichen Zielen dient wie ein inländisches. Das ist der Fall, wenn ein ausländisches Verfahren auf die (drohende) Katastrophe des finanziellen Zusammenbruchs des Schuldners reagiert und eine möglichst gleichmäßige Gläubigerbefriedigung zum Ziel hat. Demnach werden auch Sanierungsverfahren, die nicht nur die Liquidation des Vermögens, sondern auch dessen Sanierung zum Ziel haben, vom anerkennungsrechtlichen Sinn des Insolvenzverfahrens umfasst.

Beide Staaten erkennen damit solche Verfahren an, die auf die Liquidation oder Reorganisation des Vermögens ausgerichtet sind, sofern es sich dabei um ein Verfahren handelt, welches das gesamte Schuldnervermögen erfasst.

---

865 Mercadal Vidal, in Nueva Ley Concursal, Art. 220, S. 867; Esplugues Mota, in ZZPInt (2001), 65(82/83); Carballo Pineiro, Acciones de reintegración de la masa, S. 114.

Darüber hinaus wird von der herrschenden Meinung in Deutschland gefordert, dass das ausländische Verfahren eine möglichst gleichmäßige Gläubigerbefriedigung zum Ziel hat. Eine solche Zielrichtung macht das spanische Recht nicht zur Bedingung einer Anerkennung.

Beide Rechtsordnungen fordern nicht, dass das ausländische Verfahren eine Beschlagnahme über das Schuldnervermögen herbeiführt, infolgedessen der Gemeinschuldner die Verfügungsbefugnis über sein Vermögen verliert. Damit können auch solche Verfahren anerkannt werden, bei denen der Schuldner weiterhin über sein Vermögen verfügen kann. So bleibt zum Beispiel im US-amerikanischen *Chapter* 11-Verfahren die Verfügungsbefugnis grundsätzlich beim Schuldner und geht nicht auf den Insolvenzverwalter über[866]. Dieses ist sowohl in Spanien als auch in Deutschland grundsätzlich anerkennungsfähig[867].

Das deutsche Recht sieht die Unzuständigkeit des ausländischen Eröffnungsgerichts und den Verstoß gegen den inländischen Ordre public in § 343 Abs. 1 S. 2 InsO als Anerkennungshindernis vor. Das *Ley Concursal* regelt die Anerkennungszuständigkeit und den *Orden público* sowie die anderen Tatbestandsmerkmale des Art. 220.1 LC als Anerkennungsvoraussetzung. Daran sind aber in Hinblick auf die Anerkennung keine unterschiedlichen Rechtsfolgen geknüpft. Auch hat diese Unterscheidung keine Auswirkung auf die Darlegungs- und Beweislast bei der Anerkennung[868].

b) Erweiterte Anerkennungszuständigkeit

Sowohl nach den Anerkennungsvorschriften des *Ley Concursal* als auch nach der Insolvenzordnung wird die internationale Zuständigkeit des Eröffnungsstaates überprüft. Beide Rechtsordnungen sehen keine gesondert geregelte Anerkennungszuständigkeit vor, sondern überprüfen die ausländische Zuständigkeit nach inländischen Zuständigkeitskriterien. Der ausländische Staat ist dann international zuständig, wenn er auch nach inländischen Zuständigkeitskriterien international zuständig wäre. Diese Art der Prüfung der Anerkennungszuständigkeit wird im spanischen Recht als *sistema bilateralista,* in Deutschland als Spiegelbildprinzip bezeichnet.

Das spanische Insolvenzrecht sieht allerdings die Überprüfung der ausländischen Eröffnungszuständigkeit im Gegensatz zum deutschen Insolvenzrecht nicht nur nach dem *Sistema bilateralist*a vor, sondern erweitert die Anerken-

866 11 U.S.C. §§ 1101, 1104, 1107.
867 Vgl. aber Kindler, in Müko-BGB, § 343 InsO Rn. 1036ff. zu einem möglichen Verstoß dieses Verfahrens gegen den deutschen Ordre public.
868 Martiny, Internationales Zivilverfahrensrecht Bd III/1, Rn. 311; Karl, Anerkennung von Entscheidungen in Spanien, S. 134.

nungszuständigkeit gegenüber der Eröffnungszuständigkeit durch das Kriterium der *conexión razonable de naturaleza equivalente* (vernünftige Verbindung gleichwertiger Natur). Spanische Literatur und Rechtsprechung waren im internationalen Zivilverfahrensrecht schon seit geraumer Zeit der Auffassung, dass die Beurteilung der Anerkennungszuständigkeit streng nach dem *Sistema bilateralista* einem ausländischen Zuständigkeitssystem zu wenig Beachtung schenke. Als gleichwertige Verbindung zu den Zuständigkeitskriterien des *Ley Concursal* wird aber von der überwiegenden Ansicht in der Literatur nur die Belegenheit von Wirtschaftsgütern angesehen. Zur Konkretisierung der Gleichwertigkeit wird auf Art. 220.2.2° LC zurückgegriffen. Dort wird die Anerkennung als Territorialverfahren von solchen ausländischen Verfahren festgelegt, in deren Staatsgebiet sich eine Niederlassung des Schuldners oder eine Verbindung gleichwertiger Natur, wie etwa die Belegenheit von Wirtschaftsgütern, befindet. Nicht gleichwertig mit einem Gerichtsstand nach dem *Ley Concursal* sind damit der Gerichtsstand der Staatsangehörigkeit oder des Aufenthaltsortes des Schuldners.

Insolvenzverfahren die am Ort der Belegenheit von Wirtschaftsgütern eröffnet wurden, werden aber nach Art. 220.2.2° LC nur als Territorialverfahren anerkannt. Das heißt, der Wirkungsanspruch ist auf das jeweilige Staatsgebiet beschränkt.

Die Insolvenzordnung sieht keine erweiterte Anerkennungszuständigkeit vor.

Allerdings ergibt sich in Spanien und Deutschland kein Unterschied in der Rechtsanwendung bei der Anerkennung von ausländischen Insolvenzverfahren. Auch in der Insolvenzordnung werden solche Verfahren, die sich auf einen Zuständigkeitsgrund, wie eine Niederlassung oder Wirtschaftsgüter im Inland stützen als Insolvenzverfahren mit beschränktem Wirkungsanspruch anerkannt[869].

Als Hauptinsolvenzverfahren werden in beiden Rechtsordnungen nur solche Verfahren anerkannt, die am Mittelpunkt der wirtschaftlichen Tätigkeit[870] beziehungsweise dem Mittelpunkt der hauptsächlichen Interessen eröffnet wurden. Dies ist als positiv zu bewerten, weil diese Zuständigkeitskriterien gewährleisten, dass das sachnächste Gericht entscheidet[871]. Solche Eröffnungsentscheidungen von Staaten, die sich für international zuständig erklären, obwohl zu ihnen keine Sachnähe besteht, werden sowohl nach der Insolvenzordnung als auch nach dem *Ley Concursal* nicht anerkannt.

---

869 Vgl. dazu unten unter D.XVII.3.k).

870 Nur wenn keine wirtschaftliche Tätigkeit ausgeübt wird, wäre auch die Anerkennung eines Verfahrens das am allgemeinen Gerichtsstand eröffnet worden ist, möglich.

871 In diesem Sinne auch Ludwig, Neuregelungen, S. 81.

c) Kompetenzkonflikte

Kompetenzkonflikte, das heißt die Frage, welcher Staat zuständig sein soll, wenn sich nach den Zuständigkeitskriterien die Zuständigkeit verschiedener Staaten begründen lässt, können sich in beiden Rechtsordnungen ergeben.

Zu unterscheiden ist ein solcher Kompetenzkonflikt vom so genannten Wettlauf um die Eröffnung eines Insolvenzverfahrens im Anwendungsbereich der EuInsVO[872]. Aufgrund des der EuInsVO zugrunde liegenden Vertrauens in die Rechtsstaatlichkeit der Justiz der Mitgliedstaaten wird die Eröffnung eines Insolvenzverfahrens nach Art. 16 EuInsVO in allen übrigen Mitgliedstaaten anerkannt, sobald die Entscheidung im Verfahrenseröffnungsstaat wirksam ist. Das tatsächliche Vorliegen der Zuständigkeit stellt dafür keine Anerkennungsvoraussetzung dar. Vielmehr kommt es allein darauf an, dass sich das eröffnende Gericht für zuständig gehalten hat[873].

Im Anwendungsbereich des autonomen Rechts stellt dagegen die internationale Zuständigkeit eine Anerkennungsvoraussetzung beziehungsweise ein Anerkennungshindernis dar. Die Unzuständigkeit führt zur Nichtanerkennung des ausländischen Verfahrens. Ein Kompetenzkonflikt kann sich nur bei Alternativzuständigkeit beziehungsweise dann ergeben, wenn sich die Eröffnungszuständigkeit ausnahmsweise nicht eindeutig bestimmen lässt.

In Deutschland ist mittlerweile überwiegende Ansicht, dass im Falle eines solchen Kompetenzkonfliktes ein zeitlich vorhergehend im Ausland eröffnetes Insolvenzverfahren die Zuständigkeit der deutschen Gerichte ausschließt. Ein Vorrang der Zuständigkeit deutscher Gerichte wird von der überwiegenden Ansicht abgelehnt.

In Spanien wird die Möglichkeit von Kompetenzkonflikten im Rahmen des autonomen Rechts – soweit ersichtlich – kaum diskutiert. Es lässt sich höchstens eine Tendenz dahingehend feststellen, dass erst mit der förmlichen Anerkennungsentscheidung die Eröffnung eines inländischen Verfahrens ausgeschlossen wird. Zu dieser Frage muss also abgewartet werden wie sich die weitere Literaturdiskussion entwickelt und wie die Rechtsprechung entscheidet.

---

872 Vgl. dazu High Court of Justice Leeds ZIP 2003, 1362; AG Mönchengladbach, ZIP 2004, 1064.

873 *Duursma-Kepplinger*/Duursma/*Chalupsky*, EuInsVO, Art. 16 Rn. 4; Haß/Huber/*Gruber*/Heiderhoff, EuInsVO, Art. 16 Rn. 9; Smid, DZWIR 2003, 397(401); hier bleibt die Möglichkeit der Verweigerung der Anerkennung aufgrund des Ordre public-Vorbehaltes aus Art. 26 EuInsVO, zum Beispiel wenn das Eröffnungsgericht die Zuständigkeit nicht eigenständig geprüft hat oder allein aufgrund unsubstantiierter Behauptungen des Antragsstellers angenommen hat; vgl. dazu AG Nürnberg, ZIP 2007, 83 mit Anmerkung Kebekus.

d) Ordre public – *Orden público*

Der Ordre public-Vorbehalt in § 343 Abs. 1 InsO stellt auf das Ergebnis der Anerkennung ab, das einen offensichtlichen Verstoß gegen die wesentlichen Grundsätze des deutschen Rechts darstellen muss. Insofern wird bereits im Gesetzestext auf eine restriktive Handhabe hingewiesen und darauf, dass es nicht auf die Rechtmäßigkeit der Entscheidung an sich ankommt. Weitgehend übereinstimmend ist der Ordre public-Vorbehalt der EuInsVO formuliert. Nach Art. 26 EuInsVO kann jeder Mitgliedstaat sich weigern, ein in einem anderen Mitgliedstaat eröffnetes Insolvenzverfahren anzuerkennen soweit diese Anerkennung zu einem Ergebnis führt, das offensichtlich mit seiner öffentlichen Ordnung, insbesondere mit den Grundprinzipien oder den verfassungsmäßig garantierten Rechten und Freiheiten des Einzelnen, unvereinbar ist.

Der spanische Anerkennungstatbestand regelt dagegen nur, dass die ausländische Entscheidung nicht gegen die öffentliche Ordnung verstoßen darf. Allerdings wurde insoweit von der Rechtsprechung des *Tribunal Constitucional* vorgegeben, dass der Ausschlussgrund des *Orden público* international im verfassungsrechtlichen Sinne auszulegen ist und nicht zu einer Überprüfung der Rechtmäßigkeit der Entscheidung an sich führen soll. Insoweit ist in beiden Rechtsordnungen die Prüfung des Ordre public-Vorbehaltes auf wesentliche, insbesondere verfassungsrechtliche Prinzipien beschränkt.

In beiden Staaten würde die Anerkennung einer Eröffnungsentscheidung, die ergangen ist, ohne dass dem Schuldner vorher die Möglichkeit zur Stellungnahme gegeben wurde, versagt werden. Dies stellt sowohl in Spanien als auch in Deutschland einen Verstoß gegen ein verfassungsrechtlich gewährleistetes Recht dar[874].

Soweit die Eröffnungsentscheidung nicht zugestellt wurde, sind in Spanien die Fälle der Nichtgewährung rechtlichen Gehörs unter den spezielleren Ausschlussgrund der unfreiwilligen Säumnis nach Art. 220.1.4.° LC zu subsumieren.

Der spanische *Orden público* Tatbestand enthält nicht die Formulierung *offensichtlich* und ist damit nicht bereits vom Wortlaut als Ausnahmetatbestand formuliert.

Darüber hinaus fehlt in Art. 220.1.5° LC die Formulierung *soweit*, welche im deutschen internationalen Insolvenzrecht klarstellt, dass die ausländische Entscheidung auch in Teilen aufrechterhalten werden kann.

Ob sich dies auch tatsächlich auf die Anerkennungspraxis im internationalen Insolvenzrecht auswirkt, ist fraglich. Spanische Exequaturbeschlüsse hinsichtlich der Anerkennung insolvenzrechtlicher Entscheidungen und vor allem die Versa-

---

874 Art. 103 GG, sowie Art. 24 CE.

gung der Anerkennung wegen eines Verstoßes gegen den *Orden público* sind rar. Allerdings kann sich jederzeit ein Fall ergeben, in dem eine restriktive Auslegung als Ausnahmetatbestand entscheidungserheblich ist. Denkbar ist auch, dass die Ordre public-Widrigkeit hinsichtlich einzelner Beschlusswirkungen die gänzliche Versagung der Anerkennung eines ausländischen Insolvenzbeschlusses in Spanien zur Folge hat, während die Anerkennung in Deutschland nur hinsichtlich des konkreten Verstoßes gegen den Ordre public versagt würde. So wäre beispielsweise in Deutschland einem ausländischen Insolvenzverfahren, das deutsche Gläubiger diskriminiert, nicht gänzlich die Anerkennung zu versagen, sondern nur hinsichtlich der diskriminierenden Wirkung. Demgegenüber würde in Spanien die Anerkennung eines ausländischen Insolvenzverfahrens insgesamt verweigert werden, wenn dieses spanische Gläubiger diskriminiert.

4. Zusammenfassung

Zusammenfassend lässt sich feststellen, dass das autonome internationale Insolvenzrecht Deutschlands anerkennungsfreundlicher ausgestaltet ist als das Spaniens. Dies zeigt sich darin, dass in Deutschland kein spezielles Anerkennungsverfahren durchgeführt werden muss. Die Anerkennung kann in Deutschland außerdem nicht verweigert werden, weil im Verhältnis zu dem Entscheidungsstaat kein Gegenseitigkeitsverhältnis vorliegt. Auch der Ordre public-Vorbehalt ist im deutschen Recht restriktiver hinsichtlich einer Verweigerung der Anerkennung angelegt. Er ist bereits vom Wortlaut als Ausnahmetatbestand formuliert und erlaubt eine ausländische Entscheidung auch in Teilen aufrechtzuerhalten.

5. Anerkennung von Folgeentscheidungen

Das deutsche Recht sieht für die Anerkennung sonstiger Entscheidungen nach § 343 Abs. 2 InsO, genauso wie für die Anerkennung von Eröffnungsentscheidungen, das Prinzip der automatischen Anerkennung vor.

Auch nach dem *Ley Concursal* erfolgt die Anerkennung anderer (Folge-) Entscheidungen, die keinen vollstreckungsfähigen Inhalt aufweisen, automatisch. Allerdings kann nach spanischem Recht die Anerkennung von Folgeentscheidungen über das Exequaturverfahren durch einen entsprechenden Antrag auch von gänzlich unbeteiligten Personen herbeigeführt werden. Damit wird dem Antragssteller ermöglicht, die Wirkung erga omnes, welche eine automatische Anerkennung nicht zur Folge hat, herbeizuführen.

Vollstreckbare (Folge-)Entscheidungen werden demgegenüber nicht automatisch, sondern nur über das Exequaturverfahren anerkannt. Einstweilige Sicherungsmaßnahmen müssen ebenfalls im Wege des Exequaturverfahrens anerkannt werden.

In beiden Rechtsordnungen erfolgt die Abgrenzung zwischen einer Entscheidung, die über das insolvenzrechtliche Anerkennungssystem, und einer Entscheidung, die über die zivilverfahrensrechtlichen Anerkennungsnormen anerkannt wird, nach dem Kriterium, ob die entsprechende Entscheidung in unmittelbarer Verbindung zum Insolvenzverfahren steht. Fehlt es daran, so wird eine Entscheidung in Deutschland über § 328 ZPO und in Spanien nach Art. 954 LEC 1881 anerkannt. Damit orientieren sich beide Rechtsordnungen an den vom EuGH in der Entscheidung *Gourdain/Nadler* herausgearbeiteten Abgrenzungskriterien.

Ist eine Folgeentscheidung aufgrund einer umfassenden Vis attractiva concursus erlassen worden, so wird diese in Deutschland nach herrschender Meinung nicht anerkannt, wenn die internationale Zuständigkeit nach spiegelbildlichen Grundsätzen nicht gegeben ist. Zum Beispiel wird eine anfechtungsrechtliche Entscheidung, die vom Insolvenzgericht eines Staates getroffen wurde, soweit nach spiegelbildlichen Grundsätzen die Gerichte eines anderen Staates zuständig gewesen wären, nach herrschender Meinung nicht anerkannt. Die Anerkennung einer solchen ausländischen Entscheidung stelle einen Eingriff in verfassungsrechtlich geschützte Bereiche, wie die Rechtsweggarantie nach Art. 19 Abs. 4 GG, das Recht auf den gesetzlichen Richter nach Art. 101 GG sowie das Recht auf rechtliches Gehör aus Art. 103 GG dar. Dieser Eingriff setze eine gesetzliche Grundlage voraus. § 335 InsO sei dafür nicht ausreichend, weil der gesetzliche Richter eindeutig bestimmt sein müsse. Allerdings will eine im Vordringen befindliche Ansicht, Entscheidungen des Insolvenzeröffnungsstaats, die in einem unmittelbaren Zusammenhang mit dem Insolvenzverfahren stehen, anerkennen, auch wenn nach spiegelbildlichen Grundsätzen ein anderer Staat zuständig gewesen wäre. Darunter wären auch Anfechtungsentscheidungen zu fassen.

Spanien wird eine im Insolvenzeröffnungsstaat getroffene Anfechtungsentscheidung schon aufgrund des *Sistema bilateralista* anerkennen. Streitigkeiten, die ihre Grundlage im Insolvenzrecht haben und einen unmittelbaren Zusammenhang mit dem Insolvenzverfahren aufweisen, fallen nach Art. 11 LC in den Zuständigkeitsbereich des Insolvenzrichters des Insolvenzeröffnungsstaates.

Bei der Anerkennung nach Art. 222 i.V.m. 220 LC stellt sich das Problem, dass der ausländische Staat eine weiterreichende Vis attractiva concursus vorsieht, nicht. Zwar kann es sich ergeben, dass der ausländische Staat eine umfassendere Vis attractiva concursus als das spanische Recht in Art. 11 LC regelt. Art. 222 LC schließt aber Entscheidungen, die ihre Rechtsgrundlage nicht im Insolvenzrecht haben, aus der insolvenzrechtlichen Anerkennungssystematik aus. Sie werden daher nach den zivilverfahrensrechtlichen Voraussetzungen des Art. 954 LEC 1881 anerkannt[875].

Meines Erachtens sollten nach der Insolvenzordnung ausländische Entscheidungen, die in unmittelbarem Zusammenhang mit der Insolvenz stehen, auch dann anerkannt werden, wenn sie aufgrund einer Vis attractiva concursus erlassen wurden und nach spiegelbildlichen Zuständigkeitskriterien ein anderer Staat international zuständig gewesen wäre. Die ausländische Vis attractiva concursus ist als insolvenzrechtlich zu qualifizieren. Darin ist sich die deutsche Literatur abgesehen von *Habscheid* weitgehend einig. Das heißt, dass sich die Wirkungen der ausländischen Vis attractiva concursus durch den kollisionsrechtlichen Verweis in § 335 InsO auf das Inland erstrecken. Im Rahmen des kollisionrechtlichen Ordre public ist eine Abwägung der ausländischen Praktikabilitätserwägungen mit dem Vertrauen auf den Schutz durch die inländische Zuständigkeitsordnung abzuwägen. Eine solche Abwägung geht meines Erachtens bei solchen Streitigkeiten, die in engem Zusammenhang mit der Insolvenz stehen, zu Lasten der inländischen Zuständigkeitsnorm aus. Es ist die Argumentation von *Carballo Pineiro* zugrunde zu legen. So ist richtig, dass es für jeden, der mit einem im Ausland ansässigen Schuldner ein Rechtsgeschäft abschließt, nicht unvorhersehbar ist, am Insolvenzgerichtsstand einen Rechtsstreit auszutragen, denn im Falle der Schuldnerinsolvenz gelangt ausländisches Insolvenzrecht zur Anwendung. Dies trägt dem Universalitätsprinzip Rechnung[876].

Das Argument, dass es insbesondere für Drittschuldner nicht zumutbar sei, ihre Rechte im Ausland zu verteidigen, überzeugt nicht. Häufig werden Drittschuldner gleichzeitig Gläubiger des ausländischen Insolvenzverfahrens sein und hier auch ihre Forderungen geltend machen müssen. Wendet man daher die Vis attractiva concursus auf solche Streitigkeiten an, die in engem Zusammenhang mit dem Insolvenzverfahren stehen, so kann ein etwaiges Vertrauen in die inländische Zuständigkeitsordnung meines Erachtens zurückstehen. Durch die Anerkennung solcher Entscheidungen, die in engem Zusammenhang mit der Insolvenz stehen, entsteht auch keine Unsicherheit in der Rechtsanwendung[877]. Die Abgrenzung, ob eine Entscheidung mit dem Insolvenzverfahren in einem unmittelbaren Zusammenhang steht, ist auch dahingehend vorzunehmen, ob die Entscheidung nach § 343 Abs. 2 InsO oder nach § 328 ZPO anzuerkennen ist. Damit entsteht kein zusätzlicher Prüfungsaufwand. Positive Folge ist, dass ein solches Vorgehen das Entstehen von Anerkennungslücken minimiert.

---

875 Freilich stellt sich dort das Problem, ob eine solche Entscheidung anzuerkennen ist.
876 So auch, Ludwig, Neuregelungen, S. 96.
877 So aber, Ludwig, Neuregelungen, S. 97.

XXIV. Rechtsvergleich: Anerkennungswirkungen

Sowohl im spanischen als auch im deutschen Recht bewirkt die Anerkennung einer insolvenzrechtlichen Entscheidung eine Wirkungserstreckung auf das Inland. Nach beiden Rechtsordnungen richten sich die Wirkungen eines ausländischen, im Inland anerkannten Insolvenzverfahrens, nach der Lex fori concursus. Auch in der EuInsVO ist eine Wirkungserstreckung vorgesehen.

In Spanien geht die überwiegende Ansicht davon aus, dass sich durch die Anerkennung auch die materiellrechtlichen Wirkungen auf das Inland erstrecken.

In der Insolvenzordnung wird von der herrschenden Ansicht zwischen solchen Wirkungen, die unmittelbar aufgrund der verfahrensrechtlichen Anerkennung eintreten, und solchen, denen Inlandswirkung erst aufgrund eines kollisionsrechtlichen Verweises zukommt, unterschieden. Im Ergebnis wenden beide Rechtsordnungen das am Ort der Verfahrenseröffnung geltende materielle Insolvenzrecht als Gesamtstatut an. Entscheidender Unterschied ist, dass diese Wirkungen nach deutschem Recht zum gleichen Zeitpunkt eintreten wie im Verfahrenseröffnungsstaat, währenddessen nach spanischem Recht die Wirkungen erst mit Erlass der förmlichen Anerkennungsentscheidung eintreten können.

Das deutsche Schrifttum lehnt Ausnahmen von einem nach der Lex fori concursus vorgesehenen Verbot der Einzelvollstreckung für bestimmte Gläubigergruppen ab. Auch einstweilige Maßnahmen im Inland zur Sicherung der Einzelzwangsvollstreckung werden von der herrschenden Meinung in Literatur und Rechtsprechung abgelehnt.

In Spanien gibt es hinsichtlich dieser Problematik – soweit ersichtlich – keine Literaturdiskussion. Daraus lässt sich schließen, dass die Grundregel eingreift, wonach die Lex fori concursus über ein Verbot der Einzelzwangsvollstreckung bestimmt.

Beide Rechtsordnungen sehen Ausnahmevorschriften von der Grundregel, dass die Lex fori concursus den Umfang der Insolvenzmasse regelt, vor. So ist in beiden Regelwerken zum Schutz des inländischen Wirtschaftsverkehrs, in Hinblick auf dingliche Rechte, die sich zum Zeitpunkt der Insolvenzeröffnung im Inland befinden, eine Sonderbestimmung normiert.

1. Dingliche Rechte

Art. 201.1 LC, die Sonderregelung für dingliche Rechte im spanischen Recht, ist eine kollisionsrechtliche Vorschrift. Sie ist im Zusammenhang mit anderen kollisionsrechtlichen Bestimmungen zum anwendbaren Recht geregelt und ordnet eine Geltung des Lageortes für dingliche Rechte an. Nach allgemeiner Ansicht in der Literatur ist Art. 201 LC, obwohl er sich vom Wortlaut nur auf die Fälle bezieht, soweit in Spanien ein Insolvenzverfahren eröffnet wurde, als allseitige Kollisionsnorm anzuwenden. Art. 223 i.V.m. 201.1 LC bestimmt insoweit, dass die Wirkung eines ausländischen anerkannten Insolvenzverfahrens auf in Spanien belegene, mit dinglichen Rechten belastete Vermögensgegenstände, sich nach spanischem Recht richten. Es findet damit die Lex sitae Anwendung.

Im Gegensatz dazu befindet sich die deutsche Regelung des § 351 InsO im zweiten Abschnitt des elften Teils, welcher die Anerkennung ausländischer Insolvenzverfahren regelt. Sie gelangt nur zur Anwendung, wenn ein ausländisches Insolvenzverfahren in Deutschland anerkannt wird. § 351 InsO regelt, dass das Recht eines Dritten an einem Gegenstand der Insolvenzmasse, der zur Zeit der Eröffnung des ausländischen Insolvenzverfahrens im Inland belegen war und das nach inländischem Recht einen Anspruch auf Aussonderung oder abgesonderte Befriedigung gewährt, von der Eröffnung des ausländischen Insolvenzverfahrens nicht berührt wird. § 351 InsO ist inhaltlich an Art. 5 EuInsVO angelehnt, im Gegensatz zu Art. 5 EuInsVO aber nicht allseitig ausgestaltet. Im Übrigen geht § 351 InsO über eine einseitige Kollisionsnorm hinaus, weil eine inhaltliche Abweichung vom inländischen Insolvenzrecht für die Behandlung inländischer Sicherheiten vorgesehen ist[878]. § 351 InsO stellt nach herrschender Literaturansicht eine Sachnorm dar. Darin wird materiellrechtlich angeordnet, dass Gläubiger unabhängig von der Anerkennung eines ausländischen Insolvenzverfahrens einschränkungslos weiterhin ihre Sicherheiten an Gegenständen verwerten können. Dies ist aber nicht erforderlich. Es ist zum Schutz des inländischen Wirtschaftsverkehrs ausreichend, dingliche Rechtsinhaber so zu stellen, wie sie auch bei der Eröffnung eines Insolvenzverfahrens im Inland stehen. Ein ausländischer Insolvenzverwalter hätte dann die Möglichkeit, einen in Deutschland befindlichen, mit einem dinglichen Recht belasteten Gegenstand des Gemeinschuldners unter Berücksichtigung der besonderen Voraussetzungen der §§ 166 ff. InsO selbst zu verwerten. Nach der derzeitigen Rechtslage kann aber das Sicherungsrecht überhaupt nicht in das ausländische Hauptinsolvenzverfahren miteinbezogen werden. Dadurch kann die Sanierung eines Unternehmens erheblich erschwert werden[879]. Dies widerspricht aber dem Prinzip der Gläubigergleichbehandlung.

Eine Verwertung der dinglichen Sicherheiten kann der ausländische Insolvenzverwalter nur über die Beantragung eines Sekundärinsolvenzverfahrens in Deutschland erreichen. Dies ist jedoch mit zusätzlichen, die Masse belastenden Kosten verbunden, die vom ausländischen Insolvenzverwalter sorgfältig mit den Vorteilen der Eröffnung eines Insolvenzverfahrens abgewogen werden müssen.

---

878 Das inländische Recht sieht in §§ 165 ff. InsO eine Verwertungsmöglichkeit für Gegenstände mit Absonderungsrechten vor.

879 Vgl. auch Laut, Universalität und Sanierung, S. 129.

Vorzugswürdig wäre es daher ebenso wie im *Ley Concursal* eine Verweisung auf das Recht am Lageort einzuführen[880]. Stimmiger ist im *Ley Concursal* des Weiteren, dass durch Art. 201 LC auch der Geltungsanspruch des spanischen Insolvenzverfahrens auf im Ausland belegene dingliche Sicherheiten zurückgenommen wird. Währenddessen wird in § 351 InsO nur die Geltung der Lex fori concursus bei im Ausland eröffneten Insolvenzverfahren in Hinblick auf im Inland belegene, mit dinglichen Rechten belastete Gegenstände, ausgeschlossen, aber nicht der extraterritoriale Geltungsanspruch des deutschen Insolvenzverfahrens zurückgenommen. Damit wird vom Ausland eine größere Anerkennungsbereitschaft erwartet, als das deutsche Recht selbst vorsieht. Aufgrund der Tatsache, dass der Ausschluss dinglicher Rechte aus der Insolvenzmasse – wie bereits festgestellt wurde – nicht erstrebenswert ist, kann aber eine allseitige Anwendung nicht befürwortet werden. Dadurch würde der negative Effekt noch potenziert[881].

2. Insolvenzanfechtung

§ 339 InsO ist als allseitige Kollisionsnorm ausgestaltet. Nach § 339 InsO kann eine Rechtshandlung nur angefochten werden, wenn die Voraussetzungen der Insolvenzanfechtung nach dem Recht des Staates der Verfahrenseröffnung erfüllt sind, es sei denn, der Anfechtungsgegner weist nach, dass für die Rechtshandlung das Recht eines anderen Staates maßgebend und die Rechtshandlung nach diesem Recht in keiner Weise angreifbar ist.

Art. 208 LC findet vom Wortlaut nur dann Anwendung, wenn im Inland ein Insolvenzverfahren eröffnet wurde. Allerdings wird er von der überwiegenden Literatur allseitig ausgelegt. Bei einem im Ausland eröffneten, in Spanien anerkannten Insolvenzverfahren bestimmt Art. 223 LC i.V.m. Art. 208 LC, dass grundsätzlich die Lex fori concursus anwendbar ist, es sei denn, der Anfechtungsgegner weist nach, dass die anfechtbare Rechtshandlung der Rechtsordnung eines anderen Staates unterliegt und nach dieser die entsprechende Rechtshandlung in keiner Weise anfechtbar ist. In Hinblick auf die Insolvenzanfechtung stimmt daher die Rechtslage beider Staaten überein, beide sehen die so genannte abgeschwächte Kumulationslösung vor.

880 So auch Scherber, IPrax 2005, 160(164).
881 Laut, Universalität und Sanierung, S. 129.

3. Auswirkungen auf einen inländischen Rechtsstreit

Das *Ley Concursal* regelt in einer allseitigen Kollisionsnorm, dass die Wirkungen, die eine ausländische Insolvenzeröffnung auf einen in Spanien anhängigen Rechtsstreit hat, durch das Prozessrecht des Staates bestimmt werden, in dem der Rechtsstreit anhängig ist. § 352 InsO sieht vor, dass der inländische Rechtsstreit durch die Eröffnung eines ausländischen Insolvenzverfahrens unterbrochen wird.

Sowohl das *Ley Concursal* als auch die Insolvenzordnung lassen damit prinzipiell Wirkungen des ausländischen Verfahrens auf inländische Rechtsstreitigkeiten, die einen Massegegenstand betreffen, zu. Beide Rechtsordnungen sehen aber eine Sonderregelung dahingehend vor, dass sich die konkrete Ausgestaltung der Wirkung auf einen inländischen Rechtsstreit nicht nach der Lex fori concursus richtet, sondern nach inländischem Recht.

Im *Ley Concursal* bestimmt sich die Prozessführungsbefugnis nach inländischem Recht. Da Art. 209 LC auf das spanische Recht, ausgenommen der Normen des internationalen Privatrechts, verweist, handelt es sich um eine Sachnormverweisung.

Die Regelung des § 352 InsO verweist im Unterschied zu Art. 209 LC nicht auf inländisches Sachrecht, sondern regelt die Wirkungen einer ausländischen Verfahrenseröffnung auf einen inländischen Rechtsstreit innerhalb einer internationalinsolvenzrechtlichen Sachnorm eigenständig[882]. Dies resultiert daher, dass der Gesetzgeber einerseits eine Unterbrechungswirkung wie nach deutschem Recht in § 240 ZPO herbeiführen wollte, um die prozessuale Entscheidungssicherheit zu garantieren. Andererseits sollte aber für die Frage, wer zur Aufnahme des Rechtsstreits berechtigt ist, die Prozessführungsbefugnis nach dem Recht des Eröffnungsstaats entscheidend sein, um nicht in die insolvenzrechtlichen Befugnisse der Beteiligten durch den ausländischen Staat einzugreifen[883].

Dieses Ergebnis hätte durch einen Verweis auf die inländischen Sachnormen nicht herbeigeführt werden können, sondern musste durch eine eigenständige internationalprivatrechtliche Sachnorm geregelt werden.

4. Bekanntmachung im Inland

Wenn im Inland eine Niederlassung existiert, erfolgt nach § 345 Abs. 2 S. 1 InsO im Inland eine Veröffentlichung des ausländischen Eröffnungsbeschlusses von Amts wegen. Ist dies nicht der Fall, kann der ausländische Insolvenzverwalter,

882 Kemper, in Kübler/Prütting, § 352 Rn. 2.
883 BT-Drs. 15/16, S. 24.

wegen der damit verbundenen Kosten, selbst darüber entscheiden, ob eine Veröffentlichung geboten ist.

Demgegenüber ist der ausländische Insolvenzverwalter nach dem *Ley Concursal*, soweit sich eine Niederlassung im Inland befindet, selbst verpflichtet, die Existenz des ausländischen Eröffnungsbeschlusses in der verbreitesten Zeitung der Provinz, in der sich die Niederlassung befindet, zu inserieren und eine Bekanntgabe im Gesetzesblatt in die Wege zu leiten.

Hat der Schuldner keine Niederlassung in Spanien, so ist der ausländische Verwalter verpflichtet, eine Eintragung der Insolvenz in die öffentlichen Register zu beantragen.

Offen bleibt aber, welche Rechtsfolgen an die Nichterfüllung dieser Pflichten geknüpft sein sollen. Auch die Literatur äußert sich dazu – soweit ersichtlich – nicht.

XXV. Rechtsvergleich: Vollstreckbarkeit im Inland

In der Insolvenzordnung hat die Anerkennung einer ausländischen insolvenzrechtlichen Entscheidung nicht automatisch deren Vollstreckbarkeit im Inland zur Folge. Die Vollstreckbarkeit wird konstitutiv nach inländischem Recht durch Gestaltungsurteil verliehen. Vollstreckungstitel ist nicht die ausländische Entscheidung, sondern das im Exequaturverfahren erlassene Urteil.

Zwischen der Anerkennung einer ausländischen insolvenzrechtlichen Entscheidung und der Vollstreckbarkeit im Inland wird in der Insolvenzordnung streng getrennt. Von den Wirkungen, die sich durch die Anerkennung der ausländischen Entscheidung auf das Inland erstrecken, wird nicht die Vollstreckbarkeit einer ausländischen Entscheidung umfasst. Bei der Vollstreckbarerklärung der ausländischen Entscheidung findet ein Nostrifizierungsprozess statt.

Im *Ley Concursal* wird nicht zwischen Anerkennung und Vollstreckbarerklärung unterteilt. Nach ganz überwiegender Ansicht soll sich durch die Anerkennung von Entscheidungen auch deren etwaige Vollstreckbarkeit auf das Inland erstrecken. Die Voraussetzungen, die für die Anerkennung einer Entscheidung vorliegen müssen, entscheiden auch über die Vollstreckbarkeit einer Entscheidung im Inland. Das Exequatur verleiht die Vollstreckungsfähigkeit im Gegensatz zum deutschen Recht nicht originär, sondern stellt die Vollstreckungsfähigkeit der ausländischen Entscheidung im Inland fest. Vollstreckungstitel ist die ausländische vollstreckbare Entscheidung in Verbindung mit der Exequaturentscheidung.

In beiden Rechtsordnungen ist aber Voraussetzung dafür, dass eine ausländische Entscheidung im Inland vollstreckt werden kann, dass sie nach dem Recht des Entscheidungsstaates vollstreckbar ist. Die Rechtskraft der Entscheidung ist dagegen übereinstimmend nicht erforderlich. Eine Vollstreckbarerklärung wäre nach deutschem Recht zu versagen, wenn sie gegen den inländischen Ordre public verstößt. Wenn die Vollstreckung im Inland gegen den *Orden público* verstößt, wäre aber auch in Spanien die Anerkennung nach Art. 220 LC zu versagen[884]. Die Vollstreckbarerklärung nach §§ 722 ff. ZPO erfolgt in einem normalen Klageverfahren. Demgegenüber stellt das Exequaturverfahren nach Art. 951 ff. LEC 1881 ein besonderes Anerkennungsverfahren dar. Die Entscheidung, ob anerkannt wird, ergeht durch Beschluss, Art. 956 Abs. 2 LEC 1881.

Der Umstand, dass im spanischen Recht nicht zwischen Anerkennung und Vollstreckbarerklärung unterschieden wird, hat eine entscheidende Auswirkung bei Folgeentscheidungen. Diese können automatisch anerkannt werden. Insoweit handelt es sich um eine Neuheit im spanischen Recht. Der Grundsatz der automatischen Anerkennung gilt aber dann nicht, wenn es sich um Folgeentscheidungen mit vollstreckbarem Inhalt handelt. Die Staatsouveränität verbietet die direkte Ausübung von Zwangsbefugnissen auf anderem Staatsgebiet. Durch die Anerkennung einer Entscheidung erstreckt sich aber auch deren Vollstreckbarkeit auf das Inland. Daher kann im *Ley Concursal* die Anerkennung von Folgeentscheidungen mit vollstreckbarem Inhalt nicht automatisch erfolgen.

XXVI. *El procedimiento territorial* – Territorialverfahren

Bislang wurde in dieser Arbeit die internationale Zuständigkeit, die Anerkennung und die Vollstreckbarerklärung eines ausländischen Hauptinsolvenzverfahrens im *Ley Concursal* und in der Insolvenzordnung behandelt und miteinander verglichen. In beiden Ländern existiert darüber hinaus die Möglichkeit, ein auf das Inlandsvermögen beschränktes Insolvenzverfahren zu eröffnen[885]. Der nachfolgende Teil der Arbeit widmet sich diesen so genannten Territorialverfahren über Inlandsvermögen[886].

Das *Ley Concursal* sieht ein Kombinationsmodell zwischen einem Hauptinsolvenzverfahren mit universalem Wirkungsanspruch und der daneben bestehen-

---

884 Vgl. dazu bereits oben unter D.XVII.5.e).

885 Grundvoraussetzung ist selbstverständlich, dass das Vermögen des Gemeinschuldners in mehreren Staaten verteilt ist.

886 Dies ist die wörtliche Übersetzung der im Ley Concursal verwendeten Begrifflichkeit.

den Möglichkeit der Einleitung mehrer Territorialverfahren vor[887]. Das Territorialverfahren hat eine Schutzfunktion gegenüber inländischen Gläubigern, die auf im Inland vorhandene Vermögenswerte sowie die Anwendbarkeit der spanischen Rechtsordnung vertraut haben[888]. So können die Gläubiger im Inland ihre Forderungen anmelden. Es bleibt diejenige Rechtsordnung anwendbar, die auch schon vor Eintritt des Insolvenzfalls maßgeblich war, und privilegierte Gläubiger müssen nicht befürchten, ihre Rechtsstellung zu verlieren. Auch gilt die inländische Verteilungsordnung. Darüber hinaus kann dem Territorialverfahren eine Hilfsfunktion in Hinblick auf das Hauptinsolvenzverfahren zukommen, wenn die Verwaltung des Schuldnervermögens allein durch das Hauptinsolvenzverfahren zu komplex ist. Durch die Schaffung von Parallelverfahren kann die Verwaltung strukturiert und durch die Verwertung nach dem Ortsrecht vereinfacht werden[889].

In den Art. 210 ff. LC sind die besonderen Vorschriften für das Territorialverfahren normiert. Die Zuständigkeitsvorschrift für die Eröffnung eines Territorialverfahrens ist in Art. 10.3 LC geregelt.

1. Terminologie

Das *Ley Concursal* sieht die Möglichkeit der Eröffnung eines Territorialverfahrens vor. Dieser Begriff wird einheitlich in Art. 10.3 LC sowie in Art. 210.1 LC verwendet. Die Terminologien Sekundärinsolvenzverfahren und unabhängiges Territorialverfahren erscheinen im Gesetz nicht. Im Rahmen dieser Arbeit soll jedoch zur notwendigen Abgrenzung zwischen den möglichen Erscheinungsformen eines Territorialverfahrens auch begrifflich differenziert werden. Unter einem Sekundärinsolvenzverfahren versteht man ein solches, das zeitgleich oder nach einem ausländischen Hauptinsolvenzverfahren eröffnet wird[890]. Von einem unabhängigen Territorialverfahren wird dann gesprochen, wenn ein Hauptinsolvenzverfahren nicht beziehungsweise noch nicht eröffnet wurde. Diese Begriffe werden im Folgenden verwendet.

---

887 Kritsch zur Möglichkeit der Eröffnung eines Territorialverfahrens neben einem Hauptinsolvenzverfahrens im Ley Concursal, Espiniella Menéndez, AEDIPr 2005, 153(169 ff.).

888 Espiniella Menéndez, in Comentarios a la legislación concursal, Art. 210 S. 3270; Virgós Soriano, in La nueva Ley Concursal, Hrsg.: Consejo General del Poder Judicial, S. 503(524).

889 Espiniella Menéndez, in Comentarios a la legislación concursal, Hrsg.: Sánchez-Calero, Art. 210 S. 3270; Virgós Soriano, in La nueva Ley Concursal, Hrsg.: Consejo General del Poder Judicial, S. 503(524).

890 Esplugues Mota, ZZPInt (2001), 65(87).

2. Subsidiarität

Nach Art. 10.3 LC ist Voraussetzung für die Eröffnung eines Territorialverfahrens, dass sich der Mittelpunkt der hauptsächlichen Interessen nicht in Spanien befindet. Soweit der Mittelpunkt der hauptsächlichen Interessen in Spanien liegt, ist die Zuständigkeit zur Eröffnung eines Hauptinsolvenzverfahrens über das gesamte Vermögen gegeben. Demnach ist das Territorialverfahren gegenüber einem Hauptinsolvenzverfahren mit universalem Geltungsanspruch subsidiär. Die Eröffnung eines Territorialverfahrens ist nicht zulässig, wenn zugleich die internationale Zuständigkeit eines spanischen Gerichts zur Eröffnung eines Hauptinsolvenzverfahrens vorliegt[891].

3. Zuständigkeit

Wie bereits erwähnt ist in Art. 10.3 LC die internationale Zuständigkeit zur Eröffnung eines Territorialverfahrens geregelt. Dieser sieht vor, dass soweit der Mittelpunkt der hauptsächlichen Interessen des Schuldners nicht auf spanischem Staatsgebiet liegt, er aber in Spanien eine Niederlassung besitzt, ein Territorialverfahren eröffnet werden kann.

In Abgrenzung zur EuInsVO findet Art. 10.3 LC nur Anwendung, wenn sich der Mittelpunkt der hauptsächlichen Interessen des Schuldners in einem Drittstaat befindet[892]. So kommt beispielweise Art. 10.3 LC zur Anwendung, wenn der Mittelpunkt der hauptsächlichen Interessen eines Schuldners in den USA liegt, das Unternehmen aber eine Niederlassung in Spanien hat.

Voraussetzung für die Eröffnung eines Territorialverfahrens ist, dass sich in Spanien eine Niederlassung des Gemeinschuldners befindet. Nach Art. 10.3 LC ist darunter jeder Tätigkeitsort zu verstehen, an dem der Schuldner einer wirtschaftlichen Tätigkeit von nicht nur vorübergehender Art nachgeht, die den Einsatz von Personal und Vermögenswerten voraussetzt. Dafür bedarf es einer eigenständigen wirtschaftlichen Betätigung zum Markt hin, die ein Mindestmaß an Organisation sowie eine gewisse Dauerhaftigkeit voraussetzt. Diese Definition der Niederlassung stimmt mit Art. 2 Buchst. h EuInsVO überein[893]. Es handelt sich dabei um einen relativ offenen Begriff der Niederlassung[894].

---

891 Pulgar Ezquerra, Comentarios a la legislación concursal, Art. 10, S. 291.
892 Calvo Caravaca/González Carrascosa, Derecho concursal internacional, Rn. 495.
893 Auf dessen Erläuterungen kann daher zurückgegriffen werden.
894 *Duursma-Kepplinger*/Duursma/Chalupsky, EuInsVO, Art. 2 Rn. 22; dies hat seine Ursache in der Tatsache, dass sich einige Staaten in den Vorberatungen zur EuInsÜ sowie später zur EuInsVO dafür ausgesprochen hatten bereits bei der Belegenheit

Kennzeichnend für eine Niederlassung ist darüber hinaus eine Abhängigkeit vom Hauptunternehmen. Eine selbstständige Tochtergesellschaft stellt keine Niederlassung der Muttergesellschaft dar[895].

4. Antragsbefugnis

Das Territorialverfahren wird nicht automatisch, sondern nur auf Antrag eröffnet. Nach Art. 212.1 LC ist jede Person, die nach dem *Ley Concursal* legitimiert ist, die Eröffnung eines Insolvenzverfahrens zu beantragen, auch zur Beantragung eines Territorialverfahrens befugt. Antragsbefugt zur Eröffnung eines Insolvenzverfahrens sind nach Art. 3 LC der Gemeinschuldner und seine Gläubiger. Diese Personen können folglich auch die Eröffnung eines Territorialverfahrens beantragen. Darüber hinaus ist nach Art. 212.2 LC der ausländische Verwalter des Hauptinsolvenzverfahrens antragsbefugt.

5. Vorausetzungen für die Eröffnung von Territorialverfahren

Nach Art. 211 LC kann für den Fall, dass ein ausländisches Hauptinsolvenzverfahren anerkannt ist, im Inland ein Territorialverfahren eröffnet werden, ohne dass die Insolvenz des Schuldners überprüft werden muss.

a) Unabhängiges Territorialverfahren?

Fraglich ist, ob hieraus zu schließen ist, dass ohne zeitlich vorherige Eröffnung eines ausländischen Hauptinsolvenzverfahrens, welches im Inland anerkannt ist, kein Territorialverfahren eröffnet werden kann.

Calvo Caravaca/Carrascosa González entnehmen aus Art. 211 LC, dass in Spanien kein selbstständiges unabhängiges Territorialverfahren durchgeführt werden kann. Erforderlich sei für die Eröffnung eines Territorialverfahrens, dass im Ausland ein Insolvenzverfahren eröffnet wurde, welches in Spanien anerkannt ist[896].

Dafür spricht, dass im *Ley Concursal* keine Vorschrift existiert, die explizit die Zulässigkeit eines unabhängigen Territorialverfahrens anordnet[897]. Auch die *exposición de motivos* (Gesetzesbegründung) äußert sich dazu nicht. Der *Conse-*

---

von Vermögen die Eröffnung eines Territorialverfahrens zuzulassen. Als Kompromiss wurde ein weiter Niederlassungsbegriff zugrunde gelegt.

895 Calvo Caravaca/Carrascosa González, Derecho concursal internacional, Rn. 497.

896 Calvo Caravaca/Carrascosa González, Derecho concursal internacional, Rn. 600.

897 In der EuInsVO wird ein solches in Art. 3 Abs. 4 unter bestimmten Voraussetzungen für zulässig erklärt.

jo General del Poder Judicial bezieht sich in seiner Stellungnahme zum *Anteproyecto de la Ley Concursal* vom 21.3.2002 ebenfalls nur auf ein Territorialverfahren, das neben einem Hauptinsolvenzverfahren eröffnet wird[898].

Von *Esplugues Mota* wird die Möglichkeit, unabhängig von einem ausländischen Hauptinsolvenzverfahren ein Territorialverfahren zu eröffnen, gar nicht erörtert, sondern nur von einem Territorialverfahren als Sekundärinsolvenzverfahren gesprochen[899].

Die Mehrheit der Literaturvertreter nimmt aber dennoch an, dass nach dem *Ley Concursal* ein Territorialverfahren vor einem Hauptinsolvenzverfahren – und damit auch unabhängig von einem Hauptinsolvenzverfahren – eröffnet werden kann[900]. Dies leiten sie daraus her, dass die Verweisung in Art. 10.3 LC auf die Art. 227 ff. LC zur Kooperation von parallelen Insolvenzverfahren, nur als Möglichkeit, soweit im Ausland am Mittelpunkt der hauptsächlichen Interessen ein Hauptinsolvenzverfahren eröffnet wurde, formuliert ist. Aus dieser Erwähnung des Hauptinsolvenzverfahrens als bloße Eventualität, sei zu schließen, dass die Eröffnung eines Territorialverfahrens nicht durch die zeitlich vorherige Eröffnung eines Hauptinsolvenzverfahrens bedingt sei[901]. Dies ergebe sich auch daraus, dass das *Ley Concursal* im Gegensatz zur EuInsVO keine Einschränkungen in Hinblick auf die zeitlich vor einem Hauptinsolvenzverfahren liegende Eröffnung eines Territorialverfahrens vorsehe[902]. Die entsprechenden Beschränkungen der EuInsVO[903], seien damit zu begründen, dass im innergemeinschaftlichen Rechtsraum ein ausländisches Hauptinsolvenzverfahren vor einem inländischen Territorialverfahren eine grundsätzliche Vorrangstellung einnehme, um eine gemeinsame und koordinierte Insolvenzabwicklung zu erreichen. In Hinb-

---

898 Consejo General del Poder Judicial, AEDIPr 2003, 1113(1116).

899 Esplugues Mota, ZZPInt (2001), 65(87ff.).

900 Campuzano Díaz, Aspectos internacionales del derecho concursal, S. 275; Maldonado Ramos, in Comentarios a la legislación concursal, Art. 211, S. 1294; Herrera Cuevas, Manual de la reforma concursal, S. 715; Espiniella Menédez, REDI 2004, S. 597(598); Carballo Pineiro, Comentarios a la legislación concursal, Hrsg.: Sánchez-Calero, Art. 211, S. 3289; Virgós Soriano/Garcimartín Alférez, in Comentario de la Ley Concursal, Art. 211, S. 2937.

901 Campuzano Díaz, Aspectos internacionales del derecho concursal, S. 275.

902 Maldonado Ramos, in Comentarios a la legislación concursal, Art. 211 S. 1294; Herrera Cuevas, Manual de la reforma concursal, S. 715.

903 Art. 4 Abs. 4 EuInsVO regelt, dass nur dann ein unabhängiges Partikularverfahren eröffnet werden kann, wenn die Eröffnung eines Hauptinsolvenzverfahrens am Mittelpunkt der hauptsächlichen Interessen nicht möglich ist oder wenn ein Gläubiger, der seinen Wohnsitz, Sitz oder seinen gewöhnlichen Aufenthaltsort am Niederlassungsort hat oder dessen Forderung auf einer sich aus dem Betrieb dieser Niederlassung ergebenden Verbindlichkeit beruht und dieser Gläubiger am Niederlassungsort ein Insolvenzverfahren beantragt.

lick auf Drittstaaten machten jedoch solche Beschränkungen keinen Sinn. Ein unabhängiges Territorialverfahren könne daher einschränkungslos eröffnet werden[904].

b) Voraussetzungen für ein unabhängiges Territorialverfahren

Wie bereits festgestellt, kann ein unabhängiges Territorialverfahren nach überwiegender Literaturansicht eröffnet werden. Zu prüfen ist nunmehr, welche Voraussetzungen dafür vorliegen müssen.

Das Erfordernis der Insolvenz des Schuldners ergibt sich im Umkehrschluss zu Art. 211 LC. Wie bereits erwähnt, normiert dieser, dass ein Territorialverfahren ohne Überprüfung der Insolvenz des Schuldners eröffnet werden kann, wenn das Hauptinsolvenzverfahren im Inland anerkannt ist. Ist (noch) kein ausländisches Insolvenzverfahren anerkannt, muss damit die Insolvenz des Schuldners überprüft werden[905]. Das *Ley Concursal* sieht als Insolvenzgründe die Zahlungsunfähigkeit und die drohende Zahlungsunfähigkeit vor. Nach Art. 2.2 LC ist der Schuldner zahlungsunfähig, wenn er nicht dazu in der Lage ist, seine fälligen Verpflichtungen zu erfüllen. Bei Eröffnung eines Territorialverfahrens stellt sich die Frage, nach welchem Maßstab diese Unfähigkeit, die Verpflichtungen zu erfüllen, zu bemessen ist. Das *Ley Concursal* trifft dahingehend keine Regelung. Zur Feststellung der Zahlungsunfähigkeit könnte auf das gesamte weltweite Vermögen des Schuldners abgestellt werden oder nur auf das im Inland befindliche Vermögen.

Espiniella Menéndez will einen weltweiten Maßstab zur Beurteilung der Zahlungsunfähigkeit anlegen. Da sämtliche Gläubiger ihre Forderungen im Territorialverfahren geltend machen können, müsse auch die Aktivmasse universal definiert werden[906]. Die Berücksichtigung allein des Niederlassungsvermögens könne zu widersprüchlichen Ergebnissen führen. So, wenn am Ort der unselbstständigen Niederlassung ein Territorialverfahren eröffnet werde, obwohl der Schuldner im Ganzen noch solvent ist. Für das Gesamtunternehmen könne aber auch eine unrentable Niederlassung unersetzbar sein[907].

Im Übrigen müsse die Insolvenz nach Art. 2, 210, 211 LC für einen Schuldner als Rechtsträger bestimmt werden. Eine Niederlassung stelle aber keine juristische Einheit dar. Die Tabestandsmerkmale des Art. 2 LC und damit die Tatsa-

904 Campuzano Díaz, Aspectos internacionales del derecho concursal, S. 276, 298/299.

905 Espiniella Menéndez, AEDIPr 2005, 153(180).

906 Espiniella Menéndez, in Comentarios a la legislación concursal, Hrsg.: Sánchez-Calero, Art. 211, S. 3296.

907 Espiniella Menéndez, REDI 2004, 593(597); derselbe, in AEDIPr 2005, 153(181 ff./195 ff.)

chen, durch welche die Insolvenz des Schuldners in Erscheinung tritt, seien daher im Sinne einer globalen Betrachtungsweise zu verstehen. So sei bei Art. 2.4.1° LC auf die weltweite Aussetzung der laufenden Zahlungen und nicht nur der in Spanien begründeten Zahlungen abzustellen[908].

Virgós/Garcimartín wollen für die Beurteilung der Frage, ob der Schuldner insolvent ist, ebenfalls auf die Vermögensverhältnisse in sämtlichen Staaten abstellen. Dennoch soll bei den Tatsachen, durch welche die Insolvenz in Erscheinung tritt – wegen der erheblichen Kosten, die der Beweis des weltweiten Zahlungsverhaltens mit sich bringt – eine auf Spanien beschränkte Betrachtung ausreichen[909].

6. *Ley aplicable* – Anwendbares Recht

Wird in Spanien ein Territorialverfahren eröffnet, so findet spanisches Recht Anwendung. Art. 200 LC, wonach die Voraussetzungen und Wirkungen eines in Spanien eröffneten Insolvenzverfahrens, vorbehaltlich der in Art. 201 bis 209 LC geregelten Ausnahmen, dem spanischen Recht unterliegen, findet auch auf das Territorialverfahren Anwendung. Dies ergibt sich daraus, dass sich Art. 200 LC im Abschnitt der allgemeinen Vorschriften befindet und sich allgemein auf ein in Spanien eröffnetes Insolvenzverfahren bezieht[910]. Kollisionsfälle werden in geringerem Maße auftreten. Das Territorialverfahren ist in seinem räumlich-gegenständlichen Anwendungsbereich auf das Staatsgebiet beschränkt. Daher weisen die Rechtsverhältnisse, die über das Territorialverfahren abzuwickeln sind, in der Regel einen Inlandsschwerpunkt auf[911].

7. *Masa activa* – Aktivmasse

Von dem Begriff der *Masa activa* (Aktivmasse) werden diejenigen Vermögensgegenstände des Schuldners umfasst, auf die sich die Wirkungen eines inländischen Territorialverfahrens erstrecken. Die Bestimmung des im Inland belegenen Schuldnervermögens entscheidet dabei darüber, ob ein Gegenstand der Masse des inländischen Territorialverfahrens zuzuordnen ist[912]. Handelt es sich um ein

---

908 Espiniella Menéndez, in Comentarios a la legislación concursal, Hrsg.: Sánchez-Calero, Art. 211, S. 3297.

909 Virgós Soriano/Garcimartín Alférez, in Comentario de la Ley Concursal, Art. 211, S. 2938.

910 Espiniella Menéndez, in Comentarios a la legislación concursal, Hrsg.: Sánchez-Calero, Art. 210, S. 3272.

911 Thieme, in Stoll(Hrsg.), Stellungnahmen und Gutachten, S. 212(219).

912 Campuzano Díaz, Aspectos internacionales del derecho concursal, S. 303.

Sekundärinsolvenzverfahren, so grenzt die Festlegung der inländischen Aktivmasse auch von der Masse des ausländischen Hauptpinsolvenzverfahrens – das aufgrund seines universalen Wirkungsanspruchs ebenfalls das inländische Vermögen erfasst – ab und entscheidet darüber, nach welchem Recht sich die insolvenzrechtlichen Einwirkungen bestimmen[913]. Unterfällt das Vermögen der inländischen Aktivmasse, so richten sich die insolvenzrechtlichen Wirkungen nach inländischem spanischen Insolvenzrecht. Ansonsten unterliegen die Wirkungen, soweit das ausländische Verfahren anerkannt ist, der jeweiligen ausländischen Lex fori concursus. Damit die Aktivmasse bestimmt werden kann, muss zum einen beantwortet werden, ob ein Vermögensgegenstand im Inland belegen ist, und zum anderen, welcher Zeitpunkt dafür maßgeblich ist.

a) Beschränkung auf inländisches Vermögen

Art. 10 LC regelt neben der internationalen Zuständigkeit, welche Gegenstände der Aktivmasse des Territorialverfahrens unterfallen. Nach Art. 10.3 LC erstrecken sich die Wirkungen des Territorialverfahrens auf die in Spanien befindlichen Vermögensgüter des Schuldners und nicht nur auf wirtschaftlich der Niederlassung zugeordnete Vermögenswerte. Das heißt, dass für die Bestimmung der Aktivmasse allein entscheidet, ob sich der Gegenstand im Inland befindet[914]. Damit kommt der Frage, ob sich ein Vermögensgut im Inland befindet eine entscheidende Bedeutung zu, um die Aktivmasse des Territorialverfahrens festzulegen[915]. Art. 10.3 LC enthält jedoch keine Definition, wonach sich dies richtet. Einige Literaturvertreter wollen sich an den in Art. 2 Buchst. g EuInsVO enthaltenen Definitionen orientieren[916]. Nach Art. 2 Buchst. g EuInsVO befinden sich körperliche Gegenstände in dem Staat, in dem sie belegen sind. Bei Gegenständen oder Rechten, bei denen das Eigentum oder die Rechtsinhaberschaft in ein öffentliches Register einzutragen ist, ist auf den Staat abzustellen, unter dessen Aufsicht das Register geführt wird. Forderungen gelten nach Art. 2 Buchst. g EuInsVO als dort belegen, in dessen Gebiet, der zur Leistung verpflichtete, den Mittelpunkt seiner hauptsächlichen Interessen im Sinne von Art. 3 Abs. 1 EuInsVO hat.

---

913 Kolmann, Kooperationsmodelle, S. 221.

914 Kritisch dazu Espiniella Menéndez, AEDIPr 2005, 153(183 ff.)(195), er schlägt die Einbeziehung der Güter in das Territorialinsolvenzverfahren vor, die der Niederlassung zugeordnet sind.

915 Campuzano Díaz, Aspectos internacionales del derecho concursal, S. 303.

916 Campuzano Díaz, Aspectos internacionales del derecho concursal, S. 305; Carballo Pineiro, Acciones de reintegración, S. 91; Heredia Cervantes, in Comentarios a la Ley Concursal, Hrsg.: Bercovitz Rodriguez-Cano, Art. 210, S. 2104.

b) Zeitpunkt für die Ermittlung der Vermögensbelegenheit

Fraglich ist, zu welchem Zeitpunkt ein Gegenstand im Inland belegen sein muss, um zur Aktivmasse zu zählen und damit den Wirkungen des Territorialverfahrens zu unterliegen. Der Zeitpunkt ist relevant, wenn sich die Belegenheit eines Gegenstands knapp vor oder im Verlaufe eines Verfahrens ändert und sich dadurch eine Änderung der Qualifizierung der Massezugehörigkeit ergibt[917].

Das *Ley Concursal* enthält auch keine ausdrückliche Bestimmung, wann ein Gegenstand im Inland belegen sein muss, um zur Aktivmasse zu zählen. Nach Ansicht der spanischen Literatur soll auf den Zeitpunkt der Verfahrenseröffnung im Sinne von Art. 2 Buchst. f EuInsVO abgestellt werden[918]. Danach ist entscheidend, welche Gegenstände sich zum Zeitpunkt der wirksamen Eröffnung des Territorialverfahrens im Inland befunden haben.

Das heißt, dass Vermögensgegenstände, die nach Eröffnung des Territorialverfahrens ins Inland gelangen, nicht der Aktivmasse zugerechnet werden können. Umgekehrt gehören aber Gegenstände, die nach Eröffnung des Territorialverfahrens aus dem Inland in andere Staaten transferiert werden, weiterhin zur Masse des Partikularverfahrens.

8. Teilnahmeberechtigung

Zur Teilnahme am inländischen Territorialverfahren sind nach allgemeiner Literaturansicht sämtliche Gläubiger berechtigt[919]. Dies ergibt sich auch aus Art. 217 LC. Dieser regelt, dass Gläubiger ausländischer Staaten oder Gläubiger mit Wohnsitz im Ausland ihre Forderungen nach den inländischen Vorschriften im Verfahren geltend machen. Daraus ist zu schließen, dass für die Teilnahme an einem inländischen Territorialverfahren die Staatsangehörigkeit der Gläubiger, der Wohnsitz sowie die Frage, ob die angemeldete Forderung einen Inlandsbezug aufweist, unerheblich sind.

9. Verhältnis von Haupt- und Territorialverfahren

Ein ausländisches Hauptinsolvenzverfahren mit universalem Wirkungsanspruch erfasst mit der Anerkennung auch das in Spanien befindliche Vermögen des

917 *Duursma-Kepplinger*/Duursma/Chalupsky, EuInsVO, Art. 27 Rn. 70.

918 Campuzano Díaz, Aspectos internacionales del derecho concursal, S. 305.

919 Herrera Cuevas, Manual de la reforma concursal, S. 715; Maldonado Ramos, in Comentarios a la legislación concursal, Art. 210, S. 1293; Calvo Caravaca/González Carrascosa, Derecho concursal internacional, Rn. 597.

Schuldners[920]. Die Anerkennung des ausländischen Hauptinsolvenzverfahrens hindert aber nach Art. 220.3 LC nicht die Eröffnung eines Territorialverfahrens in Spanien. Mit Eröffnung des Sekundärinsolvenzverfahrens werden die Wirkungen des Hauptinsolvenzverfahrens auf das inländische Vermögen verdrängt[921]. Wird ein Sekundärinsolvenzverfahren eröffnet, so findet nicht mehr die ausländische Lex fori concursus Anwendung, sondern die Lex fori particularis und damit spanisches Recht.

10. Kooperationsvorschriften

Eine Folge des im *Ley Concursal* vorgesehenen Kombinationsmodells, welches die Möglichkeit der Eröffnung von Territorialverfahren neben einem Hauptinsolvenzverfahren vorsieht, ist das Bedürfnis der Normierung von Kooperationsvorschriften zwischen parallelen Insolvenzverfahren[922].

Für Haupt- und Territorialverfahren sind unterschiedliche Verwaltungsorgane zuständig. Es handelt sich um zwei selbstständige, voneinander unabhängige Verfahren. Dies kann zur Folge haben, dass die zuständigen Verwalter unterschiedliche einander widersprechende Entscheidungen über das Schuldnervermögen treffen. Da aber beide Verfahren das Ziel haben, eine Befriedigung der Gläubiger möglichst umfassend herbeizuführen, ist eine Zusammenarbeit zwischen den Verwaltern von Haupt- und Sekundärinsolvenzverfahren im Interesse der Rechtssicherheit und zugunsten einer optimalen wirtschaftlichen Verwertung des Schuldnervermögens erforderlich[923]. Trotz des Ziels einer optimalen Kooperation zwischen den Insolvenzverwaltern, muss die dominierende Rolle des Hauptinsolvenzverfahrens beachtet werden[924]. Diese Dominanz äußert sich in den Einwirkungsmöglichkeiten, die der Verwalter des Hauptinsolvenzverfahrens im Territorialverfahren nach Art. 227.3 LC hat[925]. Darüber hinaus kommt sie in der Vorschrift des Art. 230 LC zur Geltung, wonach der Insolvenzverwalter des

---

920 Vgl. dazu bereits oben unter D.XIX.

921 Geimer, Internationales Zivilprozessrecht, Rn. 3392; Ludwig, Neuregelungen, S. 193; Habscheid, Grenzüberschreitendes Insolvenzrecht, S. 425; 459; Kolmann, Kooperationsmodelle, S. 221, 233; Spahlinger, Sekundäre Insolvenzverfahren, S. 245; Thieme, in Stoll(Hrsg.), Stellungnahmen und Gutachten, S. 212(218).

922 Calvo Caravaca/González Carrascosa, Derecho concursal internacional, Rn. 664.

923 Exposición de motivos Ley 22/2003 BOE 10/07/03(XI); Calvo Caravaca/González Carrascosa, Derecho concursal internacional, Rn. 665; Heredia Cervantes, in Comentarios a la Ley Concursal, Art. 227, S. 2193.

924 In der EuInsVO ist die dominierende Rolle des Hauptinsolvenzverfahrens ausdrücklich in Erwägungsgrund 20 erwähnt.

925 Virgós Soriano, in La nueva Ley Concursal, Hrsg.: Consejo General del Poder Judicial, S. 503(527).

Sekundärinsolvenzverfahrens dem Verwalter des Hauptinsolvenzverfahrens einen etwaig verbleibenden Überschuss herauszugeben hat[926].

Art. 227.1 LC normiert, dass die Insolvenzverwaltung eines in Spanien eröffneten Insolvenzverfahrens und die Insolvenzverwaltung eines über das Vermögen desselben Gemeinschuldners eröffneten ausländischen Insolvenzverfahrens dazu verpflichtet sind, in Ausübung ihrer jeweiligen Funktionen zusammenzuarbeiten, und zwar unter der Aufsicht der jeweils zuständigen Gerichte oder Behörden. Die Pflicht zur Zusammenarbeit bezieht sich sowohl auf das spanische Hauptinsolvenzverfahren mit einem ausländischen Territorialverfahren als auch umgekehrt auf das spanische Territorialverfahren mit einem ausländischen Hauptinsolvenzverfahren. Auch die Kooperation von parallelen Sekundärinsolvenzverfahren, die über das Vermögen eines Gemeinschuldners eröffnet werden, können darunter gefasst werden[927]. Dies ergibt sich aus der Formulierung *„cada uno de los procedimientos"* (in jedem Verfahren).

Eine Pflicht zur Zusammenarbeit besteht erst, wenn das ausländische Verfahren förmlich anerkannt ist[928]. Das Gesetz verlangt des Weiteren ein Gegenseitigkeitsverhältnis, Art. 227.1 LC. In dem Fall, dass der ausländische Verwalter oder das ausländische Gericht sich nicht kooperationsbereit zeigt, sind die inländischen Organe von der Kooperationspflicht befreit.

Art. 227.2 LC enthält eine beispielhafte Aufzählung von Aspekten der Kooperation. Die Zusammenarbeit kann aber auch andere Aspekte umfassen, welche die Vorschrift nicht erwähnt. Die Aufzählung ist nicht abschließend[929].

Die Zusammenarbeit kann bestehen:

1. In dem Austausch von Informationen, die für die Durchführung des anderen Verfahrens Bedeutung haben können, unbeschadet der Vorschriften, welche die Vertraulichkeit von Informationen und Daten schützen. In jedem Fall müssen relevante Verfahrensänderungen, wie beispielsweise die Ernennung des Insolvenzverwalters oder sonstigen Vertreters oder die Eröffnung eines weiteren Insolvenzverfahrens über das Vermögen desselben Gemeinschuldners, in einem anderen Staat mitgeteilt werden.

2. Die Abstimmung zwischen der Verwaltung und Kontrolle oder Überwachung des Vermögens und der Aktivitäten des Gemeinschuldners.

3. Die Bestätigung und Anwendung von Vereinbarungen betreffend die Verfahrenskoordination der verschiedenen Insolvenzverfahren durch die zuständigen Gerichte oder Behörden.

---

926 Carballo Pineiro, in Comentarios a la legislación concursal, Hrsg.: Sánchez-Calero, Art. 227, S. 3461.

927 Heredia Cervantes, in Comentarios a la Ley Concursal, Art. 227, S. 2194.

928 Heredia Cervantes, in Comentarios a la Ley Concursal, Art. 227, S. 2193.

929 Calvo Caravaca/González Carrascosa, Derecho concursal internacional, Rn. 667.

Unter die Informationspflichten nach Art. 227.2.1° LC fallen solche Umstände, die bedeutende Teile der Masse oder wichtige verfahrensleitende Entscheidungen betreffen. Beispielsweise die Information hinsichtlich geplanter oder eingereichter Klagen zur Wiedererlangung von Teilen der Masse, zum Beispiel Zahlungs- oder Anfechtungsklagen oder Informationen über die Möglichkeiten der Verwertung der Masse, die angemeldeten Forderungen oder die Rangfolge der Gläubiger[930].

Im Rahmen einer Kooperation im Sinne von Art. 227.2.2° LC können aufeinander abgestimmt werden, zum Beispiel Verwertungshandlungen, die Ausübung von Stimmrechten, die Ausübung des Wahlrechts bei gegenseitigen Verträgen oder der Entwurf eines Sanierungskonzeptes[931].

Als Kooperationsmöglichkeit sieht Art. 227.2.3° LC auch den Abschluss von Insolvenzverwalterverträgen vor. In solchen Vereinbarungen kann beispielsweise der Leistungsaustausch zwischen den Insolvenzmassen geregelt werden[932].

Darüber hinaus sind in Art. 227.3 LC besondere Kooperationspflichten des Verwalters normiert:

Die Verwaltung eines in Spanien eröffneten Territorialverfahrens ist dazu verpflichtet dem Insolvenzverwalter oder Vertreter des ausländischen Hauptinsolvenzverfahrens die Vorlage von Vorschlägen über Vergleiche, Liquidationspläne oder andere Formen der Verwertung der Vermögensgüter und Rechte der Aktiva des Gemeinschuldners oder der Zahlung der Forderungen zu ermöglichen. Die Insolvenzverwaltung eines spanischen Hauptinsolvenzverfahrens beansprucht nach Art. 227.3 LC gegenüber jedem ausländischen Verfahren ebensolche Vorschläge zu unterbreiten. Die Pflicht, dem ausländischen Insolvenzverwalter die Vorlage von Vorschlägen zu ermöglichen, ist auf das spanische Territorialverfahren beschränkt. Der Hauptinsolvenzverwalter wird durch Art. 227.3 LC nicht verpflichtet.

11. Anrechnung von Teilerlösen

Jedem Gläubiger steht sowohl die Teilnahme am ausländischen Insolvenzverfahren als auch am inländischen Territorialverfahren offen. Hieraus kann sich der

---

930 Carballo Pineiro, in Comentarios a la legislación concursal, Hrsg.: Sánchez-Calero, Art. 227, S. 3460; Virgós/Schmit, Erläuternder Bericht, in Stoll(Hrsg.), Vorschläge und Gutachten, Rn. 230.

931 Carballo Pineiro, in Comentarios a la legislación concursal, Hrsg.: Sánchez-Calero, Art. 227, S. 3460.

932 Carballo Pineiro, in Comentarios a la legislación concursal, Hrsg.: Sánchez-Calero, Art. 227, S. 3463; nimmt Bezug auf Reinhart, in Müko-InsO, Art. 102 EGInsO Rn. 199/200.

Umstand ergeben, dass der Gläubiger, der an mehreren Verfahren teilnimmt, auch mehrere Erlöse erzielt. Um dennoch dem Grundsatz der Gläubigergleichbehandlung gerecht zu werden, bestimmt Art. 229 LC, dass ein Gläubiger, der in einem ausländischen Insolvenzverfahren eine Quote auf seine Forderung erlangt hat, an der Verteilung im Rahmen eines spanischen Insolvenzverfahrens erst teilnimmt, wenn die Gläubiger gleichen Ranges oder gleicher Gruppenzugehörigkeit in diesem Verfahren die gleiche Quote erreicht haben[933]. Eine Anrechnung erfolgt nach *Calvo Caravaca/Carrascosa González* sowohl für den Fall, dass es sich bei dem inländischen Verfahren um ein Hauptinsolvenzverfahren handelt, als auch dann, wenn das inländische Verfahren ein Sekundärinsolvenzverfahren ist. *Carballo Pineiro* will die Anrechnungsregel ebenfalls auf beide Fälle anwenden. Zwar habe für den Fall, dass in Spanien ein Territorialverfahren eröffnet werde, das Verbot Einzelvollstreckungsmaßnahmen vorzunehmen, in anderen Staaten keine Wirkung. Folglich könne dahingehend keine Anrechnungsregelung vorgesehen sein. Es handele sich aber um eine Situation, die der in Art. 218.2 LC geregelten entspräche. Art. 218.2 LC sieht vor, dass für den Fall, dass ein ausländischer Staat ein spanisches Insolvenzverfahren nicht anerkennt, der spanische Richter die Gläubiger zur Vornahme von Einzelvollstreckungsmaßnahmen im Ausland autorisieren kann. In diesem Fall ist nach Art. 218.2 LC die Anrechnungsregel des Art. 229 LC anzuwenden. Nach Ansicht von *Carballo Pineiro* muss die Anrechnungsregel unabhängig davon, ob das spanische Verfahren Wirkungen im Ausland hat, angewendet werden, da sie der Gläubigergleichbehandlung diene[934].

12. Anerkennung eines Territorialverfahrens

Es besteht auch ein Bedürfnis nach Anerkennung eines ausländischen Territorialverfahrens, dessen Wirkungen auf den ausländischen Staat beschränkt sind. Notwendig ist die Anerkennung eines ausländischen Territorialverfahrens, wenn Gegenstände nach seiner Eröffnung ins Inland transferiert wurden[935].

Die Voraussetzungen für die Anerkennung eines Territorialverfahrens richten sich ebenso wie für die Anerkennung eines Hauptinsolvenzverfahrens nach Art. 220.1 LC. Das ausländische Verfahren muss ein Gesamtverfahren sein, dessen

933 Calvo Caravaca/González Carrascosa, Derecho concursal internacional, Rn. 673; Campuzano Díaz, Aspectos internacionales del derecho concursal, S. 264; Carballo Pineiro, in Comentarios a la legislación concursal, Hrsg.: Sánchez-Calero, Art. 229, S. 3471.

934 Carballo Pineiro, in Comentarios a la legislación concursal, Hrsg.: Sánchez-Calero, Art. 229, S. 3473.

935 Calvo Caravaca/González Carrascosa, Derecho concursal internacional, Rn. 628.

Gegenstand die Insolvenz des Schuldners ist und im Laufe dessen die Vermögensgegenstände des Gemeinschuldners der Kontrolle oder Überwachung durch ein ausländisches Gericht oder eine ausländische Behörde mit dem Ziel der Restrukturierung oder Liquidation unterworfen sind[936].

Die Eröffnungsentscheidung des ausländischen Territorialverfahrens muss endgültig sein.

Darüber hinaus muss der ausländische Eröffnungsstaat international zuständig gewesen sein. Die Kriterien dafür richten sich nach Art. 10.3 LC. Zuständig ist danach für ein Territorialverfahren der Staat, in dem sich eine Niederlassung des Schuldners befindet. Anerkannt wird aber nach Art. 220.1.3° LC ein ausländisches Territorialverfahren auch dann, wenn sich die Zuständigkeit auf eine vernünfige Verbindung gleichwertiger Natur stützt. Als solche vernünftige Verbindung gleichwertiger Natur führt Art. 220.2° LC die Belegenheit von Wirtschaftsgütern an.

Die Entscheidung darf nicht während der Säumnis des Gemeinschuldners ergangen sein, es sei denn, dass er eine formgerechte Ladung oder ein gleichwertiges Schriftstück rechtzeitig erhalten hat, um dazu Stellung zu beziehen[937].

Des Weiteren darf die Eröffnungsentscheidung nicht gegen den inländischen *Orden público* verstoßen.

Das Erfordernis der Durchführung eines Anerkennungsverfahrens in Art. 220.1 LC bezieht sich auf die Anerkennung ausländischer Insolvenzverfahren im Allgemeinen. Damit müssen auch ausländische Territorialverfahren förmlich anerkannt werden. Ein ausländisches Territorialverfahren entfaltet erst Wirkung in Spanien, wenn das Exequatur erteilt ist[938].

Wie bereits erwähnt, normiert Art. 220.2° LC, dass ein ausländisches Insolvenzverfahren als ausländisches Territorialverfahren anerkannt wird, wenn es in einem Staat eröffnet wurde, in dem der Schuldner eine Niederlassung hat oder wenn zu dem Staat eine vernünftige Verbindung gleichwertiger Natur, wie die Belegenheit von Wirtschaftsgütern, besteht. Damit wird klargestellt, dass für den Fall, dass sich ein Verfahren auf einen Zuständigkeitsgrund, wie die Niederlassung oder die Belegenheit von Wirtschaftsgütern, stützt, dieses in Spanien als Anerkennungsstaat nur die beschränkten Wirkungen eines Territorialverfahrens hat, unabhängig davon, ob es möglicherweise selbst einen universalen Wirkungsanpruch erhebt.

936 Mercadal Vidal, in Nueva Ley Concursal, Art. 220, S. 867; Esplugues Mota, in ZZPInt (2001), 65(82/83); Carballo Pineiro, Acciones de reintegración de la masa, S. 114.

937 Vgl. dazu detaillierter oben unter D.XVII.5.e).

938 Vgl. dazu oben unter D.XVII.2a) und D.XVII.4.

XXVII. Partikularverfahren im deutschen internationalen Insolvenzrecht

Auch nach der Insolvenzordnung besteht, zum Schutz inländischer Interessen[939], die Möglichkeit der Eröffnung eines auf das Staatsgebiet beschränkten Insolvenzverfahrens.

1. Terminologie

Im deutschen Teil dieser Arbeit wird die Begriffsbestimmung des Gesetzes zur Neuregelung der Insolvenzordnung zugrunde gelegt[940]. Danach dient der Begriff des Partikularverfahrens der den §§ 354 ff. InsO überschrieben ist, als Oberbegriff.

Als Sekundärinsolvenzverfahren wird ein inländisches Verfahren bezeichnet, das zeitgleich neben einem ausländischen Hauptinsolvenzverfahren eröffnet wurde. Darüber hinaus kann ein auf das inländische Vermögen beschränktes Verfahren auch durchgeführt werden, wenn die internationale Zuständigkeit für die Eröffnung eines Hauptinsolvenzverfahrens im Ausland liegt, dort aber noch kein Insolvenzverfahren eröffnet wurde oder ein solches nicht anerkennungsfähig ist. Dies wird als unabhängiges Partikularverfahren bezeichnet.

2. § 238 KO und Art. 102 Abs. 3 EGInsO

Die Möglichkeit der Eröffnung eines Sonderverfahrens neben oder unabhängig von einem ausländischen Hauptinsolvenzverfahren sah schon § 238 KO vor. Nach dieser Vorschrift konnte ein Sonderverfahren dann eröffnet werden, wenn der Schuldner im Inland eine gewerbliche Niederlassung hatte oder ein mit Wohn- und Wirtschaftsgebäuden versehenes Gut als Eigentümer, Nutznießer oder Pächter bewirtschaftete. Die Eröffnung eines solchen Partikularverfahrens war nicht an die Eröffnung eines ausländischen Hauptinsolvenzverfahrens geknüpft. Andererseits stand die Anerkennung eines ausländischen Hauptinsolvenzverfahrens der Eröffnung eines inländischen Sekundärinsolvenzverfahrens nach § 238 KO nicht entgegen[941]. Das Partikularverfahren, an dem sowohl inländische als auch ausländische Gläubiger teilnehmen konnten, erfasste das gesamte inländische Vermögen des Gemeinschuldners[942]. § 238 KO blieb jedoch bis zur so genannten Wendeentscheidung des BGH von geringer Bedeutung, weil bis

939 Kemper, in Kübler/Prütting, § 354 Rn. 1; Kindler, in Müko-BGB, Vorbemerkung § 354 InsO Rn. 1169.
940 BT-Drs. 15/16, S. 24 f.
941 BGHZ 95, 256(267); Spahlinger, Sekundäre Insolvenzverfahren, S. 343.
942 Wenner, in Mohrbutter(Hrsg.), Handbuch der Insolvenzverwaltung, XXIII. 147a.

dahin die Rechtsprechung die Ansicht vertrat, dass § 237 KO auch bei der Eröffnung eines ausländischen Insolvenzverfahrens eine Einzelzwangsvollstreckung in das inländische Vermögen ermöglichte. Insoweit bestand für die Beantragung eines Partikularverfahrens kein Bedürfnis. Diese Rechtsprechung änderte der BGH in der so genannten Wendeentscheidung dahingehend, dass § 237 KO die Zwangsvollstreckung während eines ausländischen Insolvenzverfahrens nur noch aus bestehenden Titeln ermöglichen sollte[943]. Damit waren Klagen auf Erlangung eines inländischen Titels nach der ausländischen Insolvenzeröffnung unwirksam. Erst mit dieser Reduzierung des Anwendungsbereichs von § 237 KO und der Anerkennung des extraterritorialen Geltungsanspruchs eines ausländischen Insolvenzverfahrens erlangte der § 238 KO größere Bedeutung.

Die Kodifizierung des Partikularverfahrens in Art. 102 Abs. 3 EGInsO bestimmte, dass die Anerkennung eines ausländischen Insolvenzverfahrens es nicht ausschließt, *„dass im Inland ein gesondertes Insolvenzverfahren eröffnet wird, das nur das im Inland befindliche Vermögen des Schuldners erfasst"*. Satz 2 normierte, dass es zur Eröffnung des inländischen Insolvenzverfahrens keines Nachweises der Zahlungsunfähigkeit oder der Überschuldung bedarf, wenn im Ausland bereits ein Insolvenzverfahren gegen den Schuldner eröffnet worden ist. Die Regelung des Art. 102 Abs. 3 EGInsO wurde als lückenhaft kritisiert. Sie enthielt zum Beispiel keine Regelung zur internationalen Zuständigkeit. Streitig war die Frage, ob die Vermögensbelegenheit die internationale Zuständigkeit zur Eröffnung eines Partikularverfahrens begründen konnte[944].

Darüber hinaus ging aus Art. 102 Abs. 3 EGInsO nicht hervor, ob auch ein unabhängiges Partikularverfahren eröffnet werden kann[945]. Dies wurde jedoch überwiegend bejaht[946].

3. Partikularverfahren nach der Neuregelung der Insolvenzordnung

Die Vorschriften für Partikularverfahren sind seit der Neuordnung der Insolvenzordnung in den §§ 354 ff. InsO normiert.

---

943 BGHZ 95, 256ff.(270).

944 Unstreitig war das Vorliegen einer Niederlassung im Inland zuständigkeitsbegründend; Wimmer, in Frankfurter Kommentar-InsO(3. Aufl.), Art. 102 EGInsO Rn. 394.

945 Es entsprach aber herrschender Meinung, dass auch ein unabhängiges Partikularverfahren eröffnet werden kann; vgl. Lüer, in Uhlenbruck-InsO, Art. 102 EGInsO Rn. 36; Leipold, FS für Henckel, S. 533(540).

946 Wimmer, in Frankfurter Kommentar-InsO(3. Aufl.), Art. 102 EGInsO Rn. 391; Habscheid, Grenzüberschreitendes Insolvenzrecht, S. 426; Reinhart, in Müko-InsO, Art. 102 EGInsO Rn. 204.

Wie bereits erwähnt, sollen durch die Möglichkeit zur Eröffnung eines Partikularverfahrens inländische Interessen geschützt werden. Soweit ein Partikularverfahren neben einem Hauptinsolvenzverfahren eröffnet wurde, hat es auch eine Hilfsfunktion, um eine erfolgreiche Verwertung des Schuldnervermögens zu gewährleisten[947]. Im Sinne einer Ersatzfunktion kann die Eröffnung eines Partikularverfahrens Zuständigkeitslücken schließen, die sich ergeben, wenn ein Staat, dessen Gerichte aus inländischer Sicht dafür international zuständig sind, sich weigert, ein Hauptinsolvenzverfahren zu eröffnen[948].

a) Subsidiarität der Partikularverfahren

Nach § 354 InsO ist Voraussetzung für die Eröffnung eines Partikularverfahrens, dass die internationale Zuständigkeit für die Eröffnung eines Hauptinsolvenzverfahrens über das gesamte Vermögen nicht gegeben ist. Folglich ist das Partikularverfahren gegenüber einem Hauptinsolvenzverfahren subsidiär. Die Eröffnung eines Territorialverfahrens ist nicht zulässig, wenn die internationale Zuständigkeit eines deutschen Gerichts zur Eröffnung eines Hauptinsolvenzverfahrens vorliegt.

b) Eröffnungszuständigkeit

Die internationale Zuständigkeit der deutschen Gerichte zur Eröffnung eines Partikularverfahrens ist nach § 354 InsO gegeben, wenn der Schuldner im Inland eine Niederlassung oder sonstiges Vermögen hat. Hat der Gemeinschuldner keine Niederlassung im Inland, so ist nach § 354 Abs. 2 InsO der Antrag eines Gläubigers auf Eröffnung eines Partikularverfahrens nur zulässig, wenn dieser ein besonderes Interesse an der Eröffnung eines solchen hat. Ein besonderes Interesse ist insbesondere gegeben, wenn der Gläubiger in einem ausländischen Verfahren erheblich schlechter stehen würde als in einem inländischen Verfahren[949].

Damit ist als gesetzlicher Regelfall die Eröffnung eines Partikularverfahrens an eine Niederlassung im Inland geknüpft[950].

---

947 Kindler, in Müko-BGB, Vorbemerkung § 354 InsO Rn. 1169.
948 Garasic, Anerkennung Teil 1, S. 332.
949 § 354 Abs. 2 InsO.
950 BT-Drs. 15/16, S. 25.

aa) Zuständigkeitsgrund der Niederlassung

§ 354 InsO enthält keine Definition eines Niederlassungsbegriffs. § 354 InsO spricht allgemein von einer Niederlassung und nicht von einer gewerblichen Niederlassung. Der Gesetzgeber wollte insoweit auch die Tätigkeit von Freiberuflern und Landwirten erfassen[951]. Allgemein wird davon ausgegangen, dass der Niederlassungsbegriff dem deutschen Recht zu entnehmen ist, dass aber als Interpretationshilfe Art. 2 Buchst. h EuInsVO herangezogen werden kann[952]. Danach ist eine Niederlassung jeder Tätigkeitsort, an dem der Schuldner einer wirtschaftlichen Aktivität von nicht vorübergehender Art nachgeht, die den Einsatz von Personal und Vermögenswerten voraussetzt[953]. Dabei muss es sich um eine Tätigkeit nach außen hin handeln, die von einer gewissen Dauerhaftigkeit geprägt ist und die mit einem Mindestmaß an Organisation verbunden ist[954].

bb) Zuständigkeitsgrund der Vermögensbelegenheit

Das Bedürfnis der Normierung eines Vermögensgerichtsstands ergibt sich nach Ansicht des Gesetzgebers aus der Gefahr von Zuständigkeitslücken, wenn der Schuldner zwar in einem Staat erhebliche Vermögenswerte besitzt, aber dort keine Niederlassung unterhält[955]. Die Literatur führt aus, dass das Bedürfnis der Eröffnung eines Partikularverfahrens auch bei Situationen bestehe, die aus Gründen der Vereinfachung gesondert vom Hauptinsolvenzverfahren abgewickelt werden sollten. Die Kompliziertheit einer Insolvenzabwicklung sei aber nicht abhängig von einer regelmäßigen Tätigkeit einer schuldnerischen Außenstelle[956]. Im Übrigen greife die Schutzfunktion des Partikularverfahrens auch bei bloßer Vermögensbelegenheit ein. Durch die Möglichkeit, ein Partikularverfahren im Inland durchzuführen, das sich nach deutschem Recht und somit nach der deutschen Verteilungsordnung richtet, könnten die gesicherten Gläubiger darauf vertrauen, dass ihr Recht im Insolvenzfall nicht wertlos ist. Dies habe positive Folgen für die deutsche Wirtschaft und den Arbeitsmarkt[957].

---

951 So bereits die Begründung zum RegE zur InsO aus dem Jahre 1992, BT-Drs. 12/2443, S. 245.

952 Kemper, in Kübler/Prütting, § 354 Rn. 5; Smid, Deutsches und Europäisches Internationales Insolvenzrecht, § 354 Rn. 3.

953 Vgl. Art. 2 Buchst. h EuInsVO.

954 Kindler, in Müko-BGB, § 354 InsO Rn. 1175; Smid, Deutsches und Europäisches Internationales Insolvenzrecht, § 354 Rn. 3.

955 BT-Drs. 15/16, S. 25.

956 Lüke, ZZP 111 (1998), 275(299).

957 Ludwig, Neuregelungen, S. 169.

cc) Kritik am Zuständigkeitsgrund der Vermögensbelegenheit

Von den Kritikern des Zuständigkeitsgrundes der Vermögensbelegenheit wird eingewendet, dass dieser zu einer uferlosen Eröffnungszuständigkeit führe[958]. Dadurch werde das Universalitätsprinzip in nicht hinnehmbarer Weise eingeschränkt[959], denn die Anerkennung eines ausländischen Insolvenzverfahrens stelle sich hauptsächlich bei Vermögensbelegenheit im Inland. Die Gründe, die im internationalen Zivilprozessrecht gegen den Gerichtsstand der Vermögensbelegenheit eingewendet werden, seien auch im internationalen Insolvenzrecht zu bedenken[960]. Im internationalen Zivilprozessrecht wird gegen den Gerichtsstand des Vermögens vorgebracht, dass er mit den schutzwürdigen Interessen des Beklagten nicht vereinbar sei. Ihm werde in viel zu weitem Maße die Rechtsverteidigung in Ländern zugemutet, in denen er weder seinen Wohnsitz, Sitz noch seinen gewöhnlichen Aufenthaltsort habe. Dieser Gedankengang sei auch im internationalen Insolvenzrecht zu bedenken. So stelle es für den Schuldner eine ganz erhebliche Belastung dar, eine Insolvenzeröffnung überall dort hinzunehmen und sich daran beteiligen zu müssen, wo sein Vermögen belegen ist[961]. Im Übrigen wird darauf hingewiesen, dass durch die Zulassung des Vermögensgerichtsstandes Zuständigkeitsmanipulationen erleichtert werden[962].

Gegen das Argument des Vertrauensschutzes von inländischen Gläubigern wird vorgebracht, dass diese in erster Linie auf die Forderungserfüllung durch eine im Inland tätige Niederlassung im Rahmen deren normaler Geschäftstätigkeit vertrauten, aber höchstens sekundär auf die Möglichkeit des Vollstreckungszugriffs auf das Inlandsvermögen[963]. Im Übrigen sei eine Anknüpfung an die Vermögensbelegenheit nicht erforderlich, weil ein großer Teil der Sicherheiten, die den Gläubigern am Vermögen des Gemeinschuldners bestellt wurden, ohnehin nach nationalem deutschen Recht zu beurteilen seien[964].

958 Eidenmüller, IPRax 2001, 2(12).
959 Lüer, in Stoll(Hrsg.), Stellungnahmen und Gutachten, S. 96(127); vgl. auch Leipold, in Stoll(Hrsg.), Stellungnahmen und Gutachten, S. 72(81).
960 Leipold, in Stoll(Hrsg.), Stellungnahmen und Gutachten, S. 72(82); ähnlich, Mankowski, ZIP 1995, 1650(1659).
961 Leipold, in Stoll(Hrsg.), Stellungnahmen und Gutachten, S. 72(82).
962 Lüer, in Kölner Schrift zur Insolvenzordnung, S. 297(312).
963 Eidenmüller, IPRax 2001, 2(12).
964 Lüer, in FS Uhlenbruck, S. 843(852).

c) Antragsbefugnis zur Eröffnung eines Partikularverfahrens

Nach § 354 Abs. 1 InsO kann ein Partikularverfahren grundsätzlich von jedem Gläubiger des Insolvenzschuldners beantragt werden[965]. Darüber hinaus normiert § 356 Abs. 2 InsO, dass zur Beantragung eines Sekundärinsolvenzverfahrens auch der ausländische Verwalter berechtigt ist. Dem Schuldner steht kein Antragsrecht zu, weil Partikularverfahren nicht seinem Schutz dienen[966].

Der Antrag eines Gläubigers zur Eröffnung eines Partikularverfahrens ist nur dann zulässig, wenn dieser ein besonderes Interesse an der Eröffnung des Verfahrens glaubhaft macht, § 354 Abs. 2 InsO. Das liegt insbesondere vor, wenn der Gläubiger in einem ausländischen Verfahren erheblich schlechter stehen wird als in einem inländischen Verfahren. Aus der Formulierung *„besonderes Interesse"* ergibt sich, dass das Interesse über ein rechtliches Interesse an der Verfahrenseröffnung im Sinne von § 14 InsO hinausgehen muss[967]. Maßstab dafür sind laut Gesetzesbegründung die Befriedigungsaussichten[968]. Überwiegend wird in der Literatur angenommen, dass nur ein evidenter Widerspruch zu den Grundsätzen des deutschen Insolvenzrechts ein besonderes Interesse an der Verfahrenseröffnung begründet[969]. Dagegen wird von anderer Literaturansicht eingewendet, dass dieses Erfordernis zu weit gehe, weil in diesem Fall bereits ein Verstoß gegen den Ordre public vorliege, bei dem das ausländische Verfahren nicht anerkannt werde. Bei dieser Sichtweise käme dem besonderen Interesse in § 354 Abs. 2 InsO keine eigenständige Bedeutung zu[970].

Handelt es sich aber um ein unabhängiges Partikularverfahren, das heißt, wenn im Ausland (noch) kein Verfahren eröffnet wurde, so kann nicht auf die schlechteren Befriedigungschancen im Ausland abgestellt werden. Aus der Formulierung *„insbesondere"* ergibt sich aber, dass es sich um eine beispielhafte Formulierung handelt, die nicht abschließend ist. Ein besonderes Interesse an der Eröffnung eines unabhängigen Partikularverfahrens liegt vor, wenn eine der Funktionen des Partikularverfahrens betroffen ist[971]. So beispielsweise wenn im Ausland, in dem sich der Interessenmittelpunkt des Gläubigers befindet, ein In-

965 Das Gläubigerantragsrecht wird in der Literatur teilweise als erhebliche Einschränkung des Ideals der Universalität und Einheitlichkeit kritisiert, vgl. Paulus, NZI 2001, 505(514).

966 Eidenmüller, IPrax 2001, 2(13); Ludwig, Neuregelungen, S. 176.

967 Kindler, in Müko-BGB, § 354 InsO Rn. 1178, Kolmann, Kooperationsmodelle, S. 219.

968 BT-Drs. 15/16, Kindler, in Müko-BGB, § 354 InsO Rn. 1178.

969 Liersch, NZI 2003, 302(309); Ludwig, Neuregelungen, S. 179; Liersch, in Braun-InsO, § 354 Rn. 8.

970 Widersprüchlich insoweit, Kindler, in Müko-BGB, § 354 InsO Rn. 1179.

971 Ludwig, Neuregelungen, S. 181.

solvenzverfahren nicht eröffnet wird oder aufgrund der Rechtsnatur des Schuldners nicht eröffnet werden kann[972]. Hier greift die Ersatzfunktion des Partikularverfahrens ein. In diesem Fall besteht ein besonderes Interesse, ein unabhängiges Partikularverfahren zu eröffnen, damit eine zügige Beschlagnahme des Schuldnervermögens im Inland bewirkt werden kann, um eine möglichst gleichmäßige Gläubigerbefriedigung herbeizuführen[973].

Der Nachweis eines besonderen Interesses ist nur erforderlich, wenn sich der Gläubiger auf im Inland belegenes Vermögen zur Eröffnung eines Insolvenzverfahrens beruft. Bei einer Niederlassung im Inland wird ein besonderes Interesse unwiderleglich vermutet[974].

d) Insolvenzgründe für die Eröffnung eines Partikularverfahrens

Ein Sekundärinsolvenzverfahren kann nach § 356 Abs. 3 InsO ohne die Feststellung eines Insolvenzgrundes eröffnet werden. Dies folgt aus der Hilfsfunktion des Sekundärinsolvenzverfahrens. Im Umkehrschluss ergibt sich aus § 356 Abs. 3 InsO, dass für ein unabhängiges Partikularverfahren ein Insolvenzgrund vorliegen muss.

aa) Zahlungsunfähigkeit

Nach § 17 InsO ist der Schuldner dann zahlungsunfähig, wenn er nicht mehr in der Lage ist, die fälligen Zahlungsverpflichtungen zu erfüllen. Teile der Literatur wollen allein auf die Zahlungsunfähigkeit an der inländischen Niederlassung abstellen[975]. Eine weltweite Betrachtung sei kaum praktikabel. Der damit verbundene Aufwand stünde insbesondere bei so genannten *Global playern* außer Verhältnis zum Nutzen des Partikularverfahrens[976]. So komme es durch die erforderlichen Ermittlungen zu erheblichen Zeitverzögerungen bei der Eröffnung des Partikularverfahrens.

Nach herrschender Meinung wird für die Feststellung der Zahlungsunfähigkeit als Ausgangspunkt auf das weltweite Zahlungsverhalten abgestellt[977]. Das

---

972 Ähnlich, Wimmer, in Frankfurter Kommentar-InsO, § 354 Rn. 12.

973 Ludwig, Neuregelungen, S. 181.

974 Ludwig, Neuregelungen, S. 176.

975 Eidenmüller, IPrax 2001, 2(12).

976 Kolmann, Kooperationsmodelle, S. 216; Hanisch, in Stoll(Hrsg.), Vorschläge und Gutachen, S. 202(212) verweist auf die zeitlichen Verzögerung, die durch die erforderlichen Ermittlungen hinsichtlich der Eröffnung des Partikularverfahrens verursacht werden.

977 BGH NJW 1992, 624(624); Mankowski, ZIP 1995, 1650(1658/1659); Kindler in, Müko-BGB, § 354 InsO Rn. 1182; Kemper, in Kübler/Prütting, § 354 Rn. 21.

Partikularverfahren steht in- und ausländischen Gläubigern offen, daher müsse auch das gesamte Zahlungsverhalten des Schuldners in Betracht gezogen werden[978]. Ginge man nur von den Verhältnissen in Deutschland aus und wäre ein Unternehmen nur in Deutschland zahlungsunfähig, aber sonst weltweit solvent, so könnte der Schuldner seine im Rest der Welt vorhandenen liquiden Mittel nach Deutschland transferieren[979]. Auch der BGH hat sich im Prinzip gegen eine rein niederlassungsbezogene Feststellung der Zahlungsunfähigkeit ausgesprochen. Allerdings weist er darauf hin, dass die Voraussetzungen für die Annahme einer weltweiten Zahlungseinstellung nicht allzu hoch angesetzt werden dürfen. Es sei der Zweck des Partikularverfahrens, die Gläubiger in ihrem Vertrauen auf im Inland vorhandene Vermögenswerte zu schützen. Der BGH will daher im Allgemeinen auf das Zahlungsverhalten der inländischen Niederlassung, der Hauptniederlassung und allenfalls noch das Zahlungsverhalten in anderen europäischen Ländern abstellen[980]. Nach dieser Rechtsprechung kann die Eröffnung eines Partikularverfahrens nicht mit der Begründung abgelehnt werden, dass keine Zahlungsunfähigkeit vorliege, weil in einer weit entfernten Zweigniederlassung möglicherweise regelmäßig Forderungen erfüllt werden[981].

bb) Überschuldung

Nach § 19 Abs. 2 S. 1 InsO liegt Überschuldung vor, wenn das Vermögen des Schuldners die bestehenden Verbindlichkeiten nicht deckt. Für einen solchen Vergleich des Vermögens und der Verbindlichkeiten könnte man einerseits die weltweiten Verbindlichkeiten mit den inländischen Vermögenswerten gegenüberstellen[982]. Diese Ansicht wurde auch teilweise in den Kommentierungen zu §§ 237, 238 KO vertreten[983]. Andererseits könnten auch lediglich die inländischen Verbindlichkeiten mit den inländischen Vermögenswerten verglichen werden.

Nach herrschender Meinung wird zur Ermittlung der Überschuldung das vorhandene weltweite Vermögen mit den weltweiten Verbindlichkeiten nach einem einheitlichen Maßstab verglichen[984]. Dies folge daraus, dass schließlich auch

---

978 BGH, NJW 1992, 624(624).

979 Mankowski, ZIP 1995, 1650(1659); Ludwig, Neuregelungen, S. 184.

980 BGH, NJW 1992, 624(625); dazu auch Flessner, EWiR 1991,1107; Reinhart, in Müko-InsO, Art. 102 EGInso Rn. 226 interpretiert die Rechtsprechung als Beweiserleichterung für das Vorliegen der weltweiten Zahlungsunfähigkeit.

981 Wimmer, in Frankfurter Kommentar-InsO, § 354 Rn. 9.

982 So Reinhart, Sanierungsverfahren, S. 278.

983 Vgl. Lüer, in Kuhn/Uhlenbruck-KO, §§ 237, 238 KO Rn. 101.

984 Kemper, in Kübler/Prütting, § 354 Rn. 22; Reinhart, in Müko-InsO, Art. 102 EGInsO Rn. 227; Mankowski, ZIP 1995, 1650(1655).

sämtliche Gläubiger unabhängig vom Bezug ihrer Forderungen zum Inland und unbeschränkt zur Teilnahme an der inländischen Partikularinsolvenz berechtigt sind[985]. Handele es sich bei dem Schuldner um ein Unternehmen mit inländischer Niederlassung, so beziehe sich der Begriff der Überschuldung auf den hinter der Niederlassung stehenden Rechtsträger, nämlich das Gesamtunternehmen. Forderungen gegenüber einer nicht rechtsfähigen Niederlassung seien bereits begrifflich nicht möglich[986]. Rechtsträger des Niederlassungsvermögens sei das Gesamtunternehmen, so dass sämtliches Vermögen berücksichtigt werden müsse.

Im Übrigen sei bei einer Gegenüberstellung der weltweiten Verbindlichkeiten mit den inländischen Vermögenswerten regelmäßig fast zwangsläufig die Überschuldung des Unternehmens anzunehmen. Dies widerspräche aber dem Grundsatz wirtschaftlicher Vernunft[987]. Letztlich müssen daher nach herrschender Literaturansicht zur Feststellung der Überschuldung die weltweiten Aktiva und Passiva in die Betrachtung miteinbezogen werden[988].

Ludwig will einen Gleichlauf der Bewertungsmaßstäbe zwischen dem Insolvenzeröffnungsgrund der Überschuldung und dem der Zahlungsunfähigkeit herbeiführen. Die vom BGH praktizierte Lösung zur Ermittlung der Zahlungsunfähigkeit solle auch zur Bestimmung der Überschuldung herangezogen werden. Im Übrigen argumentiert er mit praktischen Schwierigkeiten der Ermittlung sämtlicher weltweiter Aktiva und Passiva sowie mit dem erheblichen Zeitaufwand[989]. Insbesondere wenn im Ausland kein Insolvenzverfahren eröffnet worden ist, gebiete der Grundsatz der Par conditio creditorum, eine zügige Beschlagnahmewirkung herbeizuführen. Wegen seiner Schutzfunktion solle die Eröffnung eines Partikularverfahrens daher zügig ermöglicht werden. Im Ergebnis will *Ludwig* damit zur Ermittlung der Überschuldung auf die inländischen Verhältnisse[990] und zudem auf die Verhältnisse am Mittelpunkt der wirtschaftlichen Betätigung abstellen. Die dortigen Aktiva und Passiva seien miteinander zu vergleichen[991]. Nur so ließe sich verhindern, dass der Insolvenzgrund der Überschuldung leer laufe. Das Tatbestandsmerkmal der Überschuldung sei aber notwendig, um zu verhindern, dass die Insolvenz einer überlebensfähigen Gesellschaft bis zu ihrer Zahlungsunfähigkeit hinausgezögert werde[992].

---

985 Mankowski, ZIP 1995, 1650(1655); Ludwig, Neuregelungen, S. 186.
986 Ludwig, Neuregelungen, S. 187.
987 Reinhart, in Müko-InsO, Art. 102 EGInsO Rn. 227.
988 Wimmer, in Frankfurter Kommentar-InsO, § 354 Rn. 10; Reinhart, in Müko-InsO, Art. 102 EGInsO Rn. 227.
989 Ludwig, Neuregelungen, S. 187.
990 Hanisch, in Stoll(Hrsg.), Stellungnahmen und Gutachten, S. 202(212), will ebenfalls auf eine partielle Überschuldung des Inlandsvermögens abstellen.
991 Ludwig, Neuregelungen, S. 188.
992 Ludwig, Neuregelungen, S. 187.

e) Anwendbares Recht

§ 335 InsO, wonach das Insolvenzverfahren und seine Wirkungen, dem Recht des Staats unterliegen, in dem das Verfahren eröffnet worden ist, findet auch auf das Partikularverfahren Anwendung. Auf ein in Deutschland eröffnetes Partikularverfahren ist daher deutsches Recht anzuwenden. Auch die kollisionsrechtlichen Vorschriften sind anwendbar. Allerdings werden diese Kollisionsfälle in geringerem Maße auftreten. Wegen der räumlich-gegenständlichen Beschränkung des Partikularverfahrens auf das Staatsgebiet, werden die Rechtsverhältnisse, die darüber abzuwickeln sind, in der Regel einen Inlandsschwerpunkt aufweisen[993].

f) Aktivmasse

Mit dem Begriff der Aktivmasse werden diejenigen Vermögensgegenstände des Schuldners umschrieben, die von den Wirkungen eines inländischen Partikularverfahrens erfasst werden.

aa) Beschränkung auf inländisches Vermögen

Das Partikularverfahren beschränkt sich auf inländisches Vermögen[994]. Es steht in einem Konkurrenzverhältnis zum Hauptinsolvenzverfahren, denn auch dieses erfasst wegen seines universalen Wirkungsanspruchs das inländische Vermögen. Die Bestimmung des im Inland belegenen Schuldnervermögens entscheidet danach zum einen darüber, ob ein Gegenstand der Masse des ausländischen Hauptinsolvenzverfahren oder der Masse des inländischen Partikularverfahrens zuzuordnen ist, und darüber hinaus, nach welchem Recht sich die insolvenzrechtlichen Einwirkungen richten[995].

Damit die Aktivmasse bestimmt werden kann, muss festgestellt werden, ob ein Vermögensgegenstand im Inland belegen ist und welcher Zeitpunkt für die Belegenheit im Inland maßgeblich ist. Nach allgemeiner Ansicht wird zur Bestimmung des Belegenheitsortes auf den Belegenheitsbegriff des Internationalen Einzelzwangsvollstreckungsrechts abgestellt, weil es sich hierbei ebenfalls um einen Fall der Durchsetzung privater Forderungen gegen einen Schuldner handelt. Ergänzend wird auf die Belegenheitsregeln des IPR und des IZPR zugegriffen[996]. Nach § 828 Abs. 2 ZPO ist die Belegenheitsbestimmung von Forde-

993 Thieme, in Stoll(Hrsg.), Stellungnahmen und Gutachten, S. 212(219).
994 Reinhart, in Müko-InsO, Art. 102 EGInsO Rn. 230.
995 Kolmann, Kooperationsmodelle, S. 221.
996 Trunk, Internationales Insolvenzrecht, S. 241; Ludwig, Neuregelungen, S. 194.

rungen nach § 23 S. 2 ZPO vorzunehmen. Dies bedeutet, dass diese am Wohnsitz des Schuldners belegen sind[997]. Bei juristischen Personen ist auf den Sitz im Sinne von § 17 ZPO abzustellen[998]. Für dinglich gesicherte Forderungen sieht § 23 S. 2 1. Alt. ZPO eine alternative Anknüpfung an den Lageort der Sache vor.

Gesellschaftsanteile gelten sowohl am Sitz der Gesellschaft als auch am Wohnsitz der Gesellschafter als belegen[999]. Die Belegenheit von Immaterialgüterrechten richtet sich danach, in welchem Land sich der Bereich befindet, für den sie gewährt wurden[1000]. Mit dinglichen Sicherheiten belastete Gegenstände unterfallen ebenfalls der Aktivmasse. Währenddessen nach § 351 InsO trotz der Anerkennung eines ausländischen Hauptinsolvenzverfahrens dingliche Sicherheiten von der Eröffnung eines ausländischen Insolvenzverfahrens unberührt bleiben und damit nicht in die Verwertung einbezogen werden können, fallen diese aber in die Insolvenzmasse eines inländischen Partikularverfahrens. Damit kann eine Verwertung von mit dinglichen Sicherheiten belasteten Gegenständen im Partikularverfahren nach §§ 366 ff. InsO erfolgen. Folglich hat der drittstaatliche Insolvenzverwalter bei seiner Entscheidung, ob er in Deutschland die Eröffnung eines Partikularverfahrens beantragt, zu beachten, dass dies ein Weg ist, um dingliche Sicherheiten in die Masse einzubeziehen.

bb) Zeitpunkt für die Ermittlung der Vermögensbelegenheit

§ 354 InsO regelt nicht, zu welchem Zeitpunkt ein Vermögensgegenstand im Inland belegen sein muss, damit er zur Aktivmasse des Partikularverfahrens gehört. Entscheidungserheblich kann der Zeitpunktes der Belegenheit werden, wenn ein Ortswechsel in unmittelbarem zeitlichen Zusammenhang mit der Eröffnung des Partikularverfahrens stattfindet. Die herrschende Meinung stellt auf die Eröffnung des Partikularverfahrens ab. Erst zu diesem Zeitpunkt werde eine zusätzliche Haftungsmasse gebildet[1001]. *Ludwig* will davon abweichend auf den Eingang des Eröffnungsantrages abstellen. Nur so könne berücksichtigt werden, dass das Insolvenzgericht unter Umständen bereits vor Verfahrenseröffnung massesichernde Maßnahmen angeordnet habe. Diese würden leerlaufen, wenn der Vermögensgegenstand noch vor der Eröffnung des Partikularverfahrens in

997 Kolmann, Kooperationsmodelle, S. 222; Trunk, Internationales Insolvenzrecht, S. 241; Reinhart, in Müko-InsO, Art. 102 Rn. 234.
998 Reinhart, in Müko-InsO, Art. 102 EGInsO Rn. 234.
999 Reinhart, in Müko-InsO, Art. 102 EGInsO Rn. 236; Patzina in, Müko-ZPO, § 23 Rn. 19; Roth, in Stein/Jonas-ZPO § 23 Rn. 29.
1000 Trunk, Internationales Insolvenzrecht, S. 245; Ludwig, Neuregelungen, S. 195.
1001 Trunk, Internationales Insolvenzrecht, S. 246; Kolmann, Kooperationsmodelle, S. 225; Metzger, S. 155.

das Ausland verbracht wurde[1002]. Darüber hinaus werde so das Vertrauen des Antragsstellers berücksichtigt, der möglicherweise auf die Zugehörigkeit eines bestimmten Vermögensgegenstandes zur Masse zum Zeitpunkt der Antragstellung vertraut habe[1003].

g) Passivmasse

Hinter dem Begriff Passivmasse verbirgt sich die Frage, welche Gläubiger zur Teilnahme am inländischen Partikularverfahren berechtigt sind. Nach § 354 Abs. 1 InsO ist auf Antrag eines Gläubigers ein besonderes Insolvenzverfahren über das inländische Vermögen des Schuldners zulässig. Eine Beschränkung der Passivmasse ist nicht vorgesehen. Daraus wird von der ganz überwiegenden Ansicht geschlossen, dass zur Teilnahme am Partikularverfahren sämtliche Gläubiger berechtigt sind[1004]. Unerheblich sind für die Teilnahme an einem inländischen Partikularverfahren daher die Staatsangehörigkeit der Gläubiger, der Wohnsitz sowie die Frage, ob die zugrunde liegende Forderung einen Inlandsbezug aufweist.

h) Verhältnis von Haupt- und Partikularinsolvenzverfahren

Wurde vor der Eröffnung des Partikularverfahrens ein Hauptinsolvenzverfahren eröffnet, so beansprucht auch das ausländische anerkennungsfähige Hauptinsolvenzverfahren mit universalem Wirkungsanspruch das inländische Vermögen des Schuldners. Mit Eröffnung des Sekundärinsolvenzverfahrens werden aber die Wirkungen des Hauptinsolvenzverfahrens auf das inländische Vermögen verdrängt[1005]. Wird ein Sekundärinsolvenzverfahren eröffnet, so gilt mit seiner Eröffnung nicht mehr die ausländische Lex fori concursus, sondern die Lex fori particularis und damit deutsches Recht. Die Veränderung des anwendbaren In-

1002 Ludwig, Neuregelungen, S. 195/196.

1003 Ludwig, Neuregelungen, S. 196.

1004 Reinhart, in Müko-InsO, Art. 102 EGInsO Rn. 241; Kolmann, Kooperationsmodelle, S. 231; Trunk, Internationales Insolvenzrecht, S. 254; Geimer, Internationales Zivilprozessrecht, Rn. 3418; Ludwig, Neuregelungen, S. 189; Spahlinger spricht sich dagegen für eine Beschränkung der Passivmasse aus, wenn ein Sekundärverfahren welches ein Liquidationsverfahren ist, eröffnet wird: Spahlinger, Sekundäre Insolvenzverfahren, S. 319.

1005 Geimer, Internationales Zivilprozessrecht, Rn. 3392; Ludwig, Neuregelungen, S. 193; Habscheid, Grenzüberschreitendes Insolvenzrecht, S. 425, 459; Kolmann, Kooperationsmodelle, S. 221, 233; Spahlinger, Sekundäre Insolvenzverfahren, S. 245; Thieme, in Stoll(Hrsg.), Stellungnahmen und Gutachten, S. 212(218).

solvenzrechts wird in der Literatur als Statutenwechsel bezeichnet[1006]. Dieser betrifft allerdings nur die insolvenzrechtlichen Wirkungen, die keinen Sonderanknüpfungen unterliegen[1007]. Der Statutenwechsel wirkt nur ex nunc, so dass das inländische Insolvenzrecht diejenigen Wirkungen hinzunehmen hat, die durch das ausländische Verfahren im Inland bereits herbeigeführt worden sind[1008]. Das Partikularverfahren setzt sich für die Zukunft an die Stelle des Auslandsverfahrens[1009].

Handelt es sich bei dem inländischen Verfahren um ein unabhängiges Partikularverfahren, bleibt die Eröffnung eines ausländischen Hauptinsolvenzverfahrens möglich und anerkennungsfähig[1010]. Aufgrund der übereinstimmenden Voraussetzungen eines unabhängigen Partikularverfahrens und eines Sekundärinsolvenzverfahrens[1011] kann ein unabhängiges Partikularverfahren als Sekundärinsolvenzverfahren fortgesetzt werden[1012].

Die insolvenzrechtliche Abwicklung des inländischen Vermögens erfolgt nach den Regeln des inländischen Insolvenzrechts. Das inländische Partikularverfahren verdrängt insoweit die Wirkungen des grundsätzlich anerkennungsfähigen Hauptinsolvenzverfahrens. Eine Anerkennung von Wirkungen des Hauptinsolvenzverfahrens auf außerhalb Deutschland belegenes Vermögen wird durch das Partikularverfahren aber nicht ausgeschlossen[1013].

i) Zusammenarbeit der Insolvenzverwalter

Nach § 357 Abs. 1 S. 1 InsO ist der Sekundärinsolvenzverwalter verpflichtet, dem ausländischen Verwalter unverzüglich alle Umstände mitzuteilen, die für die Durchführung des ausländischen Verfahrens Bedeutung haben können. Als bedeutende Umstände führt die Gesetzesbegründung beispielhaft die Eröffnung des Insolvenzverfahrens, die Vornahme der Verteilung sowie die Aufhebung und Einstellung des Verfahrens an[1014]. Sinn der Vorschrift ist es, die durch die Eröffnung eines Sekundärinsolvenzverfahrens bewirkte territoriale Trennung der In-

---

1006 Schollmeyer, Gegenseitige Verträge, S. 3, 125, 170, 175.
1007 Ludwig, Neuregelungen, S. 200.
1008 Ludwig, Neuregelungen, S. 200; a.A: Kolmann, Kooperationsmodelle, S. 235.
1009 Spahlinger, Sekundäre Insolvenzverfahren, S. 98
1010 Ludwig, Neuregelungen, S. 201.
1011 Nach der hier vertretenen Ansicht in Hinblick auf Eröffnungsvoraussetzungen als auch hinsichtlich der Aktiv- und Passivmasse.
1012 Kolmann, Kooperationsmodelle, S. 239; Ludwig, Neuregelungen, S. 201; a.A.: Spahlinger, Sekundäre Insolvenzverfahren, S. 343, der die Ansicht vertritt, dass beide Verfahren unterschiedliche Passivmassen haben.
1013 Trunk, Internationales Insolvenzrecht, S. 345.
1014 Begründung zu § 357 InsO, BT-Drs. 15/16, S. 26.

solvenzmasse abzumildern[1015] und eine optimale Verwertung des schuldnerischen Vermögens herbeizuführen[1016].

Die in § 357 InsO normierte Unterrichtungspflicht ist lediglich einseitig ausgestaltet. Eine Pflicht des ausländischen Hauptinsolvenzverwalters, den inländischen Verwalter über die bedeutenden Umstände des Hauptinsolvenzverfahrens zu informieren, besteht nicht[1017]. Darüber hinaus beschränkt sich die Regelung auf eine Zusammenarbeit zwischen deutschem Sekundärinsolvenzverfahren und ausländischem Hauptinsolvenzverfahren. Eine Regelung der Zusammenarbeit zwischen inländischem Hauptinsolvenzverwalter und ausländischem Sekundärinsolvenzverwalter ist nicht getroffen[1018]. Dies ergibt sich aus § 356 Abs. 1 S. 2 InsO, der anordnet, dass für das Sekundärinsolvenzverfahren § 357 InsO ergänzend gelten soll. Streitig ist, ob für den Fall, dass der inländische Sekundärinsolvenzverwalter seiner ihm obliegenden Mitteilungspflicht nicht nachkommt, seitens des ausländischen Verwalters oder durch jeden Gläubiger eine Maßnahme der Aufsicht des Insolvenzgerichts nach § 58 InsO angeregt werden kann. Teilweise wird in der Literatur vertreten, dass die Durchsetzung der Kooperationspflichten nicht im Wege der gerichtlichen Aufsicht erfolgen könne, da das inländische Insolvenzgericht lediglich die Ordnungsgemäßheit unter dem Aspekt des inländischen Insolvenzrechts zu überwachen habe[1019]. Die ganz überwiegende Ansicht geht allerdings davon aus, dass durch das Insolvenzgericht Aufsichtsmaßnahmen erlassen werden können[1020]. Diese Ansicht vertritt auch der Gesetzgeber[1021].

Darüber hinaus macht sich der Verwalter gegenüber den am Sekundärinsolvenzverfahren Beteiligten nach § 60 InsO schadensersatzpflichtig, wenn er schuldhaft gegen die ihm obliegenden Kooperations- und Informationspflichten verstoßen hat[1022].

Nach § 357 Abs. 1 S. 2 InsO muss der inländische Insolvenzverwalter dem ausländischen Insolvenzverwalter zudem die Möglichkeit geben, Vorschläge für

1015 Kolmann, Kooperationsmodelle, S. 238; Kindler, in Müko-BGB, § 357 InsO Rn. 1205.

1016 Kindler, in Müko-BGB, § 357 InsO Rn. 1202.

1017 Kindler, in Müko-BGB, § 357 InsO Rn. 1208; Ludwig, Neuregelungen, S. 202.

1018 Ludwig, Neuregelungen, S. 202.

1019 Stephan, in Heidelberger Kommentar-InsO, § 357 Rn. 18; Lüke, ZZP 111 (1998), 275(305).

1020 Kemper, in Kübler/Prütting, § 357 Rn. 5; Wimmer, in Frankfurter Kommentar-InsO, § 357 Rn. 8; Ludwig, Neuregelungen, S. 203; Kindler in, Müko-BGB, § 357 InsO Rn. 1214; Ehricke, in Aufbruch nach Europa, S. 337(361).

1021 BT-Drs. 15/16, S. 26.

1022 Stephan, in Heidelberger Kommentar-InsO, § 357 Rn. 19; Kindler, in Müko-BGB, § 357 InsO Rn. 1214; Wimmer, in Frankfurter Kommentar-InsO, § 357 Rn. 8.

die Verwertung oder die sonstige Verwendung des inländischen Vermögens zu unterbreiten. Der Hauptverwalter hat ein Rederecht, um seine Vorschläge äußern zu können. § 357 Abs. 2 InsO regelt, dass der ausländische Verwalter berechtigt ist, an der Gläubigerversammlung teilzunehmen. Daraus ist zu schließen, dass ihm auch die Möglichkeit eröffnet ist, in der Gläubigerversammlung seine Vorschläge zu unterbreiten. Laut Gesetzesbegründung ergibt sich aus diesem Recht implizit die Verpflichtung, dass der ausländische Verwalter zu jeder Gläubigerversammlung geladen werden muss[1023].

j) Anrechung von Teilerlösen

Nach der Insolvenzordnung steht jedem Gläubiger sowohl die Teilnahme am ausländischen Insolvenzverfahren als auch am inländischen Partikularverfahren offen. Hieraus kann sich der Umstand ergeben, dass der Gläubiger, der an mehreren Verfahren teilnimmt, auch mehrfach Erlöse erzielt.

§ 342 Abs. 2 InsO bestimmt, dass der Gläubiger behalten darf, was er in einem ausländischen Verfahren erlangt hat, er aber bei der Verteilung im Inland erst berücksichtigt wird, wenn die übrigen Gläubiger ihm gleichgestellt sind. Es erfolgt somit eine Anrechnung der im Ausland erlangten Quote auf die Inlandsquote. Die Regelung der Anrechnung dient dabei dem Grundsatz der Gläubigergleichbehandlung. Einzelne Gläubiger sollen durch ihre Mehrfachbeteiligung nicht Vorteile gegenüber anderen Gläubigern erhalten, die sich nur zur Teilnahme an einem Verfahren entschlossen haben[1024]. Nach § 342 Abs. 3 InsO steht dem inländischen Insolvenzverwalter ein materiellrechtlicher Auskunftsanspruch gegenüber den Insolvenzgläubigern zu, um zu erfahren, was diese im ausländischen Verfahren erlangt haben[1025].

k) Anerkennung von Partikularverfahren

Auch Partikularverfahren sind anerkennungsfähig. § 343 InsO regelt die Anerkennung von ausländischen Insolvenzverfahren, ohne zwischen Hauptinsolvenzverfahren und Partikularverfahren zu unterscheiden. Allgemein wird auch die Anerkennung eines ausländischen Partikularverfahrens als erforderlich angese-

---

1023 BT-Drs. 15/16, S. 26.

1024 Ludwig, Neuregelungen, S. 211; Kolmann vertritt im Gegensatz dazu eine Verteilungsordnung, nach der in sämtlichen Verfahren eine Verteilung des gesamten zur Verfügung stehenden Vermögens entsprechend der jeweiligen Anteile der Verbindlichkeiten an den Gesamtverbindlichkeiten vorgenommen wird, vgl. Kolmann, Kooperationsmodelle, S. 508 ff.(511).

1025 Smid, Deutsches und Europäisches Internationales Insolvenzrecht, § 342 Rn. 10.

hen[1026]. Ein Bedürfnis für die Anerkennung von Partikularverfahren ergebe sich zum einen daraus, dass ein möglicherweise im Inland eröffnetes Hauptinsolvenzverfahren auf seinen extraterritorialen Geltungsanspruch verzichte[1027]. Des Weiteren müsse es dem ausländischen Verwalter des Partikularverfahrens möglich sein, Vermögensgegenstände, die zur Masse des Partikularverfahrens gehören, herauszuverlangen, wenn diese nach der Verfahrenseröffnung nach Deutschland verbracht wurden[1028]. Dies setze aber voraus, dass das ausländische Partikularverfahren vorher im Inland anerkannt worden sei[1029]. Eine Kooperation und Koordination zwischen mehreren Verfahren könne nur dann erfolgen, wenn die Verfahren sich gegenseitig anerkennen[1030].

Für die Anerkennung von Partikularverfahren gelten die gleichen Voraussetzungen wie für die Anerkennung eines Hauptinsolvenzverfahrens. Diese richten sich nach § 343 InsO[1031].

Das heißt, das ausländische Partikularverfahren muss als Insolvenzverfahren im Sinne von § 343 InsO qualifiziert werden können.

Der Eröffnungsstaat muss international zuständig gewesen sein. Dazu sind anhand der spiegelbildlichen Betrachtung die Kriterien des § 354 Abs. 1 InsO heranzuziehen. Dann ist die Anerkennungszuständigkeit gegeben, wenn das Partikularverfahren in einem Staat eröffnet wurde, in dem der Schuldner eine Niederlassung oder sonstiges Vermögen hat.

Darüber hinaus darf die Anerkennung der ausländischen Entscheidung nicht gegen den inländischen Ordre public verstoßen.

Die Anerkennung eines Partikularverfahrens erfolgt ebenso wie die Anerkennung eines Hauptinsolvenzverfahrens automatisch.

XXVIII. Rechtsvergleich: Partikularverfahren/Territorialverfahren

Sowohl das deutsche als auch das spanische Insolvenzverfahren erheben grundsätzlich den Anspruch extraterritorial als Einheitsverfahren zu wirken. Auf der anderen Seite erkennen beide Rechtsordnungen unter bestimmten Voraussetzun-

1026 Thieme, in Stoll(Hrsg.), Stellungnahmen und Gutachten, S. 212(220); Laut, Universalität und Sanierung, S. 146; Homann, System der Anerkennung, S. 53/54; Ludwig, Neuregelungen, S. 222.

1027 Laut, Universalität und Sanierung, S. 145.

1028 Schack, Internationales Zivilverfahrensrecht, Rn. 1146; Trunk, KTS 1994, S. 33 (40); Ludwig, Neuregelungen, S. 222.

1029 Homann, System der Anerkennung, S. 53.

1030 Homann, System der Anerkennung, S. 54.

1031 Vgl. dazu oben unter D.XX.3.

gen Wirkungen ausländischer Insolvenzverfahren an. Eingeschränkt werden die Wirkungen eines ausländischen Hauptinsolvenzverfahrens aber sowohl im *Ley Concursal* als auch nach der Insolvenzordnung durch die Möglichkeit der Eröffnung eines Sekundärinsolvenzverfahrens im Inland.

1. Unabhängiges Partikularverfahren/Unabhängiges Territorialverfahren

Im deutschen internationalen Insolvenzrecht besteht die Möglichkeit unabhängig von einem ausländischen Hauptinsolvenzverfahren ein Partikularverfahren zu eröffnen.

Das spanische Recht sieht eine solche Möglichkeit nicht explizit vor. Dahingehend besteht Rechtsunsicherheit. Art. 211 LC, der in dem Abschnitt des Territorialverfahrens die Voraussetzungen des Verfahrens regelt, weist nur darauf hin, dass die Anerkennung eines ausländischen Hauptinsolvenzverfahrens die Eröffnung eines inländischen Territorialverfahrens ohne die Überprüfung der Insolvenz des Schuldners erlaubt. Daraus schließt ein Teil der spanischen Literatur, dass Voraussetzung für die Eröffnung eines Territorialverfahrens immer die Anerkennung eines ausländischen Hauptinsolvenzverfahrens ist. Damit wäre die Eröffnung eines inländischen Territorialverfahrens immer von der Erteilung des Exequaturs bezüglich des ausländischen Hauptinsolvenzverfahrens abhängig.

Allerdings ist nach der in dieser Arbeit ermittelten herrschenden Literaturansicht die Eröffnung eines unabhängigen Partikularverfahrens in Spanien möglich. Insoweit stimmt die herrschende Meinung in der spanischen Literatur mit der geltenden Rechtslage in Deutschland überein. Es bleibt abzuwarten, wie sich die spanische Rechtsprechung bei dieser Fragestellung entscheidet.

Die Möglichkeit der Durchführung eines unabhängigen Territorialverfahrens ist in Spanien im Sinne des Masseschutzes und der Gläubigergleichbehandlung besonders wünschenswert. Als unabhängig ist ein Territorialverfahren auch anzusehen, wenn zwar ein ausländisches Hauptinsolvenzverfahren eröffnet wurde, dieses aber im Inland noch nicht anerkannt ist. Erst mit der Anerkennung des ausländischen Hauptinsolvenzverfahrens wird dieses zum Sekundärinsolvenzverfahren. Wie bereits an anderer Stelle erwähnt, nimmt die Durchführung eines Anerkennungsverfahrens einen erheblichen Zeitraum in Anspruch. Liegen erst mit Abschluss des Exequaturverfahrens die Voraussetzungen für die Eröffnung eines Territorialverfahrens vor, so kann dieses mit dem Verstreichen der Zeit unter Umständen schon sinnentleert sein, weil in bestimmte Gegenstände bereits vollstreckt wurde oder weil der Schuldner noch einen entsprechenden Zeitraum über die Gegenstände verfügen konnte. Hat aber der ausländische (vorläufige) Insolvenzverwalter die Möglichkeit ein unabhängiges Territorialverfahren zu beantragen, obwohl das Hauptinsolvenzverfahren noch nicht eröffnet oder zwar eröffnet, aber noch nicht anerkannt ist, so kann er damit unter Umständen kostbare Zeit gewinnen. Eine zügige Beschlagnahme des inländischen Vermögens durch die Eröffnung eines Territorialverfahrens ist im Interesse der Gläubigermeinschaft geboten. Wird ein Territorialverfahren zeitig beantragt und eröffnet, so kann dies unter Masseschutzgesichtspunkten vorteilhaft sein. Im Übrigen könnte unter Umständen die Verwertung schneller beginnen.

Zwar besteht, wie bereits erwähnt, wenn im Ausland ein Hauptinsolvenzverfahren eröffnet wurde, dass noch nicht anerkannt ist, nach Art. 226 LC die Möglichkeit der Anordnung von einstweiligen Maßnahmen im Inland. Allerdings ist die Anordnung solcher Sicherungsmaßnahmen nicht an eine Bearbeitungsfrist gebunden.

Die Prüfung eines Antrags auf Eröffnung eines Insolvenzverfahrens ist aber nach Art. 13 LC fristgebunden und muss spätestens am darauffolgenden Werktag vorgenommen werden. Ist der Antrag zulässig, so werden – sofern ein entsprechender Antrag vorliegt – die erforderlichen Sicherungsmaßnahmen durch das Gericht erlassen, Art. 17 LC. Es kann also in der Praxis so sein, dass einstweilige Maßnahmen im Rahmen der Eröffnungsphase eines Territorialverfahrens schneller durch das Gericht erlassen werden, als wenn es sich um einen Antrag auf Erlass einstweiliger Maßnahmen nach Art. 226 LC handelt. Das wird sich aber in der Praxis noch herausstellen. Es ist unter anderem dadurch bedingt, ob die spanischen Gerichte mit der herrschenden Literaturansicht überhaupt ein unabhängiges Territorialverfahren zulassen werden.

Sollte dies der Fall sein, so hängt die zügige Eröffnung des Territorialverfahrens des Weiteren damit zusammen, ob die spanischen Gerichte die Insolvenz des Schuldners nach der weltweiten Unfähigkeit den Zahlungsverpflichtungen nachzukommen bestimmen werden oder nach dem inländischen Zahlungsverhalten. Diese Entscheidung wird einen wesentlich unterschiedlichen Prüfungsaufwand zur Folge haben und damit im Ergebnis auch bestimmen, wann die endgültige Beschlagnahmewirkung bei einem inländischen Territorialverfahren herbeigeführt wird.

Im Übrigen kann sich in Hinblick auf den Masseschutz und die schnellere Verwertung des in Spanien belegenen Vermögens der Antrag auf Eröffnung eines Territorialverfahrens in Spanien nur rentieren, wenn Vermögensverhältnisse des Gemeinschuldners so eindeutig sind, dass für den ausländischen Insolvenzverwalter bereits frühzeitig feststeht, dass sich eine Eröffnung eines Territorialverfahrens, welches mit zusätzlichen Kosten verbunden ist, wirtschaftlich lohnt.

Die Voraussetzungen zur Eröffnung eines unabhängigen Territorialverfahrens richten sich sowohl im *Ley Concursal* als auch nach der Insolvenzordnung nach allgemeinen Regeln. Beide Rechtsordnungen lassen die Frage, ob die Insolvenz des Schuldners nach einem weltweiten oder nach einem auf den Territorialverfahrensstaat beschränkten Maßstab festzustellen ist, ungeregelt. Nach dem *Ley Concursal* ist der Schuldner insolvent, wenn er unfähig ist, seine fälligen Verpflichtungen zu erfüllen. In Deutschland wird zwischen Zahlungsunfähigkeit und Überschuldung unterschieden. Unter Zahlungsunfähigkeit versteht man nach der Insolvenzordnung genauso wie im *Ley Concursal* die Unfähigkeit, die fälligen Zahlungsverpflichtungen zu erfüllen. Überschuldung liegt dagegen vor, wenn das Vermögen des Schuldners die bestehenden Verbindlichkeiten nicht deckt. Es soll hinsichtlich beider Insolvenzgründe von der herrschenden Literatur auf einen weltweiten Beurteilungsmaßstab abgestellt werden. Der BGH spricht sich hinsichtlich der Beurteilung der Zahlungsunfähigkeit gegen eine niederlassungsbezogene Feststellung der Zahlungsunfähigkeit aus, will aber wegen der Schutzfunktion des Partikularverfahrens für das Vorliegen von Zahlungsunfähigkeit im Allgemeinen auf das Zahlungsverhalten der inländischen Niederlassung, der Hauptniederlassung und allenfalls noch das Zahlungsverhalten in anderen europäischen Ländern abstellen. *Virgós/Garcimartín* wollen ebenfalls zur Ermittlung der Insolvenz grundsätzlich eine globale Betrachtung vornehmen, aber dennoch hinsichtlich der Feststellung der Zahlungsunfähigkeit allein darauf abstellen, ob die Vermutungstatbestände am Ort der Niederlassung erfüllt sind. Eine solche Betrachtung würde also zur Feststellung der Insolvenz des Schuldners insbesondere auf das Zahlungsverhalten und die Zahlungsfähigkeit im Inland abstellen.

Dies hätte zwar den Vorteil, dass das unabhängige Verfahren – wegen des geringeren Prüfungsaufwands – zeitlich früher eröffnet werden könnte und damit zügiger die Beschlagnahmewirkung des Schuldnervermögens herbeigeführt werden kann. Dennoch sollte bei der Ermittlung der Zahlungsunfähigkeit auch das Zahlungsverhalten am Mittelpunkt der hauptsächlichen Interessen mit einbezogen werden. Nach der Lösung von *Virgós/Garcimartín* könnte ein Territorialverfahren eröffnet werden, obwohl der Gemeinschuldner im Ganzen noch zahlungsfähig ist. Wird aber trotz der Zahlungsfähigkeit des Gesamtunternehmens ein Insolvenzverfahren über das Inlandsvermögen einschließlich des Niederlassungsvermögens eröffnet, so hat dies Nachteile für das Unternehmen. Ist es auf das Niederlassungsvermögen angewiesen, so kann die Eröffnung eines Territorialverfahrens im schlimmsten Fall sogar die Insolvenz des Gesamtunternehmens verursachen.

2. Internationale Zuständigkeit und Antragsbefugnis

In Spanien ist die internationale Zuständigkeit zur Eröffnung eines Territorialverfahrens im Rahmen von Art. 10 LC normiert, der eine zusammengefasste Bestimmung der örtlichen Insolvenzgerichtsstände enthält. Die Insolvenzordnung regelt die internationale Zuständigkeit zur Eröffnung eines Partikularverfahrens in § 354 InsO in Zusammenhang mit den Vorschriften zur Partikularinsolvenz.

Eine zusammengefasste Bestimmung der Insolvenzgerichtsstände wie im *Ley Concursal* dient der Übersichtlichkeit und damit der praktisch einfacheren Handhabe.

Auch die Zuständigkeitskriterien für die Eröffnung eines Partikularverfahrens/Territorialverfahrens sind unterschiedlich geregelt. Das *Ley Concursal* stellt auf eine Niederlassung des Schuldners in Spanien ab. Demgegenüber sieht die Insolvenzordnung als Zuständigkeitsgründe eine Niederlassung oder die Belegenheit von Vermögen im Inland vor.

Die Differenz der internationalen Zuständigkeitsgründe für die Eröffnung eines Partikularverfahrens spiegelt sich auch in der Antragsberechtigung wider. Der deutsche Gesetzgeber versucht die weitreichende Eröffnungszuständigkeit einzuschränken. Daher muss der antragstellende Gläubiger ein besonderes Interesse an der Verfahrenseröffnung im Inland glaubhaft machen.

Die Argumente für und gegen den Zuständigkeitsgrund der Vermögensbelegenheit im internationalen Insolvenzrecht sind insbesondere in der deutschen Literatur ausführlich diskutiert worden.

Meines Erachtens reicht ein allgemeines Interesse inländischer Gläubiger, die inländische Rechtsordnung zur Anwendung gelangen zu lassen, nicht aus, um den Zuständigkeitsgrund der Vermögensbelegenheit zu begründen. Es ist zu beachten, dass es durch die Eröffnung von Partikularverfahren in sämtlichen Staaten der Vermögensbelegenheit zu erheblichen Einschränkungen des Universalitätsprinzips kommt. Lediglich ein spezifisches Vertrauen der inländischen Sicherungsgläubiger kann die Eröffnung eines Partikularverfahrens bei bloßer Vermögensbelegenheit in Deutschland rechtfertigen[1032]. Allerdings sind diese über § 351 InsO, der anordnet, dass Rechte eines Dritten an Gegenständen, die zum Zeitpunkt der Insolvenzeröffnung im Inland belegen waren, nicht in die Insolvenzmasse eines ausländischen Insolvenzverfahrens fallen, ausreichend geschützt. Sie können ihre dinglichen Sicherheiten in Deutschland frei verwerten. Zum Schutz dieser bedarf es daher der Eröffnung eines Partikularverfahrens bei bloßer Vermögensbelegenheit nicht.

Auch unter dem Gesichtspunkt des Masseschutzes ist, jedenfalls wenn ein Hauptinsolvenzverfahren eröffnet wurde, ein Vermögensgerichtsstand nicht erforderlich, da eine automatische Anerkennung erfolgt, die im Inland eine Beschlagnahmewirkung herbeiführt. Für einen Vermögensgerichtsstand kann das Argument des Masseschutzes nur in Hinblick auf unabhängige Partikularverfahren angeführt werden.

1032 So auch Ludwig, Neuregelungen, S. 170.

Im Wesentlichen spricht aber gegen den Zuständigkeitsgrund der Vermögensbelegenheit, dass er nicht an erkennbare Umstände anknüpft. Demgegenüber liegt dem Zuständigkeitskriterium der Niederlassung eine Tätigkeit zum Markt hin zugrunde. Dies ist auch erforderlich, denn die Rechtsordnung nach der die Insolvenz eines Gemeinschuldners abgewickelt werden kann, sollte für die Gläubiger erkennbar sein[1033]. Nur so können sämtliche Gläubiger ihre juristische Situation, einschließlich ihrer rechtlichen Risiken einschätzen.

Im Übrigen ist auch nach Art. 3 Abs. 2 EuInsVO nur bei einer Niederlassung im Inland die Eröffnung eines Partikularverfahrens möglich. Soweit möglich, sollte ein Gleichlauf des autonomen internationalen Insolvenzrechts mit der EuInsVO angestrebt werden. Einheitliche Maßstäbe im internationalen Insolvenzrecht können die Rechtsanwendung erheblich erleichtern. Werden sowohl in Hinblick auf in EU-Staaten eröffnete Insolvenzverfahren als auch auf solche aus Drittstaaten die gleichen Maßstäbe angewendet, so fördert dies eine einheitliche Rechtsprechung und Abwicklungspraxis. Dies bringt in beiden Staaten ein bedeutendes Maß an Rechtssicherheit mit sich[1034]. Freilich gibt es Regelungen in der EuInsVO, die in dem gegenseitigen Vertrauen der Mitgliedstaaten begründet sind und damit nicht im Verhältnis zu Drittstaaten übernommen werden können. Dies ist aber hier nicht der Fall. Vielmehr sollte auch im Verhältnis zu Drittstaaten an nach außen erkennbare Umstände für die Begründung der Zuständigkeit zur Eröffnung eines Insolvenzverfahrens angeknüpft werden. Auf den Zuständigkeitsgrund der Vermögensbelegenheit sollte mithin verzichtet werden.

3. Aktiv- und Passivmasse

Das Partikularverfahren der Insolvenzordnung als auch das Territorialverfahren des *Ley Concursal* beschränkt sich auf Vermögen, das zum Zeitpunkt der Eröffnung des Verfahrens im Inland belegen ist. Zur Bestimmung der Belegenheit von Forderungen wird im *Ley Concursal* auf Art. 2 Buchst. g EuInsVO zurückgegriffen. Danach gelten Forderungen in dem Staat als belegen, wo der Forderungsschuldner den Mittelpunkt seiner hauptsächlichen Interessen hat. Im Gegensatz dazu wird im deutschen Recht auf die Kriterien zur Belegenheitsbestimmung im Internationalen Einzelvollstreckungsrecht zurückgegriffen. Entscheidend ist dafür, wo der Schuldner seinen Sitz bei juristischen Personen beziehungsweise seinen Wohnsitz bei natürlichen Personen hat. Im Normalfall werden diese Kriterien zu einem Ergebnis führen, da sich am Wohnsitz beziehungsweise Sitz bei juristischen Personen regelmäßig auch der Mittelpunkt der hauptsächlichen

---

1033 So auch Espiniella Menéndez, in AEDIPr 2005, 153(184).
1034 Vgl. auch Lüer, in Uhlenbruck, Art. 102 EGInsO Rn. 193, 49.

Interessen befinden wird. Eine Anknüpfung an diesen Ort ist auch sinnvoll, da davon auszugehen ist, dass sich dort auch die Mittel zur Forderungsbegleichung befinden werden[1035].

Zur Teilnahme am Partikularverfahren sind nach der Insolvenzordnung ebenso wie nach dem *Ley Concursal* sämtliche Gläubiger, unabhängig von deren Staatsangehörigkeit, Wohnsitz beziehungsweise unabhängig davon, ob die Forderung einen Bezug zum inländischen Vermögen aufweist, berechtigt.

4. Zusammenarbeit der Insolvenzverwalter

Sowohl das *Ley Concursal* als auch die Insolvenzordnung sehen Vorschriften zur Koordinierung von parallelen Insolvenzverfahren vor. Dies ist notwendig, da beide Rechtsordnungen ein Kombinationsmodell zwischen Hauptinsolvenzverfahren und Territorialverfahren verfolgen. Neben einem Hauptinsolvenzverfahren können Partikular- beziehungsweise Territorialverfahren im Inland eröffnet werden. Dies kann zur Folge haben, dass das Schuldnervermögen in mehreren Verfahren und damit auch nach unterschiedlichen Rechtsordnungen abgewickelt wird, die unter Umständen auch verschiedene Verteilungsordnungen vorsehen. Es besteht die Gefahr, dass der Insolvenzverwalter jedes Verfahrens, unabhängig davon, welchem Verfahren die Gegenstände nach den gesetzlichen Bestimmungen zuzuordnen sind, versucht sich möglichst viele verwertbare Vermögensgegenstände der Insolvenzmasse zu beschaffen. Daraus ergibt sich das Bedürfnis der Normierung von Vorschriften durch die eine effiziente Verwertung des Schuldnervermögens gefördert und dem Gebot der Gläubigergleichbehandlung Rechnung getragen wird[1036]. Nur so kann verhindert werden, dass ein Wettlauf zwischen den Insolvenzverwaltern zur Sicherung der verwertbaren Gegenstände eintritt[1037].

Das *Ley Concursal* normiert in Art. 227.1 LC eine allgemeine Kooperationspflicht. Nach der nicht abschließenden Aufzählung in Art. 227.2 LC kann darunter im Einzelnen die Pflicht zum Austausch jeglicher Information fallen, die für die Durchführung des ausländischen Verfahrens bedeutend sind. Darüber hinaus ist in Art. 227.2 LC auch die Abstimmung zwischen der Verwaltung und der Kontrolle oder der Überwachung der Vermögensgegenstände des Gemeinschuldners beispielhaft erwähnt sowie die Genehmigung und Anwendung von Absprachen über die Koordination der verschiedenen Insolvenzverfahren durch die Gerichte oder die zuständigen Behörden. Auch die EuInsVO normiert in Art.

1035 *Duursma-Kepplinger*/Duursma/Chalupsky, EuInsVO, Art. 2 Rn. 17.
1036 Vgl. dazu auch Ludwig, Neuregelungen, S. 201.
1037 Carballo Pineiro, in Comentarios a la legislación concursal, Art. 227, S. 3455.

31 Abs. 2 EuInsVO eine allgemeine Pflicht zur Zusammenarbeit der Insolvenzverwalter.

§ 357 Abs. 1 S. 1 InsO regelt demgegenüber restriktiver nur die Verpflichtung des inländischen Sekundärinsolvenzverwalters, dem ausländischen Verwalter alle Umstände mitzuteilen, die für die Durchführung des ausländischen Verfahrens Bedeutung haben können. Eine Verpflichtung des inländischen Hauptinsolvenzverwalters zur Information des ausländischen Sekundärinsolvenzverwalters wird nicht normiert.

Obwohl Insolvenzverwalterverträge in § 357 InsO nicht ausdrücklich erwähnt sind, sind diese auch im deutschen internationalen Insolvenzrecht möglich. Der Insolvenzverwalter kann vertragliche Vereinbarungen in dem Umfang abschließen, als ihm die Insolvenzordnung bei der Insolvenzabwicklung keine zwingenden Vorgaben macht und auch aus sonstigen Gründen der Insolvenzverwalter seine Pflicht nicht verletzt. Bis zu der Grenze, welche die zwingenden Vorschriften der §§ 148 bis 173 InsO ziehen, können zwischen den Verwaltern beider Verfahren vertragliche Vereinbarungen, insbesondere hinsichtlich der Verwaltung und Verwertung des Vermögens getroffen werden[1038].

Es ist nicht für jeden Einzelfall absehbar, welche Kooperationsmaßnahmen erforderlich werden. Eine gegenseitige Information kann in bestimmten Fällen nicht ausreichen[1039]. Die Unterstützung zwischen den in unterschiedlichen Staaten anhängigen Verfahren, muss sich in der Praxis entwickeln und bewähren. Eine allgemeine Kooperationsklausel wie im *Ley Concursal* und in der EuInsVO vorgesehen, hat dabei den Vorteil, dass auch ein bis dato noch nicht aufgetretenes und nicht erkanntes Kooperationsbedürfnis abgedeckt werden kann und dies für den Rechtsanwender auch verdeutlicht wird.

Für die Konstellation, dass im Inland ein Hauptinsolvenzverfahren und im Ausland ein Territorialverfahren eröffnet worden ist, ist in der Insolvenzordnung im Gegensatz zum *Ley Concursal* keine Informationspflicht normiert.

Fraglich ist, ob sich auch für die Insolvenzordnung eine Pflicht, die sich auf eine Zusammenarbeit zwischen inländischem Hauptinsolvenzverfahren und ausländischem Territorialverfahren erstreckt, empfiehlt. Auch Art. 31 Abs. 1 EuInsVO regelt sowohl für den Hauptinsolvenzverwalter als auch für den Sekundärinsolvenzverwalter eine Pflicht zur Zusammenarbeit.

Eine Verpflichtung des inländischen Hauptinsolvenzverwalters, den ausländischen Sekundärinsolvenzverwalter zu informieren, ist für eine umfassende Durchführung des Sekundärinsolvenzverfahrens sinnvoll[1040]. Sinn und Zweck

---

1038 Reinhart, in Müko-InsO, Art. 102 Rn. 203.
1039 Spahlinger, Sekundäre Insolvenzverfahren, S. 329.
1040 Kindler, in Müko-BGB, § 357 InsO Rn. 1202.

einer Kooperationspflicht muss die optimale Verwertung des Schuldnervermögens sein. Daher kann auch zugunsten des Sekundärinsolvenzverfahrens ein Kooperationsbedürfnis bestehen.

Als besondere Kooperations- und Unterrichtungspflicht normieren beide Rechtsordnungen die Verpflichtung des inländischen Sekundärinsolvenzverwalters dem ausländischen Hauptinsolvenzverwalter die Möglichkeit zu geben, Vorschläge über die Verwertung oder sonstige Verwendung des inländischen Vermögens zu unterbreiten. Daraus ist im Umkehrschluss zu entnehmen, dass weder nach dem *Ley Concursal* noch nach der Insolvenzordnung der ausländische Sekundärinsolvenzverwalter einen Anspruch auf Geltendmachung von Vorschlägen im inländischen Hauptinsolvenzverfahren hat. Dies wäre auch nicht sachgerecht, weil der Sekundärinsolvenzverwalter in der Regel nicht den Überblick über die Vermögensmasse haben wird, wie dies beim Hauptinsolvenzverwalter der Fall ist.

Die Pflicht zur Zusammenarbeit besteht nach Art. 227 LC nur dann, wenn das ausländische Verfahren in Spanien anerkannt ist. Des Weiteren ist die allgemeine Kooperationspflicht des Art. 227 LC bedingt durch das Gegenseitigkeitsprinzip. Sie besteht nur insoweit, wie auch der ausländische Insolvenzverwalter zur Unterstützung bereit ist.

Aus dem § 357 InsO ergibt sich nicht, ob sich die Pflicht zur Zusammenarbeit auch auf nicht anerkennungsfähige ausländische Insolvenzverfahren erstreckt. In der deutschen Literatur wird aber teilweise die Ansicht vertreten, dass die Unterrichtungspflicht auch dann bestehen sollte, wenn das ausländische Verfahren nicht anerkannt werden kann. Für diesen Fall sollten allerdings keine Mitwirkungsrechte im inländischen Verfahren eingeräumt werden[1041].

5. Anrechnungslösung

Sowohl nach deutschem als auch nach spanischem Recht sind sämtliche Gläubiger zur Teilnahme an jedem Insolvenzverfahren berechtigt. Nach beiden Rechtsordnungen müssen Erlöse, die in einem ausländischen Insolvenzverfahren erlangt wurden, nicht herausgegeben werden. Damit aber einzelne Gläubiger nicht anteilig mehr aus der Insolvenzmasse erhalten als andere, müssen Mehrfacherlöse ausgeglichen werden. Dahingehend verfolgen beide Rechtsordnungen weitgehend übereinstimmend eine Anrechnungslösung, bei der der im Ausland erlangte Betrag auf die Verteilung im Inland angerechnet wird. Art. 229 LC bestimmt, dass ein Gläubiger, der in einem ausländischen Insolvenzverfahren eine Quote auf seine Forderung erhalten hat, im spanischen Insolvenzverfahren erst dann mit

1041 Ludwig, Neuregelungen, S. 205.

dieser Forderung berücksichtigt werden kann, wenn die Gläubiger gleichen Ranges oder gleicher Gruppenzugehörigkeit in diesem Verfahren die gleiche Quote erlangt haben. Die Regelung entspricht weitgehend § 342 Abs. 2 InsO. Der normiert, dass der Insolvenzgläubiger behalten darf, was er in einem ausländischen Insolvenzverfahren erlangt hat, aber bei den Verteilungen erst berücksichtigt wird, wenn die übrigen Gläubiger ihm gleichgestellt sind.

In der spanischen Literatur wird vertreten, dass die Anrechnung nach Art. 229 LC sowohl für den Fall erfolge, dass es sich bei dem inländischen Verfahren um ein Hauptinsolvenzverfahren handelt, als auch dann, wenn das inländische Verfahren ein Sekundärinsolvenzverfahren ist.

Auch der Wortlaut von § 342 InsO enthält dahingehend keine Beschränkung. Dagegen lässt sich aber die Gesetzesbegründung zu § 342 InsO anführen. Diese spricht davon, dass der Auskunftsanspruch dem Verwalter des inländischen Hauptinsolvenzverfahrens zusteht, um zu erfahren, was der Gläubiger in einem ausländischen Sekundärinsolvenzverfahren erlangt hat[1042]. Dem Sekundärinsolvenzverwalter steht aber kein Auskunftsanspruch gegenüber dem Hauptinsolvenzverwalter zu. Das spricht dagegen, dass im Sekundärinsolvenzverfahren eine Anrechnung auf das im Hauptinsolvenzverfahren Erlangte erfolgen soll.

Dies ergibt sich aber auch aus folgender Überlegung:

Die Gleichbehandlung aller Gläubiger erfordert die Anrechnung der erzielten Erlöse auf die Dividende nachfolgender Verfahren. Aus diesem Anrechnungsprinzip folgt, dass im Grundsatz das Recht des zuletzt beendeten Verfahrens über die Verteilung des gesamten Schuldnervermögens entscheidet[1043]. Daher muss es sich bei dem zuletzt beendeten Verfahren um das Hauptinsolvenzverfahren handeln. Das Hauptinsolvenzverfahren kann damit erst abgeschlossen werden, nachdem alle Sekundärinsolvenzverfahren beendet sind[1044]. Für diese Reihenfolge lässt sich auch § 358 InsO anführen, wonach Überschüsse des Sekundärinsolvenzverfahrens an den Verwalter des Hauptinsolvenzverfahrens herauszugeben sind[1045]. Auch im *Ley Concursal* existiert mit Art. 230 LC eine Regelung, die besagt, dass die Überschüsse des Sekundärinsolvenzverfahrens an das Hauptinsolvenzverfahren herauszugeben sind. Es gibt aber keine Vorschrift, die normiert, dass die Überschüsse des Hauptinsolvenzverfahrens an den Verwalter des Sekundärinsolvenzverfahrens herauszugeben sind. Damit spricht im *Ley Concursal*, neben der grundsätzlichen Überlegung, dass das Recht des zuletzt abgeschlossenen Verfahrens über die Verteilung des gesamten Schuldnervermögens

1042 BT-Drs. 15/16, S. 21.

1043 Spahlinger, Sekundäre Insolvenzverfahren, S. 340.

1044 Spahlinger, Sekundäre Insolvenzverfahren, S. 341.

1045 Ludwig, Neuregelungen, S. 209; Art. 230 LC und die entsprechende Vorschrift § 358 InsO.

entscheidet, auch eine Vorschrift dafür, dass das zuletzt beendete Verfahren das Hauptinsolvenzverfahren sein muss. Eine Anrechnung kann letztlich nur im Hauptinsolvenzverfahren auf die Quote des Sekundärinsolvenzverfahrens erfolgen.

6. Anerkennung von Partikularverfahren/Territorialverfahren

§ 343 InsO regelt die Anerkennung von ausländischen Insolvenzverfahren. Er unterscheidet nicht zwischen Haupt- und Partikularverfahren. Das Anerkennungsbedürfnis eines Partikularverfahrens wird in der deutschen Literatur gemeinhin bejaht und an die Voraussetzungen des § 343 InsO geknüpft.

Nach Art. 220.2 LC wird ein ausländisches Verfahren dann als Territorialverfahren anerkannt, wenn der Schuldner im Eröffnungsstaat eine Niederlassung hat oder eine begründbare gleichwertige Verbindung besteht wie die Belegenheit von Wirtschaftsgütern. Dadurch wird klargestellt, dass ein ausländisches Insolvenzverfahren, das im Staat einer Niederlassung eröffnet wird, als Territorialverfahren anerkannt wird, auch wenn es für sich universale Geltung in Anspruch nimmt. Im deutschen Recht bleibt eine solche Feststellung aus. Im Ergebnis wird aber auch nach der Insolvenzordnung ein Verfahren mit universalem Geltungsanspruch als Partikularverfahren anerkannt, wenn dafür die internationale Zuständigkeit vorliegt und kein Verstoß gegen den inländischen Ordre public vorliegt. Die Klarstellung im *Ley Concursal* dient insbesondere für den juristischen Laien der einfacheren Rechtsanwendung.

Bei der Anerkennung von Partikularverfahren beziehungsweise Territorialverfahren werden die gleichen Voraussetzungen zugrunde gelegt wie für die Anerkennung von Hauptinsolvenzverfahren. Das heißt, dass der ausländische Staat zuständig für die Eröffnung des beschränkten Verfahrens sein muss. In der Insolvenzordnung müssen nach spiegelbildlichen Grundsätzen Partikularverfahren anerkannt werden, die in einem Staat eröffnet wurden, in dem der Schuldner eine Niederlassung oder sonstiges Vermögen hat.

Nach dem *Ley Concursal* werden solche Verfahren anerkannt, die am Niederlassungsort oder an einer gleichwertigen Verbindung wie beispielsweise der Belegenheit von Wirtschaftsgütern eröffnet wurden. Streng nach dem *Sistema bilateralista* dürften in Spanien nur ausländische Territorialverfahren anerkannt werden, die am Ort der Niederlassung eröffnet wurden.

Die Anerkennung von Territorialverfahren, die am Ort der Belegenheit von Wirtschaftsgütern eröffnet wurden, beruht auf der erweiterten Anerkennungszuständigkeit. Aufgrund der Normierung des Kriteriums der vernünftigen Verbindung gleichwertiger Natur im *Ley Concursal* ergibt sich in der Rechtspraxis auch kein erheblicher Unterschied in der Anerkennung ausländischer Partikularverfahren in Spanien und Deutschland.

Ein abweichendes Ergebnis kann sich allein bei einem Territorialverfahren ergeben, das in einem Staat eröffnet wurde, in dem sich Vermögen des Gemeinschuldners befindet, welches aber keiner wirtschaftlichen Betätigung zugeordnet werden kann. Dieses wird in der Insolvenzordnung als Partikularverfahren anerkannt, währenddessen nach dem *Ley Concursal* die Anerkennung mangels internationaler Zuständigkeit abzulehnen wäre. Im Übrigen hat die Anerkennung von Territorialverfahren in der Praxis aufgrund der Beschränkung ihres Geltungsanspruchs auf das jeweilige Staatsgebiet wesentlich geringere Bedeutung als die Anerkennung von Hauptinsolvenzverfahren. Daher wird sich der dargestellte Unterschied in der Anerkennungszuständigkeit nur in beschränktem Maße auswirken.

E. *Conclusiones* – Schlussfolgerungen

In der vorliegenden Arbeit wird das autonome internationale Insolvenzrecht Spaniens untersucht und mit dem deutschen Recht verglichen. Folgende Ergebnisse sind festzuhalten:

I. Orientierung an der EuInsVO

Das autonome internationale Insolvenzrecht beider Staaten orientiert sich an der Europäischen Insolvenzverordnung. Dies ergibt sich für das spanische Recht aus der Gesetzesbegründung zum *Nueva Ley Concursal*.

Zwar ist das deutsche Gesetz zur Neuregelung des internationalen Insolvenzrechts an den nicht Gesetz gewordenen Regierungsentwurf den §§ 379 ff. RegE InsO, angelehnt. Die Regelungen dieses Regierungsentwurfes sind aber stark an den Vorschriften des Europäischen Insolvenzübereinkommens ausgerichtet.

Die EuInsVO wird auch in beiden Staaten als Hilfe zur Auslegung des autonomen internationalen Insolvenzrechts herangezogen.

Bei einer Gesamtschau ist auffällig, dass die spanische Literatur stärker als die deutsche Literatur zur Auslegung des autonomen Rechts auf die Regelungen der EuInsVO beziehungsweise die Literaturansichten, die zu den Vorschriften der EuInsVO geäußert werden, zurückgreift. Ursache dürfte sein, dass das internationale Insolvenzrecht in Spanien in gesetzlich geregelter Form eine Neuheit darstellt. Bis zum Inkrafttreten des *Nueva Ley Concursal* gab es kein kodifiziertes internationales Insolvenzrecht. Auch hat sich in Spanien keine einheitliche Rechtsprechung zur Behandlung grenzüberschreitender Insolvenzen entwickeln können. Dies lag daran, dass sich die Rechtsprechung mit wenig grenzüberschreitenden Insolvenzen beschäftigt hat.

Relativ eindeutig geklärt war vor dem Inkrafttreten des *Nueva Ley Concursal* nur die Rechtsfrage, dass ein ausländischer Eröffnungsbeschluss über das Exequaturverfahren nach den Art. 951 ff. LEC 1881 einer förmlichen Anerkennung unterzogen werden muss. Viele Fragen, wie etwa die des anwendbaren Rechts oder der Möglichkeit zur Eröffnung eines Territorialverfahrens, blieben in der spanischen Rechtsprechung und in der Literatur undiskutiert.

Demgegenüber enthielt bereits die deutsche Konkursordnung Vorschriften zur Regelung grenzüberschreitender Insolvenzen. Mit der so genannten Wendeentscheidung des BGH erging schon im Jahre 1985 eine wegweisende Entscheidung der Rechtsprechung, in der die Aufgabe des bis dato verfolgten Territorialitätsprinzips geklärt und über die Befugnisse des ausländischen Insolvenzverwalters entschieden wurde.

Auch von der deutschen Literatur wurden Fragen, wie die Behandlung dinglicher Rechte oder die Gläubigeranfechtung bei grenzüberschreitenden Insolvenzen, heftigst diskutiert. Zu diesen Rechtsfragen gab es bis zum Inkrafttreten der EuInsVO – soweit ersichtlich – in Spanien wenig bis gar keine Literaturdiskussion. Damit kann erklärt werden, warum sich die spanische Literatur so stark an der EuInsVO orientiert. In Anbetracht der vorausgegangenen Gesetzesleere wirkt das Inkrafttreten der EuInsVO und darauf folgend die Verabschiedung des *Nueva Ley Concursal* fast wie eine Befreiung von der Rechtsunsicherheit.

II. Wesentliche Ergebnisse des Rechtsvergleichs

Die EuInsVO hat eine Annäherung des autonomen internationalen Insolvenzrechts zwischen Deutschland und Spanien bereits gefördert. Dadurch, dass sich beide Staaten bei der Gesetzgebung an der EuInsVO ausgerichtet haben, sind übereinstimmende Regelungen entstanden.

So zum Beispiel die Kollisionsnormen zur insolvenzrechtlichen Anfechtung, die einheitlich und in Gleichklang mit der EuInsVO eine abgeschwächte Kumulationslösung vorsehen. Auch dass das *Nueva Ley Concursal* nunmehr im Gegensatz zum *Anteproyecto de la Ley* von 1983 bei den Anerkennungswirkungen übereinstimmend mit dem deutschen Recht eine Wirkungserstreckung regelt, kann darauf zurückgeführt werden, dass auch Art. 17 EuInsVO eine Erstreckung der Wirkungen der ausländischen Entscheidung auf das Inland vorsieht. Erfreulich ist des Weiteren, dass beide Rechtsordnungen in Gleichklang mit der EuInsVO ein Kombinationsmodell zwischen Haupt- und Sekundärinsolvenzverfahren vorsehen und Koordinationsvorschriften für parallele Insolvenzverfahren normieren.

Dennoch bleiben einige praxisrelevante Unterschiede zwischen dem internationalen Insolvenzrecht beider Staaten, weil an unterschiedlichen Punkten Änderungen gegenüber den betreffenden Vorschriften der EuInsVO vorgenommen wurden. Der folgenschwerste ist der der Durchführung eines Anerkennungsverfahrens zur Anerkennung ausländischer insolvenzrechtlicher Entscheidungen im *Ley Concursal* gegenüber der Anerkennung ipso iure in der Insolvenzordnung. Dies hat in der Praxis erhebliche Konsequenzen, weil das inländische Schuldnervermögen während des Exequaturverfahrens keiner Beschlagnahmewirkung unterliegt. Der spanische Gesetzgeber musste einige vorläufige Schutzbestimmungen regeln, um die negativen Folgewirkungen der Durchführung des Anerkennungsverfahrens auf die Masse zu mildern.

Insgesamt ist das deutsche internationale Insolvenzrecht anerkennungsfreundlicher. Der Ordre public-Vorbehalt ist im deutschen Recht wie auch in der

EuInsVO restriktiver ausgestaltet. Er ist bereits vom Wortlaut als Ausnahmetatbestand formuliert und erlaubt eine Entscheidung in Teilen aufrechtzuerhalten.

Erwähnenswert ist, dass der spanische Gesetzgeber, im Gegensatz zum deutschen Gesetzgeber – obwohl er auf keine breite nationale Literaturdiskussion zurückgreifen konnte –, die Vorschrift des Art. 5 EuInsVO für dingliche Rechte nicht übernommen, sondern die notwendigen Änderungen vorgenommen hat. So hat er Art. 201 LC, die Regelung für dingliche Rechte, als Kollisionsnorm ausgestaltet, die auf das Recht des Lageortes verweist.

Diese Vorschrift könnte dem deutschen Gesetzgeber als Vorbild dienen. Ziel ist es, die Wirkung des Insolvenzverfahrens auf das dingliche Recht eines Gläubigers oder eines Dritten an einem Gegenstand der Insolvenzmasse dem Recht des Lagestaates zu unterwerfen. Im Übrigen sollte der deutsche Gesetzgeber darauf hinwirken, dass entsprechend auch Art. 5 EuInsVO geändert wird.

Teilweise unterschiedlich geregelt ist in beiden Staaten auch die Zuständigkeit zur Eröffnung eines Territorialverfahrens. Das deutsche Recht lässt im Gegensatz zum *Ley Concursal* und zur EuInsVO auch bei bloßer Vermögensbelegenheit im Inland die Eröffnung eines Partikularverfahrens zu. Die Normierung eines Vermögensgerichtsstandes ist aber nach dem Ergebnis dieser Arbeit nicht zu befürworten.

Die Ausrichtung des autonomen Insolvenzrechts an der EuInsVO ist grundsätzlich positiv zu bewerten. Werden sowohl in Hinblick auf in EU-Staaten eröffnete Insolvenzverfahren als auch auf solche aus Drittstaaten die gleichen Maßstäbe angewendet, so fördert dies eine einheitliche Rechtsprechung und Abwicklungspraxis. Dies bringt in beiden Staaten ein bedeutendes Maß an Rechtssicherheit mit sich. Ein Entscheidungseinklang in Spanien und Deutschland und in den anderen Mitgliedstaaten kann so ein Stück näher rücken.

Daher sollte die Orientierung an der EuInsVO in beiden Staaten – soweit dies nicht der Interessenlage im autonomen Recht widerspricht – optimiert werden. Für den deutschen Gesetzgeber empfiehlt sich Folgendes:

1. Das Zuständigkeitskriterium des Mittelpunktes der hauptsächlichen Interessen für die Eröffnung eines Hauptinsolvenzverfahrens sollte übernommen werden.

2. Des Weiteren empfiehlt es sich, in der Insolvenzordnung die Zuständigkeit zur Eröffnung eines Partikularverfahrens wie auch in der EuInsVO nur an eine Niederlassung im Inland zu knüpfen.

3. Die Zuständigkeit für Hauptinsolvenzverfahren und für Partikularverfahren sollte in der Insolvenzordnung in einer Vorschrift mit der Überschrift internationale Zuständigkeit geregelt sein. In dieser Vorschrift könnten die Anknüpfungskriterien der EuInsVO übernommen werden oder es könnte auf die EuInsVO verwiesen werden.

4. Eine Änderung der Insolvenzordnung sollte des Weiteren in Hinblick auf die Regelung der Zusammenarbeit der Verwalter von Hauptinsolvenz- und Partikularverfahren erfolgen. Zu befürworten ist eine allgemeine Verpflichtung zur Zusammenarbeit. Diese müsste sich sowohl an den inländischen Hauptinsolvenzverwalter als auch an den inländischen Sekundärinsolvenzverwalter richten.

Literaturverzeichnis

Adam, Dietmar — Zuständigkeitsfragen bei der Insolvenz internationaler Unternehmensverbindungen?, 2006.

Aguilar Benítez de Lugo, Mariano
Campuzano Díaz, Beatriz — La competencia judicial internacional en materia concursal, in Libro homenaje a Manuel Olivencia, Tomo I, 2005. S. 599-628.

Aderhold, Eltje — Auslandskonkurs im Inland, 1991.

Alsina Naudi, Anna — Die Umsetzung des europäischen Zivilprozessrechts in Spanien, 2005.

Alonso Puig, José María
Martinez de Salas — Comentarios a la Ley Concursal, Hrsg.: Luis Fernández de la Gándara, Manuel María Sánchez Álvarez, 2004.

Álvarez Álvarez, Henar — Comentarios a la legislación concursal, Tomo I, Hrsg.: u.a.: Juan Sánchez-Calero Guilarte, 2004.

Amores Conradi, Miguel A. — Comentarios a la Ley Concursal, Hrsg.: Rodrigo Bercovitz Rodríguez-Cano, Band II, 2004.

Kommentierung zu STC 43/1986, in REDI 1987, 190-196.

Bähr, Rainer
Riedemann, Susanne — Anmerkung zu AG Mönchengladbach vom 27.04.2004-EMBIC I -, in ZIP 2004, 1066-1068.

Balz, Manfred — Das neue Europäische Insolvenzübereinkommen, in ZIP 1996, S. 948-955.

Bloching, Micha — Pluralität und Partikularinsolvenz, 2000.

Calvo Caravaca, Alfonso
Carrascosa Gonález, Javier — Derecho conucursal internacional, 2004.

Derecho internacional privado, Tomo I, 5. Auflage, 2004.

La sentencia extranjera en Espana y la competencia del juez de origen, 1986.

Campuzano Díaz, Beatriz — Aspectos internacionales del derecho concursal, 2004.

Carballo Pineiro, Laura — El traslado del centro de los interes principales del deudor, in Anuario de derecho concursal (5), 2006. S. 497-519.

Acciones de reintegración de la masa y derecho concursal internacional, 2005.

Comentarios a la legislación concursal, Tomo II, Hrsg.: u.a. Juan Sanchez-Calero Guilarte, 2004.

Acciones de reintegración de la masa y normas de derecho internacional privado en la ley concursal, in AEDIPr 2003, S. 139-169.

Conde y Luque, Rafael — Derecho internacional privado, Tomo I, 2. Auflage, 1910.

Drobing, Ulrich — Bemerkungen zur Behandlung der Rechte Dritter, insbesondere von Sicherungsrechten, in Hans Stoll, Stellungnahmen und Gutachten zur Reform des deutschen Internationalen Insolvenzrechts, 1992. S. 177-182.

Duursma, Dieter
Duursma-Kepplinger, Henriette-Christine — Gegensteuerungsmaßnahmen bei ungerechtfertigter Inanspruchnahme der internationalen Zuständigkeit gemäß Art. 3 Abs. 1 EuInsVO, in DZWIR 2003, S. 447-452.

Duursma-Kepplinger, Henriette-Christine
Chalupsky, Ernst — Europäische Insolvenzverordnung, Hrsg.: Henriette-Christine Duursma-Kepplinger, Dieter Duursma, Ernst Chalupsky, 2002.

Ehricke, Ulrich — Münchener Kommentar zur Insolvenzordnung, Band 3, Hrsg.: Hans-Peter Kirchhof, Hans-Jürgen Lwowski, Rolf Stürner, 2003.

Verfahrenskoordination bei grenzüberschreitenden Unternehmensinsolvenzen, in: Aufbruch nach Europa, 75 Jahre Max-Planck-Institut,Hrsg.: u.a.: Jürgen Basedow, Ulrich Drobing, Reinhard Ellger, 2001, S. 337-361.

Die Zusammenfassung von Insolvenzverfahren mehrerer Unternehmen desselben Konzerns, in DZWIR 1999, S. 353-363.

Das abhängige Konzernunternehmen in der Insolvenz, 1998.

Ehricke, Ulrich
Ries, Julian
Die neue Europäische Insolvenzverordnung, in JUS 2003, S. 313-320.

Eidenmüller, Horst
Europäische Verordnung über Insolvenzverfahren und zukünftiges Deutsches internationales Insolvenzrecht, in IPRax 2001, S. 2-15.

Der nationale und internationale Insolvenzverwaltervertrag, in ZZP 2001, S. 3-36.

Embid Irujo, José Miguel
Grupos de sociedades y derecho concursal, in Libro homenaje a Manuel Olivencia, Tomo II, 2005. S. 1885-1905.

Espiniella Menéndez, Ángel
Procedimientos de insolvencia y grupos multinacionales de sociedades, 2006.

Comentarios a la legislación concursal, Hrsg.: u.a. Juan Sanchez-Calero Guilarte, Tomo I, II, 2004.

El procedimiento auxiliar de insolvencia: Una nueva configuración del derecho concursal internacional, in AEDIPr 2005, S. 153-198.

Recensión de Calvo Caravaca, Carrascosa González: Derecho concursal internacional, in REDI 2004, S. 593-598.

Esplugues Mota, Carlos	Recientes desarrollos en torno al reconocimiento en Espana de los concursos iniciados en el extranjero, in Libro homenaje für Fernando Sánchez Calero, Volumen V, 2002. S. 5535-5551.
	Die Neuregelung des internationalen Konkursrechtes Spanien, in ZZPInt (2001), S. 65-90.
	Die internationale Zuständigkeit spanischer Gerichte und ihre Überprüfung in dem neuen spanischen Zivilprozessgesetz vom 7.1.2000,in ZZPInt (2000), S. 131-149.
	Das System der internationalen Zuständigkeit im Insolvenzrecht in Spanien, in ZZPInt (1997), S. 69-93.
	La quiebra internacional, 1993.
Fernández-Ballesteros, Miguel Ángel	Proceso concursal práctico, 2004.
	Sobre la jurisdicción y competencia del Juez del Concurso, in Libro homenaje a Manuel Olivencia, Tomo II, 2005. S. 1301-1319.
Fernández Rozas, José Carlos Sánchez Lorenzo, Sixto	Derecho internacional privado, 3. Auflage, 2004.
	Curso de derecho internacional privado, 1991.
Flessner, Axel	Das künftige Internationale Insolvenzrecht im Verhältnis zum Europäischen Insolvenzübereinkommen, in Vorschläge und Gutachten zur Umsetzung

des EU-Übereinkommens über Insolvenzverfahren im deutschen Recht, Hrsg.: Hans Stoll, 1997. S. 219-231.

Kurzkommentar zum BGH Urteil vom 11.7.1991, in EWiR 1991, 1107-1108.

Fletcher, Ian Frank — Insolvency in private international law: national and international approaches, 2. Auflage, 2005.

Ganter, Hans Gerhard — Münchener Kommentar zur Insolvenzordnung, Hrsg.:Hans-Peter Kirchhof, Hans-Jürgen Lwowski, Rolf Stürner, Band.1, 2001.

Garasic, Jasnica — Anerkennung ausländischer Insolvenzverfahren Teil 1, 2004.
Anerkennung ausländischer Insolvenzverfahren Teil 2, 2004.

Garau Sobrino, Frederico — Lecciones de derecho procesal civil internacional, 2003.

Garcimartín Alférez, Francisco — Las normas de derecho internacional privado de la Ley Concursal: Algunas pautas para su correcto entendimiento, in RJC 2004, S. 301-329.

Geimer, Reinhold — Internationales Zivilprozessrecht, 5. Auflage, 2005.

Zivilprozessordnung, Begr.: Richard Zöller, 25. Auflage, 2005.

Anerkennung ausländischer Entscheidungen in Deutschland, 1995.

Gottwald, Peter | Insolvenzrechtshandbuch, Hrsg.: Peter Gottwald, 2. Auflage, 2001. 3. Auflage, 2006.

Münchener Kommentar zur Zivilprozessordnung, Band 2, 2. Auflage, 2000.

Grundfragen der Anerkennung und Vollstreckung ausländischer Zivilsachen, in ZZP 103(1990), S. 257-293.

Graf, Ulrike | Die Anerkennung ausländischer Insolvenzentscheidungen, 2003.

Grasmann, Günther | Inlandswirkungen des Auslandskonkurses über das Vermögen eines im Konkurseröffnungsstaat ansässigen Gemeinschuldners, in KTS 1990, S. 157-182.

Gruber, Urs | EU-Insolvenzverordnung Kommentar zur Verordnung(EG) Nr.1346/2000 über Insolvenzverfahren, Hrsg.:Detlef Haß, Peter Huber, Urs Gruber, Bettina Heiderhoff, 2005, München.

Habscheid, Edgar J. | Grenzüberschreitendes (internationales) Insolvenzrecht der Vereinigten Staaten von Amerika und der Bundesrepublik Deutschland, 1998.

Hanisch, Hans | Einheit oder Pluralität oder ein kombiniertes Modell beim grenzüberschreitenden Insolvenzverfahren ? in ZIP 1994, S. 1-9.

Die Wende im deutschen internationalen Insolvenzrecht, in ZIP 1985, S. 1233-1243.

	Exterritoriale Wirkung eines allgemeinen Veräußerungsverbots im Konkurseröffnungsverfahren-Revisibilität ermessensfehlerhafter Ermittlung ausländischen Rechts-Durchgriff – Auf die Insolvenzanfechtung anwendbares Recht (zu BGH, 30.4.1992), in IPRax 1993, S. 69-74.
	Bemerkungen zur Insolvenzanfechtung im grenzüberschreitenden Insolvenzfall, in Festschrift für Hans Stoll, Hrsg.: u.a. Gerhard Hohloch, 2001. S. 503-519.
Haubold, Jens	Europäisches Zivilverfahrensrecht und Ansprüche im Zusammenhang mit Insolvenzverfahren, in IPRax 2002, S. 157-163.
Henckel, Wolfram	Die internationalprivatrechtliche Anknüpfung der Konkursanfechtung, in Festschrift für Heinrich Nagel, Hrsg.: Walther J. Habscheid, Karl Heinz Schwab, 1987. S. 93-111.
Henckel, Wolfram	Insolvenzanfechtung – Art. 4 und 5 des Vorentwurfs (VE) – und Gläubigeranfechtung außerhalb des Insolvenzverfahrens, in Stellungnahmen und Gutachen zur Reform des deutschen Internationalen Insolvenzrechts, Hrsg.: Hans Stoll, 1992. S. 156-170.
Herchen, Axel	Scheinauslandsgesellschaften im Anwendungsbereich der Europäischen Insolvenzverordnung, Anmerkung zur Entscheidung des High Court of Justice Chancery Division (Company

Court) vom 7.02.2003, in ZInsO-Praxis 2003, S. 742-747.

Heredia Cervantes, Iván — Comentario a la Ley Concursal, Hrsg.: Rodrigo Bercovitz Rodriguez-Cano, Tomo II, 2004.

Herrera Cuevas, Edorta — Manual de la reforma concursal, Hrsg.: Edorta Herrera Cuevas, 2004.

Homann, Stefan — System der Anerkennung eines ausländischen Insolvenzverfahrens, in KTS 2000, S. 343-372.

System der Anerkennung eines ausländischen Insolvenzverfahrens und die Zulässigkeit der Einzelrechtsverfolgung, 2000.

Huber, Peter — Internationales Insolvenzrecht in Europa – Das internationale Privat- und Verfahrensrecht der Europäischen Insolvenzverordnung –, in ZZP 114(2001), S. 133-166.

Ignacio Fernández, Juan — La nueva regulación concursal, Hrsg.: u.a. Cristina Jiménez Savurido, 2004.

Junker, Abbo — Die faktische Geschäftsführung („gérance de fait") in Frankreich und ihre Gefahren für deutsche Unternehmen, in RIW 1986, S. 337-347.

Karl, Anna-Maria — Die Anerkennung von Entscheidungen in Spanien, 1993.

Kebekus, Frank — Anmerkung zum AG Beschluss vom 1.10.2006, in ZIP 2007, S. 84-87.

Kemper, Jutta | Kommentar zur Insolvenzordnung Band II, III, Hrsg.: Bruno M. Kübler, Hanns Prütting, Stand 2006.

Die Verordnung(EG) Nr.1346/2000 über Insolvenzverfahren, in ZIP 2001, S. 1609-1621.

Kießner, Ferdinand | Insolvenzordnung-Kommentar, Hrsg.: Eberhard Braun, 2. Auflage, 2004.

Kindler, Peter | Münchener Kommentar zum Bürgerlichen Gesetzbuch, Band 11, Internationales Handels- und Gesellschaftsrecht, Hrsg.: U.a.: Kurt Rebmann, 3. Auflage, 1999.

Kirchof, Hans-Peter | Heidelberger Kommentar zur Insolvenzordnung, Hrsg.: u.a. Dieter Eickmann, Axel Flessner, 4. Auflage, 2006.

Grenzüberschreitende Insolvenzen im Europäischen Binnenmarkt insbesondere unter Beteiligung von Kreditinstituten, in WM 1993, S. 1364-1370.

Knof, Béla
Mock, Sebastian | Anmerkung zum EuGH Urteil vom 17.01.2006 – Rs C-1/04, in ZIP 2006, S. 189-192

Koch, Harald | IPR und Rechtsvergleichung, Hrsg.: Harald Koch, Ulrich Magnus, Peter Winkler von Mohrenfels, 3. Auflage, 2004.

Kolmann, Stephan | Kooperationsmodelle im internationalen Insolvenzrecht, 2001.

Kropholler, Jan	Internationales Privatrecht, 6. Auflage, 2006.
	Internationales Privatrecht, 5. Auflage, 2004.
Kuhn, Georg	Kommentar zur Konkursordnung, 7. Auflage, 1962.
Laukemann, Björn	Rechtshängigkeit im europäischen Insolvenzrecht, in RIW 2005, S. 104-112.
Laut, Thomas	Universalität und Sanierung im internationalen Insolvenzrecht, 1995.
Leible, Stefan	Anmerkung zum BGH Urteil vom 27.05.2003, in LMK 2004, S. 14-15.
Leible, Stefan Staudinger, Ansgar	Die europäische Verordnung über Insolvenzverfahren, in KTS 2000, S. 533-575.
Leipold, Dieter	Internationale Zuständigkeit, inländische Einzelrechtsverfolgung trotz eines Auslandskonkurses, Auswirkungen eines ausländischen Konkurses auf im Inland anhängige Zivilprozesse, in Stellungnahmen und Gutachten, Hrsg.: Hans Stoll, 1992. S. 72-95.
	Miniatur oder Bagatelle: das internationale Insolvenzrecht im deutschen Reformwerk 1994, in Festschrift für Wolfram Henckel, Hrsg.: u.a. Walter Gerhardt, S. 533-548.
	Zuständigkeitslücken im neuen Europäischen Insolvenzrecht,in Festschrift

für Akira Ishikawa, Hrsg.: U.a. Gerhard Lüke, 2001. S. 221-239.

Liersch, Oliver — Insolvenzordnung, Kommentar, Hrsg.: Eberhard Braun, 2. Auflage 2004.

Deutsches Internationales Insolvenzrecht, in NZI 2003, S. 302-311.

Lüderitz, Alexander — Anmerkung zum BGH Urteil vom 11.07.1985, in JZ 1986, S. 96-97

Lüke, Wolfgang — Das europäische internationale Insolvenzrecht, in ZZP 111 (1998), S. 275-314.

Zu neueren Entwicklungen im deutschen internationalen Konkursrecht, in KTS 1986, S. 1-19.

Ludwig, Daniel — Neuregelungen des deutschen Internationalen Insolvenzverfahrensrechts, 2004.

Lüer, Hans-Jochem — Insolvenzordnung Kommentar, Hrsg.: Wilhelm Uhlenbruck, 12. Auflage, 2003.

Art. 102 Abs. 3 EGInsO-eine verpasste Chance, in Festschrift für Wilhelm Uhlenbruck, Hrsg.:Hanns Prütting, Heinz Vallender, 2000. S. 843-868.

Deutsches Internationales Insolvenzrecht nach der neuen Insolvenzordnung, in Kölner Schrift, Hrsg.: Arbeitskreis für Insolvenz- und Schiedsgerichtswesen, 2000. S. 297-322.

Konkursordnung Kommentar, Herausgegeben von Georg Kuhn, Fortgeführt von Wilhelm Uhlenbruck, 11. Auflage, 1994.

Zur Neuordnung des deutschen Internationalen Insolvenzrechts, in Stellungnahmen und Gutachten zur Reform des deutschen Internationalen Insolvenzrechts, Hrsg.: Hans Stoll, 1992. S. 96-143.

Lutter, Marcus — GmbH-Gesetz Kommentar, Hrsg.: Marcus Lutter, Peter Hommelhoff, 15. Auflage, 2000.

Maldonado Ramos — Comentarios a la legislación concursal, Hrsg.: Alberto Palomar Olmeda, 2004.

Mankowski, Peter — Anmerkung zum BGH Urteil vom 27.05.2003, in NZI 2003, S. 546-547.

Konkursgründe beim inlänidschen Partikularkonkurs, in ZIP 1995, S. 1650-1660.

Martiny, Dieter — Handbuch des Internationalen Zivilverfahrensrechts, Band III/1, Band III/2, 1984.

Mercadal Vidal, Francisco — Nueva Ley Concursal, 2004.

Metzger, Ingrid — Die Umsetzung des Istanbuler Konkursübereinkommens in das deutsche Internationale Insolvenzrecht, 1994.

Miguel Asensio, Pedro A. de — Revisión del sistema de reconcocimiento y ejecución de resoluciones extranjeras, in AEDIPr 2000, S. 337-366.

Morscher, Martin — Die europäische Insolvenzverordnung (EuInsVO), 2002.

Neuhaus, Paul Heinrich — Abschied von Savigny ? in RabelsZ 46(1982), S. 4-25.

Otte, Karsten — Inländischer einstweiliger Rechtsschutz beim Auslandskonkurs- ein neuer internationaler Justizkonflikt ? in RabelZ 58(1994), S. 292-324.

Palomo Herrero, Yolanda — Reconocimiento y exequatur de resoluciones judiciales según el convenio de bruselas de 27-09-68, 2000.

Pannen, Klaus
Riedemann, Susanne — Die deutschen Ausführungsbestimmunge zur EuInsVO - ein Überblick zu den Regelungen des Art. 102 EGInsO n.F. -, in NZI 2004, S. 301-305.

Pannen, Klaus
Kühnle, Tina
Riedemann, Susanne — Die Stellung des deutschen Insolvenzverwalters in einem Insolvenzverfahren mit europäischem Auslandsbezug, in NZI 2003, S. 72-78.

Patzina, Reinhard — Münchener Kommentar zur Zivilprozessordnung, Band 1, 2. Auflage, 2000.

Paulus, Christoph — Europäische Insolvenzverordnung, 2006.

Das neue internationale Insolvenzrecht der USA, in NZI 2005, S. 439-441.

Die Europäische Insolvenzverordnung und der deutsche Insolvenzverwalter, in NZI 2001, S. 505-516.

Prütting, Hanns — Kommentar zur Insolvenzordnung, Band I, Hrsg.: Bruno M. Kübler, Hanns Prütting, Stand 2006.

Allgemeine Verfahrensgrundsätze der Insolvenzordnung, Kölner Schrift zur Insolvenzordnung, Hrsg.: Arbeitskreis für Insolvenz- und Schiedsgerichtswesen e.V., 2. Auflage, 2000, S. 221-247.

Aktuelle Entwicklungen im internationalen Insolvenzrecht, in ZIP 1996, S. 1277-1284.

Puente Egido, J. — Derecho internacional privado espanol: Doctrina legal del Tribunal Supremo (1841-1977), 1987.

Pulgar Ezquerra, Juana — Comentarios a la legislación concursal, Hrsg.: u.a. Juana Pulgar Ezquerra, Alberto Alonso Ureba, 2004.

Reinhart, Stefan — Münchener Kommentar Insolvenzordnung, Band 3, Hrsg.: Hans-Peter Kirchhof, Hans-Jürgen Lwowski, Rolf Stürner, 2003.

Zur Anerkennung ausländischer Insolvenzverfahren. Eine Besprechung des Norsk-Data-Urteils des Bundesgerichtshofs, in ZIP 1997, S. 1734-1738.

Riegel, Ralf	Grenzüberschreitende Konkurswirkungen zwischen der Bundesrepublik Deutschland, Belgien und den Niederlanden, 1990.
Rodríguez Pineau, Elena	Comentarios a la Ley Concursal, Hrsg.: Rodrigo Bercovitz Rodríguez-Cano, 2004.
Roßmeier, Daniela	Besitzlose Mobiliarsicherheiten in grenzüberschreitenden Insolvenzverfahren: Eine rechtsvergleichende Untersuchung des Deutschen und des U.S.-amerikanischen Internationalen Insolvenzrechts sowie der Europäischen Verordnung über Insolvenzverfahren, 2002.
Roth, Herbert	Stein/Jonas Kommentar zur Zivilprozessordnung, Band 1, 22. Auflage, 2003.
Sabater Martín, Aníbal	Proceso concursal práctico, Hrsg.: Miguel Ángel, Fernández-Ballesteros, 2004.
Sabel, Oliver Schlegel, Ursula	Kurzkommentar zur Entscheidung des High Court of Justice Chancery Division Companies Court vom 07.02.2003, in EWiR 2003, S. 367-368.
Sánchez-Calero Guilarte, Juan	Algunas cuestiones concursales relativas a los grupos sociedades, in anuario de derecho concursal (5) 2006, S. 7-60.
Sánchez Lorenzo, Sixto	Garantias reales en el comercio internacional, 1993.

Savigny, Friedrich Carl von — System des heutigen Römischen Rechts, Band VIII, Nachruck, 1961.

Schack, Haimo — Internationales Zivilverfahrensrecht, 4. Auflage, 2006.

Widersprechende Urteile: Vorbeugen ist besser als Heilen, in IPrax 1989, S. 139-142.

Scheel, Hansjörg — Konzerninsolvenzrecht, 1993.

Scherber, Nina — Neues autonomes internationales Insolvenzrecht in Spanien im Vergleich zur EuInsVO und zu den neuen §§ 335-358 InsO, in IPrax 2005, S. 160-164.

Schmerbach, Ulrich — Frankfurter Kommentar zur Insolvenzordnung, Hrsg.: Klaus Wimmer, 4. Auflage, 2006.

Smid, Stephan — Deutsches und Europäisches Internationales Insolvenzrecht, 2004.

Smid, Stephan — Grundzüge des Insolvenzrechts, 4. Auflage, 2002.

Vier Entscheidungen englischer und deutscher Gerichte zur europäischen internationalen Zuständigkeit zur Eröffnung von Hauptinsolvenzverfahren, in DZWIR 2003, S. 397-404.

Schollmeyer, Eberhard — Gegenseitige Verträge im internationalen Insolvenzrecht, 1997.

Spahlinger, Andreas — Sekundäre Insolvenzverfahren bei grenzüberschreitenden Insolvenzen, 1998.

Spellenberg, Ulrich — Der ordre public im Internationalen Insolvenzrecht, in Stellungnahmen und Gutachten zur Reform des deutschen Internationalen Insolvenzrechts, Hrsg.: Hans Stoll, 1992. S. 183-200.

Staudinger, Ansgar — Vertragsstaatenbezug und Rückversicherungsverträge im EuGVÜ, in IPrax 2000, S. 483-488.

Stephan, Guido — Heidelberger Kommentar zur Insolvenzordnung, Hrsg.: u.a. Dieter Eickmann, Axel Flessner, 4. Auflage, 2006.

Heidelberger Kommentar zur Insolvenzordnung, Hrsg.: u.a. Dieter Eickmann, Axel Flessner, 3. Auflage, 2003.

Stürner, Rolf — Münchener Kommentar Insolvenzordnung, Band 1, Hrsg.: Hans-Peter Kirchhof, Hans-Jürgen Lwowski, Rolf Stürner, 2001.

Thieme, Jürgen — Partikularkonkurs, in Stellungnahmen und Gutachten zur Reform des deutschen Internationalen Insolvenzrechts, Hrsg.: Hans Stoll, 1992. S. 212-264.

Torralba, Elisa — La actuación en Espana del administrador del concurso extranjero, in Anuario de derecho concursal(4) 2005, S. 245-264.

Trias de Bes, J.M. — Derecho internacional privado, 2. Auflage, 1940.

Trunk, Alexander — Internationales Insolvenzrecht, 1998.

Regelungsschwerpunkte eines Ausführungsgesetzes zum Europäischen Insolvenzübereinkommens, in Vorschläge und Gutachten zur Umsetzung des EU-Übereinkommens über Insolvenzverfahren im deutschen Recht, Hrsg.: Hans Stoll, 1997. S. 232-250.

Zur bevorstehenden Neuregelung des deutschen Internationalen Insolvenzrechts, in KTS 1994, S. 33-48.

Dogmatische Grundlagen der Anerkennung von Auslandskonkursen, in KTS 1987, S. 415-434.

Turck, Iris-Claude — Das internationale Insolvenzrecht in Spanien, in rechtsvergleichender Betrachtung, 1995.

Usón Duch, Luis — La nueva Ley Concursal, Comentarios y formularios, Hrsg.: D. Luis Usón Duch, 2003.

Vallender, Heinz — Das rechtliche Gehör im Insolvenzverfahren, Kölner Schrift zur Insolvenzordnung, Hrsg.:Arbeitskreis für Insolvenz-und Schiedsgerichtswesen e.V., 2. Auflage, 2000. S. 249-284.

Virgós Soriano, Miguel — Normas de derecho internacional privado, La nueva Ley Concursal, Hrsg.: Consejo General de Poder Judicial, Director: Manuel Olivencia Ruiz, 2005. S. 503-529.

Virgós Soriano, Miguel
Garcimartín Alférez, Francisco — Comentario de la Ley Concursal, Tomo I, II, Hrsg.: Ángel Rojo, Emilio Beltrán, 2004.

	Comentario al Regalmento Europeo de Insolvencia, 2003.
	Derecho procesal civil internacional, 2000.
Virgós Soriano, Miguel Schmit, Etienne	Erläuternder Bericht zu dem EU-Übereinkommen über Insolvenzverfahren, in Vorschläge und Gutachten zur Umsetzung des EU-Übereinkommens über Insolvenzverfahren im deutschen Recht, Hrsg.: Hans Stoll, 1997.
Vollkommer, Max	Zöller Zivilprozessordnung, Begr.: von Richard Zöller, 26. Auflage, 2007.
Wenner, Christian	Handbuch der Insolvenzverwaltung, Hrsg.: Harro Mohrbutter, 7. Auflage, 1997.
Werth, Dieter	Die spanische Regelung der internationalen Zuständigkeit, in RIW 1975, S. 556-559.
Willemer, Charlotte	Vis attractiva concursus und die Europäische Insolvenzverordnung, 2006.
Wimmer, Klaus	Frankfurter Kommentar zur Insolvenzordnung, Hrsg.: Klaus Wimmer, 4. Auflage, 2006.
	Frankfurter Kommentar zur Insolvenzordnung, Hrsg.: Klaus Wimmer, 3. Auflage, 2002.
	Vorüberlegungen zur Umsetzung des Europäischen Insolvenzübereinkommens und zum deutschen internationa-

len Insolvenzrecht, in Vorschläge und Gutachten zur Umsetzung des EU-Übereinkommens über Insolvenzverfahren im deutschen Recht, Hrsg.: Hans Stoll, 1997. S. 179-182.

Die UNCITRAL-Modellbestimmungen über grenzüberschreitende Insolvenzverfahren, in ZIP 1997, S. 2220-2224.

Wolff, Martin — Handbuch des Internationalen Zivilverfahrensrechts, Band III/2, 1984.

Schriften der Deutsch-Spanischen Juristenvereinigung

Band 1 Santiago Gonzáles-Varas: Die Verwaltung in Privatrechtsform in Spanien und Deutschland. 2002.

Band 2 Eva Romanski: Sozialstaatlichkeit und soziale Grundrechte im Grundgesetz der Bundesrepublik Deutschland und in der spanischen Verfassung. 2000.

Band 3 Alexander von Kuhlberg: Änderung und Revision der spanischen Verfassung vom 29. Dezember 1978. 2000.

Band 4 Kai Christian Fischer: Verbraucherschutz im spanischen Vertragsrecht im Lichte der europäischen Rechtsangleichung. Eine Studie mit rechtsvergleichenden Bezügen zum deutschen Recht. 2000.

Band 5 Miguel Félix Rodríguez y Rowinski: Die Haftung für Hilfspersonen im spanischen Recht. 2001.

Band 6 Ole Brühl: Immissionsschutzrechtliche Vorhabengenehmigung in Deutschland und Spanien. Eine rechtsvergleichende Untersuchung unter besonderer Berücksichtigung der Rechtslage in den Autonomen Gemeinschaften Spaniens. 2001.

Band 7 Florian Pagenkemper: Die Mängelhaftung des Bauunternehmers in Spanien nach der *Ley de Ordenación de la Edificación* und dem *Código civil*. Eine Untersuchung der vertraglichen und gesetzlichen Haftung mit rechtsvergleichenden Bemerkungen zum deutschen Recht. 2002.

Band 8 Daniel Friedrich Berg: Die Rückabwicklung gescheiterter Verträge im spanischen und deutschen Recht. Eine rechtsvergleichende Untersuchung unter besonderer Berücksichtigung des Einheitsrechts. 2002.

Band 9 Maria Isabel Haas: Der Durchgriff im deutschen und spanischen Gesellschaftsrecht. Eine rechtsvergleichende Analyse. 2003.

Band 10 Sonja Kohtes: Das Recht der vorformulierten Vertragsbedingungen in Spanien. Die Umsetzung der Richtlinie 93/13/EWG über missbräuchliche Klauseln in Verbraucherverträgen. 2004.

Band 11 Markus Artz: Kollisionsrecht und ausländisches Recht in spanischen und deutschen Zivilverfahren. Eine rechtsvergleichende Untersuchung. 2004.

Band 12 Johannes F.K. Rheinheimer: Arbeitsrechtliche Fragen nationaler und internationaler Telearbeit in der Europäischen Union an den Beispielen Deutschland und Spanien. 2004.

Band 13 Julia B. Spaethe: Spaniens Abstammungsrecht in Geschichte und Gegenwart. Unter besonderer Berücksichtigung der Nichtehelichkeit. 2004.

Band 14 Thomas Reineke: Das Recht der Arbeitnehmerüberlassung in Spanien und Deutschland und sein Verhältnis zu der geplanten europäischen Regelung. 2004.

Band 15 Christian Gohm: Maßnahmen zur Beschleunigung und Konzentration im neuen spanischen und deutschen Zivilprozess.Eine rechtsvergleichende Analyse im Lichte der Europäisierung des Zivilprozessrechts. 2004.

Band 16 Till Pense: Das spanische Schwurgericht. Die Jury im Spannungsfeld von Rechtsstaat und Demokratie. 2006.

Band 17 Jan Hückel: Persönlichkeitsschutz und Geldersatz im deutschen und spanischen Zivilrecht. 2006.

Band 18 Ilja I. Selenkewitsch: Spanisches Tarifrecht. Mit spezieller Betrachtung der arbeitszeitrechtlichen Regelungen. 2006.

Band 19 Sven Klaiber: Mitwirkungsbefugnisse des Bürgers auf Seiten der Strafverfolgungsorgane in Deutschland und in Spanien im Rechtsvergleich. 2006.

Band 20 Raimundo Baglietto Bergmann: Der einstweilige Rechtsschutz nach der neuen spanischen Zivilprozeßordnung und der deutschen Zivilprozeßordnung. Eine rechtsvergleichende Untersuchung der Art. 721–747 LEC und der §§ 916–945 ZPO für den Bereich des Zivilprozeßrechts. 2007.

Band 21 Holger Dierkes: Sicherungspflichten des Bauträgers in Spanien und Deutschland. Insbesondere aus Art. 19 Ley de Ordenación de la Edificación und aus §§ 3 und 7 Makler- und Bauträgerverordnung. 2007.

Band 22 Nele Rades: Die *Sociedad Limitada Nueva Empresa*. Eine Diskussion des spanischen Gesetzes Nr. 7/2003 im Kontext des spanischen und deutschen GmbH-Rechts. 2008

Band 23 Peter Stadler: Das interregionale Recht in Spanien. Darstellung unter besonderer Berücksichtigung des Ehegüter- und Erbrechts. 2008.

Band 24 Christian Ochs: Die Haftung des GmbH-Geschäftsführers im deutschen und spanischen Recht. 2008.

Band 25 Janire Mimentza: Der Auskunftsanspruch im deutschen und spanischen Markenrecht. Vor dem Hintergrund der europäischen Richtlinie 2004/48/EG zur Durchsetzung der Rechte des geistigen Eigentums. 2008.

Band 26 Thomas Kaiser: Steuerliche Gewinnermittlung in Spanien und Deutschland. 2008.

Band 27 Thomas M. Mannsdorfer / Susana Navas Navarro: Spanisches Haftungs- und Versicherungsrecht. 2008.

Band 28 Annemarie Hofedank: Arbeitsmarkt und Kündigungsschutz in Spanien. 2009.

Band 29 Tobias Rösner : Verlust des Stammkapitals und Geschäftsführerhaftung in der GmbH. Ein deutsch-spanischer Rechtsvergleich. 2009.

Band 30 Sebastian Schalk: Deutsche Präjudizien und spanische „Jurisprudencia" des Zivilrechts. Eine vergleichende Gegenüberstellung. 2008.

Band 31 Anna-Maja Schaefer: Das autonome internationale Insolvenzrecht Spaniens im Vergleich zum deutschen Recht. 2009.

www.peterlang.de

Peter Lang · Internationaler Verlag der Wissenschaften

Nadja Probst

Die Internationale Zuständigkeit zur Eröffnung von Insolvenzverfahren im europäischen Insolvenzrecht

Autonome Bestimmung der Eröffnungszuständigkeit, insbesondere für Konzerninsolvenzen, und Anforderungen für die gemeinschaftsweite Anerkennung grenzüberschreitender Insolvenzen nach der EuInsVO

Frankfurt am Main, Berlin, Bern, Bruxelles, New York, Oxford, Wien, 2008.
288 S.
Schriften zum internationalen Privat- und Verfahrensrecht.
Herausgegeben von Rainer Hausmann und Astrid Stadler. Bd. 4
ISBN 978-3-631-57074-6 · br. € 54.70*

Grenzüberschreitende Unternehmensinsolvenzen stellen Gerichte und Insolvenzverwalter gleichermaßen vor Herausforderungen: Wo ist die Insolvenz abzuwickeln? Welches Gericht befindet über die Zukunft einzelner Unternehmen oder des Gesamtkonzerns? Und wessen Staates Recht gelangt zur Anwendung? – Im Interesse der Rechtssicherheit müssen diese Fragen möglichst einfach, gleichförmig und in jedem Staat einheitlich beantwortet werden. Gegenstand des Werkes ist die Erarbeitung solch einheitlicher Vorgaben zur Bestimmung der internationalen Zuständigkeit im europäischen Insolvenzrecht. Dies geschieht durch einen Rechtsvergleich mehrerer Sprachfassungen der europäischen Insolvenzverordnung sowie des zugrunde liegenden Verständnisses der jeweiligen nationalen Rechtsordnung.

Aus dem Inhalt: Erarbeitung europaweit einheitlich gültiger Kriterien zur Bestimmung der internationalen Zuständigkeit im europäischen Insolvenzrecht · Räumlicher Anwendungsbereich der EuInsVO · Bestimmung des Mittelpunktes hauptsächlicher Interessen · Anerkennung einer Verfahrenseröffnung

Frankfurt am Main · Berlin · Bern · Bruxelles · New York · Oxford · Wien
Auslieferung: Verlag Peter Lang AG
Moosstr. 1, CH-2542 Pieterlen
Telefax 00 41 (0) 32 / 376 17 27

*inklusive der in Deutschland gültigen Mehrwertsteuer
Preisänderungen vorbehalten

Homepage http://www.peterlang.de

www.ingramcontent.com/pod-product-compliance
Ingram Content Group UK Ltd.
Pitfield, Milton Keynes, MK11 3LW, UK
UKHW021236031026
15588UKWH00001B/106

9 783631 580240

Das autonome internationale Insolvenzrecht Spaniens im Vergleich zum deutschen Recht

Schriften der Deutsch-Spanischen Juristenvereinigung

Schriftleitung:
Marc André Gimmy
(Präsident der DSJV)

Wissenschaftlicher Beirat:
Prof. Dr. Peter Gantzer
Prof. Dr. Juan Hernandez Martí
Prof. Dr. Stefan Leible

Band 31

PETER LANG
Frankfurt am Main · Berlin · Bern · Bruxelles · New York · Oxford · Wien